中国旅游协会推荐教材

旅游管理专业新视野教材

谢彦君・主编

# 旅游文化学

第四版

邹本涛　谢春山・著

中国旅游出版社

# 旅游管理专业新视野教材
# 编审委员会

# 再版序言

旅游管理专业新视野教材初版于2005年，至今已过十个年头。其间，出版社曾有过修订再版的动议，但终因一些因素的影响而未果。这次再版，给了这批教材进一步完善的机会，也算是一件好事。我们寄希望于它能够在原有的基础上有一个更大的进步，更加适合21世纪中国旅游高等教育的需要。

我一直主张，教材是大学教育的基本建设之一，也是影响大学教育质量的根本元素之一，甚至在某种情况下可能是最重要的影响因素。对于旅游高等教育而言，很多教育问题其实可以归根或溯源于教材方面，因为它既是这个领域科学研究所积累的知识的集成式存在形态，也是教育工程实施的蓝本。前者体现了旅游科学界工作成果的总结，后者体现了旅游教育界工作过程的起点和依据。身在旅游教育流程中的施教者和受教者，其工作的效率、效果离不开教科书的质量。所以，教材建设可谓大学教育的重中之重。

然而，毋庸讳言，旅游管理专业的大学教育在其繁荣的背后还是存在一些问题的，有些问题可能还很严重，其中就有教材建设问题。这种情况的细节可以存而不论，造成这种状况的社会根源可以存而不论，就连我们在每一次教材编写过程中能在多大程度上提升教材的品质也可以存而不论，但完全失察于这些问题的性质和程度，完全在功利心的驱动下采取鸵鸟策略来对待旅游管理专业教材建设方面所存在的问题，则无论如何是不可取的。因此，借此机会，笔者还是想利用这一角之地，谈谈这方面的问题，其主旨是希望旅游教育界的同人在使用本专业的任何一套教材时，都能够更多地立足于一种超越的境界，本着一种探索的精神，敢于采取一种批评的态度，能够在教学过程中建设性地、开放性地利用现有的这些教材。旅游管理学科正处于其幼年阶段，教材的幼稚病显而易见，在这种情况下，倘若过于倚重教材甚至完全视某一本教材上白纸黑字的条条为金科玉律的话，对于这样一个稚嫩的学科来说，恐将大大影响教育质量，从而也会影响本专业领域人才的职业发展历程。

旅游管理专业的教材建设究竟存在什么问题？对此学界同人所见虽有不同，但往往都各有其高明之处。如果避开一些根源性、体制性和机制性的问题不谈，仅就技术层面来看，那么，教材建设所存在的问题与高等教育的定位策略是密切相关的。

关于本科层次旅游管理高等教育的定位问题，一直是一个争论不休而且始终不能达成基本一致性认识的一个问题。这种状况不仅是旅游管理专业自身的长期困惑，其实也是中国高等教育一直以来教育指导思想混乱的一个局部折射。其中最为重要的一个方面，即关于大学教育中的理论与实践的关系问题，长期以来一直就未曾获得理论上的解决，导致高等教育的行政主管部门一直摇摆于"学术型"和"应用型"之间，从而不断地制造人工的一刀切行政局面，使得中国半个多世纪以来的高等教育如同玩跷跷板游戏一般，不断地在"理论"与"实践"、"理论"与"应用"、"学术型"与"应用型"这两端颠来倒去。其实，这种局面的根本在于，并没有真正把握高等教育的本质：教育过程到底是理论教育还是实践教育？这是所有问题的核心，明确了这个根本点，相应的施政纲领也就会顺应规律并取得应有的成效。

从本质上来说，一切教育，尤其是高等教育，作为知识的传授过程，都是理论教育过程，而非实践教育。如果以某种极端的形式来表述的话，那么，可以说，实践就是实践，实践仅仅是实践，实践教育不存在于教育过程中，而仅仅存在于实践过程中。同理，大学教育没有实践教育，只有教育实践。大学所实施的专业教育，都是在提供专业领域的理论教育。延伸到可能被某些人视为错误而在我看来仅仅是一种极端表述而已的观点，那就是，甚至连研究生层次的专业学位教育（如MBA、MTA教育），都应该明确是从事理论教育的过程。在这里，恐怕不需要再唠叨"什么是理论"这样的基本问题了，我们只需要重提任何人也否认不了的一个事实就可以了：理论来源于实践，理论用于指导实践，但理论不同于实践。换言之，理论是一种知识形式，实践是一种生命状态，两者的差异是根本性的。将正确的理论恰当地应用于实践，会极大地提升人类生命状态的能力和质量，这就是理论的应用价值，这一事实本身也再次明确了理论与实践的区别和联系。在旅游高等教育乃至中国整个高等教育中，当前存在的错误认识是：不管学科的成熟度（即理论的体系化程度）如何，都同时并存着两种教育类型，即理论教育和实践（应用）教育。这种错误思想导致了教育实践的扭曲，其根本点在于，混淆了作为教育之目标的"理论"与作为教育之工具、方法、手段、路径的"实践性教学"（诸如案例教学、情境化教学，总之是"理论联系实践"的教学方式）之间的关系，以至于在不分学科知识深度（如经济学与旅游管理两个学科在理论深度上的巨大差异）的前提下，就把转向"应用型大学"、实施"应用型教育"以及编写"应用型教材"等一系列误导教育实践的观念和主张贯彻到全国各类高校当中。此类错误教育思想所导致的教育实践方面的荒唐思想和实践，可谓不一而足。本人曾亲历一事：有某出版社曾邀我主编一套针对二本和三本院校旅游管理本科专业的应用型教材，被我拒绝，但此事足可见人们对“应用型”教育理解偏颇到何种程度。因此，从根本上来看，教材建设领域在对待理论与应用的关系这个问题上所流行的舍本逐末、绝源逐流的做法，其实是教育定位问题的一种反映。试想，那种没有理论的应用，究竟能应用个什么呢？

基于这种认识，我提出旅游管理专业本科教材建设的几点建议：

第一，突破理念局限，向着“理论化”方向努力，吸收旅游管理研究领域的最新科研成果，打造一批有理论分量的本科教材。理论总是体现在范畴和命题层面，只有借助于一些新范畴、新命题的提出及其体系化，理论作为一个知识体系才能得以成立。在我的课堂经验中曾有一例，可以用来说明理论知识与单一事实知识之间的区别：我曾不止一次问过所教过的学生，蚊子有几条腿。答案中除了没有一条腿、三条腿的之外，几乎说几条腿的都有。接着，我告诉大家：“所有的昆虫，都是六条腿。”这时，大家似乎恍然大悟，大有松了一口气的样子。我告诉学生，这后一个结论，就是昆虫学家的一个科学命题，是一种理论结论，它的特点是抽象表述，表达了从特殊到一般的知识转化过程和结果。昆虫学专业教育的目标，就是告诉学生这个一般性的理论结论，而不是逐个去考证个别事实；但好的教学方式，可能会借助于野外观察的方式（实践教学）来让学生获得这个理论知识。这就体现了“理论教学是目的、实践教学是方法”的教育理念。就目前的旅游管理类本科教材的内容构成来看，缺少的是抽象的理论，充斥的是个别的事实甚至带有极大局限性的对策或行动策略。这样的教科书，在科学性上已经大打折扣了。

第二，旅游管理专业本科教材的建设，也要与人才培养的专业定位和人才规格层次定位相呼应，立足于专业方向，限定在普通高等教育层次，力图在这个经纬交叉点上建立起本科旅游管理专业教材的定位基点。在旅游管理专业的高等教育领域，与旅游学研究的情况相对应的一种糟糕情况是，也同样存在着“泛化”的取向：比如，旅游管理专业的课程设置框架泛化，以至于可以开设旅游医学、旅游保险学、旅游交通学等莫名其妙的课程，并把“旅游××学”作为设置旅游管理专业课的基本思路，殊不知这种以交叉性学科为主的专业课设置思路（名为“交叉”，实为“戴帽”），已经在埋没旅游管理专业的“专业特性”；再如，每一门课程的内容框架泛化，以至于每一门课都搞前后、左右、上下的关联，让人感觉每一门课的内容中都包容着别一门课的内容，重复度极高。如果再联系到旅游管理专业的授课教师同时承担多门课程（我所知道的最多门数是一人承担20门，其中有14门专业课程，而通常都在5门左右）这一事实，那么，不难想象，旅游管理专业教科书在内容框架上的彼此缺乏区分度，其实是教师与教材之间长期形成的一个互为因果的循环关系的反映。这种因果链条如果不主动去打破，那么，旅游管理专业本科教育过程中存在的低效率和差效果的局面，必将会持续下去。此外，还存在着普通本科教育因近年来教育主管部门着力推行的就业导向的教育思想而催生出来的“向两边看齐、唯独失却自我”的教育倾向：普通本科专业教育盲目向高职高专教育学习，并将其美称为“应用型”教育模式，或者片面强调研究型教育。以上种种，都是近年来旅游管理普通本科教育因教育思想混乱所引发的教育实践问题。因此，旅游管理专业的教材建设，必须建立在深刻理解作为专业教育和普通本科教育这两个定位维度的根本特性的基础上。

第三，旅游管理专业的教材建设，还应该瞄准人才培养的能力目标来加以组织、建设。其实，大学人才培养的目标往往是复合型的，但每个专业必然有其主导或突出的主体目标，旅游管理专业也不例外，否则，就不成其为专业教育和大学教育。就旅游管理专业而言，依个人浅见，其人才培养的能力目标宜理解为一个“五层金字塔”结构的能力组合，是一个分类、分层的组合结构。具体结构如下：

塔尖层级：对应于专业核心能力，即学习本专业必须具备的最根本能力。由极有限但必需的课程来加以培养。这一层级是能够在本体论意义上回答“什么是‘旅游管理专业’”这一“专业”核心问题的层级，带有学科知识的纵向区分功能。一般地，用以构造一个专业与其他专业根本区分度的课程，是这个专业独特的、专属的少数几门核心基础课。就当前中国旅游管理本科教育层次而言，最为迷失的就是这一层次。这种迷失的表现是：在旅游教育界，人们很难就此几门核心基础课达成基本的共识。

塔檐层级：对应于专业发展能力，即学习本专业必须具备的专业核心能力。由有限的但必需的、能形成专业核心能力的重要课程来加以培养。就当前中国旅游管理专业普通本科教育层次而言，应属于那些能够构成旅游管理专业基本特色和独特知识保护带的“自足性分支学科”，即可以表述为“××旅游学”形态的知识内容。毋庸讳言，目前此类课程的建设是比较弱的，甚至是有结构性缺欠的，也是旅游教育界未来应积极、自觉地加以巩固和拓展的知识领域。只有这一层次与塔尖层次的完美结合，才能构筑旅游管理专业独特的知识样貌，其学科独立性才能得以彰显。

塔腰层级：对应于专业拓展能力，即学习本专业应该具备的专业巩固能力。由有限的但相关的、能助成专业延展能力的相关课程来加以培养。在旅游管理普通本科教育当中，传统上是由“旅游××学”+各类旅游企业管理的分支学科构成这一层级的主体课程，其发育程度相对较好，但因其长期篡位于塔尖、塔檐两个层次而导致了本专业特色的迷失，这是值得警觉和应予调整、复位的。

塔座层级：对应于专业转换能力，即学习本专业应该具备的专业转换能力。由一些体现本校特色和优势、与本专业有所关联的“院校平台课”来加以培养。通常，一些财经和管理类大学会通过设立诸如统计学、经济学、管理学、会计学、财政学等平台课程来培养学生的专业转换能力，或者通过大类招生等办学模式来达到这一目标。其他一些以外语或文史类为特色的大学，也可能在其平台课的设置中寻求旅游管理专业中的外语或人文特色。

塔基层级：对应于人生成就能力，即作为本科教育层次毕业生的基本能力。由一些能体现大学教育层次、养成本专业人才所需要的综合品质的大学共同课来培养。本层次的课程几乎不带有专业色彩，但却充分展现了层次水平，是构成大学生和非大学生在普通人文和自然科学知识领域上层级区分的基本课程。

以上所论，无非个人的区区之见，未必得体。正如本人在第一版序言中曾指出的那样：教材建设实际上是科学研究成就的一个反映，是一个与学术论文、学术专著相关联的知识链条。教材内容的深刻性、系统化程度以及整体协调性，是一个学科长期积累的结果。就旅游管理专业而言，在短短的三四十年的历史中，是不可能一下子达到完善的程度的。好在我们身在其中的每个人，都在为这个目标而努力，而最终呈现给世人的究竟是一个怎样的结果，那也只好留待教材的使用者批评、指正了。

谢彦君<br>2016 年 3 月 7 日<br>于灵水湖畔

# 目　　录

# 绪论　旅游文化学的含义、要素与基础

【学习目标】

通过本章学习，掌握旅游文化学的含义与对象，熟悉旅游文化学的研究方法与理论基础，了解旅游文化学的意义与现状，为学习旅游文化铺平道路。

【内容结构】

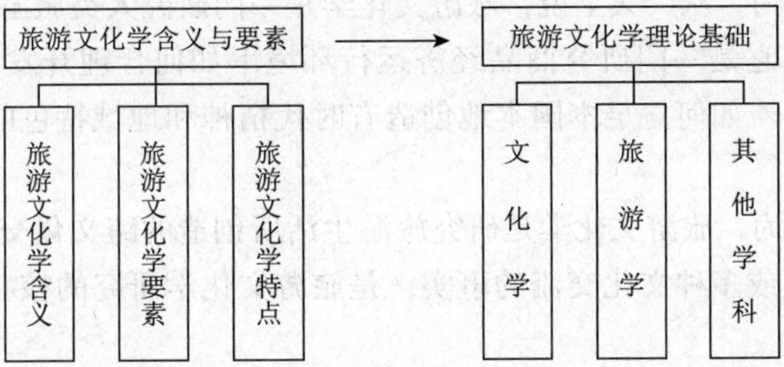


【重要概念】

旅游文化学　旅游文化系统　旅游文化研究　旅游学　文化学

## 第1节　旅游文化学及其对象、方法与意义

旅游文化学既是旅游学科的一个分支，也是文化学科的重要组成部分。作为一个相对独立的交叉性学科，旅游文化学有自己的内涵及特殊的对象、方法、意义等要素。旅游文化学的内涵是什么？有哪些研究对象、研究方法、研究意义和概念范畴？“独特”在何处？这是本节要讨论的重点所在。

### 一、旅游文化学及其形成

#### （一）旅游文化学界说

在西方，“旅游文化”一般不作为单独的研究学科（领域），更多的是被当作一种旅游研究视角——文化视角。既没有以旅游文化学为题的专著、教材，也不见以旅游文化学为题的报告、文章。因此，找不到一个明确的旅游文化学定义。

在我国，旅游文化研究已然成学，仅以旅游文化学为题的教材就达20余种。但是，旅游文化学的含义是什么，迄未定论。主要有以下四种说法。

第一种说法认为，从广义上说，旅游文化学是一门研究人类旅游活动发展规律的学问；从狭义上说，它是一门研究商品经济运行环境下如何合理开发利用过去时代所创造的旅游文化遗产，如何立足本国本地创造有时代精神和地域特色的旅游文化的学问。（喻学才，2002）

第二种说法认为，旅游文化学是研究旅游生活所创造的跨文化交流的学问。旅游活动本身形成的两种或多种文化交流的事实，是旅游文化学研究的核心内容之一。（章海荣，2004）

第三种说法认为，旅游文化学是关于旅游文化的本质以及旅游文化产生、发展的规律的科学。旅游文化学以旅游文化现象、旅游文化本质以及旅游文化产生和发展的规律作为研究对象，以考察各种旅游文化现象作为入门的向导，以研究旅游文化的本质及产生和发展的规律为主要任务。（马波，1998）

第四种说法认为，旅游文化学是一门新兴的学科，是旅游学的一个重要分支，是研究旅游文化基本要素、结构、体系和功能，尤其是研究旅游主体在旅游客体和旅游中介体参与下，文化人格的塑造和民族旅游性格的陶铸过程，以及旅游活动与旅游社会文化环境的关系问题的一门学问。（谢贵安，1999）

上述界说在定义旅游文化学时，称之为学问、学科、科学，而且都把旅游文化学的对象置于定义的显著位置。学问是反映客观存在的系统知识，学科是依据学问的性质而划分出的门类，旅游文化学既是一种系统知识，也是一个知识门类，称之为学问或学

科，自然正确；科学是正确反映客观规律的知识系统，旅游文化学力图正确反映特定对象的客观规律并自成知识系统，称之为科学也无不可；定义是揭示概念对象特征的，一门学科与另一门学科的区别，关键在于有无独特的研究对象，旅游文化学定义凸显其研究对象，也是正确的。

但是，上述诸家的旅游文化学定义也有不清晰之处。有的定义以旅游或人文旅游资源为中心，令人无法分清旅游文化学与旅游学及旅游资源学的区别；有的定义以旅游跨文化交流为核心内容，使旅游文化学变成了文化学取向的旅游专题研究，旅游文化学与旅游学似分而实合；有的定义虽明确以旅游文化为中心，划清了旅游文化学与旅游学的界限，但定义者在谈到旅游文化学研究对象时又说旅游文化学是研究旅游的（下详），旅游文化学与旅游学的界限清而复混。另外，翻翻采用上述定义的旅游文化学论著，除了所谓的旅游文化的内容以外，还有很大篇幅是关于旅游文化的影响因素以及旅游文化研究的范式、体系、范围、类型、主体、载体、成效、历史、现状等方面的内容。这些虽与旅游文化有关，却不是“旅游文化”所能概括的。旅游文化的影响因素与旅游文化一样属于旅游文化系统方面的要素，是不以研究者的意志为转移的客观存在；旅游文化研究的范式、体系、范围、类型等则属于旅游文化研究方面的要素，更多受制于研究者的主观意识。它们都是旅游文化学的重要内容，定义中不可不提。

所以，我们认为，旅游文化学宜定义为“关于旅游文化系统及旅游文化研究的学问”。这个定义包含以下两层意思：

其一，旅游文化学是关于旅游文化系统的学问。从系统论的观点看，任何相对独立的存在都是一个由若干内外子系统构成的大系统，该系统常以其中某个核心子系统命名。所谓旅游文化系统就是由内系统旅游文化自身及外系统旅游文化环境（又称旅游文化生态环境）构成的大系统，其核心子系统是旅游文化，故名。旅游文化系统十分庞大，两个子系统内部及两个子系统之间关系复杂，非观念形式不能得其要领。旅游文化学的任务之一就是要以观念的形式反映旅游文化系统，使之由实体抽象为知识，以便于理解和把握。当然，这种知识应是系统的而不是零散的，应是正确的而不是错误的，否则，既谈不上学问，更称不上科学。

其二，旅游文化学是关于旅游文化研究的学问。旅游文化学是研究旅游文化系统的，要想深入研究旅游文化系统，必须不断地反思以往的研究过程，分析已有的研究成果，总结经验，吸取教训。一言以蔽之，就是要对旅游文化研究本身（不是旅游文化系统）进行再研究。旅游文化研究本身也是一个复杂的系统，比旅游文化系统更难把握，如果说，旅游文化系统的某些表象尚可以通过感官直接把握，作为一种对象，旅游文化研究非思维形式不能把握。毕竟，旅游文化研究本身就是一种专深的学问。旅游文化学不但要以观念的形式反映旅游文化系统，更要以观念的形式反映旅游文化研究，只有这样，作为认识对象的旅游文化研究才能被人理解、被人掌握，并应用于研究旅游文化系统。旅游文化学反映旅游文化研究所形成的知识，同样应是系统的而不是零散的，应是正确的而不是错误的，否则，旅游文化学作为一门学问或一门科学是名不副实的。

本书的旅游文化学定义是以旅游文化学核心要素——研究对象为着眼点的。作为一门学科，它的内容除研究对象外，还包括研究方法、研究意义、概念范畴等。其中，研究对象是核心，它决定该学科的“合法”性；研究方法是手段，它决定该学科的成熟度；研究意义是动力，它决定该学科的前途；概念范畴是特质，它决定该学科的框架体系。旅游文化学的内容结构如图绪 -1 所示。

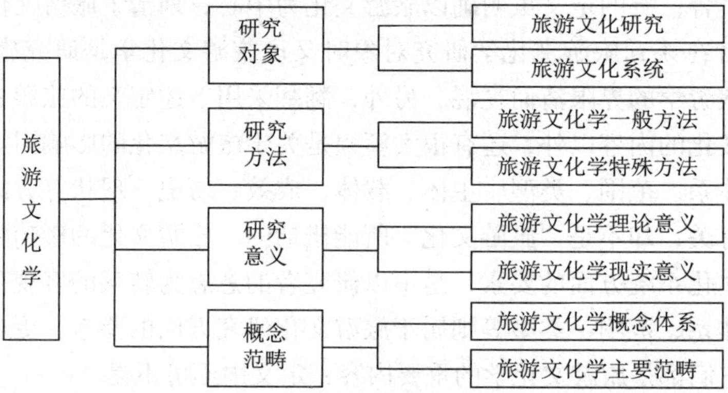


**图绪 -1　旅游文化学的内容结构**

关于旅游文化学的对象、方法、意义与范畴，我们将在本节第二至第五部分详加探讨。

**（二）旅游文化学的形成**

严格的旅游文化研究始于 20 世纪 70 年代，那时并不称“学”。随着旅游文化研究的深入，人们开始对这种研究本身进行反思，其中包括旅游文化研究怎样成“学”、有何特点、如何研究等，如俞慈韵（1986）、郁龙余（1989）分别提出旅游文化学以文化学为主要方法，以旅游与文化的各个类别的相互关系为独特对象，呼吁尽早建立旅游文化学。旅游文化学呼之欲出。

20 世纪 90 年代，作为相对独立的研究对象，上述问题正式同旅游文化一起纳入旅游文化论著之中，于是，学术领域出现了第一篇以旅游文化学为题的文章《旅游文化学发凡——一个文化学的视野》（唐友波等，1991），出现了第一部以旅游文化学为题的著作《旅游文化学概论》（郝长海、曹振华，1996），旅游文化学至此成“学”。旅游文化学的形成如图绪 -2 所示。

自旅游文化学形成以来，学界开始较多地关注旅游文化学体系问题，并形成若干旅游文化学理论体系。

李莉（1991）认为，建立完整的旅游文化学理论体系，有两点值得考虑：第一，指

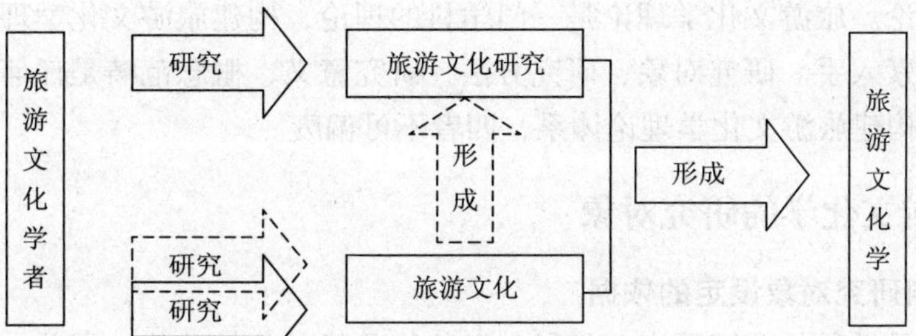


**图绪 –2　旅游文化学的形成**

说明：虚线箭头代表旅游文化学酝酿阶段，实线箭头代表旅游文化学形成阶段。

导思想问题；第二，旅游文化学的结构问题。同时提出，旅游文化学方法论研究、区域或民族的旅游文化研究，同旅游文化理论体系一样，是旅游文化学的主要研究范畴。

张国洪（1999）认为，旅游文化学的基本框架，可以据以下五个方面进行搭建：旅游文化系统、旅游文化模式、旅游文化功能、旅游文化变迁、旅游文化建设。

阳国亮（2008）认为，旅游文化学学科体系应由旅游与文化的关系及基本范畴、旅游文化消费主体及其行为规律、旅游文化客体及其供给形式、旅游文化介体及其服务形式、旅游文化资源及其策划规则、旅游文化政策及其作用六部分组成。

喻学才（2010）认为，从学科建设的角度看，旅游文化学体系的构建至少应包括三大部分：第一，基础理论，包括本体论、方法论和价值论；第二，结构理论，包括学科的基本构成，研究对象的内在规律；第三，实践应用，包括阐释古今中外的旅游文化实践，检验现在的旅游文化开发实践，预测将来的旅游文化走势。

邹本涛（2009）认为，旅游文化学不应是文化学取向的旅游学，而应是关于旅游文化系统及旅游文化研究的学问；旅游文化学不应混同于相关学科，它应有自己的研究对象、研究方法和研究意义；旅游文化学的研究对象也不应是旅游，而应是旅游文化系统及旅游文化研究。曹诗图撰写《略论旅游文化学的主要问题》一文（2011）与邹本涛商榷，认为旅游文化学应是文化学视角的旅游学，不是关于旅游文化系统及旅游文化研究的学问；旅游文化学主要应研究旅游与文化的关系和旅游文化构成体系及旅游文化发展规律。邹本涛则以《再论旅游文化学》（2011）为题，就旅游文化学的现状、定位和对象等回答了曹诗图的质疑，对所持理论做了进一步的论述。

旅游文化学除上述理论体系外，还有多种，如“三体文化”体系、“消费—经营”体系、“文化交流”体系等。由于多着眼于旅游文化学的研究对象——旅游文化，所形成的旅游文化学体系多为旅游文化理论体系。旅游文化只是旅游文化学要素——研究对象之一，所以，旅游文化理论也仅是旅游文化学理论的一部分，地位再高也不能等同于旅游文化学理论。旅游文化学理论是一门学科的理论，构建旅游文化学理论体系还应从旅游文化学要素入手。研究对象、研究方法、研究意义、概念范畴是任何学科不可或缺的四大要素，构建旅游文化学理论体系，四者不可偏废。

## 二、旅游文化学的研究对象

### （一）学科研究对象设定的依据

研究对象是学科的关键要素，学科定义往往凸显对象的地位。因此，当我们把目光由学科定义转向该学科的研究对象时，必须锁定学科定义中的对象，换言之，学科对象的设定必须服从学科定义，否则便是自相矛盾。不幸的是，这种自相矛盾的现象俯拾皆是。如前述各家，有的一方面认为旅游文化学是关于旅游文化的学问，另一方面又说其研究对象围绕着“旅游”这个基本概念展开；有的一方面认为旅游文化学是关于旅游的学问，另一方面却把研究对象锁定在旅游“主体文化、客体文化、介体文化”等所谓的旅游文化上。上述研究对象的设定，已深深地影响了旅游文化的研究方向。国内其他以旅游文化学为题的同类教材，其研究对象的确定大抵不入此家，即归彼家，只是在具体内容上稍加分合增减而已。

### （二）本书的旅游文化学研究对象

本书坚持认为，旅游文化学是“关于旅游文化系统及旅游文化研究的学问”。因此，本书的旅游文化学研究对象与以往同类论著大不相同。它不是以文化学的视角审视旅游或人文旅游资源，而是以多维视角审视旅游文化系统及旅游文化研究。

旅游文化系统包括旅游文化自身及旅游文化环境。旅游文化自身包括旅游文化本体及其要素，前者如旅游文化的内涵、结构、类型、特点、功能等；后者如旅游文化心理、旅游文化行为、旅游文化产品等。旅游文化自身在旅游文化系统中处于核心地位，所以是旅游文化学研究的核心对象。旅游文化环境包括影响旅游文化的政治、经济、社会、文化、自然等因素及其影响过程。旅游文化存在于社会与自然环境之中，必然要受到社会、自然等环境的影响，研究旅游文化而不研究其环境，无助于把握旅游文化发展、变化的规律。旅游文化环境在旅游文化系统中处于边缘地位，是旅游文化学的重点对象之一。旅游文化的演进、建设、未来等属于动态视角的旅游文化系统，自然也在旅游文化学研究范围之内。

旅游文化研究包括旅游文化研究的过程与成果。如旅游文化研究的理论体系、概念范畴，旅游文化研究的对象选择、方法运用与意义概括，旅游文化研究的历史、现状与趋势，旅游文化研究的条件、特点与规律等。对旅游文化研究的研究属于旅游文化学“元理论”研究，以旅游文化研究为研究对象，是旅游文化学天经地义的责任。旅游文化学因研究旅游文化研究而最终成“学”，对旅游文化研究的研究充分与否，直接决定旅游文化学品质的高低。目前，旅游文化学“学”的品质依然不足，因此尤其要注重旅游文化研究的研究。把旅游文化研究作为旅游文化学的研究对象也是研究旅游文化系统的必然要求。旅游文化学是研究旅游文化系统的，要想深入研究旅游文化系统，必须不断地反思以往的研究过程，分析已有的研究成果，总结经验，吸取教训。简言之，必须大力开展对旅游文化研究的研究。

限于课时和篇幅，本书对旅游文化学对象的研究，将集中于上述两大对象中的七个问题：

①旅游文化研究（研究历程、研究特点等）；

②旅游文化本体（旅游文化的含义、结构、特点、功能等）；

③旅游文化主干（旅游体验文化、旅游介入文化）；

④旅游文化环境（自然、社会、文化、经济、政治等）；

⑤旅游文化演进（旅游文化系统的动态过程）；

⑥旅游文化建设（旅游文化建设的原则、方法等）；

⑦旅游文化未来（旅游文化的展望）。

其内容结构如图绪 -3 所示。

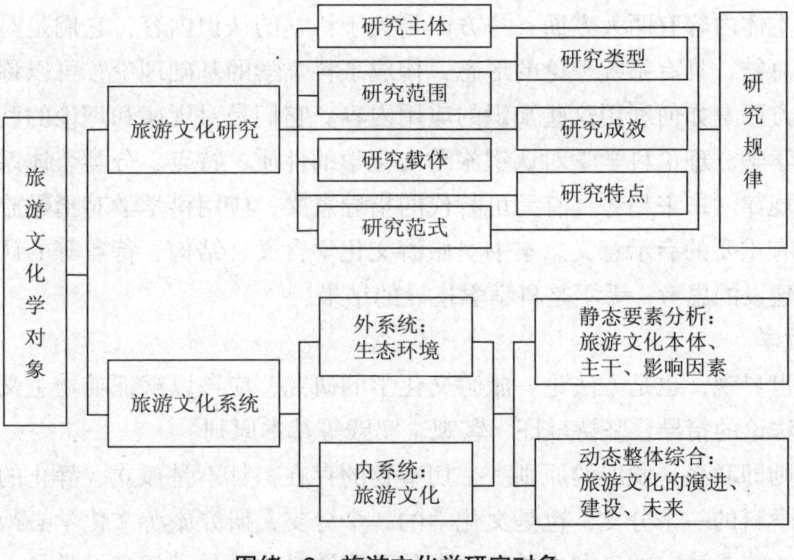


**图绪 -3　旅游文化学研究对象**

再加上本章正在探讨的旅游文化学自身问题——含义、要素与基础，本书全部内容涵盖了旅游文化学及其对象共八大问题。

## 三、旅游文化学的研究方法

一门学科的建立和发展，不仅要有明确的、特殊的研究对象，而且要有科学的研究方法，否则建立和发展学科的目的和任务是达不到的。

所谓研究方法，亦即研究的门路、程序等。旅游文化学研究法亦即旅游文化学研究的门路、程序，包括旅游文化学内涵、对象、范畴、体系等研究的方法。旅游文化是旅游文化学的核心对象，所以，旅游文化研究法是旅游文化学研究法的重要组成部分（人们通常把旅游文化学研究法等同于旅游文化研究法，盖肇因于此）。从价值的角度看，旅游文化学的研究方法包括理论与技术两个层次，前者具有总体指导性，如社会科学理论；后者具有具体操作性，如访谈法；从性质的角度看，旅游文化学的研究方法包括一般与特殊两个类型，前者基本适用于一切科学研究，如科学学、哲学、逻辑学、调查法、比较法、实验法；后者主要适用于旅游文化学研究，如旅游学、文化学。

**（一）科学学**

科学学是以科学本身为研究对象的学科，研究目的在于认识科学的性质特点、关系结构、运动规律和社会功能，并在认识的基础上研究促进科学发展的一般原理、原则和方法。在中国的学科建制中，科学学是科学技术哲学的一个重要组成部分。科学学研究对象主要是自然科学，广义来讲包括基础科学、技术科学和工程科学。近年来科学学研究对象已扩大为包括所有科学直至哲学，社会科学学、哲学学的研究已取得许多成果。

科学学主体内容有两大方面：一方面是关于科学的认识内容，它们是对客观对象认识的概括和总结，具有系统理论的形态，构成了科学学的基础理论，可以称之为理论科学学。另一方面是如何利用这些知识的应用内容。它们是对规律和理论的利用，可以称之为应用科学学。理论科学学对认识旅游文化学的性质、特点、分类、体系结构、社会功能、发展规律、未来趋势具有无可替代的指导意义；应用科学学对指导旅游文化学学科建设亦具有重要的启示意义。本书对旅游文化学含义、结构、特点等的认识及对旅游文化学学科建设的思考，无不是科学学指导的结果。

**（二）哲学**

哲学是世界观，也是方法论。旅游文化学的研究，应该以辩证唯物主义和历史唯物主义作为方法论的指导，坚持辩证、客观、实践等基本原则。

辩证原则即联系、发展的原则。一切事物的存在，都不是孤立、静止的。旅游文化学属于旅游学科的一个分支，也是文化学的一个分支，研究旅游文化学必须置之于相关学科之中，才能弄清它的来龙去脉。学界关于旅游文化学是一门交叉学科，是一门不成熟但有前途学科的判断，正有赖于辩证原则的指导；旅游文化属于上层建筑，是一个矛盾的综合体。旅游文化研究必须按照唯物辩证法的原则，坚持经济基础决定上层建筑、上层建筑反作用于经济基础的观点，着眼于旅游文化与外部影响、旅游文化与内部要素的矛盾运动，从动态、整体的角度把握旅游文化的现象和实质。学界对旅游文化的形成与演进的研究成果显著，辩证原则功不可没。

客观原则就是我们通常所说的实事求是原则。实事求是是一切科学研究的基础。旅游文化学是一门科学，坚持实事求是的科学态度，就是要按照旅游文化现象的本来面貌去反映、去分析，绝不能依个人成见取舍材料，主观推测。旅游文化研究中，想象是不可缺少的，但想象要反映旅游文化自身的客观实际。把旅游文化创造的动力归结于远古祖先迁徙的遗传，想象可谓大胆，文化创造与自然行为却混为一谈了。违背客观原则的教训由此可见一斑。

实践原则即理论联系实际的原则。理论联系实际是学术准则，也是价值取向。旅游文化学是融理论、实践于一体的综合性学科，由此决定了旅游文化学研究一方面要立足于实践，注重科学理论体系的构建，使之真正成为一门科学；另一方面必须服务于实践，用旅游文化学理论指导旅游文化建设，并在实践中检验、发展旅游文化学理论。只有这样，旅游文化学研究才会有强大的生命力。

**（三）逻辑学**

逻辑学是一门研究思维的科学，是关于思维过程本身的规律的学说。逻辑学有很多分支，其中主要有普通逻辑、数理逻辑、辩证逻辑等。普通逻辑侧重于研究思维的一般形式；数理逻辑侧重于研究思维的量的方面的规律；辩证逻辑侧重于研究思维过程的辩证关系。

旅游文化学是按照一定逻辑构建的理论知识体系，研究旅游文化学必须借助于逻辑学：研究旅游文化学的含义，必先考虑它的逻辑起点——是“旅游与文化学”（或“旅游的文化学”）还是“旅游文化与学”（或“旅游文化之学”）？确定旅游文化学的对象，必须接受逻辑制约——旅游文化学的对象确定应服从旅游文化学定义。研究旅游文化也需借助逻辑学。旅游文化现象大多是具体的而非抽象的，是形象的而非概念化的，是可以通过感官来感知的。从这个层面来说，旅游文化研究似乎不必过多借助于逻辑学。其实不然。通过感知获得的旅游文化知识如果不进行归纳、整理，它将永远停留在经验的层面而不能上升为理论；旅游文化研究也将永远停留在直觉的层次上，而不能成为一门科学。何况，旅游文化学对旅游文化的研究，感知表象只是开始而不是终结，其最终目的在于揭示旅游文化现象背后起支配作用的本质和规律。要完成这一任务，离开人们的理性思维，离开抽象和概括显然是不行的。

旅游文化学是一门新兴的学科，自身的理论体系、概念范畴尚处在模仿阶段，这固然与学科的新兴有关，研究者的逻辑缺欠也难逃干系。旅游文化学的研究中，违背概念、定义规则，乱用概念、乱下定义者有之，如旅游文化就是“……各种旅游文化现象的总和”之类（同语反复）；违背逻辑规律，自相矛盾者有之，如一方面承认旅游文化不同于旅游，另一方面又把旅游文化史写成旅游史（旅游文化既然不同于旅游，旅游文化史就不应该是旅游史）；违背推理规则，随意做结论者有之，如认为山水美是人类特有的概念，所以，自然旅游资源同样也具有文化性（概念是文化，概念所反映的对象却不一定是文化）。上述例子均取自国内多种版本的旅游文化（学）教科书，且都是重要论题。逻辑欠缺到这种地步，旅游文化学研究又怎能提炼出自己的科学理论体系和概念范畴！

**（四）实验法**

实验法是指在一定的人工设计条件下，按照一定的程序，改变某些因素或控制条件，对研究对象的活动进行观察、记载，并分析两个以上因素（又称变量）的变化，借以发现现象之间的因果关系、揭示事物运动规律的方法。旅游文化学研究涉及大量心理现象，所以在实际研究中也会采用实验法。例如，我们为了了解旅游者不同的旅游服务需要，可以通过变动服务者的态度、性别和年龄，观察旅游者的情绪反应、满意程度。

依据实验条件的不同，实验法可分为标准实验法和自然实验法两种。

标准实验法即在实验室内利用一定的设施进行实验研究的方法。进行标准实验时，要求对实验组和控制组进行全面控制，防止其他因素干扰，以便观察实验因素对不同组别的作用。由于标准实验是在控制了其他因素的状态下进行的，又观察了现象变化的全过程，所以能够确定不同影响因素之间的关系。但这种实验也有一些不足，主要是实验情境太人工化，往往会影响被实验者的行为，被实验者总想揣摩实验者的意图，不能如实做出反应。

自然实验法即在日常生活的自然条件下，有目的、有计划地创设和控制一定的条件进行实验研究的方法。进行自然实验时，研究人员既不严格控制实验条件，也不太多施加人为影响，而是在自然状态下观察某一因素对不同组别的作用，然后加以比较得出结论。这种实验能够观察到被实验者的真实状态，但由于无法全面控制环境而不能准确确定不同影响因素之间的关系。自然实验法贴近实际，简便易行，兼具实验法和观察法的优点，所以被广泛应用。

**（五）调查法**

调查法是采取客观态度、运用科学方法、有步骤地收集资料并分析各种因素之间的联系，以掌握社会实际情况的方法。旅游文化是一种复杂的社会现象，既反映在文献记录里，更反映在社会生活中。不进行社会调查，旅游文化研究便无法获得大量生动、鲜活的第一手宝贵资料，所得结论难保全面、准确。目前，旅游文化研究中大量使用调查资料，开创了许多成功的范例。

根据研究对象的范围、特点，调查可分为全面调查、抽样调查、个案调查、典型调查等形式。

全面调查也称普查，它是在较大范围内对研究对象所包含的全部单位无一遗漏地同时加以调查，以掌握研究对象在某一时刻具体状况的方法。全面调查基本上是一种定量调查。全面调查的优点是所获资料全面、基本、准确、丰富；缺点是要花费太多的人力、物力、财力、时间，不易进行。

抽样调查是在研究总体中用随机抽样或非随机抽样的方法选取部分对象进行调查，

以便用样本资料来说明或代表研究对象总体情况的方法。抽样调查基本上也是一种定量调查。抽样调查的本质特点是用部分来说明或代表总体，所以，抽取的样本在总体中代表性越强，调查所获得的资料就越能较好地说明或代表总体特征；反之，总体特征就得不到较切合实际的说明。

个案调查是选择某类社会现象中的一个或几个为调查单位，收集与它有关的一切资料，通过同类对比研究得出结论的方法。个案调查基本上是一种定性调查。由于该调查方式往往采用观察法，所得资料比较详尽，因而能够具体深入地把握个案的面貌。个案调查也有一些不足之处，主要是无法保证个案的代表性，难以从个案调查中导出普遍性规律。另外，所需时间较多，对研究者的学识、经验、能力要求较高。

典型调查是在对研究对象初步了解的基础上，有计划、有目的地选择若干有代表性的典型单位进行周密、系统调查的研究方式。典型调查基本上也是一种定性调查。典型调查同个案调查一样，能够全面而细致地了解调查对象的状况，进而揭示其本质，同时又具有一定的代表性；但“典型”的选择容易受主观因素的干扰，无法确保“典型性”。定性分析较多而定量分析较少，不能较好地从量的角度说明问题。

**（六）比较法**

比较法是对物与物之间或人与人之间的相似性或相异程度进行研究与判断的方法。按属性的数量、时空的区别、目标的指向、比较的性质等标准，可分为单向比较和综合比较、横向比较与纵向比较、求同比较与求异比较、定性比较与定量比较诸类。运用比较研究法必须满足三个条件：同一性（使用同一标准、同一范畴比较同类事物）、多边性（在两个或两个以上事物间进行比较）、可比性（被比较的对象之间具有某些本质上而不是表面上的共性）。

比较法是许多领域科学研究活动中普遍运用的一种方法，也是旅游文化学研究的一种基本方法。旅游文化学中的比较法，是将旅游文化学或旅游文化的素材、现象在不同层次、不同范围内进行对比、概括、分类的研究方法。比较的目的在于发现和了解中外旅游文化学及各种旅游文化现象产生与发展的不同的和相同的条件与因素，发现和了解中外旅游文化学及各种旅游文化现象之间的联系和区别，从而把握中外旅游文化学及各种旅游文化现象的共性和特性。

旅游文化学研究中使用的比较法主要有纵比和横比、同比和异比两类。

纵比是对不同时间上的旅游文化学或旅游文化进行比较。旅游文化学是着眼于现在和将来的科学，但由于文化具有延续性，旅游文化学研究就有必要将眼光投向过去，通过历史比较，发现旅游文化学或旅游文化在不同时期的类型、特点和演变过程，进而揭示旅游文化学或旅游文化发展运动的一般规律。

横比是对不同空间上的旅游文化学或旅游文化进行比较，比较的范围和层次可大可小，可以是东西方地区的比较，可以是国与国之间的比较，也可以是一个国家内部不同地区、不同民族的比较。通过横向比较，可以区别不同地区、不同民族旅游文化学和旅游文化的特点、类型，从中找出旅游文化发展、变化的特殊规律。

同比是为寻求旅游文化学之间或旅游文化之间的共同点而进行的比较研究，以把握其发展的共同规律；异比是为寻求旅游文化学之间或旅游文化之间的不同点而进行的比较研究，以发现其发生发展的特殊性。通过“求同”“求异”分析比较，可以使我们更好地认识旅游文化学和旅游文化发展的多样性与统一性。

关于旅游学、文化学等与旅游文化学关系最密切的理论，我们将在本章第二节展开介绍。

## 四、旅游文化学的研究意义

关于旅游文化学研究的意义，在前面的论述中事实上已有所涉及。这里我们进一步将其总结为以下几个方面：

第一，有助于完整认识旅游文化，科学建设旅游文化。旅游文化是人类重要的文化现象之一，旅游文化建设也是人类文化建设的重要课题。旅游学科的其他分支虽然也涉及旅游文化，但由于分工的不同，旅游文化并非其主要研究对象，建设旅游文化也不是其主要目的，因而它们对旅游文化的认识注定是肤浅的、片面的，关于建设旅游文化的对策也注定是零散的、不完整的。旅游文化学以旅游文化为主要研究对象，以建设旅游文化为主要目的，整体、全面、深入研究旅游文化，并提出综合的、系统的、具体的旅游文化建设方案，因而旅游文化学是完整认识旅游文化的最重要途径，也是科学建设旅游文化的关键所在。可以说，完整认识旅游文化，科学建设旅游文化，这是旅游文化学的天然使命和优势所在，也是旅游文化学最重要的独特价值。

第二，有助于解释人类的旅游活动，提高旅游质量。人类的旅游活动是一种复杂现象。早期的旅游研究从旅游业的角度出发，认为旅游是经济因素影响的结果，是一种经济现象。旅游文化研究兴起后，学者从文化的角度出发，明确提出，人类的旅游活动固然要受到经济因素的影响，但从根本上来说，是文化驱使的结果，是人的一种文化活动。这一结论深化了人们对旅游的认识，逐渐成为主流意识。可以说，没有旅游文化学的参与，人们对旅游的认识，仍将停留在经济层面。旅游体验既是旅游活动的重要组成部分，也是旅游文化学研究的主要内容之一，旅游文化学探讨旅游体验的机理、质量，按照一定的理论方法对未来的情况进行预测，有助于旅游质量的提高。随着旅游体验研究的深入，人们对旅游体验的质量越来越关注，这不能不归功于旅游文化学的研究。

第三，有助于正确认识旅游业发展的规律，促进旅游经济效益的提高。旅游业发展存在支配它的客观规律，包括经济规律和文化规律。只有遵循这些客观规律，旅游业才能得到全面的发展。在以往的旅游经营管理中，一般对经济原理相当重视，对文化规律认识不够，许多旅游经营管理活动具有盲目性和短期性。旅游服务向来被看作经济行为，由于重经济，轻文化，主、客双方难得满意。旅游文化研究告诉我们：旅游服务是经济行为，更是文化行为，它主要是通过生产和销售文化来达到经济目的的，在这里，文化含量与经济效益是成正比的。因为旅游者需要的产品主要是文化性的产品。受此启发，许多旅游企业大打旅游文化牌，经济效益显著提高。还需要指出的是，旅游文化学研究对于提高旅游从业人员的文化素质有着十分重要的意义。旅游文化学研究将帮助旅游从业人员认识人和文化的相互关系，自觉地去创造和发展进步的文化和良好的文化环境，把群体发展为一个有较高文化素质的群体，把个人塑造成具有较高文化素养的个人，从而为提高旅游服务质量奠定基础。

第四，有助于正确理解人类文化，促进文化繁荣。文化是人类特有的现象，林林总总，斑斓多姿。文化现象如此复杂，怎样理解？如何把握？这一直是人们苦苦思索而未得其解的问题。单单一个文化的概念就有300多种定义。理解人类文化可以有多种途径，以小见大即是其中的一种。旅游文化是人类文化的一支，在繁盛的人类文化之花中，不可不谓小。虽然小，它却是多种文化综合的结晶，独特的芳香中散发着许多人类文化之花共有的气息。因此，研究旅游文化对于理解人类文化有“窥一斑而见全豹”之效。另外，学术繁荣是文化繁荣的标志之一，开展旅游文化研究，也有助于推动其他文化的发展。毕竟，旅游文化同其他文化血肉相连，共生共荣。近年来，一大批中国文化和地方文化的论著借旅游文化之名纷纷出炉，就是一个很好的例证。

第五，有助于推动旅游学的发展，丰富文化学的内容。旅游文化学是旅游学和文化学的交叉，它既是旅游学的分支学科，也是文化学的分支学科。作为旅游学的分支学科，旅游文化学研究必将推动旅游科学的发展；作为文化学的分支学科，旅游文化学研究必将丰富文化学的研究内容。有人说，旅游文化学是旅游学的深化，不错，旅游文化学的研究，确实深化了旅游学的内涵，国内出版的旅游学教材已开始把旅游文化作为一章纳入其中。其实，旅游文化研究的学科贡献还不止这些。单从旅游文化研究已独立成学且在旅游科学中占有半壁江山这一点讲，旅游文化研究对旅游科学的推动就可想而知。至于旅游文化研究对文化学的贡献，也已初见端倪。旅游文化的研究成果正越来越多地被文化学乃至社会学、人类学所吸收，麻省理工学院在其开设的全球文化课程中就有旅游文化方面的内容。文化学等非旅游学科的研究内容因此大大地丰富起来。

## 五、旅游文化学的概念范畴

### （一）旅游文化学的概念

概念是反映事物类的本质属性及其分子的思维形式。人们认识周围事物最初形成的概念是前科学思维时期的日常生活概念。这种最初形成的概念，通常是作为对周围事物的感性经验的直接概括，并不具有很高的抽象性。科学思维中运用的概念即科学概念，是在相关理论指导下形成的，而且它总是处于特定的理论系统之中，具有较高的抽象性和概括性。

旅游文化学的概念是反映旅游文化学的本质属性及其要素的思维形式。有什么样的旅游文化学理论体系，就有什么样的旅游文化学概念体系。张国洪认为，旅游文化学的基本框架可以从旅游文化系统、旅游文化模式、旅游文化功能、旅游文化变迁、旅游文化建设五个方面进行搭建。相应地，上述五大概念也就构成了张国洪的旅游文化学主要概念。阳国亮认为，旅游文化学学科体系应由旅游与文化的关系及基本范畴、旅游文化消费主体及其行为规律、旅游文化客体及其供给形式、旅游文化介体及其服务形式、旅游文化资源及其策划规则、旅游文化政策及其作用六部分组成。显然，这六部分的概念也就构成了阳国亮的旅游文化学概念体系。喻学才认为，从学科建设的角度看，旅游文化学体系的构建至少应包括基础理论、结构理论、实践应用三大部分。基础理论、结构理论、实践应用这三大概念也就构成了喻学才的旅游文化学概念体系。邹本涛认为，旅游文化学不应是文化学取向的旅游学，而应是关于旅游文化系统及旅游文化研究的学问；旅游文化学不应混同于相关学科，它应有自己的研究对象、研究方法和研究意义；旅游文化学的研究对象也不应是旅游，而应是旅游文化系统及旅游文化研究。相应地，反映旅游文化学的对象、方法、意义等概念才是旅游文化学的基本概念。

旅游文化学除上述概念体系外，还有多种，如“三体文化”概念体系、“消费—经营”文化概念体系、“文化交流”概念体系等。由于多着眼于旅游文化学的研究对象——旅游文化，所形成的旅游文化学概念体系多为旅游文化概念体系。旅游文化学概念体系建设还应从旅游文化学的对象、方法和意义入手。旅游文化学的对象、方法和意义不同于其他学科，用以反映这些对象、方法和意义的概念也必然不同于其他学科。因此，能否提炼出独特的旅游文化学概念，是检验所构建的旅游文化学科学与否的标准之一。

**（二）旅游文化学的范畴**

范畴是反映事物本质属性和普遍联系的基本概念。在哲学中，范畴（希腊文为κατηγορια）概念被用于对所有存在的最广义的分类。比如说，时间、空间、数量、质量、关系等都是范畴。由此形成的专门学问称之为范畴论，属于形而上学的本体论分支。在分类学中，范畴是最高层次的类的统称。它既不同于学术界按照学科对于学问的分门别类，又有别于百科全书式的以自然和人类为中心的对知识的分类。

旅游文化学的范畴是反映旅游文化学本质属性和普遍联系的基本概念。显然，旅游文化学范畴也是旅游文化学的概念，只是它不包括旅游文化学的所有概念，仅指其中能够反映旅游文化学本质属性和普遍联系的基本概念。旅游文化学的范畴有哪些，目前学界尚未展开讨论。有的学者虽然也谈到旅游文化学范畴，但指的是旅游文化学的范围。我们认为，旅游文化学的范畴研究也需从旅游文化学的对象、方法和意义或旅游文化学概念入手。提炼或找出反映旅游文化学本质属性和普遍联系的基本概念，也就抓住了旅游文化学的范畴。

## 六、旅游文化学的特点

探讨旅游文化学的特点，是研究旅游文化的必然要求。目前学界对旅游文化学特点的研究成果不多。影响较大的说法是，旅游文化学的特点主要有三：一是综合性。旅游文化学是对旅游活动中文化现象综合性的、总体性的考察，不像某些专门的具体科学，仅仅涉及人们旅游生产或生活活动的某一方面、某一领域。二是理论抽象性和经验具体性的统一。文化学较之一般的具体的经验科学，有着相对较高的理论层次；较之哲学又具有相对较低的理论概括层次。旅游文化学亦当如此。三是旅游文化学是一门揭示旅游活动中人的智慧和实践创造能力的学科。旅游文化学研究旅游文化的本质及其发展规律，从根本上说也就是从科学的高度对旅游活动中人的智慧和实践创造能力的研究和揭示。这种概括，可以说高屋建瓴，极具启发意义。只是这三个特点有的似乎并不为旅游文化学所特有，所以，对旅游文化特点的研究还有待进一步深化。

笔者认为，研究对象、研究方法、研究意义、概念范畴是任何学科不可或缺的四大要素，其中，研究对象是核心，它决定该学科的"合法"性；研究方法是手段，它决定该学科的成熟度；研究意义是动力，它决定该学科的前途；概念范畴是特质，它决定该学科的框架体系。分析学科之间的异同，应从这四个方面着手。旅游文化学既是文化学的一个分支，也是旅游学这一学科群的组成部分。旅游文化学与旅游学的其他学科门类是不能截然分开的，但区别还是主要的。其区别主要是研究对象、研究方法、研究意义、概念范畴的不同。从这个角度来看，旅游文化学的特点可以概括为以下几点：

首先，以旅游文化系统及旅游文化研究为自己的独特研究对象。旅游文化学是"关于旅游文化系统及旅游文化研究的科学"，着重考察旅游文化整体、要素、影响、建设等，涉及旅游文化的各个方面、各个领域，它对旅游文化现象的考察是综合性的、总体性的。某些相关科学虽然也研究旅游文化，但仅仅涉及旅游文化的某一方面、某一领域，如旅游地理学、旅游资源学涉及旅游景观开发文化，旅游经济学、旅游心理学涉及旅游消费文化、旅游服务文化，旅游美学、旅游文学涉及旅游审美文化。而且，这些学科只对涉及的部分旅游文化从各自的角度进行个别研究。另外，对旅游文化研究本身的研究，相关学科基本不涉及，而在旅游文化学中则是重点内容之一。显然，旅游文化学代替不了相关的旅游学科，相关的旅游学科也代替不了旅游文化学。

其次，以旅游学和文化学为自己的首要研究方法。研究方法是任何一门学科不可或缺的重要内容，可分为一般与特殊两个类型。无论一般类型还是特殊类型，都包括理论与技术两个层次，前者具有总体指导性，后者具有具体操作性。作为特殊的旅游文化学研究方法，其技术层面尚未形成，其理论层面已经具备并有自己的特点。旅游文化学研究主要使用旅游学和文化学的理论，这两种理论虽然也为其他学科所使用，但作为最重要的方法同时使用的，只有旅游文化学。不运用旅游学的理论，包括旅游文化学在内的任何旅游学科的研究都将寸步难行；不运用文化学的理论，旅游文化学将不成其为科学。

再次，具有揭示旅游文化的发展规律，构建旅游文化学的科学体系等特殊研究意义。同研究方法一样，研究意义也是一门学科不可或缺的重要内容。旅游文化学具有独特的研究意义，如揭示旅游文化的发展规律，构建旅游文化学的科学体系。另外，在解释人类的旅游行为，揭示旅游活动的发展机理，认识和了解旅游业发展的规律，促进旅游经济效益的提高，正确认识和理解人类文化，推动旅游科学的发展，丰富文化学的内容方面，旅游文化学也有独特的价值。

最后，以旅游文化研究、旅游文化系统、旅游文化等概念为自己独特的核心概念。如前所述，某某学既是特定的知识系统，也是特定的知识门类。不管知识门类还是知识系统，都需要有独特的研究对象、方法和意义。对象、方法和意义是独特的，由此决定了用以表达对象、方法、意义的概念也必然是独特的。独特的概念是某某学理论体系的基本特质。目前的旅游文化学很难说有自己的概念体系，但毕竟形成了旅游文化、旅游主体文化、旅游客体文化、旅游媒体文化等较有特色的重要概念；特别是旅游文化系统（含旅游体验文化、旅游介入文化）、旅游文化研究等概念的提出，使得旅游文化学拥有了真正独特的核心概念，从而为建立独特的旅游文化学理论体系奠定了坚实基础。

## 第 2 节　旅游文化学的理论基础

旅游文化学是运用文化学、旅游学、社会学、人类学、美学、心理学、行为学、历史学、经济学等学科的基本原理研究旅游文化的结果，所以，它具有多学科交叉的边缘性特点。上述学科与旅游文化学有着密切的关系，这些学科的分支学科也与旅游文化学有着这样或那样的联系，它们共同构成旅游文化学的理论基础。不过，就依存性而言，作为基础的文化学、旅游学、社会学、人类学、美学、心理学与其关系尤为紧密。因此，本节选取旅游文化学理论基础中的文化学、旅游学、社会学、人类学、美学、心理学加以介绍。

### 一、文化学

#### （一）文化学的基本理论

文化学是一门研究文化现象与本质的学问。主要内容包括文化含义与结构、文化特征与功能、文化类型与模式、文化的产生与形成、文化传承与传播、文化分化与融合、文化变迁与交流等。由于学派不同，对文化的阐释也不相同。

一般认为，文化有广、狭二义，广义文化是指人类的创造过程及其物质、精神产品的总和，与自然相对应。广义文化说认为文化既是人类加工自然的过程，也是这一过程的结果，是自然的人化。狭义文化仅指其中的精神文化，与政治、经济相对应。狭义文化说认为广义文化定义无所不包，导致文化定义泛化，失去文化个性，只有人们的精神创造及其产品才是文化。关于文化结构也有广狭二说，广义文化说认为文化由物质、行为、心态三个层面构成；狭义文化说认为文化由社会心理和社会意识形态构成。

不同地域、不同民族有不同的文化。不同地域、不同民族既独立发展又互相冲突、互相融合。一种文化一旦形成，便会在特定的人群中代代相传，并随着文化创造和文化交流发生变异。文化也因此具有了地域性、民族性、时代性、承袭性、变异性等显著特征。文化为满足人类的需要而存在、发展，形成伊始就发挥着记录、储存人类创造能力和创造成就的作用，并成为社会交往的内容和手段。文化更能帮助人类认识世界，开阔视野，塑造人格，熏陶情操。对于人类来说，文化还能凝聚人心，协调人与人、人与社会的关系。文化也因此具有满足需要、记录储存、传播交流、认知益智、培育教化、凝聚黏合、调节控制等重要功能。

按照不同的分类标准，文化可以分为主文化与亚文化、俗文化与雅文化、地域文化与国别文化、古代文化与现代文化等不同种类，不同种类的文化有不同的文化样式。一个社会群体在长期社会实践中形成相对稳定的文化样式，就构成了所谓的文化模式。文化模式一旦定型，该群体就拥有了共同的超越个体的价值观念和价值标准。文化模式构成了一个群体与另一个群体的区别。在各种文化样式中，最有特色、最能显示某种本质属性的特征，文化学者称之为文化类型。文化类型是不同的民族文化适应环境而产生的各种文化特质相互整合的核心特征丛，而不是指它的全部文化特质或文化要素的总和或集合。文化类型表示各个区域或族群的文化之间的本质差别，与文化模式既有联系又有区别。

文化的产生离不开劳动，劳动创造了文化。劳动把人变成了“文化动物”，劳动造成了人与自然之间的物质和能量交换，劳动改变了自然与人本身。这些改变统统属于文化范畴。文化的形成离不开地理环境、生产方式及人口、心理的相互作用。地理环境为文化的形成提供了自然条件，具体形成什么样的文化，则取决于生产方式、人口状况和心理需要。

人们可以把自己和前代创造的文化一代一代地传递下去，也可以把这种文化散布给另一个群体或地域，由此形成了纵向的文化传承和横向的文化传播。文化传承主要通过耳提面命、聚会交流、系统讲授、传媒开发等方式进行；文化传播主要通过人口流动、商品流通、传媒播布等方式进行。语言对文化传承与传播具有至关重要的作用。

在文化传承或传播中，有的文化分裂了，由此衍生出若干支新的文化；有的文化和另一种文化相互吸收，留同弃异，最后合而为一，形成一种新的文化。前者被称为文化分化，后者被称为文化融合。文化分化和文化融合是文化发展的必然趋势。

不管文化传承与传播，还是文化分化与融合，它们都反映了这样一个基本事实：文化是在不断变化与迁移的，专业术语称之为文化变迁。文化变迁是文化发展的表征。在文化变迁中，如果变迁的形式表现为文化间的交互流动，这种变迁就是所谓的文化交流。文化交流是文化发展的重要推动力。

### （二）文化学与旅游文化学研究

文化学的基本理论对旅游文化学研究有特殊的指导意义。研究旅游文化的概念、结构、类型、特点、功能、地位、形成等重大问题，构建旅游文化学的框架体系，无一不需要文化学的基本理论；没有文化学的基本理论作指导，旅游文化学应有的文化学特征将不复存在，旅游文化学将不成其为旅游文化学。有的旅游文化学论著旅游学味道浓厚而文化学特色不足，一个重要原因就是偏离了文化学这个极为重要的理论基础。

## 二、旅游学

### （一）旅游学的基本理论

旅游学是研究旅游的现象、本质及发生、发展的规律的科学。旅游活动、旅游者、旅游业、旅游资源、旅游组织、旅游影响、旅游历史、旅游发展及旅游学自身问题构成了旅游学的基本内容。旅游学是一门年轻的学科，尚未形成成熟的理论。其主要理论包括：

（1）旅游结构论。旅游有广狭二义。广义的旅游是指旅游者的活动及由此引起的一切现象和关系的总和，狭义的旅游仅指旅游者的活动。关于旅游的结构，以“六要素说”和“三要素说”影响较大。“六要素”即行、食、住、游、娱、购，分别指旅游交通、旅游饮食、旅游住宿、游览、旅游娱乐、旅游购物。其中，行、食、宿是条件，游、购、娱是目的。“三要素”即旅游者、旅游业、旅游资源。其中，旅游者是旅游活动的主体，旅游业是旅游活动的媒体，旅游资源是旅游活动的客体。

（2）旅游形态论。不同的旅游要素和不同的构成方式，导致旅游形态各式各样。按地域特征划分，有国际旅游和国内旅游；按旅游者的主要目的划分，有消遣旅游（包括观光旅游、度假旅游等）、事务旅游（包括商务旅游、公务旅游和会议旅游等）、个人和家庭事务旅游（包括修学旅游和探亲访友旅游等）、保健旅游、宗教旅游、探险旅游等；按组织形式划分，有团体旅游和散客旅游；按旅游资源特征划分，有海滩旅游、山地旅游、城市旅游、温泉旅游、丛林区旅游等。

（3）旅游特征论。关于旅游的特征，有不同说法。一般认为，旅游活动集行、食、住、游、娱、购于一体，以消遣求悦为目的，是通过离开居住地到异地游览而实现的，不具有永久性，随季节的更替呈现出消长变化的态势，因此具有综合性、休闲娱乐性、异地流动性、过程暂时性、季节波动性等特征。其中，异地流动性、过程暂时性是旅游活动的最大特征。

（4）旅游性质论。旅游性质包括一般属性和本质属性。关于旅游的一般属性，争议不大。多认为旅游既是社会现象，又是文化现象，带有经济色彩，关涉政治因素。关于旅游的本质属性，分歧较多。有“经济说”“文化说”“经济—文化说”“产物—消费说”“需要说”“娱乐说”“审美说”“体验说”“社会生活方式说”和“探索与感受说”等十几种说法。

（5）旅游形成论。关于旅游的形成，一般认为需要经济、时间、心理三个基本条件。旅游是经济发展到一定阶段的产物。从历史的角度看，旅游发生在原始社会末期，这与当时的经济状况是相适应的。从个人的角度看，一个人能否成为旅游者，取决于其支付能力的高低。旅游是一种异地休闲活动，没有闲暇时间也是不行的。旅游活动的出现与闲暇时间的增多高度相关。这是客观条件。旅游的形成还有主观条件，其中最重要的是旅游需要和旅游动机。旅游需要和旅游动机是旅游形成的内在推动力。

（6）旅游效应论。旅游进入大众时代以来，对整个世界产生了巨大影响。对旅游影响的研究，形成了多种旅游效应理论。一种观点认为旅游污染了环境，破坏了旅游地社会文化，对经济发展没带来任何好处。另一种观点正好相反。主流观点认为，旅游的影响既有消极的，也有积极的。积极的一面是主要的，消极的一面是次要的。关键在于如何调控。

（7）旅游发展论。旅游发展的理论也是多种多样。其中最著名的是可持续旅游发展理论。关于可持续旅游发展的内容，可见于“Globe’90”国际大会上所提出的目标：增进人们对旅游所产生的环境影响与经济影响的理解，加强人们的生态意识；促进旅游的公平发展；改善旅游接待地区的生活质量；向旅游者提供高质量的旅游经历；保护未来旅游开发赖以存在的环境质量。

**（二）旅游学与旅游文化学研究**

同文化学一样，旅游学也是旅游文化研究不可或缺的理论基础。它同文化学一起撑起了旅游文化学的理论框架。旅游学的重要概念如旅游、旅游主体、旅游客体、旅游媒体……全部被旅游文化学照单接受，并由此衍生出自己的专业术语如旅游文化、旅游主体文化、旅游客体文化、旅游媒体文化……连旅游学的体系也成为多种旅游文化学论著的摹本。如果说，没有文化学的基本理论做指导，旅游文化学应有的文化学特征将不复存在，旅游文化学将不成其为旅游文化学；也可以说，没有旅游学的基本理论做指导，旅游文化学应有的旅游学特征将不复存在，旅游文化学也将不成其为旅游文化学。有的旅游文化学论著特别是以中国旅游文化为题的论著，文化特色有余而旅游味道不足（仅仅在“中国”“文化”二词中间加上“旅游”二字。大部分章节内容甚至连“旅游”二字都没有），这是不以旅游学理论为基础的必然结果。

## 三、社会学、人类学、心理学、美学

### （一）社会学

社会学是关于社会良性运行和协调发展的条件和机制的综合性科学。社会学研究的主要内容包括：社会与社会运行；社会化与社会角色；社会互动与社会群体；社会分层与社会流动；社会规范与社会设置；社会问题与社会控制；社会工作与社会保障；社会变迁与社会现代化；社会调查与社会指标。

按社会学家的解释，社会在本质上是生产关系的总和，是以共同的物质生产活动为基础的相互联系的人们的有机总体。社会有机体的运动、变化、发展统称社会运行。社会多种要素和多层次子系统之间的交互作用以及它们多方面功能的发挥，既是社会运行的表现，也是社会运行的内因。

社会是由社会性动物——人组成的。人的社会性不是与生俱来的，而是不断学习的结果，终其一生的学习过程就是社会化过程。人不社会化，将不成其为人。经过社会化，人学会了行使权利、履行义务，在不同关系中扮演不同角色。

角色不是孤立存在的，而是依存于一定的角色关系，这种角色关系就是社会互动关系。人们在持续互动中结合起来共同活动，形成了有共同利益的人类集合体——社会群体。依据群体的正规化程度及其成员的互动方式，社会群体有正式与非正式之分，前者如国家，后者如家庭。

由于社会地位不同，社会成员被区分为高低有序的不同等级和层次，由此出现了社会分层。社会地位发生变化，社会成员将由所在的等级、层次升降到另一个等级、层次，引发社会流动。

为了保障社会有序运行，参与社会生活的行动规则如风俗、道德、宗教、法律等应运而生；成套规范体系及与之相配的机构、设施如政治、经济、文化等制度、机构相继设立。前者谓之社会规范，后者谓之社会设置。社会规范和社会设置是解决社会问题、进行社会控制的手段和方式。

社会学理论是在社会研究的基础上提炼出来的。它虽然主要用于指导社会研究和社会实践，但许多理论和方法也适用于指导旅游文化研究。因为社会与旅游文化高度相关且部分重叠。旅游文化与社会的关系、旅游交往文化、旅游规范文化既是文化学的研究对象，也属于社会学的研究范围。从旅游文化学的角度看，不运用社会学的相关理论，便无从解释旅游文化的社会条件和社会影响；也无法洞察旅游交往文化和旅游规范文化的形成与机理。至于社会学的调查方法，更是旅游文化研究所不可缺少的。

文化社会学是社会学的一个重要分支。主要从社会系统的角度研究文化的形成、属性、生产、传播、变迁、趋势及其社会功能与作用等。文化社会学的基本原理对旅游文化研究有重要启示。对旅游文化的生产过程及产品的研究、对旅游文化社会功能与影响的研究等，均离不开文化社会学理论的指导。

### （二）人类学

人类学，通常叫作“人的科学”，是研究人类及其在各种发展过程中的文化的科学，包括人类的躯体、种族的差异、文明、社会构造以及对环境的反应等问题。具体而言，主要包含有八个方面的内容：人类的特征；人类的地位；人类的由来；人类的系统；人类的地理分布；人种的进化，各种族性质的异同及其原因；人类的文化等。

人类学自19世纪中叶诞生以后，在一百多年的发展过程中，形成了许多具有代表意义的理论派别。总体而言，这些理论派别是依时代顺序而先后兴起的，后起的理论往往对先前的理论提出反驳或修正。各个理论的关注点和使用的方法也各不相同，但都是围绕着人类学的最基本命题——人类社会及其文化的本质特征而进行的，反映了这一学科对人类社会和文化的有益探索和思考。人类学百余年来形成的具有重大影响的理论流派主要有：①古典进化学派，强调文化纵向发展的共同规律，流行于19世纪末的英国和美国。②传播学派，强调文化传播的横向研究，20世纪初流行于西欧大陆各国。③文化历史学派，主张研究各民族文化的具体历史，注重文化的特殊性，20世纪上半叶50年间一直统治着美国人类学界。④功能学派，强调对文化系统进行整体和要素的功能分析，20世纪30年代兴起于英国。⑤文化心理学派，侧重于从人类心理角度研究文化与人格问题，20世纪40、50年代盛行于美国。⑥新进化学派，强调文化纵向发展的特殊规律，20世纪50年代兴起于美国。⑦结构主义学派，主张对文化进行结构分析，20世纪兴起于法国，后风靡欧、美、亚大陆。

旅游文化学与人类学既有严格区别，又有密切联系。旅游文化学研究的对象是旅游文化，人类学研究的对象是人类种族的发展变化的规律，这是区别；两者都研究人及其文化，这是联系。只是旅游文化学研究的人与文化要比人类学研究的人与文化范围小得多，人类学关于人与文化的理论也因此比旅游文化学更有普遍意义。唯其如此，人类学的许多理论可以成为旅游文化学研究的基础。人类学的研究方法尤其值得旅游文化学借鉴。在不断更新的众多的人类学方法体系中，人类学追踪调查、跨文化比较、参与观察等方法，在西方被广泛地应用到旅游文化研究之中，实践证明是行之有效的。这些方法也应当成为中国旅游文化研究方法论的有机组成部分。

文化人类学是人类学的一个重要分支。文化人类学从物质生产、社会结构、人群组织、风俗习惯、宗教信仰等各个方面，研究整个人类文化的起源、成长、变迁和进化的过程，并且比较各民族、各部族、各国家、各地区、各社团的文化异同，从而总结出社会发展的一般规律和特殊规律。同人类学其他分支学科相比，文化人类学的理论更适用于旅游文化研究，特别是对不同民族、不同阶层的旅游文化研究有特殊的指导意义。

### （三）心理学

心理学是研究人的心理现象的发生、发展及其规律的科学。心理学是旅游心理学的基础学科，也是旅游文化学的理论基础。心理学经过长期探索并运用科学实验的方法总结出的一些基本原理，为我们研究旅游心态与行为文化提供了理论依据。心理学的原理主要包括心理现象原理和心理本质原理。

心理现象原理把人的心理现象分为心理过程和个性心理两个方面或两个子系统。

心理过程是指心理活动的动态过程，即人脑对客观现实的反映过程，主要包括认识过程、情感过程和意志过程。认识过程就是人脑对客观对象的属性及其规律的反映。由感觉、知觉、记忆、思维、想象等一系列认识环节所构成。情感过程是人对客观事物所持的好恶等情绪感情过程。意志过程是指人们面对困难有意识地支配和调节自己行动的心理过程。

个性心理实际上是一个人在心理活动中所表现出来的比较稳定的和经常的特征，是一个人带有倾向的、稳定的心理特点的总和，包括个性倾向性特征和个性稳定性特征（又称个性心理特征）两大部分。个性倾向性特征是指个人在社会生活中逐渐形成的思想倾向。集中体现在需要、动机、兴趣、态度等方面。个性稳定性特征是指个人稳定的心理特点。集中体现在气质、性格、能力等方面。

虽然心理活动和心理现象人人都有，与生俱来，但是要科学地理解和掌握心理现象的实质，却不是一件容易的事情。辩证唯物主义认为，心理是人脑的机能，是外部客观世界在人脑中的能动反映。一方面，没有人脑这个按特殊方式组成的物质的高级产物，就不可能产生人的心理。另一方面，如果没有外部客观世界的作用，人脑本身是无法独立产生人的心理的。在人和周围世界相互作用的过程中，人们总是积极、主动运用智慧和谋略自觉地、创造性地认识周围的世界。这是人的心理具有主观能动性的最重要的表现。

旅游文化是人们能动创造的结果，是人类智慧的结晶。作为一种精神现象，要了解它、掌握它，离不开心理学的指导。旅游文化学对旅游体验心理的研究、对旅游介入心理的研究，只能建立在心理学的理论基础之上。离开心理学的指导，旅游文化学的研究势必局限于对文化行为和结果的一般描述，而对其内在动因与内在过程则束手无策，再现的旅游文化也将变得毫无生气。

社会心理学本是心理学的一个分支，现在已发展成与心理学并驾齐驱的独立学科。由于社会心理学是研究社会环境下的人的心理活动规律的学科，旅游文化又是一种社会精神现象，因此，社会心理学的理论同样适用于旅游文化学的研究。本书对旅游交往体验、旅游求知体验等专题的研究，在很大程度上得力于社会心理学的指导。

**（四）美学**

美学是关于美与审美的学说。美学的研究对象包含以下几个相互联系的方面：第一，审美客体。包括美的本质和根源，美丑的矛盾发展，美的各种存在形态以及优美、崇高、悲剧、喜剧的本质特征和相互联系。第二，审美主体。包括审美者的审美意识、审美本质、形式特征及其历史发展的规律性。第三，艺术。包括艺术的本质、内容、形式、种类、艺术创造活动的规律性以及对艺术作品的欣赏、批评等问题。

美学的两个最重要范畴是美与审美。

美是美学研究中的中心范畴。一般认为，美是对能引起人们美感的客观事物的共同本质属性的抽象概括。美的具体形象所显现出来的人的本质力量构成美的内容，显示了人的本质力量的宜人的感性形式就是美的形式。美的形态是多样和复杂的。根据在人类社会生活中所存在的领域，美可分为现实美和艺术美两大类，而现实美又包括自然美和社会美。根据属性色彩、面貌、状态等，美可分为优美、崇高、悲剧性、喜剧性、幽默、诙谐、滑稽、讽刺、夸张、怪（荒）诞和中和等具体形态。美具有客观社会性、个别形象性、感染性、社会功利性等特征。

审美的意思是"领会事物或艺术品的美"。审美主体、审美客体、审美关系是其三大要素，审美感受是其心理活动的核心。审美主体是在社会实践，特别是审美实践中形成的具有一定审美（创造、欣赏）能力的人。审美客体是指能使欣赏者产生审美愉快的事物。审美关系是指审美主体和审美客体在审美实践中结成的相互关系。审美感受亦即狭义的美感。是由审美客体的审美属性所引起的审美主体在情感上的愉悦心态，是人们在审美过程中的心理感受，是审美主体对审美客体中美的主观体验。审美对象的不同属性，可引起不同类型的审美感受，如崇高感、优美感、悲剧感、喜剧感和形式感等。

美学是旅游美学的基础学科，也是旅游文化学的理论基础。作为旅游文化学研究对象之一的审美文化，非借助美学理论不能阐释。一些旅游文化学者在探讨旅游体验文化、旅游介入文化时，娴熟地运用美学理论深入分析，取得了可喜的成果，也为旅游文化研究提供了成功的范例。

## 内容举要

旅游文化学是"关于旅游文化系统及旅游文化研究的学问"。因此，本书的旅游文化学研究内容与以往同类论著大不相同。它不是以文化学的视角审视旅游，而是以多维视角审视旅游文化系统及旅游文化研究的学科。旅游文化系统包括旅游文化自身及旅游文化环境。前者如旅游文化本体及其要素，后者如政治、经济、社会、文化、自然等因素及其影响过程。旅游文化研究包括旅游文化研究的过程与成果。如旅游文化研究的范式、体系、范围、类型、主体、载体、成效、历史、现状等。

旅游文化学研究具有多重意义：有助于完整认识旅游文化，科学建设旅游文化；有助于解释人类的旅游活动，提高旅游质量；有助于正确认识旅游业发展的规律，促进旅游经济效益的提高；有助于正确理解人类文化，促进文化繁荣；有助于推动旅游学的发展，丰富文化学的内容。

从价值的角度看，旅游文化学的研究方法包括理论与技术两个层次，前者具有总体指导性，如社会科学理论；后者具有具体操作性，如访谈法。从性质的角度看，旅游文化学的研究方法包括一般与特殊两个类型，前者基本适用于一切科学研究，如科学学、哲学、逻辑学、调查法、比较法、实验法；后者主要适用于旅游文化学研究，如旅游学、文化学。旅游学和文化学既是旅游文化学首要的研究方法，也是旅游文化学主要的理论基础。没有文化学的基本理论作指导，旅游文化学应有的文化学特征将不复存在，旅游文化学将不成其为旅游文化学。没有旅游学的基本理论作指导，旅游文化学应有的旅游学特征将不复存在，旅游文化学也将不成其为旅游文化学。

研究对象、研究方法、研究意义、概念范畴是任何学科不可或缺的四大要素，从这个角度来看，旅游文化学的特点可以概括为：以旅游文化系统及旅游文化研究为自己的独特研究对象；以旅游学和文化学为自己的首要研究方法；具有揭示旅游文化的发展规律、构建旅游文化学的科学体系等特殊研究意义；以旅游文化、旅游体验文化、旅游介入文化等概念为自己独特的核心概念。

## 案例分析

**阅读下段材料：**

邹本涛先生在《旅游论坛》2009 年第 6 期上发表的《旅游文化学新论》一文不乏新意和见地，其中有些观点具有启示意义，耐人寻味，我们对文章中的部分观点表示赞赏（如旅游文化学应突出自己的学科特色等），但某些观点笔者不敢苟同，认为值得商榷和进一步探讨。

其一，邹本涛先生认为“中国国内的旅游文化研究已经出现与旅游研究合流的趋势，旅游文化学徒有其名”。笔者以为，旅游文化学属于旅游学科（简称“旅游学”）的分支学科，二者在研究内容上出现某些重复现象和研究合流（旅游文化学研究合旅游学研究之大流）是较正常的现象，旅游文化学应依附于旅游学，没有必要也没有理由完全独立于旅游学科之外，因为它们在学科上不是平行的关系，而是母体学科与分支学科的关系。

其二，邹本涛先生批评王宁教授的观点：“对同一研究对象的研究，不同的分支学科由于其视角的不同，对该对象的研究侧面也不同。这个意义上，研究对象是从某一学科的视角出发‘构建’出来的。”笔者认为王宁教授的这一观点并没有错。著名科学家钱学森先生曾经鲜明地指出：“学科的区别，只是人们研究问题的着眼点和看问题的角度不同而已。”因此，“旅游文化学是文化学视角的旅游学”这种观点基本是正确的。但对于某一门独立的学科（如一级学科等）来讲，则应该有独特的研究对象，这是某学科能否成立的先决条件。

其三，邹本涛先生认为“旅游文化学的研究对象不应是旅游，而应是旅游文化系统及旅游文化研究”，旅游文化学应定义为“关于旅游文化系统及旅游文化研究的学问”。这些观点也是值得质疑和讨论的。笔者认为，旅游文化学的研究对象是“旅游与文化的关系和旅游文化的构成体系以及旅游文化形成发展的规律”。旅游文化学可定义为“旅游文化学是研究旅游与文化的关系和旅游文化构成体系以及旅游文化形成发展规律的学科”。

（摘自曹诗图．略论旅游文化学的主要问题．《旅游论坛》．2011 年第 5 期）

**请分析：**

1. 这段材料主要涉及了旅游文化学哪些方面的问题?
2. 作者的观点有哪些值得借鉴?
3. 作者的观点有哪些值得商榷?

## 思考与练习

1. 试析旅游文化学的含义与理论体系。
2. 试析旅游文化学的研究对象与主要内容。
3. 试析旅游文化学的研究方法。
4. 试述旅游文化学的研究意义。
5. 试述旅游文化学的特点。
6. 为什么说旅游学和文化学是旅游文化学的重要理论基础?

## 推荐文献

1. 谢彦君．基础旅游学［M］．北京：商务印书馆，2015.
2. 陈建宪．文化学教程［M］．北京：高等教育出版社，2011.
3. 郝长海等．旅游文化学概论［M］．长春：吉林大学出版社，1996.
4. 马波．现代旅游文化学［M］．青岛：青岛出版社，1998.
5. 谢贵安．旅游文化学［M］．北京：高等教育出版社，1999.
6. 沈祖祥．旅游文化学［M］．福州：福建人民出版社，2020.
7. 章海荣．旅游文化学［M］．上海：复旦大学出版社，2004.
8. 喻学才．旅游文化学［M］．北京：化学工业出版社，2010.
9. 曹诗图．略论旅游文化学的主要问题［J］．旅游论坛，2011（5）.
10. 邹本涛．再论旅游文化学［J］．旅游论坛，2011（5）.
11. 谢春山．旅游文化学［M］．北京：高等教育出版社，2017.
12. 钟栎娜．旅游文化学［M］．北京：中国旅游出版社，2022.

# 第1章 旅游文化研究

**【学习目标】**

通过本章学习，了解旅游文化研究的概况，掌握中西的旅游文化研究特点，熟悉旅游文化研究的主要方法，为研究旅游文化铺平道路。

**【内容结构】**

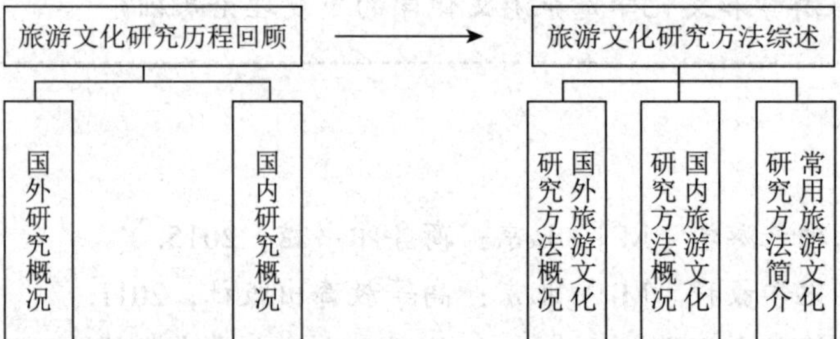


**【重要概念】**

旅游文化研究　研究历程　研究方法

# 第 1 节　旅游文化研究历程概述

旅游文化的出现，已有几千年的历史；而旅游文化的发现，却是在 20 世纪 70 年代。人们对旅游文化的认知实在是太晚了，没有对旅游文化的认知，自然谈不上旅游文化研究。因此，严格意义上的旅游文化研究历史也就四十多年。在今天看来，此前的研究也有关涉旅游文化的，但这些研究都不是有意识地指向旅游文化，只能算是旅游文化研究的前奏。随着各界对旅游文化的认识逐渐深入，近年来国内外对旅游文化的研究呈现出前所未有的繁荣景象。总结旅游文化研究在国内外的发展过程与现状，有助于提高旅游文化的研究质量，推动旅游文化的健康发展。

由于对旅游文化和旅游文化学理解不同，旅游文化学的研究领域宽窄不一。为了全面了解旅游文化研究状况，下面对旅游文化研究的综述，暂取宁宽勿窄的态度：凡 20 世纪 70 年代以来自认为或被认为属于旅游文化研究的成果，大都在本综述扫描之列。

## 一、国外的旅游文化研究概述

### （一）国外的旅游文化研究历程

国外的旅游文化研究最早兴起于欧美，成就斐然。由于资料有限，我们无法对国外旅游文化研究的历程精确分段，姑且以 20 世纪 70 年代意识到旅游文化的存在为起点，将国外旅游文化研究分为 20 世纪 70~80 年代和 20 世纪 90 年代以来两个时期。

1. 20 世纪 70~80 年代：*旅游文化研究的兴起*

西方的旅游文化研究源于旅游性质和旅游影响的探讨。早在第二次世界大战前后，西方就存在着旅游是经济现象还是社会现象的争论。德国教授葛留克斯曼、瑞士学者汉泽克尔与克拉普夫等人关于旅游是社会现象的观点虽不占主流，却不自觉地把旅游研究延伸到了旅游文化领域。60 年代后全球性的大众旅游广泛兴起，旅游影响也日益复杂化，北美和其他一些使用英语的国家，率先开展“旅游影响研究”，探讨旅游对经济、社会文化、环境生态三方面的影响，研究内容进一步向旅游文化领域扩展。这样的研究态势，加之旅游与文化研究又很发达，西方学界在 20 世纪 70 年代形成“旅游文化”意识也是水到渠成的事了。

1978 年，美国人类学家丹尼森·纳什指出：旅游者同其他角色一样，也有自己的文化，进而提出“tourist culture”这一新的概念，并以此为关键词，分析了尼斯地区 1763 年至 1936 年贵族旅游文化的变迁（Dennison Nash，1979）。作为西方用以表述“旅游文化”的常用词汇之一，“tourist culture”就是从这个时候开始使用的，此后，西方用以表述旅游文化的其他词汇如“tourism culture”“touring culture”“travel culture”等也不断出现在学术刊物之中。只是这个时期还很少使用，也未见专门界定。

20 世纪 80 年代，在以研究旅游行为和旅游地社会文化变迁为己任的“旅游人类学”和“旅游社会学”的推动下，西方的旅游文化研究又向前推进一大步：不但有学者把旅游作为文化现象来研究，如凡登堡研究旅游中的工艺品、民俗表演及其对强化族群、保护文化的作用（Vanden Berghe P. L.，1984）；而且有学者试图为旅游创造的新文化——旅游文化做出界定。比斯克诺斯基认为，旅游文化为包含了“愉快的非日常生活方式、引人注目的礼节，以及追求等，这些将那些假期中的人限制在了一个团体中——旅游者”（Bystrzanowskl，1989）。这个定义虽然还是描述性的，但对西方学者影响很大。在它的启示下，许多西方学者的目光开始从“旅游与文化”转向旅游文化本身。

与此同时，游记这一曾经被忽视的文体突然成了学者关注的焦点，文学家、史学家及社会科学家对西方游记的特点、起源、重要性，游记与殖民话语的关系以及游记所揭示的文化问题进行了深入的探讨，批判性和跨学科性成为这些研究的共同特点。游记研究也成为当代西方旅游文化研究成果最为丰富的一个领域。

学者们几乎一致认为，综合性是游记的基本特征，也是最重要的特征。游记使用第一人称、自传式语体，又以旅程和景观为基础，可以说跨越了文学与科学、小说与历史。卡特指出，探险家作家既是历史学家又是地理学家，既是浪漫的骑士又是经验主义的科学家，是殖民文化的集中象征（P. Carter，1988）。比肖普也认为，游记集主观与客观描述为一体，有自传的成分，目击者报道的成分，也有旅行见闻、回忆录、浪漫故事、散文及滑稽小说的成分，是一种用手头材料拼凑成的作品（bricolage）（P. Bishop，1989）。游记体现了西方的理想和愿望，带有很强的主观性，同时作为地理扩张的产物，游记又充满了对现实世界的关注和科学精神。游记的双重性使它比小说更直接地显示出话语与权力的关系，为文化批评提供了方便的切入点。

20 世纪 70~80 年代，西方虽然掀起了严格意义上的旅游文化研究，但当时的旅游文化研究是以旅游社会学、旅游人类学的面目出现的，目的在于揭示旅游的文化性及其社会文化影响，而无意于建立一个独立的学科，甚至连旅游文化的概念都懒得界定。此种传统一直延续至今。

2. 20 世纪 90 年代以来：旅游文化研究的深入

进入 20 世纪 90 年代，西方的旅游文化研究方兴未艾，出现了一大批高质量的旅游文化研究成果。这些成果主要集中在旅行文化整体研究、旅游者文化研究及旅游地文化变迁研究三个方面。

在旅行文化整体研究方面，卡伦·卡普兰的《旅行质疑：后现代对位移的讨论》（1996）分析了旅行与位移问题，认为旅行无疑是一个现代概念，象征着西方资本主义扩张年代中的商业和休闲活动；而位移更多指的是现代化所造成的群体迁移。旅行和位移是各种不同的批评层次与历史例证的符号。杰姆·克勒福德的《旅行文化》（1997）

建议把文化当作居住与旅行的场所重新思考，认真对待旅行知识。他尝试为居住和旅行的特殊历史、策略与日常实践勾勒一个比较文化研究方法的概图：居住中的旅行和旅行中的居住。他认为旅行就是文化比较，旅行和性别、种族、阶级特权、特殊运输方式、修整过的道路、代理、边界、文件等都有关联。杰姆·克勒福德的论著，使隐藏在居、旅文化经验中的后殖民地问题及性别问题清楚地显现出来。C. T. 威廉斯的《旅行文化》（1998）提出旅行文化涵盖旅行、远方以及与旅行有关的一切，它还是一种历史视角，人类心理"过客"（passager）的喻词，当综合地而非个别地观察人类时，旅行是一种哲学或形而上学。

在旅游者文化研究方面，尤瑞（或译为乌里、厄里）的《旅游者的凝视》（1990）分析了旅游者凝视的目标、方式、作用，认为旅游者的凝视与其他各种各样的社会文化活动日益密切地结合在一起，并因此形成了一个新的文化典范。亚利·里德的《旅行者的心灵：从吉尔伽美什到环球旅游》（1991）强调旅行的普遍性与熟悉感，认为旅行是描述各种转换与变迁（如死亡、生命、存在等）的喻词的最通常的来源，旅行的跨文化接触产生了一种新型的文化自我意识；玛丽·路易·普拉特的《帝国之眼：旅行写作与文化互化》（1992），分析了欧美旅游文化产品——旅游文学的殖民主义意味，把旅游文化研究进一步延伸到政治文化领域。在针对旅游者总体的文化行为模式的研究中，最为杰出的代表人物当数美国著名旅游人类学家纳尔逊·格雷本。格雷本坚持其早年创立的神圣游程论，认为旅游总体上是一套是与日常生活体验相对的类似宗教朝圣情怀的世俗仪式（secular rituals）；由准备期—体验期—告别期三段线性通过仪式构成，旅游者在这三个阶段的文化体验是不均衡的，呈波动性变化。格雷本的研究从价值观的角度深刻揭示了人类旅游实践活动现象背后折射的普遍社会文化心态与反日常的文化行为模式（Graburn，2009）。

在旅游地文化变迁研究方面，西方学者着眼于西方发达国家的游客到第三世界旅游目的地从事旅游活动带来的文化侵入、文化商品化、文化真实性、文化涵化等现象，研究成果十分丰富。纳什（1996）把游客视为文化接触的媒介和文化变迁的直接或间接原因，是一种帝国主义形式。他指出，旅游活动中的文化接触和变迁，在第三世界民族中会发生巨变，而且不同的文化接触会导致不同的变迁结果。科恩（1997）则认为，旅游从外部直接向民族社区"真实"的日常生活渗透，出现一种与社区中人们日常生活相分离的"旅游圈"，他们把自身的"真实生活"搬上舞台，设计建造越来越多的远离民族社区及其传统栖息地的景点，如主题公园、民族展览及民俗生活博物馆等；一旦一个族群完全被旅游转变，这种"旅游圈"和他们的日常生活相分离的现象会逐渐缓和并最终消失，逐渐融入这一民族的文化和日常生活中。斯坦利探讨了各种民族文化展示活动与文化自身之间的互动影响，他认为，各种政治、经济需求使人们重视文化保护和展示，并试图尽可能逼真地再造（recreate）各种文化形式。但是这些文化表演或阐释不可能是真实的，只是对“真实”的模仿或再现（reenactment），现实和影子之间总是存在差距的（N. Stanly，1998）。赖安避开文化真实性问题，认为旅游文化既不同于游客的文化也不同于东道主的文化，而是二者互动的产物（Ryan C.，1999）。

此外，这一时期的旅游文化传播研究也取得了一定的进展，如对旅游文化传播机制中的文化冲突研究（Ren，2010）以及作为文化中介者的导游研究（Salazar，2010）、游客民族志研究（Harrison，2003），对旅游文化交流中的道德伦理问题研究（Lovelock，2008；Smith，2009；MacCannell，2011）与社会环境可持续发展问题研究（Barré，2002；Meyer Arendt，2004；Berger，2004），对旅游文化传播的重要载体节日（Picard，2006）、国家公园（Pahre，2011；2015）、饮食文化遗产（Giovine，2014）等研究，均对学界有很大启发。

20 世纪 90 年代以来，西方旅游文化研究的深入，还表现在专业刊物的增多和学术交流的频繁。在专业研究刊物方面，除威斯康星大学加法利教授主编的《旅游研究年报》（1973 年创刊）外，还出现了英国的《旅游管理》、澳大利亚的 Journal of Tourism Studies（1990 年创刊）等一大批专业性强、内容全面深入的旅游文化研究刊物。而在学术交流上，更让中国同行羡慕不已：除了定期的旅游文化国际年会，各国、各地区还有为数众多的各类研讨会。

目前，西方的旅游文化研究已蔚为大观，成为旅游研究的主流。

**（二）研究特点**

回溯国外最近 40 多年的旅游文化研究，我们不难发现某些特点：

首先，旅游文化研究以旅游者为中心。国外学者比较倾向于将旅游者放置在旅游文化结构框架研究的中心位置，以交际（或跨文化交际）为媒介，研究旅游者的动机与行为，考察主客之间文化碰撞所引起的各种社会现象，如主客之间的沟通方式和过程，文化的商品化等。应该说，这种研究方式已经超越了经济现象的有限空间，紧紧围绕旅游的社会文化本质，因而得以在一个更为广阔的范围突出“旅游文化”的动态特征。

其次，旅游文化研究正成为旅游研究的主导方向。20 世纪 70 年代以来，旅游文化研究的地位越来越重要，其重要性甚至逐渐超越旅游经济研究。就目前的情况来看，定性分析、经济和管理视角的研究依然在中国的旅游学界占有支配地位；而在国外的学术界，旅游研究却比较集中于旅游的文化问题，如民族认同、种族问题以及旅游与现代性之间的关系等。

再次，轻理论重应用。由于受实证主义的影响，国外的旅游文化研究明显存在轻理论重应用的倾向。国外旅游文化研究论著可谓汗牛充栋，但绝大部分是应用性研究，理论研究并不多见。如果刨除那些以旅游社会学、旅游人类学为题的论著，旅游文化理论的研究成果更是凤毛麟角。理论研究的薄弱，导致几十年来国外旅游文化研究在基本理论上缺少共识，学科拓展进程缓慢，至今未能形成独立的旅游文化学体系。

最后，西方旅游文化研究多以旅游，特别是旅游的社会文化影响为着眼点，旅游文化更多地被视为一种研究视角而非独立实体，导致西方的旅游文化研究长期依附于旅游学、旅游社会学甚至旅游人类学而不能自立，这也是西方旅游文化研究未能形成独立学科体系的重要原因。

## 二、中国的旅游文化研究概况

### （一）中国的旅游文化研究历程

中国严格意义上的旅游文化研究与西方同步，也有 40 多年，大致可以分为萌芽、成长、壮大、巩固四个阶段。

1. 萌芽阶段（1978~1983）

中国的旅游文化研究源于 20 世纪上半叶对旅游性质和旅游功能的探讨。与西方不同，当时中国学界普遍肯定旅游的文化性，认为旅游的第一功能是教育，第二功能是经济［朱立人 . 战后中国游览计划［J］. 旅行杂志，1945，19（8）］。把旅游与文化相连接，实际上也是不自觉地把旅游研究延伸到了旅游文化领域。新中国成立后，由于人所共知的原因，中国旅游研究中断 20 多年，自然也谈不上旅游文化研究了。

20 世纪 70 年代末，中国的旅游研究重新开始，旅游文化的概念也浮出水面。1978 年，中国学者于光远提出了“旅游文化”的概念，并把旅游文化理解为“旅游中的文化”（于光远、马惠娣，2002），这在中国尚属首次。“旅游文化”的提出和理解虽然具有个人色彩，但在当时却很有代表性。

1981 年，于光远在《中国旅游报》上发表《旅游与文化》一文，明确提出“旅游是经济性很强的文化事业，又是文化性很强的经济事业”。1983 年，林洪岱在《旅游学刊》上发表《论旅游业的文化特征》一文，也旗帜鲜明地提出“中国旅游业是一项经济事业，是外事工作的一个方面；又是一项文化事业，它具有鲜明的文化特征”。两文虽然都是探讨旅游的文化性的，但按当时对旅游文化的理解，这已经属于旅游文化研究了。特别需要强调的是，从旅游的文化性出发研究旅游文化，在中国已经成为一种研究模式，而这个模式的创建就是从本阶段开始的。

由于受社会环境和理论水平的制约，这一阶段的旅游文化研究总体上显得零散、肤浅，未取得突破性研究成果。到 1983 年，甚至连“旅游文化”这样的概念也很少使用，而且没有正式定义。因此，我们将该段称为“萌芽阶段”。

2. 成长阶段（1984~1989）

1984 年，“旅游文化”作为词条出现在同年出版的《中国大百科全书 · 人文地理卷》中。1986 年，中国首次出现以“旅游文化”为题的学术文章（俞慈韵，1986）。此后学术界使用这一概念并对这一文化形态进行研究的日渐增多，中国的旅游文化研究进入成长阶段。

第一，理论研究迈向体系化、规范化。这一时期，国内涌现出一批具备一定专业水准的旅游文化学者，发表了一定数量的有质量的学术著作和论文。这些论著的研究内容主要集中在旅游文化的含义、演进、旅游文学、旅游风景美、民俗旅游等几个方面。

关于旅游文化的含义，窦石（1986）认为，旅游文化是一个金字塔结构的文化体系。其主体应当是那些鲜明地反映了旅游经济和旅游活动的特殊需要部分。晏亚仙（1987）指出，旅游文化，是根据发展旅游事业的规划和旅游基地的建设，以自然景观和文化设施为依托，以历史文化、革命文化和社会主义精神文明为内容，以文学、艺术、游乐、展览和科研等多种活动形式为手段，为国内外广大旅游者服务的一种特定的综合性事业。魏小安（1987）、陈辽（1987）、喻学才（1987）等也提出了自己的旅游文化定义，分别认为旅游文化“是通过对异国异地的文化消费而形成的现代特殊生活方式”“是人类过去和现在所创造的与旅游有关的物质财富和精神财富的总和”“是旅游主体和旅游客体之间各种关系的总和”（详见第 2 章）。

关于旅游文化的演进，喻学才（1986）率先提出应该重视中国五千年旅游文化遗产。林永匡、王熹（1989）认为旅游文化活动的心态与价值观念是旅游文化活动的核心，也是研究中国旅游文化史的首要课题。喻学才（1987）、杨时进（1987）还对中国当代旅游文化及其未来做了探讨。喻学才指出，中国当代旅游文化应该是与商品经济相适应的旅游文化；是在日益开放的国际环境中形成和发展的文化；是多元的民主的旅游文化；是多民族的大众的文化。杨时进则对未来旅游文化新潮做了预测，未来参加旅游行列的人们将会对旅游的价值观念提出新的尺度，追求文化的倾向，很可能不仅尚古，而且求新，未来的旅游文化应进行自我变革，以适应时代潮流发展的需要。

在旅游文学方面，赵家莹（1982）提出旅游文学指与旅游有关的一切文学作品，而狭义的旅游文学则指那些“记游”。汪文波（1989）指出，目前关于旅游文学的概念应当放宽。赵家莹（1982）、隗芾（1987）还探讨了旅游文学的分期问题。前者以旅游文学本身的阶段性特点为标准，把中国古代旅游文学分为萌芽、发展、成熟几个时期；后者从整个社会的历史出发，将中国旅游文学的历史发展分为两汉军事旅游时期、隋统一前的动乱旅游时期、唐宋的兴旺期、南宋至明以前的反思旅游时期、明清的科学和商业旅游时期。

在旅游风景美方面，王遵近、沈松勤（1987）探讨了旅游美学中的风景美的特点，风景美与建筑、文学的关系，风景美对旅游主体心灵产生的效应。许共城、黄贯群（1987）则从旅游美学的角度分析了自然景观和人文景观的美的差异。

在旅游民俗方面，何学威（1989）论述了关于建立旅游民俗学、开发旅游民俗等方面的问题，莫高（1989）研讨了杭州的民俗与旅游的关系，丰富了杭州民俗旅游的研究内容。

第二，学术交流走向群体化。继 1985 年上海旅游学会率先开展了旅游文化的研讨活动之后，许多省、市在此期间成立了旅游文化研究的社团组织，这标志着旅游文化的研究由散兵游勇式的单干研究开始走向集团军式的群体研究。旅游文化研究专业刊物也有所增加，改变了萌芽期仅有一两种刊物的窘境。

应当指出的是，在这一阶段，学界过多拘泥于对一些基本概念的梳理、定义，且各人自成一家，始终未能就旅游文化的理论基础达成共识。也缺乏有影响力的全国性研究活动和机构，大部分的学术研究只能局限于地区或部门之间，缺乏横向联系。

3. 壮大阶段（1990~1999）

进入 20 世纪 90 年代，中国的旅游文化研究发生了质的变化。其标志性事件是中国旅游文化学会的成立和“首届中国旅游文化学术研讨会”的召开，中国第一次出现了全国性的旅游文化权威学术机构和交流会议。从此，中国旅游文化研究翻开了一页新篇章，研究广度和深度都表现出前所未有的强劲势头。在广度上，研究范围扩展迅速，波及旅游活动的大多数领域，形成了前两阶段不具备的分支学科，如旅游教育学、旅游娱乐文化学等。在深度上，不断聚集起相邻学科的研究成果，完善充实自己的理论体系，研究层次得到极大的提升。具体表现有以下四点：

第一，地方旅游文化研究轰轰烈烈。地方旅游文化可分为某一大区域、城市、风景区三类。从 20 世纪 90 年代初开始，大区域旅游文化的研究一直是旅游学者们比较关注的焦点之一。喻学才（1993）、李并成（1995）、刘胜明（1993）、王兴昌（1996）、刘益（1996）、黄乐毅（1997）、熊学忠和赵玲（1998）等学者对一些大旅游带或省域范围内的旅游文化及开发做了极为有价值的探讨。城市旅游文化的综合开发研究可谓方兴未艾。邓祝仁（1999）将中国诸名城的旅游文化传统做了归类；彭欢首（1998）等对长沙等城市旅游文化做了分析。旅游区的旅游文化研究几乎遍及所有省市。周谦（1990）、王禹浪（1996）、刘建平（1997）、张晓萍（1998）、李维青（1999）等在这方面均有建树。

第二，旅游地文化变迁的研究得到重视。关于旅游地文化变迁的研究主要集中于两个方面：旅游对旅游地社会文化的影响研究和旅游地社会文化变迁机制的研究。90 年代初以来，旅游的社会文化影响研究得到了刘振礼（1992）、申葆嘉（1992）、周歆红（1993）、保继刚（1996）、郑向敏（1996）、马波（1998）、刘赵平（1998、1999）等很多作者的重视。他们指出，旅游对旅游地文化具有潜移默化的影响作用，其中积极影响有促进对外文化交流、促进本土文化复兴、本土文化现代化等；消极影响有本土文化商业化、文化遗产遭受破坏等。总的来说，只要合理开发，旅游发展对旅游地社会文化环境的积极影响远大于消极影响。一些作者也开始注重旅游地文化变迁机制的研究。刘赵平（1999）等也有相关论述。

第三，中国传统旅游文化研究进一步加强。随着国内旅游的蓬勃兴起和中西旅游文化的交流，认识中国旅游文化传统的任务被提上日程。丘振声（1990）对魏源“游山学”的研究，喻学才（1995）对中国旅游文化传统的系统研究，张来芳（1998）对《诗经》旅游文化的研究，魏宏灿（1998）对庄学精神与山水旅游文化关系的研究，束有春、焦正安（1998）对佛教旅游文化的研究，周思琴、方燕（1998）对魏晋南北朝的旅游文化的研究，无论深度还是广度，都是上一个时期所不能比拟的。

第四，旅游文化研究开始建构自己的理论体系，明确自己的学科地位。90年代以来，对旅游文化定义、结构、特征、地位、作用的研究大大深化了，开始形成不同的理论体系。关于旅游文化的定义与结构，1990年“第一届中国旅游文化学术研讨会”出现了两种新说：一说认为旅游文化是旅游主体、旅游客体和旅游媒体相互作用所产生的物质和精神成果；一说认为旅游文化是以一般文化的内在价值因素为依据、以旅游诸要素为依托，作用于旅游生活过程的一种特殊文化形态。贾祥春（1997）、邓祝仁（1999）的旅游文化定义也较有新意，前者提出旅游文化是传统文化和旅游科学相结合而产生的一种新的文化形态，后者认为旅游文化应包括主、媒、客、研四个方面文化。关于旅游文化的特征，“求美性”“国际性”和“经济性”是新提法，为80年代所罕见。王立、刘卫英（1998）将旅游文化的特征概括为综合性、民族性、大众性、地域性、直观性、传承性、自娱自教性和季节性；贾祥春（1997）认为旅游文化作为一种独立的文化形态，具有继承性、创造性、服务性及空间、时间差异性。关于旅游文化的地位、作用，很多学者都指出旅游文化是旅游业的灵魂和支柱（罕华兴，1999），是旅游可持续发展的源泉（赵文红，1998），是旅游资源开发的重要内容（陈荣富，1999；郭宽，1999），是旅游业发展新的经济增长点（秦永红，1998）。

与此同时，在旅游文化研究领域出版了几部具有相当影响的综合性奠基之作：一是郝长海、曹振华的《旅游文化学概论》（1996），这是中国第一部比较系统、完整的旅游文化学专著；二是马波的《现代旅游文化学》（1998），从理论上对旅游文化进行了深入剖析，体系严谨，极具理论色彩；三是谢贵安、华国梁的《旅游文化学》（1999），分析了旅游文化的基本问题，体例新颖，自成一家；四是沈祖祥的《旅游文化概论》（1999），直指旅游文化本体，体系完整，内容全面。此外，王柯平的《旅游审美活动论》（1990）、冯乃康的《中国旅游文学论稿》（1995）、喻学才的《中国旅游文化传统》（1995）等也为旅游文化学的分支学科竖起了醒目的旗帜。

随着旅游文化研究热的出现，90年代后还出现了专门讨论旅游文化学学科地位的论文。喻学才、毛桃青（1995）认为旅游文化应从学术外层走向学术中心，其学科地位应得到确立和巩固。毛桃青（1996）还从旅游经济与旅游文化的分野、设立旅游文化学科的迫切性、不规范的旅游专业目录亟待规范三个角度，论述了建构旅游文化学科体系的意义。

4. 巩固阶段（2000年至今）

进入21世纪，中国的旅游文化研究稍显寂寞，主要成果集中在旅游文化本体、旅游文化资本化、旅游文化建设、旅游文化开发、中国传统旅游文化研究五个方面。

在旅游文化本体方面，关于旅游文化的定义、结构、特点等仍在探讨，但已不如上一阶段热烈。2004 年，邹本涛提出旅游文化是人们的旅游体验与介入过程及其精神产品的总和，2008~2010 年又与谢春山合作，先后发表了《旅游文化新论》《旅游介入文化研究》《旅游体验文化新论》等旅游文化系列文章，在反思已有旅游文化研究成果的基础上，以旅游体验文化和旅游介入文化为主干，构建了“体验与介入”的旅游文化新理论。李学江（2004）认为，旅游文化研究首先应该界定“旅游”与“文化”的概念，在旅游与文化的联系中把握其内涵、外延、本质和特征。旅游文化是一种传统性和现代性交融的非功利性文化，具有精神价值和审美价值。旅游文化个性张扬、充满活力、具有独特的风格。桓占伟（2007）则对旅游文化的三体构架方式进行了批判，认为旅游文化是广泛存在于旅游活动中的，由专业人员挖掘或设计出来，满足旅游者特定需要的物质文化与精神文化的产品。吴莉淳（2002）、于行行（2005）也对旅游文化的含义、类型、特点提出了自己的观点。郑焱、李朝军（2012）还对旅游文化的本质、旅游产品文化的形成机制做了初步探讨。陈岗（2004、2011）关于旅游文化的整合研究、廖世俊、范冬萍（2017）关于旅游者文化品位培育研究、杨婷（2018）关于旅游文化软实力研究、邢永民、杨玲（2023）关于“旅游文化”概念生成的路径、内涵及其演进研究也值得关注。

旅游文化资本化运作是本阶段一个全新的课题。庄志民认为，旅游文化资本化值得深入研究，并在其著作《旅游经济文化研究》（2005）中，从旅游二元一体的意象架构角度解析了文化资本运作在旅游业中的应用。迟静圆、孙厚琴（2006）从文化资本的融通、转换、配置、积累、扩张和增值等方面论述了旅游文化资本化的运作过程，并指出在文化资本化中要特别注重创新和文化的保护。刘素平、邱扶东（2007）以大型民族歌舞剧《印象·刘三姐》为例，从资源、市场、主题和产品四个方面，分析了旅游文化资本运作的模式。李映洲、王晓琳、张建荣（2008）对旅游文化资本在运作过程中采用怎样的可行性策略进行了分析，并对旅游文化资本化运作提出展望与构想。吕颖（2021）以云南墨江哈尼族自治县为例，探讨了旅游文化的资本化践行及意义。

旅游文化建设是旅游文化研究中的一个老话题。本阶段该领域研究主要有以下成果：2004 年，邹本涛发表《旅游文化建设论纲》一文，提出了中国旅游文化建设应该遵循三个基本原则：以商品经济为基础的原则，大众化、民族化的原则和借鉴、继承与创新相结合的原则。夏建国（2005）总结了西方发达国家旅游文化建设的经验，从而得到对中国旅游文化建设有益的启示。对中国城市的旅游文化建设，部分学者也进行了有益的探讨。如李建军（2001）、郑昌盛（2007）等分别分析了连云港市和广州市旅游文化建设的基本思路、发展模式。周志永（2022）以张家界市城区“一江两岸”为例探讨了城市旅游文化建设规划问题。何丽芳（2013）还分析了科普知识在旅游文化建设中具有的重要地位和作用。

本阶段国内对旅游文化开发的研究，主要是从旅游文化资源的开发利用这个角度展开的。

关于大旅游区的旅游文化开发，刘少和（2004）分析了粤港澳大三角区的旅游文化特色，提出了建设粤港澳大三角旅游文化区的设想。曹诗图、沈中印（2004）提出了长江三峡旅游文化开发的战略构想，并做出了“一区两极三线四片”的开发布局。徐小波（2007）以江苏“宁镇扬”（南京、镇江、扬州）旅游文化圈为例，对旅游城市连绵区文化资源整合进行了研究。简王华（2001）、魏洪丘（2005）、吴光玲（2005）、佟玉权（2005）、刘冰清（2006）、艾国（2007）、李宇虹（2008）、吴晓（2012）、赵凤华（2014）、赵芳鋆（2017）、殷航（2018）、贾玉英（2020）、周荣（2022）等学者分别对云南、渝黔、福建、辽宁、湖南、贵州、内蒙古、山东、河北、河南、北部湾、黄河流域、中国西部等大区域旅游文化开发也做了有益的探讨。

旅游景区的旅游文化开发也受到了学者的关注。杨刚（2001）分析了南岳衡山旅游文化发展的特点，提出了开发南岳旅游文化的措施；邓清华、肖玲（2002）指出了西双版纳旅游文化开发中存在的问题，并提出相应的对策；阚如良、曹诗图、胡春梅（2006）以宜昌三峡车溪民俗旅游区为例，对景区的旅游文化开发的理念和方法进行了探讨。饶婷婷（2023）开展了旅游景点与旅游文化深度融合的策略研究。孙虹飞（2012）、方圆（2014）、刘亚敏（2017）、严定中（2019）等分别探讨了长白山、庐山、丽江、天津意大利风情区旅游文化的开发，各有建树。

城市旅游文化开发依然是近年研究的热点，许多城市的旅游文化开发均纳入研究范围。如谢春山（2000）分析了大连旅游文化现状，提出了具体的开发策略；梁明珠（2002）分析广州旅游文化开发的问题，提出了相应对策；陶伟、郑海燕（2002）以历史文化名城荆州为例，讨论了地方文化在城市旅游开发中的重要作用；郑伯红、汤建中（2002）以上海苏州河沿岸文化景观带功能开发为例，对都市河流沿岸旅游文化景观带功能的开发进行了研究；蒋礼荣（2005）对广西北海市的旅游文化开发进行了探讨，设计了四种特色旅游文化产品。范进军（2002）、夏太生（2002）、赵建昌（2010）、黄芳芳（2011）、张树俊（2011）、郑辽吉（2012）、马景文（2019）等分别对株洲、温州、宝鸡、烟台、泰州、丹东、雄安等城市旅游文化开发作了探讨。

国内对乡村旅游文化的开发研究刚刚起步。王兴水、甘巧林、尚志海（2004）对乡村旅游文化的开发模式进行了研究，提出了文化观光型、文化体验型和文化综合型三种开发模式；卢长怀（2006）对中国农村旅游文化资源的开发、保护以及应采取的措施和对策进行了探讨。冯年华等（2011）还出版了《乡村旅游文化学》一书，对乡村旅游文化进行了系统阐述和讨论。郁大同、郁大海的《乡村旅游文化开发与提升策略研究——以苏北淮安市为例》（2015），宋宁的《基于茶乡风俗资源的旅游文化开发研究》（2016），王野、颜帮全的《商业模式下民族乡村旅游的原生态文化浓缩》（2018），宋莎莎的《新时代背景下生态农业旅游文化的渊源及价值拓展》（2022），亦值得一读。

除此之外，潘宝明（2003）对中国佛教旅游文化的开发，叶金涛（2005）、于洁（2016）对影视旅游文化的开发，贾鸿雁（2006）、董朝阳（2018）对中国海洋海岛旅游文化的开发，闫喜琴（2006）、李杨（2016）对民族民俗旅游文化的开发，王洁（2008）、蔡亚琴（2021）对红色旅游文化的开发，刘鑫渝（2018）对名人旅游文化的开发，羊进拉毛、张海云（2022）、窦梓雯（2023）对旅游文化传播策略，也提出了建设性的看法。

在中国传统旅游文化方面，本阶段国内学者对传统旅游文化的研究，集中在以下三个方面：

第一，对古代旅游典籍中的旅游文化探析。如许宗元（2004）系统研究了陆游的诗、文中的旅游文化及陆游的旅游文化建树，卢长怀（2005）研究了《徐霞客游记》中的文化因素，陈盈洁（2007）分析了范成大《揽辔录》及其 72 首纪行诗中所载的河南旅游文化资源，徐青（2006）对郦道元《水经注》中的旅游文化价值进行了探讨，李幼常（2007）对《晏子春秋》中的旅游文化进行了分析。倪小丽、胡铁（2014）分析了《徐霞客游记》的旅游文化，陈芳等（2017）分析了明清文人游记中的贵州旅游文化现象。

第二，对古人旅游思想观念的探析。李小波、赵夏（2001）通过对孔子和庄子的旅游思想的比较，探讨了先秦时期两种主要的旅游观：儒家的“比德说”和道家的“逍遥游”。章海荣（2003）从旅游审美的视角分析比较了孔子、庄子、屈原三位先哲的旅游经历和思想，揭示了整个封建时代对知识分子颇具影响的三种旅游审美类型。贾鸿雁（2005）对柳宗元不同人生阶段的旅游思想进行了探讨。兰宗荣（2015）论述了朱熹旅游思想中的本体论、主体论、旅游审美方法论。缪清清（2017）探讨了明代旅游大家王思任对旅游类型、旅游本质、“游道”等的看法和思考。

第三，对中国旅游文化史的研究。这一时期的中国旅游文化史研究取得了一些重要成果。赵玉祥、杨铭（2010）认为春秋战国时期的游文化在中国旅游文化发展史中起到承上启下的作用，具有里程碑意义。刘少虎（2000）认为秦汉时期旅游文化的发展和进步，反映了秦汉人们物质生活和精神生活的日益进步。张秀娈（2002）从旅游主体、旅游资源和旅游媒介三个方面，论述了隋唐时期传统旅游文化出现的新特点。滕新才（2001）对明朝中后期的旅游文化进行了研究，总结了这一时期形成“全国性旅游热潮”的原因及其社会意义。王子超（2014）探讨了明清至近代中国旅游文化思想的转型，提出一些新的看法及观点。赵炜（2004）的中西古代旅游文化类型比较研究，梅毅（2006）的中国旅游文化史特征研究，其深度也是前所未有的。2008 年，马勇、余冬林、周霄《中国旅游文化史纲》和徐日辉《中国旅游文化史》两部通史性的旅游文化史著作问世，对完善中国旅游文化史研究体系做出了重要贡献。2015 年年末，邹本涛、曲玉镜发表《旅游文化史：内涵与分期的再探讨》，对旅游文化史的内涵与分期做了全新的探讨，把旅游文化史的研究大大推进了一步。

本阶段旅游文化研究除上述专门性论著外，还出现了几部原创性高、综合性强的旅游文化著作。一是喻学才主编的《旅游文化》(2002)(2010年再版时易名为《旅游文化学》)，该书以三体文化为框架，横贯中西，纵通古今，比较色彩十分浓厚；二是章海荣的《旅游文化学》(2004)，以旅游生活所创造的跨文化交流为研究核心，内容丰富，别具一格；三是郭少棠的《旅行：跨文化想象》(2005)，探讨旅游与文化的关系，侧重于中国，兼及西方，分析透彻，细致严密；四是邹本涛、谢春山合著的《旅游文化学》(2008)，以旅游文化为中心，以旅游体验文化和旅游介入文化为主干，新视角，新概念，新内容，新体系；五是谢春山主编的《旅游文化学》(2017)，从本体观、主体观、时间观、空间观、效应观、环境观、实践观等角度重新审视旅游文化，内容、结构令人耳目一新。

**（二）研究特点**

回顾40多年的研究历程，总的来看，中国旅游文化研究的现状呈现出以下特点：

第一，集中于基本理论问题。大量的研究集中于旅游文化概念、特征、内容及其结构等基本理论问题的探讨，着力构建旅游文化理论体系。但对这些基本问题的看法分歧依然很多，旅游文化与旅游、旅游文化与文化常常混为一谈。旅游文化理论大厦的构建迄今还缺乏坚实的基石。

第二，垂青客体文化。对诸如建筑、园林、宗教、民俗等人文旅游资源文化内涵的分析给予了高度重视，甚至有人将文化旅游资源的研究等同于旅游文化的研究。对旅游景观开发中文化规律的探讨用力不够，至少可以说缺乏比较深入的论述。由于理论滞后于实践，致使景观开发实践带有相当明显的盲目性，近年来大量人造景观的兴衰匆匆就是最好的佐证。

第三，重视地方旅游文化。此类论文占将近一半的比重。这与旅游文化学科实践性较强的特点是吻合的。在这些论文中，学者们都深刻认识到旅游文化在区域旅游开发和建设中的作用，强调在开发建设的过程中要突出传统文化和地方特色，开发与保护并重，实现资源的可持续发展，注重自然与人文的融合。和第一、第二点高度相关，此类论文大多打着旅游文化的旗号，研究地方的旅游开发，特别是人文旅游资源开发。而关于地方的严格意义上的旅游文化笔墨不多。

第四，关注传统旅游文化。在中国旅游文化史研究方面，出现了一些相当优秀的成果。如东南大学喻学才的《中国旅游文化传统》一书，为人们了解中国旅游文化的来龙去脉提供了良好的途径。但是，有关近现代旅游文化特征及其发展趋势的研究甚为少见，对传统旅游文化的横向比较研究也较为薄弱，传统旅游文化和传统旅游迄今未做区分，这无形中削弱了传统旅游文化研究的针对性和实用性。

第五，发展很不平衡。从总体上来判断，中国的旅游文化研究仍旧处于初级阶段，旅游文化研究的平衡发展阶段还未到来。就研究范围而言，旅游文化核心领域如旅游体验文化、旅游服务文化等一直未能得到旅游文化学界的足够重视，相关学科的主要领域、旅游文化学的次要领域如旅游资源开发、旅游社会文化影响等却备受旅游文化学界的青睐。就研究者而言，旅游文化研究队伍十分庞大，而精于旅游文化者委实不多。大部分旅游文化研究者对旅游学和文化学的理论仅通其一，有的甚至都不熟悉。近年来情况虽然有所好转，但总体局面未能改观。令人欣喜的是当前无论旅游学界还是旅游业界都已意识到了旅游文化研究的意义，这为推动中国旅游文化学的繁荣打下了良好的基础。

## 第 2 节　旅游文化研究方法综述

旅游文化的研究方法亦即旅游文化研究的手段和途径，旅游文化研究法正确、得当与否，直接关系到旅游文化研究的成败，因而，严肃的旅游文化研究者莫不关注旅游文化的研究方法。本节首先回顾中西旅游文化研究法的应用与研究概况，进而总结已有旅游文化研究法的利弊得失，为旅游文化研究提供借鉴。

### 一、国外旅游文化研究法概述

#### （一）国外旅游文化研究法现状

1. 应用情况

20 世纪 70~80 年代，由于受到当时日益成熟的人文学科如社会学、人类学的影响，尚处在初期阶段的国外旅游文化研究很快由单一学科的纵向研究发展到跨学科比较研究，如凡登堡将社会学引入旅游地文化变迁研究，认为通过工艺品和民俗表演的促进，旅游能够间接地加强族群内部的认同，促进了当地文化的保护；比斯克诺斯基将人类学引入旅游文化内涵研究，认为旅游文化包含了“愉快的非日常生活方式、引人注目的礼节以及追求等”。至于 20 世纪末西方兴起的游记研究，其显著特点便是方法上的批判性和跨学科性。可以说，在西方，旅游文化研究一开始便与跨学科交叉研究方法结下了不解之缘。

90 年代以来，国外旅游文化的研究方兴未艾。无论在旅游文化的整体研究中，还是在旅游者文化、旅游地文化的专题研究中，跨学科、定性与定量方法都被广泛地同时使用。

在旅游文化的整体研究中，克勒福德从一开始就把旅游文化的研究目标放在文化分析机制以及它的物质组成上，包括社会、传统、人群共同体以及认同在迁移的空间概念和与空间活动有关的研究。很明显，克勒福德试图通过人类学的学科视野、人类学学科的知识谱系、人类学家的田野经历与经验，从人类社会、族群、时空、历史和文化等大背景来讨论“旅行文化”的发生与发展。这是一个很大的研究视角，这样的“大视野”不免让人觉得有些“庞杂”之感，但是，就旅游文化的研究而言，这种发生学意义上的“文化考古”是绝对必要的。正是从这样的意义上看，克勒福德所确立的“旅行文化”才会引起学术界的重视。

由罗杰克和尤瑞主编的《旅游文化：旅游和旅游理论的转型》（1997）一书也受到克勒福德“旅行文化”概念的启发。他们认为，“旅行文化”的前提并不是建立在操作性的行为之上，也不是建立在抽象的经济策略之上，而是将它置于更为广阔的、以“旅行”为基本特征的现象中加以检讨。该书作者之一克雷克的旅游文化定义——“最大限度地获取旅游文化的产品价值，重新确定游客的经历和经验，确定旅游的文化影响，适应旅游产业的文化变化”，以及她对当今旅游发展趋势的判断——“融文化于旅游与游客，融旅游与游客于文化”，就是在此基础上做出的。

在旅游者文化研究中，无论是尤瑞的《旅游者的凝视》，还是亚利·里德的《旅行者的心灵：从吉尔伽美什到环球旅游》，抑或是玛丽·路易·普拉特的《帝国之眼：旅行写作与跨文化互化》，历史学、心理学、文献学、后现代主义等跨学科、定性、定量研究方法随处可见。如尤瑞分析了旅游者凝视的方式，并追述旅游者的凝视是如何随着社会群体和历史时期的改变而改转。他认为，“大众观光旅游者的凝视发生于英格兰北部工业城镇的后街小巷之中”；旅游对社会的冲击依赖于“东道主”（hosts）和“游客”（guests）之间的互动；“旅游者的凝视”所形成的新的文化典范可以从后现代的视角进行分析，这种视角关注特殊时空中的符号或象征，以及隐藏在表述与现实区别背后的相互关联的问题群。在这里，历史学、心理学、文献学、后现代主义……一应俱全。再如，里德的著作从人生、历史、心理三个视角分析了旅行文化的历史，令人信服地证明：旅行“在历史变迁中是一个中心而非边缘的因素”，同样使用了历史学、心理学、文献学等研究方法；玛丽·路易·普拉特的著作把旅行著作看作镶嵌在权力与利益中的历史材料，着重考察欧洲殖民者“文化”和殖民地“文化”之间的“接触地带”或“殖民地边境”，历史学、心理学、文献学、后现代主义等跨学科、定性、定量研究方法在这里再次派上了用场。

在旅游地文化变迁研究中，欧克在对中国贵州两个民族旅游村寨田野调查的基础上，探讨了旅游开发对民族文化、地方认同的影响。他从中国经济政策和民族政策等宏观形势分析到地方政府发展经济、提升民族地位的需求，再到一般群众对旅游的期待，为读者展示了当地旅游开发的广阔背景。欧克指出，由于东西部差异的客观存在，目前的旅游开发将不可避免地形成一种内部殖民关系，旅游对当地经济发展的作用值得怀疑（T. Oake，1998）。而布朗则认为全球化的国际经济及其相关组织不可避免地把所有社会，包括传统社会都吸纳到一体化的世界体系中，旅游只是这一过程中的一条途径，只是引发变迁因素中的一种，把旅游业当作替罪羊而忽视更大的社会背景是不正确的。布朗还指出，很多目的地在经历各种消极影响的同时，经济、社会方面也有收获。旅游对复兴民族传统文化、增强族群认同、重构民族精神等方面有着巨大的影响，尤其是在东道主社会之中表现得更为明显（F. Brown，1998）。不用说，在欧克、布朗的研究中，从政治到经济，从社会到文化，视野非常广阔；跨学科、定性、定量研究法发挥了重要作用。

除了跨学科交叉研究之外，比较研究等方法也早已引入到旅游文化研究中来。如 T. C.Chang，Brenda S. A. Yeoh（1999）研究亚洲文化（以新加坡为例）引入了比较研究法；Briassoalis（1991）在他的旅游文化论著中引入了“投入—产出分析”的研究方法；Stephen Clift、Michael Luong（2004）在研究旅游文化主体的性别、职业时采用了调查问卷的方法。

2. 研究情况

如前所述，西方旅游文化研究集中在旅行文化、旅游者文化、旅游地文化变迁方面，与此相应，西方对旅游文化研究法的研究也主要集中在旅游者文化研究、旅游社会文化影响研究这两个方面。

旅游人类学家纳什是旅游者文化研究的倡导者，对旅游者文化研究法关注较多。

关于旅游者文化，西方学者研究的重点是旅游体验。一些学者如麦坎内尔（或译为麦肯奈尔、马康纳）依据社会学拟剧理论提出旅游体验的“舞台真实”论，另一些学者如格雷伯恩（或译为格雷本、格拉本）运用人类学的仪式理论提出旅游体验的“神圣游程”论。纳什评论到：过于迷信麦坎内尔的观点可能是一个错误。毕竟，他谈论的只是旅游接触中的一小类。采用这种旅行方式的西方人不多。在游客方面，我们应该非常小心地接受任何有关自我的剧烈体验和变化的说法。因为在旅行中，游客不仅是“人在旅途”，而且花费了大量（或许大部分）的时间与其他西方人交往，并使用西式设施（例如，坐船去新几内亚的旅行）。剧烈的变化似乎只是那些只占少部分的最爱冒险的游客。游客从他（她）的旅行中得到什么，不仅取决于旅游的类型，也取决于与旅游相关的许多因素以及与当地人的接触。记住这一点，并且假定由于旅游活动的特点、旅游中产生作用的因素不同，游客的经历和反应将会有所差别，这样可能会比较好地开始研究游客的经历和反应。关于“神圣游程”论，他质疑到：如果游客被他们的旅行再创造或更新了，即使是一点点，就像格雷伯恩所说的那样，那么，这对他们原来的社会有什么影响呢？去康涅狄格州斯坦福德的一个温泉山村度假后，母亲的兄弟和其他波士顿加尔文派信徒的正常生活真的充满新的活力吗？换句话说，他们的度假真能如他们的社会理想所想象的那样发挥功效吗？（Dennison Nash，2004）这些质疑都是着眼于研究方法，因而也更有说服力，更能引人深思。

在旅游社会文化影响研究的方法方面，影响较大的是沃尔的《旅游影响的反思》（1996）和皮尔斯等人的《旅游社区关系》（P. Pearce，1996）。

沃尔认为，过去几十年的研究使人们清楚地了解了一般情况下旅游对目的地的影响，但是人们对造成这些后果的旅游活动的情况以及目的地的社会背景知道得很少，这使得研究案例之间无法对照比较，阻碍了相关理论体系的建立。今后的研究应对旅游类型、游客类型、目的地社区特点、主客关系的特点以及文化媒介的作用等进行更详细的说明、研究。为了更好地了解旅游带来的问题，沃尔还提出应把研究视角从“影响”转移到“变化”，虽然两者含义相近，但前者内含一种消极意味，忽视了旅游常常是目的地居民所期待、需要的，也忽视了目的地居民在旅游开发活动中的积极主动性。沃尔还指出，研究者应同时具有主位和客位、内部和外部的视角，这样才能更客观、准确地说明问题。

皮尔斯等认为：以往研究旅游态度，总是从旅游影响的角度出发，进而得出“旅游的影响引起居民对它的态度”的结论。这也是三个阶段模型假设的来源。然而，这种方法和结论是不可靠的。研究旅游态度，应以社会陈述理论为指导。社会陈述理论是一个基于社区层次的理论，在研究旅游态度等方面，强调个人对旅游的态度与社区观点、相关信息等的关系，重视分析态度的形成过程，重视行为者本人的思考、感觉、评价。依据社会陈述理论，决定旅游态度的是人们如何看待旅游和游客，或者说有关旅游的知识体系（社会陈述）。因此，应该探究人们如何形成对旅游的认识，这种认识如何影响他们对旅游的态度，而不是从因果长链的另一个方向去寻找原因。居民的旅游态度不是孤立、单一、完全个人化的。研究者应关注各种信息交流和社区文化，不能只关注个体态度。研究居民对旅游的态度，必须从整体上关注居民的社会特征，了解不同人群的态度，即对旅游开发的态度存在什么样的社区细分。由于旅游业和社区都不是单一的存在，而是以某种整体、复合的面貌出现，运用社会陈述理论分析社区旅游态度无疑是很有价值的。

**（二）国外旅游文化研究法的特点**

回溯国外40多年的旅游文化研究历史，可以看出：国外旅游文化研究法有三大特点：

1. 对旅游文化研究“比较注重从人本主义的角度出发”

如前所述，国外的旅游文化研究主要是从游客和目的地社会两个角度出发，对旅游者文化、旅游地文化变迁进行系列研究，这样由不同的旅游者审美动机与旅游消费行为而引发的旅游文化现象，由旅游主客之间文化碰撞产生的各种文化现象（如旅游主客之间的沟通方式和过程、文化涵化、文化商品化和作为世俗仪式的旅游等），也就成为国外旅游文化研究的主要领域。在这些领域中，有人，有物，有事，毋庸置疑，国外旅游文化研究是以人，特别是旅游者为中心的。关注旅游者，关注旅游地居民，始终是西方旅游文化研究的出发点。

2. 旅游文化研究方法上大多采用定性的研究方法，定量或定性与定量相结合的方法较少

西方学术研究常以定量分析著称，旅游研究也不例外。但在旅游文化研究中，我们发现，其研究方法大多采用定性的，定量或定性与定量相结合的方法较少。几部旅游文化研究代表著作如克勒福德的《旅行文化》、尤瑞的《旅游者的凝视》、罗杰克和尤瑞主编的《旅游文化：旅游和旅游理论的转型》、威廉斯的《旅行文化》、卡伦·卡普兰的《旅行质疑：后现代对位移的讨论》、亚利·里德的《旅行者的心灵：从吉尔伽美什到环球旅游》、玛丽·路易·普拉特的《帝国之眼：旅行写作与跨文化互化》，基本都是定性研究之作。是研究者比较擅长定性研究，还是定性研究比较适合旅游文化，抑或二者兼有，值得思考。

3. 旅游文化研究法几乎等同于旅游与文化研究法

在西方，“旅游文化”一般不作为单独的研究学科（领域），更多的是被当作一种旅游研究视角——文化视角。因此，西方的旅游文化研究多为旅游与文化研究。与此相应，西方的旅游文化研究法几乎等同于旅游与文化研究法，这一点我们可以从西方的旅游文化研究实践和对旅游文化研究的反思中得到印证。从西方的旅游文化研究实践来看，西方的旅游文化研究多以社会学和人类学为指导，而社会学和人类学在旅游领域的最佳用武之地正是旅游与文化；从旅游文化研究的反思来看，西方关于旅游文化研究法的相关反思文章也是集中在旅游与文化的研究上。前举沃尔的《旅游影响的反思》和皮尔斯等人的《旅游社区关系》影响较大，所反思的旅游文化研究法恰恰属于旅游与文化研究法。

## 二、国内旅游文化研究方法概述

### （一）国内旅游文化研究法现状

1. 应用情况

王晓琳（2008）以“1994~2007 年”为时间跨度，以“题名”为检索项，“旅游文化”为检索词，“精确”检索到的“中国期刊全文数据库”上的 554 篇论文为主要研究样本，并采用内容分析法（content analysis）对现有的研究成果进行归类、分析。内容分析法是对各种材料、记录的内容、形式、含义以及重要性进行客观、系统和数量化描述的一种研究方法，目的是把用言语表示的非数量化资料转换为用数量表示的资料，客观、系统和量化是其突出特点。

通过对 554 篇论文的统计，王晓琳认为，截至目前，旅游文化研究主要采用了 9 种研究方法（详见表 1–1）。其中，应用最多的是理论分析法，共计 436 篇，占 78.7%。这些论文主要以文字作为表现手法，对所研究的内容进行理性的分析。应用较多一些的方法是跨学科研究法、案例分析法和比较研究法，所占比例分别是 8.1%、3.4% 和 2%。而调查研究、文献综述、SWOT 分析和定量研究这四种方法，其论文都不到 10 篇。另外，

还有 19 篇文章是以旅游文化研讨会、报道及作者手记等形式出现的，在理论上不具备论文的写作模式，故将其单独列出。

表 1–1　1994~2007 年旅游文化研究方法统计

| 方法<br>年份 | 理论分析 | 案例分析 | 比较研究 | 调查研究 | 文献综述 | SWOT 分析 | 跨学科研究 | 定量研究 | 研讨会等 | 合计 |
|---|---|---|---|---|---|---|---|---|---|---|
| 1994 | 13 | 0 | 0 | 0 | 1 | 0 | 1 | 0 | 0 | 15 |
| 1995 | 11 | 0 | 0 | 0 | 0 | 0 | 0 | 0 | 1 | 12 |
| 1996 | 12 | 1 | 1 | 0 | 2 | 0 | 2 | 0 | 2 | 20 |
| 1997 | 22 | 0 | 0 | 0 | 0 | 0 | 0 | 0 | 0 | 22 |
| 1998 | 21 | 0 | 0 | 0 | 0 | 0 | 3 | 0 | 0 | 24 |
| 1999 | 27 | 0 | 0 | 0 | 1 | 0 | 0 | 0 | 0 | 28 |
| 2000 | 32 | 0 | 0 | 0 | 0 | 0 | 0 | 0 | 0 | 32 |
| 2001 | 39 | 1 | 1 | 1 | 0 | 0 | 1 | 0 | 1 | 44 |
| 2002 | 49 | 1 | 1 | 0 | 0 | 0 | 0 | 0 | 0 | 51 |
| 2003 | 37 | 1 | 1 | 1 | 0 | 0 | 6 | 0 | 5 | 51 |
| 2004 | 41 | 4 | 0 | 1 | 2 | 0 | 16 | 0 | 0 | 64 |
| 2005 | 39 | 3 | 4 | 1 | 0 | 3 | 6 | 0 | 0 | 64 |
| 2006 | 59 | 5 | 1 | 1 | 0 | 2 | 7 | 1 | 7 | 83 |
| 2007 | 34 | 3 | 2 | 4 | 2 | 0 | 3 | 1 | 3 | 52 |
| 合计 | 436 | 19 | 11 | 9 | 8 | 5 | 45 | 2 | 19 | 554 |

注：2007 年论文统计到 10 月份。

较之西方，中国旅游文化研究法并不算少。中国旅游文化研究之所以取得如此丰硕的成果，并使旅游文化研究成为一门相对独立的学科，这与旅游文化研究法运用得当密不可分。当然，中国旅游文化研究法还不能说是成熟的。第一，研究方法不够系统。通过对上述 554 篇文章的研究方法进行深入分析发现，使用理论分析的文章占 78.7%，近 4/5，而其他方法应用得较少且不够深入。第二，某些研究方法在使用上不够规范。如问卷调查方法得到越来越多的重视，但对严重影响分析结果的几个问题却未能得到很好的解决。其中，最重要的问题是问卷的设计，国内文章很少报告其问卷设计的过程及量表问卷的信度和效度。

近 10 多年来，旅游文化研究法的应用情况仍未有大的变化。用同样的方法和路径检索 2008 年至 2023 年 6 月发表的旅游文化论文，共得 6000 多篇。其中纯理论分析方法依然占据绝对优势。综合类研究、量化研究虽呈现增加的趋势，但在使用上仍有不规范的现象。

2. 研究现状

早在1986年，俞慈韵先生就提出，旅游文化学就是用文化学的方法来研究旅游。不仅仅是角度和方法的问题，更重要的，这是从人类文化的高度来认识和研究旅游这一人类文化现象。中国早期旅游文化研究者把旅游文化等同于旅游中的文化，所谓“从人类文化的高度来认识和研究旅游这一人类文化现象”，实际是强调用文化学的方法研究旅游文化。这是中国旅游文化研究法研究的开端，影响至今。1989年，湖北省青年旅游研究会在湖南慈利召开了“首届山水文化与旅游景观开发研讨会”。会上，有代表对中国旅游文化的研究方法等问题做了探讨。这是已知的关于中国旅游文化研究法研究的最早报道。

20世纪90年代，中国的旅游文化研究如火如荼，对旅游文化研究法的研究也逐渐多了起来。马波（1999）认为，中国旅游文化研究科学化的主要表现为旅游文化研究方法体系的完善。从其他学科借用、移植的研究方法将有机交融在一起，使旅游文化研究的手段、技术和模式有一个自然的更新，各项研究进一步确切化、精确化和科学化。随着现代科学技术的进步，旅游文化研究还将逐渐大量采用现代科学技术，计算机、信息控制等将直接应用于旅游文化的调查中，以便快速简捷地处理各种复杂的文化现象，使过去只能做定性分析的问题定量化，更有可能解决过去无法解决的重大问题。同年，沈祖祥提出了旅游文化研究的具体方法。认为除系统方法和唯物辩证法外，在现代科学综合化和整体化趋势下，多学科、跨学科的研究方式将在旅游文化研究处于特殊而重要的地位。因此，旅游文化研究在方法上还须借助于文化学、历史学、民俗学、心理学、地理学等其他学科的研究方法。

进入21世纪后，中国对旅游文化研究法的研究出现了前所未有的繁荣局面。专论旅游文化研究法的论著纷纷涌现。

2001年，谭德清、戚剑玲发表题为《西方旅游人类学与中国旅游文化研究》的文章，概括了中国旅游文化研究法的现状，提出了更新中国旅游文化研究法的建议。文章指出，目前，中国人类学、社会学、民族学、民俗学、旅游学等学科对旅游文化现象的研究，尚未建立起规范的方法论模式。西方旅游人类学强调微观实证研究、多重转换视角，见微知著，主体客体纵横交叉，关注当地人的权益，以人类学的整体观综合考察旅游引发的正面和负面影响，对于建构中国旅游文化研究方法论体系，无疑具有重要的启迪意义。中国旅游文化研究的新突破，依赖拓展思辨空间，更新研究方法。在不断更新的众多的人类学方法体系中，被证明是行之有效的人类学追踪调查、跨文化比较、参与观察等方法，应当成为中国旅游文化研究方法论的有机组成部分。彭兆荣（2004）对旅游文化的旅游人类学研究也情有独钟。他指出，旅游人类学虽然是一门新兴的学科，属于许多应用学科中的“后进者”，但是，它对“旅游文化”的研究不仅成为该分支最具学科性的核心价值，也成了其他学科乃至决策部门关注的重要内容。

2004年，阳国亮发表《多维视角旅游文化研究简论》一文，分析了多维视角研究旅游文化的内涵、必要性及途径，指出，由于旅游与文化本身在内涵外延上的开放性和辐射性，使旅游文化的多层次性又可以从不同的视角来把握。这些视角包括哲学、宗教、文学、艺术、民俗、社会心理、历史文化等。旅游文化研究的多视角应当是一种基本的研究方法。旅游文化的多视角研究，既可以从旅游的文化基础来研究，又可以从旅游文化的现象来研究；既可以从旅游文化本体来研究，又可以从旅游与其他文化的关系来研究。以多视角的方法来研究旅游文化对于拓展旅游研究的视野，深化旅游研究的内涵，不断揭示和把握旅游发展的内在规律的确是一条重要的途径。

何丽芳（2004）则突出旅游文化研究的生态学视角。她认为，从生态学的视角研究旅游文化，为研究和解决旅游文化的问题展开了全新的思路和视野。把生态学原理应用于旅游文化体系，从生态的角度重新评价整个旅游文化，讨论旅游文化的问题，是解决旅游对文化负面影响和促进旅游地文化可持续发展的根本途径。

文福华（2008）等认为，旅游文化学作为一门新兴学科，主要的研究方法有以下几种：①模式分析法。通过对一些典型地区旅游文化发展的经验分析，寻找建立旅游文化发展的某种模式。这种方法把定性分析与定量分析结合起来，把静态与动态结合起来。②区域比较法。这种研究法除了表现在名城开发和省、市、县范围的旅游开发上外，还有一种更趋于向微观发展的态势，即对名山大川旅游文化的研究成为热点。③演绎法和归纳法。如对各类名城的探析和归类。④社会调查与统计法。即通过抽样调查或收集旅游统计资料，分析旅游文化现象和旅游产品生命周期的变化规律。

2012 年，谢彦君等发表《旅游文化及其相关范畴、命题的理论透视》一文，认为从现有的“旅游文化学”著作以及一些旅游研究文献来看，人们对旅游文化、文化旅游以及文化旅游资源等诸多范畴的使用，还存在着概念上的显著差异。这种差异一方面体现为对这些关键范畴的内涵理解上的误区和使用上的轻率，一方面体现为人们对旅游文化现象的本质、历史和形态的了解还有所局限。该文试图以学科视野来审视这些范畴的科学内涵，并进一步探讨了一些值得关注的理论命题。

2014 年，赵红梅发表《论旅游文化——文化人类学视野》一文，认为国内旅游文化研究并不缺少概念的思辨，缺少的是明智的思辨路径和对具体旅游文化现象有意识的攫取、分析和认知。呼吁国内学界早日从概念思辨的泥沼中拔出，多关注正在发生的旅游文化，从诸多现象中剖析旅游多元主体的行为特征及其意义域，明确旅游文化的内涵，从而为抽象旅游文化的共性、功能与结构奠定认识论基础。

随着旅游文化研究法研究热度的提高，有学者开始关注旅游文化研究法体系。王晓琳（2008）通过对国内外旅游文化研究法的分析、总结，将旅游文化研究方法体系概括为由定性研究法和定量研究法两大部分组成的庞大系统。前者包括资料收集法和资料分析法两小类；后者包括数据收集法和数据分析法两小类。每小类又有若干亚类。具体结构如图 1-1 所示。

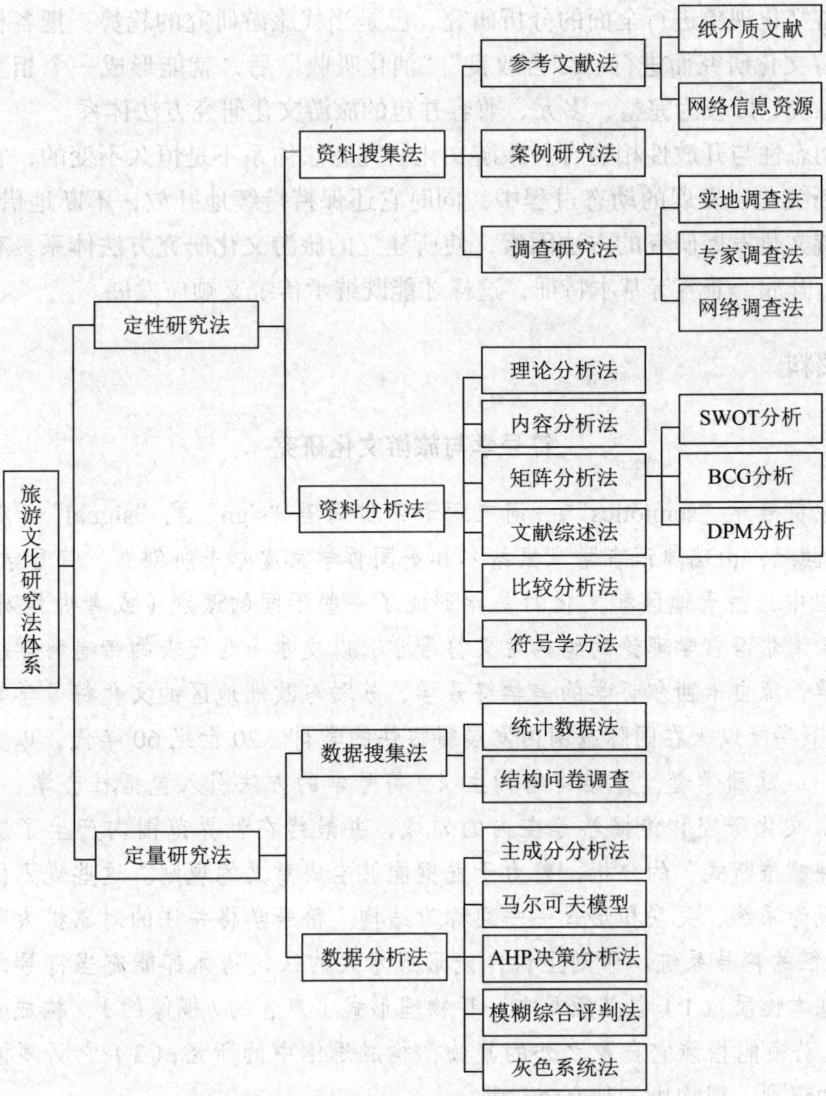


**图 1–1　旅游文化研究法体系**

王晓琳同时指出，由于旅游文化研究对象的特殊性，从而导致了旅游文化研究法也有着自身一些典型特征：

（1）特殊性与普遍性相统一。就旅游文化研究来说，某些比较具体的方法或技术只能适应于某一特定的旅游文化现象或旅游文化活动，而要提升对旅游文化学科的理论研究，就必须探索旅游文化研究的各种可行方法，使之普遍适用于多种旅游文化现象或旅游文化活动的研究中。

（2）多元化与方法体系的包容性相协调。运用跨学科、多学科、多维综合的方法和技术对旅游文化现象进行全面的分析研究，已是当代旅游研究的趋势，把各种引入的方法结合旅游文化研究而进行“综合改良”“消化吸收”后，就能形成一个相互联系、协调一致的系统，即较为完整、多元、兼容并包的旅游文化研究方法体系。

（3）动态性与开放性相吻合。旅游文化研究方法体系不是恒久不变的，它会一直处于一个不断变化、发展的动态过程中，同时它还保持持续地开放，不断地借鉴和吸收，以适应旅游文化发展研究的方法因素，使所建立的旅游文化研究方法体系具有统一、立体、动态、开放、兼容等基本特征，这样才能既继承传统又顺应发展。

**小资料**

### 符号学与旅游文化研究

英文中符号学“semiotics”一词来源于希腊词语“sign”或“signal”，现代符号学产生于19世纪，由瑞典语言学家索绪尔和美国哲学家皮尔士所创立。符号学在20世纪的发展历程中，由于地区和文化的差异形成了一些不同的派别（或者说是研究方向），分别是：索绪尔语言学理论的结构主义符号学、以皮尔士为代表的带有科学主义倾向的逻辑符号学、源自卡西尔哲学的美学符号学、苏联与欧洲地区的文化符号学等。符号学是20世纪下半叶以来在国际范围内发展得很快的学科。20世纪60年代，以罗兰·巴特为代表的一群欧洲学者，开始将结构主义/符号学的方法引入包括社会学、文学批评、美学、大众文化研究和传播学等在内的领域，并最终在世界范围内产生了影响。结构主义是一种“推断式”的分析，着力于发掘能够生成意义的规则。这些规则像语法规则一样，表现为系统、关联和形式——通称为结构。符号学将关注的对象扩大到任何具有“语言”特征的符号系统。原则上说，能形成意义的任何物体都能充当符号，一个符号具备三个基本性质：（1）它必须具有一种物理形式（声音的/视像的），构成其物质的能指；（2）它必须能指涉它自身之外的某物，构成思维中的所指；（3）它必须被人们作为符号使用和识别，即构成一种交流过程。

符号学不仅是一个研究领域，而且是一种综合的跨学科的方法论，对当今的社会人文科学产生着广泛而深刻的影响。符号学方法的导入，将会在改进和深化中国的旅游文化学研究方面发挥独特的作用。1989年，国际权威的旅游研究杂志《旅游研究纪事》曾专门出版了一期旅游符号学专辑。可见，将符号学应用于旅游研究早已引起国际学术界的重视。国内将符号学应用于旅游文化的研究，可查到的文章只有邵兰（2004）一文。文章在对国内外关于旅游形象研究成果整理比较的基础上，借鉴社会学中较为成熟的符号互动理论对旅游形象展开进一步的研究，指出符号互动理论在旅游形象确立中有着广阔的应用空间。在符号互动模式下，归纳出旅游形象的符号集成体系，并说明个体旅游形象和整体旅游形象的形成过程。最后，尝试以太湖旅游形象的确立为具体实例，来说明符号互动理论框架下的旅游形象确立模式有普遍的适用性。

（摘自王晓琳《旅游文化研究方法体系探讨》，兰州大学，2008）

### （二）国内旅游文化研究方法的特点

王晓琳认为，国内旅游文化研究方法有两个特点：

第一，跨学科研究方法突出。由表 1–1 统计明显得出，1994~2007 年，在中国的旅游文化研究中，使用跨学科研究方法的仅次于理论方法，居第二位。特别是 2003~2007 年，其应用明显增多，四年依次为 6 篇、16 篇、7 篇、3 篇，是此前五年的 5 倍还多。其所属学科及典型应用实例详见表 1–2。

**表 1–2　旅游文化跨学科研究方法统计**

| 借鉴学科 | 典型实例 | 作者及单位 |
|---|---|---|
| 文学 | 《佛儒道与中国旅游文化》 | 许宗元，上海师范大学旅游学院 |
| 生态学 | 《生态学视野中的旅游文化》 | 何丽芳，湖南女子职业大学旅游系 |
| 人类学 | 《旅游人类学视野中的“旅游文化”》 | 彭兆荣，厦门大学人类学研究所 |
| 社会学 | 《民族旅游的社会文化学分析》 | 刘超祥，中南民族大学民族学与社会学院 |
| 历史学 | 《历史学如何为河南旅游文化服务》 | 任崇岳，河南省社会科学院历史研究所 |
| 美学 | 《关于旅游行为的美学思考》 | 包全万，丹东市文联 |
| 营销学 | 《太白山旅游文化宣传营销策略与方式探讨》 | 孙瑞谦等，陕西太白山国家级自然保护区 |
| 管理学 | 《论旅游文化管理策略》 | 刘文彬，广西铁路职业技术学院 |
| 心理学 | 《旅游心理与旅游“文化殖民”》 | 杜芳娟，贵州师范大学资源与环境科学系 |
| 图书馆学 | 《旅游文化与图书馆》 | 杨青，兰州大学图书馆 |
| 档案学 | 《开封市旅游文化档案问题》 | 孟庆英、刘红雁，开封市档案局 |
| 体育学 | 《高尔夫球运动与旅游文化》 | 丘萍等，桂林理工大学旅游学院 |
| 外语 | 《旅游文化的英译：归化与异化》 | 汪宝荣，绍兴文理学院外国语学院 |

第二，定量研究开始出现。经统计，定量研究方法的文章有两篇，即魏中俊等的《旅游文化产业持续发展的可拓模型》（2006）和聊志军等的《旅游者媒介接触习惯对其认知目的地旅游文化的影响》（2007）。魏文用可拓逻辑和菱形思维方法构建旅游产业持续发展的可拓模型，并以科学发展观为指导，提出经济可持续增长、文化可持续进步、生态可持续改善的三维方法论框架，取得了满意的效果；聊文以海南旅游文化传播为例，探讨了旅游者媒介接触习惯对其认知目的地旅游文化的影响，文章采用问卷调查的方法，并运用 SPSS11.5 统计软件包对数据进行了统计，为旅游文化研究提供了一个新视角。截至目前，虽然定量研究的文章很少，但是文章的质量都很高。定量研究的出现，打破了旅游文化定性研究的垄断，同时也表明，旅游文化研究在朝着科学化、精确

化的方向迈进。

王晓琳总结的特点当然是就旅游文化研究法的运用而言的。从旅游文化研究法的研究角度看，中国的旅游文化研究法还有以下两个特点：

其一，首重文化学。中国旅游文化学者从一开始就强调文化学在旅游文化研究中的特殊地位，认为旅游文化研究就是运用文化学研究旅游或旅游与文化，由此形成的学问、学科即是旅游文化学。中国早期旅游文化研究者把旅游文化等同于旅游中的文化，甚至等同于旅游与文化，强调“从人类文化的高度来认识和研究旅游这一人类文化现象”，文化学在旅游文化研究中的独尊地位由此奠定。旅游人类学、旅游社会学兴起后，由于两者的研究对象是旅游与文化，文化学的独尊地位不但没有动摇，反而有所强化。目前，“旅游文化研究就是运用文化学研究旅游或旅游与文化”的观点仍在中国旅游学界大行其道。

其二，旅游文化的研究方法与旅游文化学的研究方法不加区分。在中国旅游文化学界，许多学者一直对旅游文化与旅游文化学不加区分，以至于沈祖祥先生在其《旅游文化学导论》中把这一现象作为一个重要问题提出。旅游文化与旅游文化学不加区分，旅游文化的研究方法与旅游文化学的研究方法自然也不加区分了。这一点我们可以从中国的旅游文化研究实践和对旅游文化研究的反思中得到印证。从中国的旅游文化研究实践上看，中国的《旅游文化学（概论）》作者在说明旅游文化学的研究方法时，常常是“旅游文化学研究法”和“旅游文化研究法”这两个概念交替使用；从旅游文化研究的反思看，中国关于旅游文化研究法的反思文章也常常将“旅游文化学研究法”和“旅游文化研究法”混为一谈。此类事例俯拾皆是，恕不列举。

## 三、常用旅游文化研究法

通过上述对中西旅游文化研究法的分析，不难发现，旅游文化研究法多种多样。但常用方法主要有跨学科研究法、田野工作与社区研究方法、文献研究法、理论分析法等。

### （一）跨学科研究法

跨学科研究法是运用多学科的理论、方法和成果从整体上对某一课题进行综合研究的方法，也称“交叉研究法”。据有关专家统计，现在世界上有 2000 多种学科，而学科分化的趋势还在加剧，但同时各学科间的联系越来越紧密，在语言、方法和某些概念方面，有日益统一化的趋势。根据视角的不同，跨学科研究法由低到高，可分为方法交叉、理论借鉴、问题驱动、文化交融四个较大的层次。方法交叉包括方法比较、移植、辐射、综合等，这些方法一般发生在各学科之间，每种方法还包含更为细致的特定内容，都是跨学科研究中最基本，也是应用最广泛的方法。理论借鉴，是不同学科在知识层次的互动，一般指新兴学科利用其他学科成熟的理论或方法，或成熟学科向新兴学科的扩张和渗透。问题驱动，是以围绕某个较大的问题所展开的多元综合过程，包括纯粹为研究客观现象而实现的多方面综合；为探讨重大理论问题而实现的多学科综合；为解决重大实践问题而进行的多领域综合。文化交融，是指不同学科所依托的文化背景之间的相互渗透与融合。由于学科间的任何互动往往都有文化的因素参与，该融合不是一个单独的过程，而是一个更深更广的过程。

旅游文化伴随着旅游活动而产生，但它形成之后，就相对独立于社会文化的各个领域，显露出自己的个性。作为一种独立的文化形态，旅游文化有自己特定的内容，凡举旅游者和非旅游者以旅游为基础创造的旅游体验文化和旅游介入文化均属旅游文化范畴。旅游文化的内涵十分丰富，外延也相当宽泛。旅游文化既涉及历史、地理、民族宗教、饮食服务、园林建筑、民俗娱乐与自然景观等旅游客体文化领域，又涉及旅游者自身文化素质、兴趣爱好、行为方式、思想信仰等文化主体领域，更涉及旅游业的服务文化、商品文化、管理文化、导游文化、政策法规等旅游介体文化。还涉及“三体文化”以外的旅游观念、旅游思想、旅游文学、旅游神话传说。由于旅游文化包含的内容非常广泛，波及的领域十分广大，牵涉的关系极其复杂，这就决定了旅游文化研究绝非单一学科所能胜任，必须借助旅游学、文化社会学（文化人类学）、经济学、美学、历史学、民俗学、心理学、地理学、统计学、跨文化交流学等其他学科的研究方法，进行多学科、跨学科的研究。

旅游文化研究的多学科性，不仅植根于旅游文化研究对象的复杂性和综合性这个根本点上，也表现在旅游文化研究的历史进程当中。如前所述，旅游文化研究自兴起以来，一直有十几个学科参与其中，西方旅游文化研究如此，中国旅游文化研究也是如此。在现代科学综合化和整体化趋势下，多学科、跨学科的研究方式不但是一种趋势，而且在所有研究方法中拥有特殊重要的地位。旅游文化的研究不仅要利用多门学科进行相对独立的研究，还要进行多学科间相互作用、相互补充的合作研究，强调在解决问题时各学科的互补作用。

**（二）田野工作与社区研究方法**

田野工作和社区研究，都强调直接的观察、访问、记录和测量的方法与手段。这是在文化人类学、社会学、民族学、民俗学和环境科学中广为使用的研究方法，也是一种实证性的研究方法。对于文化人类学来说，田野工作这种特殊的研究方法在号称“美国人类学之父”的博厄斯那时就已经开始。他和他的弟子们用记音法详细记录歌谣和神话传说，用代写自传的方法记录重要人物的事迹等，为科学的田野工作奠定了基础。而在20世纪初产生于英国的以马林诺夫斯基为代表的功能学派人类学，虽然理论取向与博厄斯全然不同，但他们同样强调田野工作的重要性，并把田野工作提高到新的水平。马林诺夫斯基以其令人钦佩的学术成果和他在特洛布里安德岛长期生活的经历证明了田野调查在文化人类学研究中的意义。

志在“以小见大”的社区研究一直是人类学研究的重要视角。人类学者通过扎实的田野工作，研究一个个具体的文化，然后从这些文化的比较研究中探索人类文化的普适性特征。因此，在进行社区研究时，许多人类学家总是把田野材料置于更广阔的视野之中，这样才产生了具有很高理论水准和富有解释力的佳作。尽管有人质疑小社区的田野调查所得资料的代表性，但作为人类学独特的“以小见大”式的研究，还没有任何一种方法在可信度和研究的深度上可与之相比。

田野工作与社区研究方法要注意观察与参与相结合，深度访谈与问卷调查相结合。在人类学田野调查中，主要有四种程度不同的观察：局外的观察——观察者独立于对象之外，比较客观，但卷入田野的程度最低；适度参与的观察——观察者参与田野的程度适中，保持了客观的立场；深度参与的观察——观察者已经深深地参与进去了，但还有一点客观；完全参与的观察——观察者与对象融为一体，很多是完全的主观参与，只能形成主观价值判断。在调查过程中，能否参与、参与到什么程度、观察到什么程度都是参与观察中所要关注的重要问题。人类学田野调查除了参与观察以外，另一重要方面就是深度访谈。有一些问题是难以直接观察出来的，只有通过深层次访谈才能把这些问题“聊”出来。这种深度访问方法在效度上是很高的，即所问问题得到了真正需要的满意程度很高的材料。但是，其信度却不一定高，即每次所问得到的结果未必相同，不一定能重复。与人类学深度访谈相比照的是社会学意义上的问卷调查。问卷调查的信度很高，具有可重复性，其最大困境就是有时效度很可疑，即得到的结果不一定令人满意。

旅游文化学研究对象与性质决定了旅游文化研究的实践性，决定其同样注重实地考察，强调通过研究者亲自活动去积累资料，而且资料越真实、越具体、越丰富越好，因为客观、具体、运动是旅游文化存在形态的主要特征。只有通过深入和成功的调查研究，研究者才可能获得宝贵的第一手资料，才可能获得必要的感性认识。从一定意义上说，旅游文化的认识与研究，就是在研究者的旅游活动中进行的，是研究者的旅游学术活动。实地考察，实物认识，实在感觉，这一切是旅游文化学习与研究的不可替代的方法与过程。

**（三）文献研究法**

文献研究法是指通过收集和分析现有的以文字、数字、符号和画面等形式呈现的文献资料，对它们加以整理、判断来研究各种旅游文化现象的方法。根据研究所用文献类型的不同，可以将文献研究法做以下分类：一是对大众传媒信息，如报纸、杂志、广播及电视资源的分析和收集。信息的丰富取决于时代的进步引起的传播工具的先进以及信息量的急剧扩大。二是对其他研究人员先前收集的原始数据进行再分析和研究。这种方法的运用有一个基本前提，就是现实社会中存在大量的原始数据，并且研究者可以找到和获得它们。三是针对国家和各级政府公布的统计数字进行分析。这需要运用一定的数学方法，即定量研究方法，比如我们用统计学的方法，统计接待人数、接待人天数、人均消费额、总收入、总外汇收入、利润率、成本利润率、客人旅游目的和客人满意率。这三种研究类型的共性是研究者所获得的都是第二手资料，它们并无本质性的不同，只是所用资料及其来源的不同，造成的研究程序不同罢了。根据分析的方式不同，文献研究法又可分为三种方式，即统计资料分析、内容分析和历史—比较分析。其中，历史—比较分析主要依靠想象力和思辨，是传统社会科学研究的主要方法，在理论性研究中较为常用。通常所说的文献研究大多指这一方式，它是与采用实证方法的调查研究相对立的方法。文献研究的最重要的特点有两个：第一，它不直接从研究对象那里获取研究所需的资料，而是去收集和分析现存的、以文字形式为主的文献资料；第二，它既包括收集资料的方法也包括对这些资料的分析方法。

文献研究是旅游文化学研究的重要方法之一。一方面，文献研究可以研究那些无法接触的旅游文化现象，如对过去的或异地的旅游文化活动或现象，虽然人们不可能去调查、实验和观察，但只要找到足够的相关文献材料进行思辨分析，便会认识和理解这些活动或现象。如要认识和理解中国各个行政地域的旅游文化状况，不可能也没有必要跑遍所有的地域一一进行认真细致的观察和采访，很多情况下只能靠当地的各种史志、典籍、笔记及相关的报刊资料等进行分析论证，这既使研究成为可能，也节省了大量的人力、物力和财力。另一方面，文献研究可以对旅游文化活动进行纵向分析，毕竟不同时代、不同阶段的旅游文化现象或多或少总会以各种不同的文献形式记录下来，而这是局限于研究现时情景的调查、实验和观察等方法所不能比拟的。如要研究古代、近代和现代旅游文化的发展状况和特点，除了现代旅游文化研究可能采用直接观察和调查分析外，古代和近代的相关研究就只能依靠文献资料进行。

文献研究法在拥有费用低、省钱省时、可以做纵向分析等优点的同时，也存在某些资料获取难度大及可信度缺乏保证的缺点。

**（四）理论分析法**

理论是研究者把反映客观事物本质和内部联系的认识，按照一定的逻辑进行必要的整理，使之条理化、系统化的过程与结果。理论具有普遍性和抽象性，它不会直接提供解决问题的现成答案，它所提供的是指导研究者探索方案的一般原则和设计方案的理论依据。此外，理论还具有判据的功能，一般来说，如果提出的设想、方案违背了理论原理，就可能是错误的。而所谓的理论分析法，就是依据一定的理论原理研究和分析研究过程，从而形成判断和行动方案的方法，主要是指用现代科学理论进行实际问题分析的方法。理论分析在不同领域有不同的理念范式和方法。比如我们常说的运用马克思主义理论进行政治、经济分析，再比如运用现代西方经济学理论研究实际宏观和微观经济现象。每种理论都有自身独特的思考方式，有理论假设、理论判断、理论推理等。所以，理论分析实质是一种逻辑推理和哲学思辨。国外有的学者提出思辨（justthinking）也是一种理论研究方法，原因就在这里。作为一种传统的研究方法，理论分析在学术研究中占有十分重要的地位。

旅游文化研究既包括实证研究，也包括理论研究。因此，很多学者将理论分析方法作为旅游文化研究的重点。在中国，理论分析方法甚至是主流研究方法。沈祖祥先生认为，除系统方法和唯物辩证法外，旅游文化研究在方法上还须借助文化学、历史学、民俗学、心理学、地理学等其他学科的研究方法；阳国亮先生指出，由于旅游与文化本身在内涵与外延上的开放性和辐射性，旅游文化研究可以从不同的视角来开展。这些视角包括哲学、宗教、文学、艺术、民俗、社会心理、历史文化等。谢贵安、华国梁（1999）提到，对旅游文化研究具有重要指导意义的理论很多，其中主要包括文化哲学、美学、心理学。随着近几年旅游文化学研究的不断深入，相关学科理论应用到旅游文化研究上来的不止这些，如人类学、社会学、生态学、管理学、体育学、规划学等均有所涉猎。

运用理论分析方法解决现实问题，需要研究者有深厚的理论修养。对旅游文化研究者来说，最需要熟悉并掌握的理论是哲学理论、文化学理论和旅游学理论。因为哲学是在概括总结各门具体科学积极成果的基础上，揭示了自然、社会和思维发展的最一般规律，对学术研究具有无可替代的方法论作用；文化学是在总结文化发展经验的基础上，综合运用社会科学、自然科学的理论和方法研究文化活动及其基本规律和一般方法的科学，对包括旅游文化在内的各种文化研究具有普遍的指导意义；研究旅游文化的概念、结构、类型、特点、功能、地位、形成等重大问题，构建旅游文化的理论体系，无一不需要文化学的基本理论；没有文化学的基本理论做指导，旅游文化研究必然是一种盲目的活动；旅游学是研究旅游的现象、本质及发生、发展的规律的科学，尽管理论不太成熟，但与文化学一样，对旅游文化研究具有十分重要意义。熟悉旅游学的理论，掌握旅游研究的一般原则和方法，才能在复杂的旅游文化研究中得心应手，应对自如，毕竟旅游文化以旅游为基础并与旅游部分重叠。不懂旅游学理论，旅游文化研究必然是一种肤浅的活动。

需要说明的是，上述旅游文化研究法是从应用而不是分类角度提出的，彼此之间难免有交叉。就是这些研究法，也需不断地加以完善。使用和研究旅游文化研究法，有两点值得注意：

其一，一切研究方法都是尝试性的探索，不能迷信权威，要具备创新意识。旅游文化的研究方法在很大程度上借鉴了其他领域、其他学科的研究方法，可以考虑探讨一套针对旅游文化特性、本质和规律的自成体系的研究方法。有学者曾指出，我们的文化研究还处在臆测阶段，离实证阶段还很远。文化的研究尚且如此，旅游文化方法论的探讨更需要加强努力。

其二，任何研究方法是否准确地最后判断，并不在于研究方法本身，因为用自身的因素来证明的事物毫无立场可言，更谈不上正确与否。研究方法衡量的基准在于所获得的研究结果。无论运用什么方法，只要能够获得良好的结果，实际上就是一种恰当的好方法。

## 内容举要

严格意义上的旅游文化研究已过四十年。随着各界对旅游文化的认识逐渐深入，近年来国内外对旅游文化的研究呈现出前所未有的繁荣景象。

20 世纪 70~80 年代，西方虽然掀起了严格意义上的旅游文化研究，但当时的旅游文化研究是以旅游社会学、旅游人类学的面目出现的，目的在于揭示旅游的文化性及其社会文化影响，而无意于建立一个独立的学科，甚至连旅游文化的概念都懒得界定。进入 90 年代，西方的旅游文化研究方兴未艾，出现了一大批高质量的旅游文化研究成果。这些成果主要集中在旅行文化整体研究、旅游者文化研究及旅游地文化变迁研究方面。回溯国外四十多年的旅游文化研究，我们不难发现某些特点：首先，旅游文化研究以旅游者为中心。其次，旅游文化研究正成为旅游研究的主导方向。再次，轻理论重应用。最后，长期依附于旅游学、旅游社会学甚至旅游人类学而不能自立。

中国严格意义上的旅游文化研究与西方同步，也有四十多年，大致可以分为萌芽、成长、壮大、巩固四个阶段。在萌芽阶段，旅游文化研究总体上显得零散、肤浅，未取得突破性研究成果。在成长阶段，理论研究迈向体系化、规范化，学术交流走向群体化。但未能就旅游文化的理论基础达成共识，也缺乏有影响力的全国性研究活动和机构。进入 90 年代，中国的旅游文化研究进入壮大阶段，研究广度和深度都表现出前所未有的强劲势头。进入 21 世纪，中国的旅游文化研究稍显寂寞，主要成果集中在旅游文化本体、旅游文化资本化、旅游文化建设、旅游文化开发、中国传统旅游文化研究五个方面。回顾四十多年的研究历程，中国旅游文化研究的现状呈现出以下特点：第一，集中于基本理论问题；第二，垂青客体文化；第三，重视地方旅游文化；第四，关注传统旅游文化；第五，发展很不平衡。

旅游文化的研究方法亦即旅游文化研究的手段和途径，旅游文化研究法正确、得当与否，直接关系到旅游文化研究的成败，因而，严肃的旅游文化研究者莫不关注旅游文化的研究方法。

在西方，20 世纪 70~80 年代，由于受到当时日益成熟的人文学科如社会学、人类学的影响，尚处在初期阶段的旅游文化研究很快由单一学科的纵向研究发展到跨学科比较研究。90 年代以来，不管在旅游文化的整体研究中，还是在旅游者文化、旅游地文化的专题研究中，跨学科、定性与定量方法都被广泛地同时使用。西方对旅游文化研究法的研究也主要集中在这三个方面。旅游人类学家纳什是旅游者文化研究的倡导者，对旅游者文化研究法关注较多。沃尔和皮尔斯等人则对旅游社会文化影响研究的方法、理论进行了反思。国外旅游文化研究法有三大特点：国外对旅游文化研究“比较注重从人本主义的角度出发”；旅游文化研究方法上大多采用定性的研究方法，定量或定性与定量相结合的方法较少；旅游文化研究法几乎等同于旅游与文化研究法。

在中国，旅游文化研究主要采用了9种研究方法（详见表1–1）。其中，应用最多的是理论分析方法，共计436篇，占78.7%。应用较多一些的方法是跨学科的研究方法、案例分析法和比较研究法，所占比例分别是8.1%、3.4%和2%。而调查法、文献综述、SWOT分析和定量研究这四种方法，其论文都不到10篇。在方法研究方面，中国早期旅游文化研究者把旅游文化等同于旅游中的文化，强调用文化学的方法研究旅游文化。20世纪90年代，中国的旅游文化研究如火如荼，对旅游文化研究法的研究也逐渐多了起来。进入21世纪后，中国对旅游文化研究法的研究出现了前所未有的繁荣局面。专论旅游文化研究法的论著纷纷涌现。随着旅游文化研究法研究热度的升高，有学者开始关注旅游文化研究法体系。国内旅游文化研究方法有四个特点：第一，跨学科研究方法突出。第二，定量研究开始出现。第三，首重文化学。第四，旅游文化的研究方法与旅游文化学的研究方法不加区分。

通过上述对中西旅游文化研究法的分析，不难发现，旅游文化研究法多种多样。但常用方法主要有跨学科研究法、田野工作与社区研究方法、文献研究法、理论分析法等。跨学科研究法是运用多学科的理论、方法和成果从整体上对某一课题进行综合研究的方法，也称“交叉研究法”。旅游文化的内涵十分丰富，外延也相当宽泛。由此决定了旅游文化研究绝非单一学科所能胜任，必须借助他学科的研究方法，进行多学科、跨学科的研究。田野工作和社区研究，都强调直接的观察、访问、记录和测量的方法与手段。旅游文化学研究对象与性质决定了旅游文化研究的实践性，决定其同样注重实地考察，强调通过研究者亲自活动去积累资料。文献研究法是指通过收集和分析现有的以文字、数字、符号和画面等形式呈现的文献资料，对它们加以整理、判断来研究各种旅游文化现象的方法。文献研究法是旅游文化学研究的重要方法之一。所谓的理论分析法，就是依据一定的理论原理研究和分析研究过程，从而形成判断和行动方案的方法，主要是指用现代科学理论进行实际问题分析的方法。旅游文化研究既包括实证研究，也包括理论研究。因此，很多学者将理论分析法作为旅游文化研究的重点。在中国，理论分析法甚至是主流研究方法。

## 案例分析

**阅读下段材料：**

研究旅游文化应注意避免的几种倾向：

1. 旅游文化＝历史文化

有的研究者认为，旅游文化的基本构件是历史文化。现在不少人一讲到旅游文化就将其与历史文化扯到一起，将两种文化完全混为一谈。而事实上，这两个概念在内涵与外延、文化目的与社会功能、物化形式三个方面有着明显的不同（胡幸福）。

2. 旅游文化 = 旅游资源或者人文旅游资源及其开发

“在关于旅游文化的解说中，普遍认为，旅游文化主要是指旅游客体，即旅游资源中的人文资源。”事实上，许多以旅游文化为题的著作、论文只是研究人文旅游资源的形成和特性，错误地将文化旅游资源研究等同于旅游文化研究（马波）。

3. 旅游文化 = 旅游活动所涉及的文化或进入旅游活动范围的文化

对旅游文化的界定应从细处入手，注意其内部的有机构成，不宜把民族文化、宗教文化、生活文化、山水建筑文化诸形态归入旅游文化的范畴。当然，这里并不是说，所有的旅游资源都不属于旅游文化的范畴。如果旅游是一种文化出现的主要原因，并且这种文化主要是为旅游服务，这种文化便属于旅游文化。

（摘自晏鲤波、庄兴成《旅游文化研究述评》，《桂林旅游高等专科学校学报》2007 年第 1 期）

**请分析：**

1. 这段材料主要涉及了旅游文化研究哪些方面的问题？
2. 研究旅游文化为什么要避免上述三种倾向？
3. 出现上述三种倾向的原因是什么？

---

## 思考与练习

1. 试析中西旅游文化研究的特点。
2. 试析中西旅游文化研究的方法差异。
3. 试析分析与综合研究法的长处与局限。

---

## 推荐文献

1. 范能船 . 近十年来旅游文化研究评述［J］. 锦州师院学报（哲社版），1991（03）.
2. 肖洪根 . 国内外旅游文化研究述评［J］. 华侨大学学报（哲社版），1994（1）.
3. 马波 . 中国旅游文化研究的回顾与前瞻［J］. 旅游论坛，1999（2）.
4. 喻学才 . 旅游文化研究二十年［J］. 东南大学学报（哲学社会科学版），2004（01）.
5. 晏鲤波，庄兴成 . 旅游文化研究述评［J］. 桂林旅游高等专科学校学报，2007（01）.
6. 崔郁，曾军 . 旅游文化研究进展［J］. 资源开发与市场，2007（4）.
7. 李玲 . 当代中国旅游文化研究的热点及发展趋势［J］. 社会科学家，2009（12）.
8. 高科 . 近十年国内旅游文化研究综述［J］. 乐山师范学院学报，2010（1）.
9. 王晓琳 . 旅游文化研究方法体系探讨［D］. 兰州大学，2008.

10. 赵红梅．论旅游文化——文化人类学视野［J］．旅游学刊，2014（1）．

11. 戈双剑，杨晶．中国旅游文化研究的历史叙事及其反思——一种全球化视野下的考察［J］．中国旅游评论，2015 第 2 辑．

12. 邹本涛等．中国旅游文化新论［M］．北京：经济科学出版社，2019.

# 第2章 旅游文化本体

【学习目标】

通过本章学习，了解旅游文化内涵、结构、功能与特征的几种说法，熟悉定义旅游文化概念与分析旅游文化结构的原则、方法，掌握旅游文化的实质含义、基本构成、主要功能及本质特点，深入、完整地理解旅游文化本体。

【内容结构】

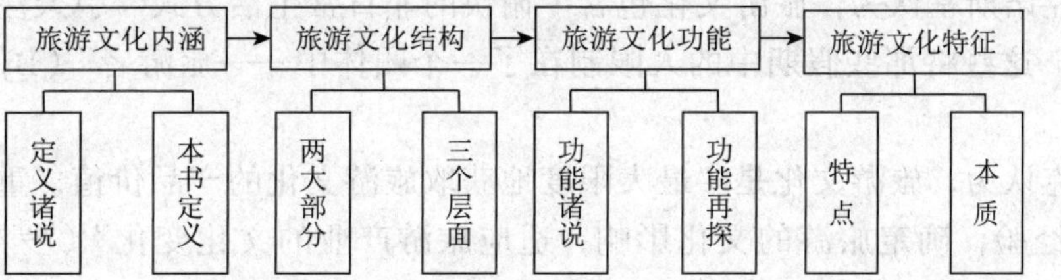


【重要概念】

旅游文化　旅游体验文化　旅游介入文化　功能　特征

## 第1节　旅游文化的内涵

旅游文化是什么？这一直是学界高度关注且备感头痛的问题。旅游文化像雨，你能感觉到它的滋润，却很难触摸到它的本来形状；旅游文化像雾，视之无处不在，揽之又不盈手。其实，雨也好，雾也罢，只要我们掌握了正确的方法，认识它的本来面目也是迟早的事。本节首先回顾已有的主要旅游文化界说，分析其分歧所在，进而提出界定旅游文化的基本原则，并据以对旅游文化做出新的概括。

### 一、旅游文化定义诸说

#### （一）西方的旅游文化定义

在西方，英语国家用来指称“旅游文化”的词，一般是“tourist culture”，其次是“tourism culture”“touring culture”“travel culture”等。西方对“旅游文化”一词的使用较为宽泛，一开始也不太注重内涵界定；是旅游者的文化，还是游览的文化、旅行的文化，要靠读者结合论著内容去理解。20世纪80年代末以来，西方只有部分学者关注旅游文化的界定，零星提出了几种旅游文化定义。

比斯克诺斯基认为，旅游文化包含“愉快的非日常生活方式、引人注目的礼节以及追求等，这些将那些假期中的人限制在了一个团体中——旅游者”（Bystrzanowskl，1989）。

克雷克认为，旅游文化是“最大限度地获取旅游文化的产品价值，重新确立游客的经历和经验，确定旅游的文化影响，适应旅游产业的文化变化”（罗杰斯、尤瑞，1997）。

奈尔·卡尔（新西兰）认为，旅游文化不是一个完全独立的现象，除了旅游行为和休闲行为通过文化相互关联外，旅游文化还在一定程度上是文化准则和文化价值的产物，这些文化准则和价值会在休闲环境中影响着人的行为（宁泽群、王兵，2007）。

不难看出，西方对“旅游文化”概念的表述，明显偏重于“旅游者的文化”。在西方的旅游文化研究中，旅游文化多指旅游过程中主客“碰撞”而产生的各种文化现象，突出这个概念的动态特征（肖洪根，1994）。

#### （二）中国的旅游文化定义

中国旅游文化学界一向注重对旅游文化的界定，旅游文化定义五花八门。主要有以下几种说法。

（1）相关物质、精神文化总和说。该说认为：“旅游文化是人类过去和现在所创造的与旅游有关的物质财富和精神财富的总和。”（陈辽，1987）该说把与旅游有关的物质财富和精神财富都看成是旅游文化，属于最广义的旅游文化。

（2）特殊生活方式说。该说认为：“旅游文化可以初步界定为是通过旅游这一特殊的生活方式，满足旅游者求新、求知、求乐、求美的欲望而形成的综合性现代文化现象。或者说是通过对异国异地的文化消费而形成的现代特殊生活方式。”（魏小安，1987）于光远先生认为旅游是现代人的一种特殊生活方式，该说把旅游文化定义为“特殊生活方式”，使旅游文化与旅游直接等同起来。

（3）旅游主体文化说。该说认为：“旅游文化是旅游的‘人’化，也即旅游者的文化”，“是旅游者这一旅游主体借助旅游媒体等外部条件，通过对旅游客体的能动的活动，碰撞产生的各种旅游文化现象的总和”。（沈祖祥，1998）该定义虽然也谈到了旅游媒体与客体在旅游文化形成中的作用，但特别强调旅游主体——旅游者也是旅游文化的主体，旅游文化也即旅游者的文化，故称之为旅游主体文化说。

（4）旅游客体文化说。该说认为：“旅游文化是指与自然风光、古迹遗址有关的历史掌故、民俗文化、文学艺术、传说故事及百科知识等。”（周谦，1996）该说源于 1984 年《中国大百科全书 · 人文地理卷》中的旅游文化定义，把旅游文化等同于人文旅游资源。

（5）旅游介体文化说。该说认为：旅游文化是广泛存在于旅游活动中的，由专业人员挖掘或设计出来，满足旅游者特定需要的物质文化与精文化的产品（桓占伟，2007）。定义中的专业人员及其产品均属旅游介体范畴，论者以此为旅游文化，故称之为旅游介体文化说。

（6）旅游主客体关系说。该说认为：“旅游文化指的是旅游主体和旅游客体之间各种关系的总和。”（喻学才，1995）论者在 2010 年出版的《旅游文化学》一书中重申了这一观点，仍以旅游主客体的关系为旅游文化，故称之为旅游主客体关系说。

（7）旅游主、介体文化说。该说认为：旅游文化“是旅游者和旅游经营者在旅游消费或旅游经营服务过程中所反映、创造出来的观念形态及其外在表现的总和。”（马波，1998）该说强调旅游主体旅游者和旅游介体旅游经营服务者都是旅游文化的主体，故称之为旅游主介体文化说。

（8）三体碰撞说。该说认为：“旅游文化是旅游主体、旅游客体、旅游媒体相互作用所产生的物质和精神成果，旅游三要素中任何一项都不能构成或形成旅游文化。”（冯乃康，1991）该说强调旅游文化是旅游三体碰撞的结果，一般称之为三体碰撞说。

（9）文化交流与对话说。该说认为：“旅游文化是基于人类追求自由、完善人格而要求拓展和转换生活空间的内在冲动，其实质是文化交流与对话的一种方式。它是世界各区域民族文化创造基础上的或现代全球化趋势中大众的、民间的休闲消费文化。”（章海荣，2004）该说强调旅游文化的实质是文化交流与对话的一种方式，故称之为文化交流与对话说。

有特色的旅游文化定义还有很多。不过，就影响程度而言，还是上述九种影响较大。上述诸说有的被广泛征引，有的已成为多种旅游文化学论著的立论依据。

## 二、定义原则与本书的旅游文化定义

从上述引述中不难看出，人们对旅游文化的界定，分歧相当大。造成这种分歧的原因固然很多，缺少理性的界定原则无疑是关键所在。在旅游文化定义研究中，我们更多看到的是简单评价别人的定义之后，突然提出自己的定义。至于破立的依据，常常停留在个人的感性认识层面，缺乏深刻的理性思考。概念是交流的通用工具，为概念下定义，应先确立能为大家认可的基本原则，不应基于个人的偏好。只有这样，旅游文化的定义才能越争越趋同，而不是越争越纷乱。

定义原则不但是定义旅游文化的指导，也是评价各种旅游文化定义的依据。有鉴于此，笔者尝试先确立定义旅游文化的原则，并据以评价上述各说的利弊得失，提出自己的旅游文化定义。

### （一）界定旅游文化的原则与上述诸说的得失

"旅游文化"一词涉及旅游和文化两个关键概念，由于旅游和文化这两个概念本身的复杂性，要想对旅游文化下一个准确的、公认的定义，确非易事。旅游和文化向有广、狭义之分，广义的旅游是指旅游者的活动及由此引起的一切现象和关系的总和，狭义的旅游仅指旅游者的活动；广义的文化是指人类的创造过程及其成果的总和，狭义的文化主要指其中的精神文化。对旅游和文化的理解不同，对旅游文化的定义自然不同，但不管怎样界定，都应坚持以下几点原则：

第一，定义应适合旅游文化的概念外延。定义是概念的定义，定义的界限应与概念的外延相适合，否则要犯定义过宽或定义过窄的错误。旅游文化这个概念的外延有多大？我们可通过各类具体文化的得名规律加以确认。各类文化或得名于其生成空间，如"中国"文化、"外国"文化之类；或得名于其生成时间，如"古代"文化、"近代"文化之类；或得名于其内容（包括具体形态、基本属性等）指向，如"建筑"文化、"精神"文化之类；或得名于其形成基础，如"农耕"文化、"游牧"文化之类。各类文化的得名方式还有很多，但旅游文化的得名显然不出最后两种。这意味着旅游文化这个概念的最大外延，从形成基础的角度看不超过"以旅游为基础的文化"；从内容指向的角度看不超过"以旅游为指向的文化"。旅游文化定义的最大界限亦应如是。

第二，定义应揭示旅游文化的基本特征，且不得出现同语反复。旅游文化定义可以是描述性的，也可以是解释性的。所谓描述性旅游文化定义，即罗列所谓的旅游文化现象，着重指出哪些属于旅游文化，亦即"什么是旅游文化"；所谓解释性的旅游文化定义，即归纳各种旅游文化现象，着重指出旅游文化的基本特征，亦即"旅游文化是什么"。目前我们对旅游文化定义的探讨，重在"旅游文化是什么"，而非"什么是旅游文化”，这在学界是有共识的。既然如此，能不能揭示旅游文化的基本特征，便成为我们定义旅游文化成败的标准。所谓同语反复，是指被定义的概念出现在定义之中。同语反复是违反定义规则的一种逻辑错误。

第三，作为旅游学科的研究对象之一，旅游文化不能等同于旅游“三体”文化之一，旅游文化中的“文化”也不能作广义理解。在旅游学科中，旅游文化与旅游主体文化、旅游客体文化、旅游媒体文化应是四个不同概念，如果把旅游文化等同于旅游“三体”文化之一，旅游文化与旅游“三体”文化之一的区分便没有意义。旅游文化中的“文化”之所以不能做广义的理解，是因为从广义文化角度看，旅游现象是人类创造的，为人类所特有，其本身即是文化。如果旅游文化中的“文化”取广义文化定义，“旅游”与“旅游文化”便名异而实同，旅游学科中旅游与旅游文化的区分同样没有意义。

第四，旅游主、客体与旅游文化主、客体应有区别。旅游主客、体一般认为是旅游者和旅游资源，这是正确的，但旅游文化的主、客体不应局限于此。作为一种文化产品，旅游思想、旅游文学被公认为是旅游文化的组成部分，而其创造者即主体却并非全是旅游者:《岳阳楼记》是旅游文学的名篇，而其作者范仲淹一生也未去过岳阳楼，至少他未成为岳阳楼的旅游者；有的人一生不做旅游者，但他却有旅游思想，对旅游有理性的认识。同时，旅游思想、旅游文学这种旅游文化产品也并非全以旅游资源为客体产生出来的，有的旅游思想、旅游文学是人们以整个旅游甚至旅游者、旅游业、旅游地居民乃至虚拟旅游为客体创造出来的。显然，旅游文化的主、客体范围远远大于旅游主、客体的范围，旅游主、客体并非旅游文化的唯一主、客体。

依据旅游文化的界定原则，上述定义的得失是显而易见的：各家试图从旅游或文化的角度定义旅游文化，这是可取的，因为旅游文化以旅游为基础，属于文化；但有的与旅游定义雷同，有的与文化定义相似，有的等同于人文旅游资源，有的把物质文化纳入旅游文化，有的把旅游文化的主、客体和旅游的主、客体等同起来，有的甚至出现“旅游文化是……旅游文化”这样同语反复的错误，显然是不足取的。相对而言，“旅游主、介体文化说”较多可取：该说认为旅游文化的主体是旅游者和旅游经营服务者，这就把旅游文化的主体同旅游的主体区分开来，从而使旅游与旅游文化的识别成为可能；同时，该说认为旅游文化是一种“观念形态及其外在表现”，明显侧重于精神文化，与界定旅游文化的第三条原则基本相符。该说最大的不足有两点：

其一，旅游文化主体概括不全。论者认为，旅游文化是旅游者和旅游经营者在旅游消费或旅游经营服务过程中所反映、创造出来的观念形态。为什么偏偏是旅游者和旅游经营者？在旅游接触过程中，政府、学界、旅游地居民，也会反映、创造出关于旅游的观念形态。如果前者的“观念形态”属于旅游文化，后者也不能例外。从文化学的角度看，这些观念形态也都有旅游文化成分。可见，政府、学界、旅游地居民也是旅游文化的创造者，不应将他们排除在旅游文化主体之外。

其二，旅游文化创造表述不精。论者认为，旅游文化的创造发生于旅游消费或旅游经营服务过程中。实际上，旅游消费或旅游经营服务本身即是旅游文化创造过程，而且仅仅是旅游者和旅游经营服务者的文化创造过程。政府的旅游规范活动、学界的旅游研究活动、旅游地居民的旅游交往活动……也都是旅游文化创造过程。旅游者对旅游文化的创造也不局限于旅游消费特别是旅游观赏环节，而是贯穿于整个旅游活动之中（旅游不仅是旅游消费或旅游观赏）。旅游者和上述非旅游者的文化创造分属体验和介入性质，将旅游文化创造具体表述"对旅游的体验与介入过程"，更为恰当。

**（二）本书的旅游文化定义**

上述关于"旅游主、介体文化说"的分析，对重新界定旅游文化具有重要的启示意义：既然旅游文化的主体是多重的，何不以"人们"二字概括之？既然旅游文化的创造是"对旅游的体验与介入过程"，何不以此句描述之？因此，依据界定旅游文化的原则，综合诸说之长，我们认为，旅游文化宜定义为："是人们对旅游的体验与介入过程及其精神产品的总和。"这个定义主要包含四层含义（参见图 2-1）。

其一，旅游文化的主体——"人"，除旅游者、旅游从业人员、旅游地居民、旅游研究者等旅游的体验者和介入者外，还包括旅游作品编导者、虚拟旅游者、虚拟旅游服务人员等虚拟旅游的体验者和介入者。虚拟旅游的体验者和介入者以虚拟旅游为对象创造了自己的文化，这种文化也是建立在旅游的基础上并指向旅游的，属于旅游文化。凡参与旅游文化创造的人，都是旅游文化的主体。这是旅游文化与非旅游文化的又一重要区别。

其二，旅游文化的客体——"旅游"，既包括旅游要素，也包括旅游整体。没有"旅游"这个体验对象，人们不可能创造出旅游体验文化；没有"旅游"这个介入对象，自然也无所谓旅游介入文化；人们对旅游要素（如旅游景观）的体验或介入，形成单项性旅游文化，如旅游景观体验文化、旅游景观开发文化；人们对旅游整体（食、住、行、游、购、娱综合体）的体验或介入，形成综合性旅游文化，如旅游体验文化、旅游介入文化。旅游文化还有一个次要客体——虚拟旅游。虚拟旅游体验与介入就是以此为对象而形成的。

其三，旅游文化既包括其创造过程——"对旅游的体验与介入"，也包括这个过程的结果——"精神产品"。"对旅游的体验与介入"，固然是亲临其境的体验与介入，即现实的旅游体验和旅游介入（通常称旅游体验和旅游介入），亦不排斥非亲临其境的体验与介入，即虚拟的旅游体验和旅游介入（如"幻游体验与介入""网游体验与介入"之类）；精神产品则是以观念形态为主的产品。文化是主体与客体在人类社会实践中的对立统一物，有过程，有结果，旅游文化也是如此。

其四，旅游文化是一种精神现象。定义中的"体验"与"介入"固然包含行为因素，但按精神物质两分法，行为仍属于精神范畴；"体验"与"介入"的结果固然也会产生物质产品，但这些产品大多以观念为核心、物质为载体，基本属于精神文化。虚拟旅游体验和虚拟旅游介入属于精神文化固不必论。旅游体验来自旅游活动之中，旅游介入来自旅游活动之外，由此形成的精神文化构成旅游文化的主要部分。这是旅游文化与非旅游文化的重要区别之一。

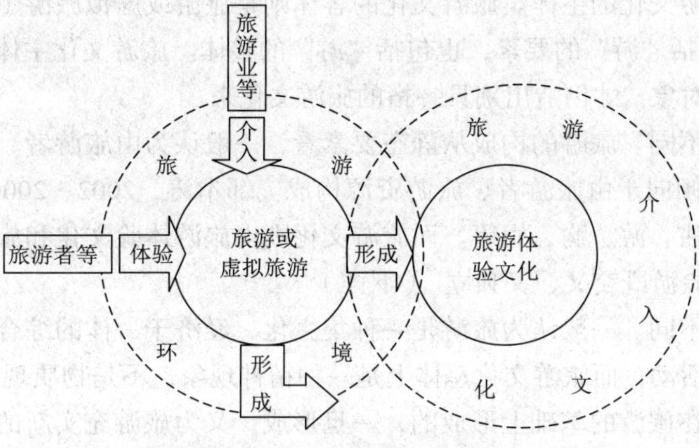


**图 2–1　旅游文化形成**

说明：旅游与旅游文化的交叉实际上已深入对方核心区域，旅游文化创造过程也是旅游文化的一部分。为简明起见，该图稍做变形、简化处理。

### （三）旅游文化与旅游的区别

“旅游文化”是旅游文化学的核心概念，在使用上常常和相关概念相混淆。徐菊凤（2006）2004 年 12 月 10 日通过 Google 搜索“旅游文化”和“文化旅游”这两个词时，分别获得 613 万项关于“文化旅游”和 835 万项关于“旅游文化”的查询结果。比较后发现，这两个概念在某些词条下各有所指，而在很多情况下，它们又被用来指称同一类事情。旅游文化与人文旅游资源的混淆也是常有的事。许多文章标题上冠以论述“旅游文化”，主体内容却是论述人文旅游资源开发问题。马波（1999）在研究中也发现，许多以旅游文化为题的著作、论文，其实只是研究人文旅游资源的形成和特性，无形中将旅游文化等同于一般社会文化。

其实，最大的混淆还是旅游文化与旅游。这从上述的旅游文化定义中可以清楚地看到，特殊生活方式说便是典型的一例。有的旅游文化研究者在界定了旅游文化之后，还说旅游文化学就是研究旅游的，一部旅游文化学，通篇谈论旅游。有的旅游文化学著作中，使用的“旅游”一词比“旅游文化”一词还多，而且常常替换使用！有的学者干脆直称旅游就是旅游文化！（王立，1997）

旅游文化与旅游有联系，更有区别。那么多的旅游文化研究者试图给旅游文化下一个有别于旅游的定义，就说明了这一点，只是一时清醒一时糊涂罢了。从本书给出的旅游文化定义看，旅游文化与旅游的最大区别有三点：

第一，主、客体不同。旅游的主体是旅游者，客体是旅游资源；旅游文化的主体固然包括旅游者，但不局限于旅游者。除旅游者外，还包括旅游从业人员、旅游地居民、旅游研究者、旅游作品编导者、虚拟旅游者、虚拟旅游服务人员等。凡参与旅游文化创造的人，都是旅游文化的主体。旅游文化的客体则是旅游或虚拟旅游（以下或据汉典合称“游”），既包括“游”的要素，也包括“游”的整体。旅游文化主体正是以“游”的整体及其要素为对象，才创造出别具一格的旅游文化来。

第二，构成不同。旅游的构成从静态要素看，一般认为由旅游者、旅游业、旅游资源构成（笔者更倾向于由旅游者、旅游资源构成。邹本涛，2002、2006）；从动态环节看包括行、食、住、游、购、娱等。而旅游文化则由旅游体验文化和旅游介入文化两大子系统构成，与旅游既交叉，又独立。（下详）

第三，性质不同。一般认为旅游是一种集文化、经济于一体的综合现象，既是精神活动，也是物质活动；而旅游文化总体上是一种精神现象，不是物质现象。

旅游文化是在旅游的基础上形成的，一旦形成，又为旅游充实新的内容。如旅游体验丰富旅游活动。但并非所有的旅游文化都能成为旅游的一部分。虚拟旅游体验、旅游介入文化是旅游文化，但不是旅游。

## 第 2 节　旅游文化的结构

所谓结构，是指事物的构成要素与构成方式。旅游文化作为一种独立存在的现象，自有其独特的构成要素与构成方式。构成要素和构成方式稳定了，意味着旅游文化进入稳定期；构成要素和构成方式变动了，旅游文化也随之发生变化。剖析旅游文化的结构，不但便于把握旅游文化的内在机制，也有利于把握旅游文化的外部特征。本节将在已有的研究成果上，从宏观的角度重点分析旅游文化的构成要素。

### 一、旅游文化结构诸说介评

#### （一）旅游文化结构诸说简介

由于对旅游文化的理解不同，因此人们对旅游文化的构成的看法莫衷一是。有的按文化层次把旅游文化分为旅游物质文化、旅游制度行为文化、旅游观念文化三个层面（刘卫英、王立，1998）；有的按旅游要素把旅游文化分成旅游主体文化、旅游客体文化、旅游介体文化三部分（卢云亭，1991）；有的认为旅游文化除了应包括主、媒、客三个方面文化外，还应包括人们对旅游的研究成果（邓祝仁，1991）；有的按旅游文化的主体把旅游文化分为旅游消费文化和旅游经营文化两大块（马波，1998）；有的按旅游过程把旅游文化分成旅游出发地（客源地）社会文化环境、旅游主体、旅游客体、旅游中介体、旅游目的地社会文化环境五部分（谢贵安，1999）；有的分别从旅游的历史过程、文化的空间分布、旅游者及其旅游、旅游文化各部分地位、文化的形态四个角度，把旅游文化分为古代、近现代和当代旅游文化，客源地和目的地旅游文化，旅游者文化和旅游过程中发生的文化，旅游主体和旅游客体文化，显性和隐性旅游文化诸类（李学江，2004）。

**（二）旅游文化结构诸说评析**

上述诸说对分析旅游文化的结构均有一定的积极意义，但有的把物质文化纳入旅游文化之中，不够科学：在旅游学科中，旅游文化与旅游经济相对应，注定属于精神文化；有的把旅游客源地、旅游目的地文化纳入旅游文化，失之于宽：旅游客源地、旅游目的地文化早在旅游之前即已存在，旅游之前的文化岂能划入旅游文化！有的仅限于旅游消费文化和旅游经营文化，失之于窄：旅游文化不应只是旅游者与旅游经营者之间的买卖文化。由于三体文化结构说影响最大，我们重点分析一下三体文化结构说。

三体文化之一是旅游主体文化。旅游主体文化一般认为即旅游者文化。旅游者是新生文化的创造者，也是原有文化的携带者。因此，旅游者身上至少汇集了两种高度相关又相对独立的文化：一种是旅游者以旅游活动为基础创造的新生文化，如旅游审美体验、旅游求知体验、旅游交往体验、旅游康乐体验等旅游体验文化，另一种是旅游者携带的原有文化，如所属客源地的思维方式、审美情趣、价值观念等区域、民族文化等。旅游体验文化是旅游者在旅游活动中创造的，当然属于旅游文化；旅游者携带的所属客源地区域、民族文化产生于旅游之前，不属旅游文化——旅游文化无论如何不会出现在旅游之前！从两者关系的角度看，旅游者的本区域、本民族文化是旅游体验文化的背景、来源之一；旅游者的旅游体验文化是其本地本族文化与旅游目的地特别是旅游对象“碰撞”的结果。

三体文化之二是旅游媒体文化。旅游媒体文化一般被认为即旅游业文化。旅游业有广、狭二义，广义旅游业是指与旅游有关的一切企业、事业、行政部门，狭义旅游业仅指其中的旅游企业。旅游业活动包括对内管理活动和对外服务、开发、宣传、调控等活动，由此形成对内的管理文化和对外的旅游服务文化、景观开发文化、旅游宣传文化等文化现象。旅游业内部管理文化以企业内部管理为基础，文化指向是企业内部的员工，没有直接介入旅游者的旅游活动，不宜划入旅游文化；旅游业对外服务、开发、宣传文化以旅游为基础，文化指向主要是旅游者，直接介入旅游者的旅游活动，属于旅游文化范畴，可称之为旅游介入文化。

三体文化之三是旅游客体文化。旅游客体文化一般被认为即旅游资源文化。旅游资源按其基本性质又可划分为自然旅游资源和人文旅游资源两大类。前者文化成分较少，后者文化成分最多。旅游客体文化实际上也包含两种不同的文化：旅游客体在成为旅游资源之前固有的文化和旅游客体成为旅游资源之后因旅游而产生并附加其上的文化。旅游客体这种附加文化是旅游地居民，特别是旅游者、旅游业共同创造的。我们知道，不管自然资源还是人文资源，一旦成为旅游者的造访对象，它就变成了旅游资源。如果是名人来游，可能会留下墨宝、遗迹与客体共存，为客体增辉，当地居民也会由此演绎出种种传说，附会其上；如果发展成风景名胜，旅游行政管理部门还要为其规划、定级，旅游企业则忙着设计开发。这些文化现象固然是旅游地居民、旅游者和旅游业创造的，但一经附着于旅游客体、成为吸引后来旅游者亲临其境的旅游对象，它们也就转化成旅游客体文化不可分割的组成部分了。“固有文化”发生在旅游客体成为旅游资源之前亦即旅游活动之前，不能称之为旅游文化。“附加文化”发生在旅游客体成为旅游资源之后，它因旅游而产生并指向旅游，当然属于旅游文化。

显然，三体文化有一半不是旅游文化。把三体文化当作旅游文化要素，势必把太多可以分离的非旅游文化划入旅游文化。

## 二、本书的旅游文化结构

剖析旅游文化的结构，须明确思路。其中最重要的有两点：一是找准对象；二是选好视角。所谓的对象，即研究的客体或目标；所谓视角，即研究的理论和方法。找准对象，可以一举中的；选好视角，可以事半功倍。旅游文化是一种独立现象，剖析旅游文化结构，应直指旅游文化本身；旅游文化属于文化，剖析旅游文化结构，最佳视角莫过于文化学。

### （一）主要旅游文化现象

首先，我们先确定一下哪些属于旅游文化。

通过对“三体文化结构说”的分析，我们知道：旅游者的旅游审美体验、旅游求知体验、旅游交往体验、旅游康乐体验等是旅游文化，此类文化以现实旅游体验为核心，可称之为旅游体验文化；旅游业文化中直接面对旅游活动的部分如旅游服务、景观开发、旅游宣传等文化现象也是旅游文化，它因介入旅游活动而产生，又力图影响旅游活动，可称之为旅游介入文化；旅游客体中的“附加文化”也是旅游文化，由于主要是旅游者、旅游业和旅游地居民创造的，可分别归入旅游体验文化和旅游介入文化。

如果把眼界扩大到“三体文化”之外，我们发现，前旅游者、准旅游者的“梦游体验”“幻游体验”“纸游体验”“网游体验”等虚拟旅游体验也是旅游文化。他们以既有旅游体验为基础，以“游”为对象，或沉浸梦幻之旅，或埋首旅游图书，或醉心网上旅游，为旅游文化史增添了绚丽的篇章。虚拟旅游体验与（现实）旅游体验同根同种，可归于旅游体验文化；虚拟旅游产品中的旅游服务、景观开发以及旅游、旅游业之外的旅游研究、旅游传说等同样是旅游文化，它们是相关主体介入旅游或虚拟旅游的产物，可归于旅游介入文化。另外，旅游者、企业、政府、社会的旅游观念、旅游规范（旅游法规、旅游道德、旅游习俗）等也是旅游文化，可依据其创造主体或所属行为文化，分别归于旅游体验文化或旅游介入文化。

**（二）文化学视角下的旅游文化结构**

找准了研究对象，我们再用文化学的视角透视一下这些主要旅游文化现象到底拥有怎样的一般结构。

1. 文化创造视角：两大部分

在前面对旅游文化现象的归纳过程中，我们发现，作为整（合）体的旅游文化（同其他文化一样，旅游文化也有合体与单体之分），从文化创造的角度看是由旅游体验文化和旅游介入文化构成的。前者包括旅游审美体验、旅游求知体验、旅游交往体验、旅游康乐体验等现实体验文化及梦游体验、幻游体验、纸游体验、网游体验等虚拟体验文化，规范上述体验行为的旅游法规、旅游道德、旅游习俗亦属旅游体验文化；后者包括旅游服务、景观开发、旅游宣传、旅游研究等现实介入文化及虚拟旅游服务、虚拟景观开发等虚拟介入文化，规范上述介入行为的旅游业法规、旅游业道德、旅游业标准分属上述分支文化，但多未介入旅游，很少旅游介入文化成分（旅游介入文化不是纯粹的旅游文化，这些规范就是“杂质”的一部分。从旅游介入文化整体角度看，这些“杂质”可以忽略不计）。文化创造视角的旅游文化结构如图 2-2 所示。

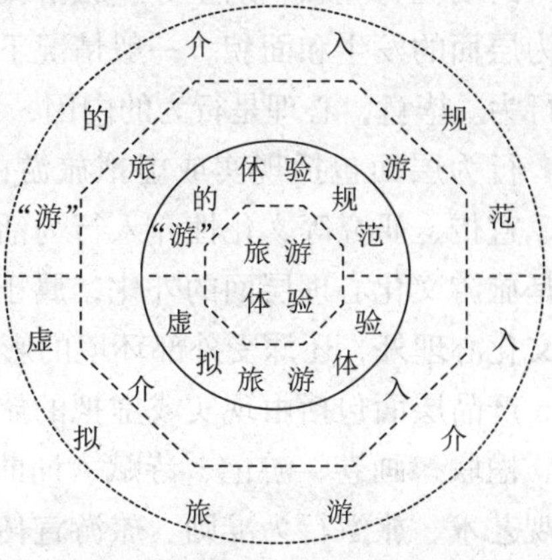


**图 2-2 文化创造视角的旅游文化结构**

说明：实线圆以内为旅游体验文化，是旅游文化的核心，包括旅游体验、虚拟旅游体验和旅游体验规范，其中，旅游体验又是核心的核心；实线圆与虚线圆之间为旅游介入文化，是旅游文化的边缘，包括旅游介入、虚拟旅游介入和旅游介入规范。其中，旅游介入规范又是边缘的边缘，多逸出旅游介入文化之外。

虽然旅游体验文化和旅游介入文化同为旅游文化不可或缺的重要组成部分，但二者在旅游文化中的地位并不相同——旅游体验文化是中心，旅游介入文化是外围。

从两者的形成时间上看，旅游体验文化是“大哥”，旅游介入文化是“小弟”。最早的旅游体验无疑是旅游者对旅游景观的体验。旅游者对旅游景观的体验起源于何时，至今未有定论；至少在原始社会末期就已出现。那时旅游现象刚刚萌芽，不足以引起社会有关方面的关注，自然谈不上什么旅游介入文化了，社会、政府、企业介入旅游形成旅游介入文化，那已经是进入阶级社会以后的事了。

从两者的相互作用看，旅游体验文化决定旅游介入文化。旅游介入文化虽然对旅游体验文化有指导作用，但从根本上说旅游介入文化是服务于旅游体验文化的。旅游景观开发文化要以旅游者的旅游需求为指向，旅游服务文化要满足旅游者的旅游需要，旅游宣传文化要符合旅游者的体验心理。旅游体验文化不但决定旅游介入文化的产生，也决定旅游介入文化的发展。

2. 文化层次视角：三个层面

不管是旅游体验文化，还是旅游介入文化，从文化层次的角度看，它们又可以分解为相应的心理、行为与成果三个层面。

心理层面包括现实或虚拟旅游体验的需要与动机、心理过程、心理感受以及“游”介入的动机、理念、期望等。旅游文化的心理层面是旅游文化的核心，它决定旅游文化行为层面的发生和面貌。一般情况下，有什么样的旅游文化心理，就有什么样的旅游文化行为。毕竟，心理是行为的内因，而内因是事物变化的主要依据。

行为层面包括现实或虚拟旅游的食、住、行、游、购、娱等体验行为和服务、开发、宣传、研究等文化性介入行为活动，以及与之相应的行为规范。旅游文化的行为层面是旅游文化心理层面的外化，属于旅游文化的中层结构。旅游文化行为除了取决于旅游文化心理外，还深受外部环境的影响，有时外部环境对旅游行为也有决定作用。

产品层面包括由现实或虚拟的旅游体验与介入所形成的文化产品。前者如照片、音像、楹联、画卷、游记、诗赋、词曲等；后者如旅游服务（既是行为又是产品）、旅游景观艺术、旅游行为准则、旅游宣传品、旅游研究论著、旅游传说等。旅游文化的产品层虽然大都以物化形态表现出来，但它们是旅游心态文化和旅游行为文化的凝结，在本质上仍属精神文化。旅游文化的产品层面是旅游文化心理层面和行为层面的结晶，属于旅游文化的表层结构。

从文化层次的角度分析旅游文化结构，简洁明了，但不免改变旅游文化结构固有的状态，使生动的旅游文化变成单调的切片组合；从文化创造的角度分析旅游文化结构，系统完整，但容易碰上“变化”的迷雾，增加旅游文化结构分析的难度。本节对旅游文化结构的分析两者并用但更倾向后者。旅游体验文化和旅游介入文化也因此成为本书极为重要的关键术语。

旅游体验文化和旅游介入文化既是旅游文化的两大组成部分，也是相对独立的两大系统（旅游文化的子系统）。作为系统的旅游体验文化和旅游介入文化，我们将在第 3、第 4 章中分别探讨。

## 第 3 节　旅游文化的功能

功能即功用与效能。文化功能是指文化整体或文化因素对自然、人类发展所发挥的效能与作用。旅游文化是文化的一支，对自然、人类发展有其独特的功能。以往的旅游文化功能研究，实为旅游功能研究，而且多着眼于对内功能即旅游（文化）内部诸要素相互作用的研究。本节则从旅游文化自身出发，重点探讨旅游文化的对外功能。

## 一、旅游文化功能诸说

关于旅游文化的功能，目前已有不少研究成果。

李玉华认为：旅游文化具有传承与认知、教育与启智、交流与经济、愉悦与审美、规范与能聚等功能（李玉华，2009）。

曹诗图等认为：旅游文化具有以下功能：（1）提高旅游主体的审美与发展能力，促进人的全面发展；（2）激发地方传统文化的复兴与创新，加速目的地文化的演进；（3）规范、调节与制约旅游活动；（4）促进旅游地经济的发展（曹诗图、孙静，2008）。

李伟认为：旅游文化的功能有：（1）满足了主体创造与发展的需要，同时也塑造了主体的文化人格；（2）凝聚主体创造精神的旅游文化作品大大丰富了文化的内容；（3）加速了目的地文化的演进；（4）激发了地方传统文化的复制、再造与创新，强化了地方文化；（5）规范、控制与制约着旅游活动；（6）经济功能（李伟，2006）。

王雅红等认为：旅游文化具有提炼、升华自然的功能及教化、培育、调节、控制等功能（王雅红、何新胜，2007）。

谢贵安等认为：旅游文化具有陶铸自然、推动社会循环、陶冶社会情操等功能（谢贵安、华国梁，1999）。

上述旅游文化功能的研究，对加深认识旅游文化、推动旅游文化建设，做出了重要贡献。只是上述研究多从旅游功能出发，着眼于对内功能即旅游（文化）内部诸要素的相互作用，有失偏颇。研究旅游文化功能，应从旅游文化自身出发，重点探讨旅游文化的对外功能，即旅游文化在自然、文化、社会、经济、人格方面所发挥的效能和作用。只有这样，才有可能全面、准确地认识旅游文化功能。

## 二、旅游文化功能再探

从旅游文化自身出发，旅游文化的对外功能可以概括为五点：改塑自然、发展文化、推动社会、繁荣经济、陶冶人格。

### （一）改塑自然

旅游文化的重要功能之一是对自然进行改塑，即通过旅游文化过程象征性地或实质性地改变、重塑自然，使自然打上人的烙印，成为“人化的自然”。旅游文化对自然的改塑，主要通过诗化、史化、神化、人化等方式。

#### 1. 诗化自然

所谓诗化自然，也就是通过精神投射或实践改造使本无情义的自然变成既有诗情又有画意的自然。当我们说自然是诗是画或如诗如画时，这便是诗化自然了。“山水本是无情物”，这是人们理性思维的结晶，是真理，也是常识。但理性并不能满足人的所有需要，人除了有理智的需要外，还有情感的需要。“自然就是一首诗”，这也是人们乐于接受的。洞庭山被誉为“虽然无画都是画，不用写诗皆是诗”，莫不称妙。无情无义的自然不能给人以美感，而如诗如画的自然能给人带来美的享受。在旅游文化中，诗化自然的现象比比皆是。

对自然进行诗化的，首先是旅游文学艺术。“如果说瞿塘峡像一道闸门，那么巫峡简直像江上一条迂回曲折的画廊。船随山势左一弯，右一转，每一曲，每一折，都向你展开一幅绝好的风景画。两岸山势奇绝，连绵不断，巫山十二峰，各峰有各峰的姿态，人们给它们以很高的评价和美丽命名，显然使我们的江山增加了诗意，而诗意又是变化无穷的……苍鹰在高峡上盘旋，江涛追随着山峦激荡，山影云影，日光水光，交织成一片。”这是刘白羽的《长江三日》（斯人，1994）。奇妙的比喻，飞扬的激情，流动的韵律，缤纷的颜色，绚丽的文采，诗化的形象，已经使长江化作一首绝美的诗章了！以游记形式描摹山水尚且如此诗情画意，以旅游诗（包括楹联）画形式描摹山水更不用说了：“飞流直下三千尺，疑是银河落九天”（李白《望庐山瀑布》）；“三千里外一条水，十二时中两度潮”（契盈《碧波亭联》）；“山色空蒙翠欲流，长江清澈一天秋”（钱选自题《秋江待渡图》）。这三句分别是旅游诗、联、画中的山水，已然是诗画的形式，诗画的内容。有的旅游文学已被永久地镌刻在山石之上，山，变成了名副其实的诗山！

如果说旅游文学艺术还是象征性地改塑自然，景观开发文化则是实质性地改塑自然了。本溪水洞原本是纯自然之物，曾为日本关东军的军火库，阴暗、神秘才是它的本色。1996年后，经过多次规划设计，开发设计者提出了“加强乡土文化的保护与发展，深入挖掘、精选地方文化”等开发战略，有特色的景观开发文化开始形成。该文化一经作用于水洞，水洞的面貌可就焕然一新了：“千朵钟乳秀，百回波光闪。琼楼添雅兴，玉宇叹奇观。莫道瑶池美，仙境在此间。”（国家旅游局，2001）不用说，自然的水洞已被改塑成如画的景观，人们已然沉迷于自己的艺术杰作之中了！

2. 史化自然

所谓史化自然，即赋予自然以历史的意义，使自然“成为”一部史书或历史的见证人。自然有自然的历史，社会有社会的历史。自然的历史没有意识，靠时间的积累；社会历史有其目标，靠人类的创造。无论自然史还是社会史都要由人来书写。人类对自己的历史是有特殊感情的，小心地书写它，不断地温习它。人类对自己历史的特殊感情不但代代相传，而且强有力地投射到自然之中，史化自然也就在所难免了。旅游文化蕴含历史的基因，具有史化自然的功能。

中国是一个有悠久历史的国家，旅游文化中的历史情结十分浓厚，旅游文化一旦指向自然，每每发生史化自然的情形。“大江东去，浪淘尽，千古风流人物……”这是苏轼游湖北黄州赤壁（鼻）矶时写下的千古名词——《念奴娇·赤壁怀古》。词中的大江（长江）本为自然水系，并非人工运河，就其本身而言，并不属于历史文化，但诗词却赋予了它历史文化内涵——“江山如画，一时多少豪杰”，还让它做了三国历史的见证者：“故垒西边，人道是，三国周郎赤壁。”长江于是成为一部厚重无比的史书。词中的赤壁，一“断崖也”，并非三国鏖兵的赤壁。该词将错就错，在这里演绎了一场赤壁之战：吴军主帅周瑜刚刚迎娶美女小乔，曹操八十万大军便直指江边，旌旗蔽日，战舰云集。周瑜英姿勃发，指挥若定，谈笑间，曹操的战舰便灰飞烟灭了。黄州赤壁也因此成为历史的文化景观，而不再是单纯的自然风景。

旅游文化的史化自然的现象在外国也很常见。法国大文豪雨果游览过世界许多著名的大河，他在游记中写道：“每当我与这些大自然中的伟物相接触——我几乎要说是与其心心相印时，我都被深深地感动。这些大自然中的伟物在历史上也起过重大作用。”（雨果等，2001）自然与历史就这样联系在一起了。莱茵河也是一条历史文化之河吗？游记说：“是的，我的朋友，这是一条高贵的河流。它目睹了封建社会、共和体制和皇家帝国。它当之无愧，既是法国的骄傲，也是德国的自豪；既是战争者，也是思想家的见证，因为它概括了整个欧洲历史的这两大面貌。”“最后要说的是，莱茵河，天意之江，似乎也是一条具有象征意义的江；在它的歧道上、流域中和它所通过的地方，可以说，它都是文明的象征。”史化自然，可算是一个典型了。

3. 神化自然

所谓神化自然，即通过观念或行为，赋予自然某种神灵，使之更加神秘、更具魅力。人是自然之子，然而，人类对自然这位伟大的母亲却知之甚少，既热爱，又敬畏，于是出现了种种神化现象，造成山水各有神主、草木亦有神灵的局面。随着社会的进步，大自然的神秘色彩逐渐消退，而造神运动却从未停止。在神化自然方面，旅游文化功莫大焉，景观开发文化和旅游神话传说的贡献尤其突出。

名山位于长江北岸重庆丰都县城东北，古名平都山，林木幽胜，风景如画。相传汉代方士阴长生、王方平曾在平都山修炼成仙，道家遂于此山设天师，并将其列为“三十六洞天，七十二福地”之一。到了唐代，人们误将阴、王二人合为一人，称“阴王”，后来再讹传为“阴间之王”。既有“阴王”，阴曹地府等建筑、传说也就相应而生，平都山及丰都县城成了阴森恐怖的“鬼城”。唐代至近代，景观设计开发者在名山山麓和山上先后建起了玉泉殿、牛王殿、天子殿、大雄殿、阴阳界、鬼门关、地藏殿、十五殿等70多座大小道观及殿宇，名山已然成为鬼府幽都而非自然景观。1982年以来，丰都政府陆续将名山上的主要建筑修葺一新，鬼府气势更加宏大。其后又规划设计了鬼国神宫、阴司街、天堂仙境三大工程，其中，鬼国神宫为全国最大的民俗文化动态人文景观，天堂仙境将建成名山标志性建筑。日前，丰都县正斥资2.3亿元对鬼城进行全新规划包装，准备将天堂仙境的玉皇大帝改建成世界最大的阎王。到那时，整个名山恐怕要变成一座阎王殿了。

旅游文化不但通过景观设计开发神化自然，还通过旅游神话传说神化自然。旅游神话传说主要是景观设计开发者和旅游地居民创造的，属于旅游介入文化。为了吸引旅游者，景观设计开发者在设计开发旅游景观的过程中，常常改造已有的神话传说，甚至编造新的神话传说，这些神话传说有不少起到了神化自然的作用。黄山原名黟山，传说黄帝带着术士容成子和仙人浮丘公到这里游玩，发现这里有仙气，是炼神丹妙药的好地方，于是住在山上炼起丹来，最后得道升天。唐天宝六年（747），唐玄宗根据上述传说，改其名为黄山。景观开发者在此基础上添枝加叶，原本神化的黄山更加神化了。旅游地居民通过神话传说神化自然的例子以秦岭太白峰泼墨崖的来历最为典型。泼墨崖有石斑如墨，本为天成，当地居民却传说石崖本非墨色，大诗人李白游此，见景色绝佳，诗兴大发又一时词穷，遂恼羞成怒将笔墨掷向悬崖，泼墨崖由此形成。常见的自然现象就这样被神化了。旅游地居民创造的旅游神话传说，往往比景观设计开发者创造的神话传说更自然，更持久，也更有魅力。毕竟，它经过了时间的陈酿，属于真正的民俗文化。

在西方的旅游文化中，神化自然更是习以为常。游记中的自然差不多都是充满神灵的，不必列举。这与西方信仰上帝有关。在西方人看来，上帝是造物主，一切万物都是上帝创造的，大自然充满神灵是上帝无所不在的表现，再自然不过了。所以，西方旅游文化对自然的神化是信仰的流露，广泛而不刻意，功利性不如中国强烈。在各种神化自然的力量中，西方旅游文化不过是小小的一支，这是中西旅游文化神化自然的一个重要区别。

4. 人化自然

人化自然，一般是指自然的人文化过程。这是广义。从这个层面看，前述诗化自然、史化自然、神化自然，都属人化自然。狭义的人化自然则指自然的人格化，即通过拟人的方式，使自然具有人的属性。如前所述，人是自然之子，对自然既敬畏，又热爱。敬畏时敬若神明，热爱时引为同类。于是，在神化自然的同时，又赋予自然以人的美德、人的情感、人的性格。在人化自然方面，旅游文化具有独特功能。

中国强调天人合一，中国旅游文化尤重人化自然。

儒家旅游思想有一个十分重要的论题，叫作“比德山水”，即以山水之德喻君子之德。山水本是自然物，并无德行可言，怎么“比”呢？只能是先赋予山水以人的美德。孔子说：“仁者乐山，智者乐水。”讲到原因，一般解释说山坚实稳定，具有仁者“静”的情操；水流转不息，具有智者“动”的品质。显然，这里的山水已经是人化（具体说是道德化）的山水了。唐代游记《燕喜亭记》可算是通过“比德山水”德化自然的典型：太原王弘中等新辟景点，韩愈为之命名，丘曰“竢德”，谷曰“谦受”，瀑曰“振鹭”，洞曰“寒居”，池曰“君子”，泉曰“天泽”，亭曰“燕喜”，皆取义于忠孝仁义之类，自然景点几乎成了道德圣地。

如果说旅游文化中的“比德山水”仅赋予山水以人的道德，旅游文化中的“性情自然”则赋予自然以人的性格和情感。“简文（帝）入华林园，顾谓左右曰：‘会心处不必在远，翳然林水，便自有濠濮间想也。觉鸟兽禽鱼自来亲人。'"（《世说新语·言语篇》）在晋简文帝司马昱的旅游体验里，不但有庄子濠梁赏鱼和濮水钓鱼的乐趣，更有鸟兽禽鱼亲近人类的感觉。简文帝的"性情自然"观对后世旅游文化影响很大，南朝刘勰的"登山则情满于山，观海则意溢于海"，唐朝李白的"相看两不厌，只有敬亭山"，北宋辛弃疾的"我见青山多妩媚，料青山见我应如是"，南宋林逋的"梅妻鹤子"，明代文学家袁宏道的"妻山侣石"，都由此一脉相承而来。通过"性情自然"观，中国人的性情被广泛地投射到自然万物之中，自然万物也由此获得了人的性情甚至与人无异："我辈看名山，如看美人。颦笑不同情，修约不同体，坐卧徙倚不同境，其状千变。"（黄贞父《姚元素黄山记引》）

西方强调天人相分，但旅游文化中人化自然的现象也很普遍。在旅游景观设计中，不少动物经过童话式的或动漫式的处理，除了躯壳外，与人无异。这一点与中国没什么区别。但在旅游文学中，对自然的人化，远不如中国严重。

"我连忙收拾行装，准备攀登矗立在眼前的险峰。可脑中冒出的一个念头却令我踌躇难行……我依稀觉得，我在绿野仙境受到了慷慨、及时的款待。空气鲜澄，溪水清冽，黎明召唤我驻足片刻、欣赏美景，且不说斑斓绚丽的夜空，秀色可餐的幽谷。受到如此盛情的款待，我觉得自己欠下了谁的一笔人情债。"（雨果等，2001）这是英国斯蒂文森著名游记《夜宿松林》中的自然。在这里，大自然成了热情好客的主人，"慷慨""款待""召唤"了作者，让作者踌躇难行。但也仅此而已，作者并没有赋予大自然以更多的人的色彩，对自然的人化还停留在最一般的修辞层面。

"当我们归去时，这无常的仙境就完全变了。那些原来在轻盈的阳伞下面笑靥迎人的松树，顿时变得粗野起来，发出一连串呼啸、蠢笨的哀号。这些矮小的灌木，早间还曾温雅地邀请披着洁白衣裳的仕女暂时留步，采撷些浆果或花枝，现在他们的矮树丛中仿佛隐藏着不知什么灾祸、强盗还是女巫。"（雨果等，2001）这是法国米什莱著名游记《枫丹白露森林》中的自然。在这里，大自然成了喜怒无常的主人，刚刚还"笑靥迎人""邀请披着洁白衣裳的仕女暂时留步，采撷些浆果或花枝"，转眼间就"变得粗野起来"，仿佛暗藏凶险。但也仅此而已，对自然的人化同样停留在最一般的修辞层面。

**（二）发展文化**

旅游文化不但具有改塑自然的功能，还具有发展文化的功能。促进文化交流、加速文化融合、保持文化传承、推进文化转型，是其发展文化功能的主要表现。

1. 促进文化交流

旅游文化具有文化交流功能，它能够消除由于长期隔绝而造成的偏见和误解，加强各国人民的相互了解、友好往来，有力地促进各国之间的文化交流。旅游文化在多种文化中间的媒介作用，从历代著名游记的文化传播功能便可看得一清二楚。

《苏莱曼东游记》是世界旅游文化的一部名著，书中记载了9世纪中叶阿拉伯著名旅行家苏莱曼从波斯湾游历印度、中国的所见所闻。《苏莱曼东游记》内容极为丰富，书中不但介绍了中印各地的物产、商品的价值、货币、管理商业的法令条例、订立契约的条件、经济机构、行政机构的情况，还记录了从出发地到目的地的旅程。书中关于中国的部分篇幅较大，记载较详。书中提到了中国大船的交税情况，记述了中国茶、中国瓷器和中国政府对待外来商人、外来宗教的态度，对黄巢起义军进攻广州、攻占长安也有较详细的记载。《苏莱曼东游记》的材料大多源于苏莱曼的亲身见闻，具有很大的真实性。中国、印度文化因此书得以大量流传到阿拉伯世界。该书比《马可·波罗行纪》早四个半世纪，是现存最古的由外国人写下的中国游记，在古代中外文化史上具有特殊地位。

除苏莱曼的《苏莱曼东游记》外，马可·波罗的《马可·波罗行纪》、阿拉伯旅行家马苏第的《黄金草原》、伊本·白图泰的《伊本·白图泰游记》、英国探险家阿特金逊的《欧亚纪行》、罗伯特·拜伦的《穿行内陆亚洲》、俄国旅行家冈察洛夫的《冈察洛夫环球游记》等，均在东西方文化的交流史上起过重要的作用。

成书于战国时期的《穆天子传》，是中国最早的著名游记，对中国了解西域文化做出过重要贡献。《穆天子传》主要记载周穆王率领七萃之士，驾上赤骥、盗骊、白义、踰轮、山子、渠黄、骅骝、绿耳等骏马，由造父赶车，伯夭向导，从宗周（洛邑，今河南洛阳）出发，越过漳水，经河宗、阳纡之山，抵达群玉山与西王母宴饮酬酢的神话故事。穆王的西行路线，当是从洛邑出发，北行越太行山，经由河套，然后折而向西，穿越今甘肃、青海、新疆，到达帕米尔地区（西王母之邦）。对于西域的山川地理、民俗风情、人物传说，西域各族的分布、迁徙、交往，该书不仅详细记载，而且多翔实可考。此前中原人的西部视野不过葱岭，就是今天的新疆也知之不多，《穆天子传》不但带回了很多中原人闻所未闻的西域文化，还把他们的眼界扩展到了西亚。该书在当时广为流行，有力地推动了中西文化交流。此后张骞通西域，走的基本上就是周穆王的线路，闻名于世的丝绸之路也由此开通。

游记对中国人了解西方文化的贡献，当然不止《穆天子传》。元代李长志的《长春真人西游记》、王韬的《漫游随录》、康有为的《欧洲十一国游记二种》、梁启超的《新大陆游记及其他》等都是中国人了解西方的必读书目。

旅游文化对文化交流的促进，也不局限于游记一途。旅游介入文化对文化交流也有不同程度的促进作用。其中，旅游宣传对促进文化交流贡献尤多。旅游宣传是旅游企业为了树立形象、开拓客源、吸引消费、提高效益而进行的各种信息传播和情报沟通活动。其手段主要有图文、音像、广告、展销等。通过旅游宣传，目的地的文化源源不断地传到了客源地，使客源地居民对目的地文化有了广泛的了解；同时也吸引了大量的旅游者蜂拥而至，把他们的文化输往目的地。

2. 加速文化融合

旅游文化本身就是一个文化熔炉，不断地融合各种文化，壮大自己；它还是一种文化溶剂，促进不同文化间的融合。文化的交融过程，实际上是不同文化的交流过程。在文化的交流过程中，旅游文化因其特有的"公共性"，比较容易发挥桥梁和调节作用，减少文化的冲撞和对抗，使不同文化和谐相容。

当两地文化因某种机缘相遇的时候，相互排斥、相互冲突是不可避免的。旅游体验文化是旅游者本族本地文化与旅游目的地特别是旅游对象"碰撞"的结果，其中既有客源地文化的基因，又有目的地文化的元素。如果相遇的两地文化恰恰是旅游客源地文化和旅游目的地文化，旅游体验文化就能促进两者的融合。中西文化的大规模交流是从近代开始的，其间，经历了由全面冲突到局部融合的过程。从全面冲突到局部融合，中国旅游者对西方文化的体验产品——旅游文学功不可没。面对西方高度发达的物质文明以及明显不同于中土的政治体制与社会风尚，来自封闭帝国的中国近代旅游者，即使最为保守者，也不能不产生强烈的心灵震撼。当他们以古老的游记体裁或简或详地记录其所观所感时，就注定了这些旅外游记必然要承负起历史反思与文化交流的重要使命，成为国人走向世界接受近代文明的重要通道。

旅游服务文化是旅游介入文化的核心，在加速文化融合方面作用巨大。旅游服务文化本来具有很强的地域性和民族性，最初的服务人员、服务设施均以本地域、本民族为主，服务行为不能不带有深深的地域、民族文化烙印。随着服务标准划时代的到来，旅游服务越来越与世界接轨，旅游服务文化也越来越趋同化。旅游服务文化从地域民族性到世界性，这意味着什么？从文化的角度看，这意味着不同地域、不同民族的文化已经通过旅游服务这条渠道或桥梁局部地融合到一起了，就像旅游体验文化融合客源地与目的地文化一样。旅游服务文化一旦形成，更加速了不同文化的融合：它一方面要以自己的文化魅力吸引不同文化背景的旅游者，另一方面还要向这些不同文化背景的旅游者推介本地区、本民族的文化，当这些不同文化发生冲突的时候，旅游服务文化居中调解，使之和谐相处，进而局部融合。

旅游研究文化是旅游文化的重要组成部分，在加速文化融合方面有其独特的作用。旅游研究是一个严谨的思维过程，研究主体有地域、民族之分，旅游研究不能不带上地域、民族文化色彩——价值取向和思维方式以我为主。但这种差异并不影响旅游研究取人之长、补己之短。当我们看到一篇（部）价值取向和思维方式与己不同的论著时，如果认为可取，也会仿而效之。不同的文化就这样不知不觉地被融合起来。不同文化通过旅游研究融合在一起，这在强调学术研究与国际（实际是西方）接轨的今天，尤为突出：旅游研究西文引用得越多，人类学、社会学、现象学、跨文化传播学、量化研究、实证分析等西人偏爱的手段使用得越多，越受国人欢迎。哪怕是纯属炒西人冷饭，也趋之若鹜。殊不知，西方的旅游研究并不比中国更发达！当我们的祖先大谈"游道"的时候，西方人连旅游和旅行都不分，只能谈论旅行的利弊；当我们已初步建立起旅游学理论体系的时候，西方的旅游研究仍专注于对旅游个案的实证分析而缺乏对旅游整体的理论思考。然而，西方文化的分析思维方式和实用价值取向还是通过旅游研究成为我们旅游学界的主要思维方式和价值取向。

3. 保持文化传承

旅游文化本身包含了各种人类文化信息，旅游文化自身的传承，也使得人类文化得以传承。旅游体验文化产品在文化传承中的作用，就说明这一点。

《黄金草原》（全名为《黄金草原和宝石矿藏》）是世界旅游文化的一部名著，书中记载了9世纪中叶阿拉伯著名旅行家马苏第游历南亚与北非的所见所闻。该书旁征博引，写作资料来源广泛，有希伯来的《圣经》、古代的传说、波斯的古史、伊斯兰教的《古兰经》和阿拉伯前辈历史学家，如瓦基迪、麦格底西、伊本·希沙姆、泰伯里等人的著作。从这个意义上讲，《黄金草原》又是一座文化典籍的宝库。这些珍贵的历史文化遗产，由于历次战争的浩劫大多已化为灰烬，幸赖《黄金草原》得以局部保存。而今，《黄金草原》也已残缺不全，所传承的文化遗产更是所剩无几了。

游记传承文化，这在一向重视文化传承的中国，表现尤为突出。游记不仅是一个文学文本，同时也是一个文化文本。中国游记不但包含了哲学、政治、宗教、道德、民俗等各种不同指向，而且蕴含了中国文化精神与内核。苏轼的《赤壁赋》可为代表。其中既有“浩浩乎如冯虚御风，而不知其所止；飘飘乎如遗世独立，羽化而登仙”的道教幻想，又有“方其（指曹操）破荆州，下江陵，顺流而东也，舳舻千里，旌旗蔽空，酾酒临江，横槊赋诗，固一世之雄也”的政治评论；既有“自其变者而观之，则天地曾不能一瞬；自其不变者而观之，则物与我皆无尽也”的哲学思考，更有“天地之间，物各有主，苟非吾之所有，虽一毫而莫取”的民族精神。当历代游记作家将其山水情怀与社会洞见连同共有的中国文化情结凝聚于游记作品之中的时候，一部游记文学史也就构成了一部形象而丰富的中国文化史。中国文化的时代特色如魏晋玄学、隋唐佛教、宋明理学、清代实学，在相应时期的游记文学中都有充分体现。在近代与现代的文化转型中，游记甚至担当起了文化守护与启蒙的使命。通过近现代游记的独特窗口，我们可以形象地看到西方文化的迅猛东进与中国文化的艰难进展。可以说，没有游记这个载体，中国文化的传承途径也不会这样宽广。

4. 推进文化转型

保持文化传承是从文化稳定的角度说的。稳定是文化发展的环节，转型则是文化发展的表征。旅游文化不但保持文化传承，也推进文化整体转型。

在西方的文化思想史上，旅游体验作为知识文化结构的组成部分，很早便受到高度的重视。数学家毕达哥拉斯（约前580~约前500）为了丰富自己的文化知识，曾在阿拉伯、叙利亚、腓尼基、迦勒底、印度和高卢等地旅游30年；出于同样目的，哲学家柏拉图（前427~前347）曾游历埃及和小亚细亚，访问意大利，拜访过毕达哥拉斯学派信徒。借助于丰富的旅游经验，古希腊建立了影响深远的文化知识体系。中世纪后叶，旅游活动有所恢复，旅游所形成的经验知识如《马可·波罗行纪》等被系统收集并自由讨论，旅游经验成为冲破神学统治的锐利武器，欧洲中世纪文化由封闭重新走向开放。降及近代，旅游经验的提升成为科学研究的基本要求，它不仅贯穿于科学考察之中，而且贯穿于科学实验之中。科学、理性的西方近代文化形成了。可以说，在西方文化转型过程中，旅游体验自始至终都扮演着一个重要的角色。郭少棠先生有言："通过内向性认证而导致的西方文化转型，其主要动力乃行游活动带来的。"（郭少棠，2005）这里的行游活动，主要是旅游体验文化。

在中国文化思想史上，旅游体验文化对中国文化的转型同样居功甚伟。《漫游随录》是王韬 1867 年同理雅各旅欧两年多的见闻结晶。游记中认识到西人重实学、中国人尚文章的不同价值取向；勇于承认西方文化比中国文化进步得多；主张中西文化相互沟通、融合。王韬旅外游记已经突破了前代以及同辈中所谓"夷夏之辨""体用"或"道器"之争的局限，闪烁着一种超越时代的文化启蒙之光。《新大陆游记》是梁启超旅美游记，该书充分肯定美国资本主义发展所取得的巨大成就和进步，讴歌了美国的民主制度和价值观念，检讨了中国文化的不足，鲜明地反映了作者观察美国的独特视角和对美国的深刻认识，它既是维新派代表人物政治观念的散射，又为当时的中国人认识和借鉴美国提供了宝贵的第一手材料。《饿乡纪程》和《赤都心史》是瞿秋白（1899~1935）1920 年秋赴苏考察写成的两本游记。游记首次用文艺形式描述了第一个社会主义国家的情况，真实地勾画出十月革命后苏联那种"红光烛天""赤潮澎湃"的图景，热情赞颂和讴歌了"无产阶级创业的艰辛"及人民掌握历史命运的伟力。当时马克思主义刚刚传到中国，国内各种思潮风起云涌，游记以其饱满的热情和深邃的思想吸引了大批读者投身到革命的阵营中来，从事马克思主义的研究与宣传工作，有力推动了中国文化向红色文化的转变。可以毫不夸张地说，在中国近代文化的转型过程中，中国近代海外游记起到了先导作用。

**（三）推动社会**

旅游文化不但能够促进文化交流，还能够改变社会观念、导致社会流动、引发社会变迁，重新整合社会，推动社会的进步与繁荣。

1. 改变社会观念

社会观念亦即人们在长期的社会实践基础上形成的思想意识。社会观念具有极强的稳定性，对社会的发展有强大的推动或牵制作用。社会观念的转变，需要多种推力的综合运作，旅游文化即是其中的推力之一。

整个中世纪，欧洲人都以为基督教会和神圣罗马帝国是全世界性的，只有西欧文明才是文明，罗马帝国以外就只不过是些微贱的野蛮部族罢了。旅游文化名著《马可·波罗行纪》一出，一个非基督教世界的高度发达的中国文明摆在了欧洲人的面前，这自然引起了人们的震撼和思索。欧洲思维活跃的开明人士思想进一步解放，眼光狭隘的保守人士也得到了不同程度的启蒙，流行已久的“欧洲中心”和“基督教文明至上”等偏见从此动摇，14 世纪和 15 世纪的社会观念为之一变。16~18 世纪，欧洲曾掀起了要不要旅行的跨世纪大讨论。“肯定派”认为，旅行能增加知识、增进人们对事物的了解，旅游对文化素养的形成是必不可少的。到其他国家旅行显然对双方都有极大好处。如果不旅行，我们将会渐渐变成野蛮人。“否定派”认为，年轻人到了意大利，无非吃喝玩乐，有的还去寻花问柳，弄得不好，既伤财，又伤身。由于各国间已有书籍流通，旅行实无必要。讨论的结果，“肯定派”占了上风，人们的观念为之一变，越来越多的人加入到旅游者的行列中来。

旅游文化在改变中国社会观念方面同样有推动之功。中国近代海外游记对中国近代社会观念的改变就是一例。林鍼（1824~？）的《西海纪游草》是近代中国第一部描写域外世界的诗作。作者在赞扬美国物质文明的同时，对美国的社会现象多有批评，这种物质与精神文明褒贬鲜明的二分法在近代相当长的时期内一直主导着国人的思想。康有为《意大利游记》初版于光绪三十一年（1905），记述的是他于 1904 年 5 月 2 日至 14 日在意大利短暂逗留的所见所闻。这部游记以议论见长，他充分运用过去间接得到和直接得到的史地知识，纵横捭阖地畅论中西政俗，继续鼓吹变法主张，又着重不改保皇的底牌。一些思想犹豫的人受此影响，很快转变观念，投入康有为的保皇阵营，鼓噪君主立宪，掀起一股强大的保皇思潮。

2. 导致社会流动

社会流动，是指人们在社会关系空间或地理空间从一个位置向另一个位置的移动。社会流动是社会生存和发展的前提和条件。如果社会内部不流动，那么它将成为一具僵尸。旅游文化对社会流动起到了巨大的作用。

第一，旅游文化推动了旅游者的流动。

旅游者的流动有多种原因，旅游资源的吸引力即是其一。旅游文化不同于旅游资源，但它可以转化为旅游资源，增强旅游资源的吸引力。景观创意、旅游传说、旅游文学等都是旅游文化，一旦转化为旅游资源，会直接提高景观的吸引指数。元和四年（809）九月二十八日，柳宗元在闲坐中遥望西山，被它的风姿迷住了。于是他派出仆人渡江过溪，在草木间辟出一条山路，一起登上了山顶。随后又发现美景多处。这些美景大多未经修整，甚至连名字也没有，更不用说游踪了。柳宗元对这些美景进行了规划设计，刈除野草，伐去坏木，造了高台，装了栏槛，再把泉水引到高处，形成了悬流。还为它们起了名字，并写了《永州八记》以记其事。五代两宋以来，根据《永州八记》前往寻幽探胜者史不绝书。湖南的岳阳楼原本名气并不大，不过是地方长官张说公事之余宴请文士的一个所在。传说宋代名臣范仲淹游览到此，当场命笔，写下《岳阳楼记》。有人考证，范仲淹并未到过岳阳楼。然而就是这个旅游传说，再加上孟浩然的“气蒸云梦泽，波撼岳阳城”和杜甫的“吴楚东南坼，乾坤日夜浮”名句，岳阳楼名声大振，慕名游览者络绎不绝。

作为旅游文化的旅游宣传和旅游服务，也是推动旅游者流动的重要力量。如前所述，旅游宣传是旅游企业为了树立形象、开拓客源、吸引消费、提高效益而进行的各种信息传播和情报沟通活动。其手段主要有图文、音像、广告、展销等。旅游宣传对旅游流动的影响非常之大。据 1980 年资料统计，美国旅游业花在英国的宣传费年平均 220 万美元，平均每年吸引英国旅客 220 万人。也就是说平均一美元至少能启动一位潜在旅游者的旅游动机，影响力度可见一斑。旅游服务文化本身对旅游流动作用也很大。旅游服务周到，文化品位高，旅游者如沐春风，源源不断；旅游服务质量低下，文化品位不高，旅游者如遇债主，望风而逃。

第二，旅游文化推动非旅游者的流动。

旅行家哥伦布是在 15 世纪加入由航海探险引领的世界循环大流动的。他的加入就深受旅游文化名著《马可·波罗行纪》的影响。哥伦布喜读马氏游记，这从今天藏在西班牙塞维尔市哥伦布图书馆中的一册《马可·波罗行纪》中可以看出来。该书为拉丁译本，书边的空白处留下了很多哥伦布的注解。在该书的吸引下，哥伦布决定到“富庶的东方”实现他的“财富梦”。他对西班牙国王说：“无论如何，我是要去大陆的。我要到杭州去把陛下的国书呈给大汗，并取得复书回家。”（中国国际文化书院，1995）。在西班牙国王支持下，他先后 4 次率船队出海远航，发现了美洲，并误以为是亚洲大陆。

其实，受《马可·波罗行纪》影响而参与世界循环大流动的岂止哥伦布，其他探险家、航海家有之，他们欲寻求新航路，以窥探东方的古老文明；基督教士们有之，他们想到异教异地去传播基督教义；早期殖民者有之，他们野心勃勃，想以“火”和“剑”趁机掠夺东方世界的黄金和财宝。于是，善恶兼及的欧洲人因向往而奔赴东方世界，世界出现前所未有的人口大流动。从而使西方更进一步地加入国际大流动之中，并进而使西方成为国际大流动的中心地带，而其他地区则成为这一中心的边缘。

3. 引发社会变迁

在社会学中，社会变迁有广、狭二义。广义的社会变迁泛指一切社会现象的变化，包括前述的社会观念的改变、社会人员的流动；狭义的社会变迁特指社会结构的变动，包括社会结构的局部变化和整体转型。旅游文化不但改变社会观念、导致社会流动，其严重者，还能引发社会结构的变化亦即狭义的社会变迁。

在旅游文化中，旅游体验文化对社会变迁作用最大。有人说，旅游艺术的感受是根据旅游者原有文化溢出的元素予以排列的，而不是以目的地文化原有的品类进行排列。话说得虽有些绝对，基本上还是正确的。通过对旅游体验文化的分析，我们可以看到，全部旅游体验的视角都是旅游者方面的，而且基于旅游者自己的文化趣味。在这种情况下，目的地变成了商品琳琅满目的市场，任由旅游者挑三拣四、评头论足，一个特殊阶层——旅游从业人员也应运而生了。为了获取经济利益，目的地不得不尽量投其所好，不惜将自己的所有肢解出售，从年轻漂亮的空中小姐到卑躬屈膝的服务小生，从稀奇古怪的旅游纪念品到耸人听闻的民俗舞蹈，处处都渗透着强烈的殖民地心态。当旅游者旅游体验获得满足的时候，旅游地的社会结构却开始悄悄地发生改变。

旅游体验文化对社会变迁作用在很大程度上是借助于旅游介入文化发挥出来的。有激烈的抨击指出，贯穿于现代旅游中的商品化的服务交易，严重扰乱了传统的亲善待客之道；历史悠久的土著的美术工艺，由于采用了工业生产流程和市民阶层的美学趣味而遭到破坏；地道的民族食品，为了迁就不同游客的口味和国际卫生标准而蜕变成“游客餐”“国际餐”；至于某些游客需要的淫乐服务，更是对旅游地区居民道德的严重破坏和对其妇女人权的肆意践踏。旅游业的标准化、集中化和理性化的管理作风，使旅游景点越来越像老家一样；旅游书籍、广告宣传和电视节目的事先演习，加上旅游经验的严格品质管理，也令异域之旅不再向旅游者提供惊喜。（陈云，2000）在这一抨击里，旅游介入文化简直就是旅游地社会倒退的元凶。

当然，事情也还有另外一面。过分强调旅游文化对旅游地社会变迁的负面影响，可能并不完全正确。旅游文化对旅游地社会变迁的积极影响也是存在的。有学者在对中国四川九寨沟的旅游研究中发现，原本是在旅游活动中出现的某种藏族民俗的模拟活动，经旅游活动的不断再现，竟然复苏成为当地藏族社会生活的组成部分。由于当地藏族已经汉化很深，这些民俗的恢复显然有助于他们完善自己的社会结构。与此类似的，德国慕尼黑本来是不折不扣的移民城市，在旅游文化的推动下，如今的慕尼黑比其他德国老城更具有巴伐利亚的古风，连德国人都相信它是德国文化的“秘密首都”。

旅游文化对社会变迁的影响相当复杂，其影响程度及后果还有待进一步地评估。

### （四）繁荣经济

从总体上看，旅游文化是一种非功利性文化，但旅游文化的非功利性并不能否定其有功利性和实用性的一面，其在发展经济方面作用突出。随着旅游业广泛开展，旅游文化对经济增长的贡献越来越大，旅游文化促进经济递增也渐成共识。旅游文化的经济功能具体表现在以下几个方面。

#### 1. 刺激旅游消费

旅游文化对于消费的促进作用，首先体现在旅游介入文化中，旅游介入文化吸引潜在旅游者加入旅游活动，增加消费量，吸引现实旅游者提高消费档次，扩大消费规模。旅游业的主体是旅游业经营者，从业者的旅游职业道德、旅游服务观念及景观开发理念、旅游宣传艺术等文化素质越优秀，旅游者的文化需求和审美情趣就越会得到满足，精神上的享受、心理上愉悦必然会强化消费欲望，从而实现消费行为。在旅游活动中，我们常见到如下一些情况，有些旅客对某些景点非常感兴趣，有些旅客非常乐意选住某一饭店，某些旅客特别喜欢接受某一旅行社的服务。这是为什么呢？是对景点、饭店、旅行社熟悉吗？都不是。人们的回答大都是景点别致，饭菜可口，旅行社守信用，宣传到位，项目设计合理，特别是服务人员工作热情、主动周到、有礼貌、肯为旅客排忧解难，服务质量高。在实际旅游活动中，我们还可看到另外一种情况：服务人员服务态度恶劣，对旅客不尊重，不一视同仁，甚至冷嘲热讽，挖苦斥责，出难题，设障碍。使得旅客心灰意懒，或望而却步，或另寻去处。良好的服务，犹如黏合剂，会使旅客和服务员更加亲近；又像催化剂，会促使旅客加快实现由消费动机向消费行为的转化；它还像磁石吸铁，吸引旅客再次惠顾。

旅游体验文化也有刺激消费的作用。旅游体验文化是旅游吸引物之一，吸引潜在旅游者转化为现实旅游者，投入消费。以旅游体验经历而论，旅游者获得满足的旅游体验，不但激励自己再次旅游消费，还会把自己的满意经历告诉亲戚朋友，鼓励他们旅游消费。一般地说，一个旅游经历满意者，他会把自己的满意经历告诉三个人，受此鼓励，这三个人总有人外出旅游消费。没有旅游消费的人，其旅游消费动机可能也被激发，只要条件成熟，他还是要旅游消费的。以旅游体验产品而论，旅游体验文化产品如旅游文学、旅游艺术等，或因对某一旅游景点描述生动而起到旅游宣传品的作用，或因附着于旅游资源之上而成为极具吸引力的旅游资源一部分，从而吸引大批潜在旅游者转化为现实旅游者，加入旅游消费行列。苏州的枫桥在中国桥梁中并不算有特色，张继一首《枫桥夜泊》，使其名声大噪，吸引了众多旅游者前来观赏。宜昌的三游洞在白居易、白行简和元稹三人到来之前至少沉寂了一万多年，一经三人游洞题词，便吸引了无数旅游者前来参观！而带足旅游费用、以余秋雨的《文化苦旅》为向导者，更是大有人在。

2. 增加旅游地的经济收入

旅游文化不但刺激旅游消费，还会增加旅游地经济收入。旅游服务文化与景观开发文化主要是作为商品来出售的——旅游者享受旅游服务文化需要以付费的方式进行，到目的地参观游览旅游景观文化需要以购买门票的方式支付价款。旅游宣传和旅游研究、旅游体验虽然不能作为商品卖给旅游者，但在“诱使”旅游者慷慨解囊方面无孔不入。在旅游文化的刺激下，旅游者四处撒钱，而掏出的钱，大部分落入旅游地，特别是旅游地的旅游业之手，从而为旅游地增加经济收入。旅游介入越适当，旅游体验越满意，旅游者也就越愿意掏钱，旅游地经济收入也就越高。

当然，也有人一方面为旅游文化所吸引，另一方面又想减少甚至摆脱对旅游业的依赖，多旅游少掏钱，甚至只旅游不掏钱。大量的背包旅游者就属此类：他们有的自带帐篷睡袋，自备餐具食粮，徒步或自备车辆，为旅游文化而来，却不想为旅游地增加旅游收入。尽管如此，他们多少还是要为旅游地增加点儿收入——门票钱总是要掏吧。现在的旅游者不同于古代旅游者，免费的旅游景点实在是少得可怜，只旅游不掏钱，没门儿！过去说“天下名山僧占多”，现在是天下名胜旅游业占多，连僧、道都在旅游业掌控之中。以前是旅游业跟着旅游者走，现在相反了，旅游者还没到，旅游业已经在前面等候很久了！

旅游文化刺激下的跨国旅游具有增加旅游地经济收入的巨大能量，外国游客入境旅游，既要进行商品消费，又要求提供劳务服务，时间长，档次高，所费不赀。接待国就是用消费商品和为旅游者服务来换取外汇的。开发旅游文化资源、发展跨国旅游是给国家增加外汇收入的重要途径。

3. 扩大旅游业产品的生产

旅游业产品包括已开发的旅游景观、旅游设施、旅游服务等。这些产品生产的扩大，离不开旅游文化的推动。其中，旅游文化心理是扩大旅游业产品生产的原动力，旅游文化行为是扩大旅游业产品生产的直接动力。从旅游体验文化角度看，随着旅游体验心理和行为复杂化和多样化，现有的旅游业产品已不能满足旅游者不断扩大的精神和物质需求，必然要求旅游业不断扩大其产品的生产；从旅游介入文化的角度看，不管为了满足旅游者的文化需要还是自身的文化需求，同样要求旅游业扩大其产品的生产。旅游景观人满为患，旅游文化便要求拓宽范围，增加景点，旅游景观由此扩大；旅游设施供应能力不足，旅游文化便要求进一步增建和扩建，旅游设施也因此大大增加。旅游服务接待能力不足，旅游文化便要求补充服务队伍，增加服务项目，作为无形产品的旅游服务也因此得以扩大生产。一些风景名胜区中的景观、设施和服务，就是这样一步步由小到大、由少到多、由单一到综合而逐步发展起来的。

旅游文化不仅以心理、行为的形式扩大旅游业产品的生产，还以旅游资源的形式为旅游业提供加工原料，扩大旅游业产品的生产。我们不止一次提到，旅游客体文化实际上包含两种不同的文化：旅游客体在成为旅游资源之前固有的文化和旅游客体成为旅游资源之后因旅游而产生并附加其上的文化。旅游客体这种附加文化是旅游地居民，特别是旅游者、旅游业共同创造的，是旅游文化的一部分。旅游客体中的旅游文化固然是旅游者和旅游业创造的，但一经附着于旅游客体、成为吸引后来旅游者亲临其境的旅游对象，它们也就转化成旅游客体文化不可分割的组成部分了。旅游业对旅游资源的开发，当然包括对其中的旅游文化的开发。旅游文化资源一经开发，旅游业的资源型产品便又多了一族，有时还成为金字招牌和拳头产品。少了这些金字招牌和拳头产品，资源型产品将黯然失色。设想一下，没有李白的《望庐山瀑布》、范仲淹的《岳阳楼记》、杜甫的《蜀相》、崔颢的《黄鹤楼》、张继的《枫桥夜泊》、苏轼的《赤壁赋》《念奴娇·赤壁怀古》……作为资源型产品，庐山瀑布、岳阳楼、武侯祠、黄鹤楼、寒山寺、黄州赤壁等将失色多少！

**（五）陶冶人格**

人具有追求真、善、美完美人格的理想，旅游文化既是人们追求完美人格的结果，也是实现完美人格的途径。旅游文化主体可以通过旅游体验和旅游介入来提升自己的道德境界，增强自己的审美素质，增加各个方面的知识，非旅游文化主体也可以通过分享旅游文化达到同样的目的。种种事实证明，旅游文化具有增长人们的文化知识、提高人们的道德层次和审美修养的功能，而这种功能也绝不像学者普遍描述的那样，仅局限于旅游者。

1. 提升道德境界

旅游文化本身包含道德因素，健康的旅游文化有助于提升人的道德境界。中国是一个文明古国，旅游文化中的“比德”思想、孝游观念以及宾至如归的服务理念，对旅游文化主体道德的提升发挥了巨大的作用。

“比德”即以山水之德喻君子之德，从而激励人们提升自己的道德境界。汉代刘向的《说苑》中有一段孔子和他的弟子子贡关于游山玩水的对话。子贡问孔子：君子为什么见到大江大河一定要驻足观看？孔子答道：君子用水来比附德行。你看，水没有私心，像德；它使万物生长，像仁；它按规律向低下之处流动，像义；深处难以测量，像智；它一心奔向深谷，像勇……这段话是不是汉代人的伪托，姑且不论，但是这种把自然与道德相联系的“比德”思想，却对后世旅游者产生了积极的影响。旅游者在游览长江三峡的神女峰时，会被望夫台上神女对待爱情、婚姻至死不渝的态度所感动；畅游黄河，会被中华民族的母亲河所激励；登临泰山，会被泰山顶天立地的气概所震撼；环视花鸟，会觉草木关情。感动、激励、震撼、关情之余，旅游者的道德境界也会悄然提升。旅游者这种道德境界的提升与其说是自然景观刺激的推动，不如说是“比德”思想观照的结果。没有“比德”思想，自然景观便没有道德力量，旅游者的道德境界也无法与自然景观联系起来。

孝游观念源自孔子的一句名言：“父母在，不远游，游必有方。”儒家学说以重人伦为核心，父母在世之日，儿子久游不归，一则令父母担忧；二则儿子也不能对父母尽关心赡养的义务。提倡孝游无非劝导人们恪守孝道，善待父母，积极意义不言而喻。惟其如此，孔子的孝游观同他的比德说才一样对后来旅游者道德的提升有重大价值。据报道，作为一种孝顺方式，孝顺旅游渐渐升温：在福州，有老少数口阖家同游永定，女儿和儿媳争着给老人买土特产品（客家民居之“眼中的闽西土楼”，雅虎知识堂，2006-12-27）；在云南，有怒江男子张光泽为尽孝心，借款 20 万元，带 88 岁父亲和 91 岁大娘及其亲属到北京游玩 6 天（《新京报》2006 年 11 月 12 日）。所有这些，无不显示了孝游观的道德力量。

在中国的传统旅游服务文化中，有一个重要理念，那就是“宾至如归”，即到店如到家。按《周礼》的解释，“宾至如归”的标准，概括起来有四点：第一，旅客进店，店家要以礼相迎。第二，店员要按照旅客的要求，各效其劳。第三，旅客需要的物品店家要随时置办。第四，旅店要与旅客“忧乐同之”。此一理念要求把客人当作自己的家人，充满了浓浓的伦理之情，如果做到了，主客的道德境界均会得到净化、提升。福建土楼福裕楼楼主林勤胜一家为游客服务，堪称道德表率：游客生病，精心照料；遗失钱物，悉数送还；代客买票，不计得失。游客在留言簿上写道：“在这里，我真正看到了人与人之间的社会关系。”“土楼和它的主人们，给我留下了难忘的印象，愿土楼长存，愿它们的主人们幸福。”（客家民居之“眼中的闽西土楼”，雅虎知识堂，2006-12-27）可见，“宾至如归”的服务理念已深深影响了土楼的旅游服务文化，不但提升了服务者的道德境界，也感染了游客，净化了游人的灵魂。

旅游文化同样也能提升非旅游文化主体（就具体的旅游文化创造而言，下同）的道德境界。作为一名居家者，当他通过媒介得知有那么多的旅游者自发加入环保行列、仔细拾起别人丢弃的垃圾，主动帮助他人、为他人分忧解难；得知有那么多的旅游从业人员放弃与家人团聚的机会，精细照顾客人，在危难时刻，把危险留给自己，把生路留给别人，他的道德意识岂能不受冲击、岂能不经洗礼！如果他听到福建土楼的故事，他岂能无动于衷！近年开展的旅游道德大讨论，提升的又岂止是旅游者的道德境界！范仲淹《岳阳楼记》的两句名言“先天下之忧而忧，后天下之乐而乐”，激发了多少代中国人忧国忧民的情思，有多少中国人在它的熏陶下实现了道德的升华！

2. 增强审美修养

旅游文化具有很高的审美价值，它拓宽了人们的审美空间，丰富了人们的审美内涵，人们的审美修养由此得到增强。

第一，旅游文化有助于增强旅游文化主体的审美修养。审美修养的增强离不开审美实践，旅游文化主体既是旅游文化美的创造者，也是旅游文化美的享受者，而所谓的审美享受，恰恰是最重要的审美实践。旅游者是最重要的旅游文化主体。对旅游审美者而言，由其创造的旅游文学、旅游艺术品等旅游文化产品是其最好的审美对象之一。通过对此类旅游文化的审美，旅游者获得畅神和骋怀的审美愉悦，审美能力不断提高。旅游服务文化一样能给旅游者带来美的享受。良好的员工形象、高尚的职业道德，高超的服务艺术，不但促进客人的消费行为，也强化了客人的审美意识。旅游从业人员也是重要的旅游文化主体。对旅游从业人员而言，旅游者有审美的需要，要想满足旅游者的审美需要并获得最佳效益，旅游从业人员必须提供美的商品、美的服务。而要提供美的商品、美的服务，旅游从业人员必须不断提高自己的审美素质，只有美的创造，才有美的产品。在不断的美的训练与美的创造中，旅游从业人员的审美修养得以提高。

第二，旅游文化有助于增强非旅游文化主体的审美修养。从非旅游文化主体的角度看，旅游文化的审美价值同样可以增强他们的审美修养。南朝鲍照曾沿长江西行，饱览美景。途经安徽省望江县的大雷岸，他情不能自已，给他的妹妹、著名的才子鲍令晖写了一封信，略抒观感。其中一段描写远眺庐山：“西南望庐山，又特惊异。基献江湖（山脚压入长江、鄱阳湖），峰与辰汉连接。上常积云霞，雕锦缛。若华（朝曦）夕曜，岩泽气通，传明散彩，赫似绛天。左右青霭，表里紫霄。从岭而上，气尽金光；半山以下，纯为黛色。”好个庐山，金、紫、青、黛，犹如锦绣一般，作者已然沉迷于庐山的美景之中了。相信他的妹妹和后世读者也如同置身其中，目迷神驰。他还描写了夕阳下的庐山及其感受:“夕景欲沉，晓雾将合，孤鹤寒啸，游鸿远吟，樵苏一叹，舟子再泣，诚足悲忧，不可说也。”(《登大雷岸与妹书》) 夕阳斜下，山雾渐起，鹤雁哀鸣，渔樵悲叹。他自己的心情也由喜转悲，不可言说，读者的心情也顿时一落千丈。中外旅游文学作品汗牛充栋，若再加上旅游绘画、旅游摄影、旅游工艺品等其他旅游艺术作品，旅游文化真是一座硕大无朋的艺术宝库，不知有多少人从这里汲取营养，接受美的熏陶，成为知美、爱美者乃至美学家和艺术家。

3. 培育科学精神

科学不同于一般的知识，也不同于一般的经验，但它却是建立在一般的知识经验基础上的。科学精神的核心是求真、务实，而它的培育，与旅游文化的发展是分不开的。

在西方，中世纪前期是神学一统的时代，只有宗教旅行，无所谓旅游文化，科学成为神学的婢女。中世纪行将结束，世俗旅游占据上风，旅游文化随之复兴。旅游者源自旅游实践而非宗教教义的知识经验，包括系统科学的知识、各种事实的经验，迅速增长。为了规范并教会人们如何处理这些知识，要求建立一套科学的范式。于是，西奥多·泽温格、希罗尼玛斯·特尔勒、希拉鲁斯·帕克玛尔、雨果·布罗提欧索四个人文主义学者变成了旅行方法学的奠基人。跟随他们，后来的学者逐步将旅行研究的范围划定在以下几个方面：旅行的定义；概念的划分；反旅行的辩论；医学的忠告；宗教的忠告；实践的忠告；欧洲国家的概况；旅行设备的使用；编撰观察和描述范式。如此的学术规范的建立，促进了经验知识的扩展、提纯和消化。对旅行知识的处理又导致了博物馆、档案馆、图书馆和研究院等文化机构的出现。西方的科学精神由此得以复苏。

中国古籍中有相当部分是未经验证的东西。因此，这些书籍中的所谓知识也就不可避免地有相当部分属于似是而非的东西。正是看到这一点，早在先秦，孟子便提出了“尽信书，不如无书”的观点。到了疑古之风盛行的宋代，一生酷好旅行的陆游，以自己的切身感受提出了“纸上得来终觉浅，绝知此事要躬行”的看法，告诫其子要以“躬行”作为获得真知的主要手段。此后，又形成了“读万卷书，行万里路”的认知格言。正是在这种背景下，明代出现了像李时珍、徐霞客、顾炎武这样一批注重实际调查，从实践中获得真知的著名科学家、思想家。而由于他们的出现，传统的“秀才不出门，便知天下事”的认知方式事实上受到了否定。中国的科学精神由此得以加强。

## 第 4 节　旅游文化的特征

旅游文化作为文化的类别之一，具有一般文化形态的共同属性，但作为文化的一种特殊类型，旅游文化又有着自己的特殊性质，这种特殊性质即构成了旅游文化的特征。其中，一般特征称为特点，根本特征称为本质。特点一般是外显的，而本质则深藏于内部。特征是通过比较研究获得的，是一物区别于另一物的标志。旅游文化特征的研究，是旅游文化含义与结构研究的延伸。把握旅游文化的特征，不但便于识别旅游文化与非旅游文化的差异，更有利于把握旅游文化的运动规律。

## 一、旅游文化的特点

### （一）关于旅游文化特点的几种说法

由于对特点与旅游文化理解不同，关于旅游文化的特点，也是众说纷纭。

王立、刘卫英从旅游现象出发，认为旅游文化具有综合性、民族性、大众性、地域性、直观性、传承性、自娱自教性和季节性八个特征（王立、刘卫英，1997）。

贾祥春从旅游文化（学）的形成、旅游中介——旅游经营者的主要作用、旅游者外出旅游的目的、不同时期的价值观念、审美标准等的变化出发，认为旅游文化具有继承性、创造性、服务性及空间、时间差异性等特征（贾祥春，1997）。

马波认为，旅游文化是旅游消费文化和旅游经营文化、暂时性与延续性、文化求异与文化认证的统一；现代旅游文化属于社会大众的文化；旅游客源地文化和旅游接待地文化借旅游者交互扩散。因此，旅游文化具有多元二重性、大众性、双向扩散性三个特征（马波，1998）。

沈祖祥认为，旅游文化从其自身的范畴、结构和规律来看，主要有这样一些特点：地域性或称地方性；连续性或称延续性；民族性；实用性；多样性或称综合性；广泛性；思想性；时代性。其中，地域性、民族性、连续性、多样性、实用性是旅游文化首要的最为显著的特点（沈祖祥，1999）。

王德刚认为，旅游文化是一种融合文化，也是一种冲突文化，旅游文化因主体的背景而异，具有综合性、矛盾性、多样性等特点（王德刚，1999）。

谢贵安、钟贤巍等认为，旅游文化是一种动态的文化系统；不同时代旅游主体的旅游文化观念和行为方式是有差别的；不同的民族其主体的旅游文化观念和行为方式是不同的；不同阶层的旅游主体的旅游文化观念和行为方式各有其特色。这就使得旅游文化具有了遗传性、时代性、民族性、阶层性等特征（谢贵安，1999；钟贤巍，2006）。

王玉成综合各家观点，认为旅游文化除了具有文化的一般特征外，还具有综合性、地域性、传承性、民族性、时代性、大众性和服务性等显著特征（王玉成，2005）。

上述各家从不同角度对旅游文化的特点进行了有益的探讨，这对于我们进一步深入研究旅游文化特点是有帮助的。角度越多，视野也就越广阔，看问题也就越全面、越深刻。但不管取何种角度，最终着眼点都应是旅游文化而非其他，因为我们是在研究旅游文化的特点。这就如同窥视屋中的宝物，可以通过门，也可以通过窗，但绝不可以把目光停留在门或窗上。上述各家研究旅游文化特点，有的从旅游业入手，有的从旅游入手，有的从文化交流入手，还有的从旅游文化学入手，本来都是不错的角度，可惜的是，大多未能把目光延伸到旅游文化这块“宝物”上，而仅仅停留在旅游业、旅游、文化交流、旅游文化学这些“门”或“窗”上，所得结论难免与旅游文化的实际特点不相符合。上述不少结论与其说是针对旅游文化的，还不如说是针对旅游或其他。

另外，上述各家大多提到旅游文化具有地域性、民族性、继承性、变异性、时代性的特点。诚如马波先生所言，地域性、民族性、继承性、变异性、时代性是文化的一般属性，严格地说是不能算作旅游文化的特性的。旅游文化的特点还应从旅游文化本身谈起。

**（二）旅游文化的主要特点**

我们认为，旅游文化不是旅游，也不是一般文化。它是一种相对独立的精神文化现象，是人们的旅游体验与介入过程及其精神产品的总和。作为一种相对独立的精神文化现象，它具有以下几个主要特点。

1. 流动性

流动是文化的生命。活着的文化总是在不停地流动，旅游文化尤其如此。旅游文化像奔腾不息的大河，昼夜不舍地从一地流向另一地。“顾客是上帝”的口号原本发端于美国，数年后已传遍全球；生态旅游的体验方式原本兴起于肯尼亚，现在也流传到了全世界；中国本是重传统的国家，有自己的景观开发传统，近年来欧美的景观开发理念已如潮水般地涌向中国，挡都挡不住。“驴友”一词不知发端于何时何地，一经出现，似乎一夜之间便传遍全国，现在恐怕已流到国外去了。以上举的都是旅游文化流动的典型事例，也是人们有目共睹的。实际上这还只是旅游文化显性流动的一小部分。至于那些不易察觉的隐性流动就更多了。不知不觉中旅游观念的更新、旅游方式的改变……这都标志着旅游文化的潜流已悄然而至。

旅游文化的流动可以说是无时不有，无处不在。它普遍存在于各种旅游文化现象之中，是各种旅游文化现象的共性之一，并构成旅游文化的最显著特征。旅游文化的流动性特点是与生俱来的。旅游文化是在旅游的基础上形成的，而旅游本身就是一种流动。旅游的流动性决定了旅游文化必然是一种流动性的文化。只是旅游的流动性远逊于旅游文化的流动性。新冠疫情期间，旅游的流动衰弱不堪，旅游信息、虚拟旅游等旅游文化的流动却蔚为壮观。

旅游文化的流动，主要借助于旅游者的移动和传媒的播布。旅游者是旅游文化的创造者，也是旅游文化的负载者。他创造了旅游体验文化，消费着旅游介入文化，如浮云般的到处流动，使旅游文化因其移动而处在不断的流动之中。在古代，传媒不发达，旅游文化的流动主要靠旅游者的移动。近现代以来，传媒日益发达，打开报纸、电视，最新的外地旅游服务理念、旅游规划蓝图便呈现在你的面前；打开多媒体，远在千里之外的旅游体验文化和旅游介入文化一瞬间便呼啸而至。

旅游文化流速之快、流向之广，在各种文化中实不多见。旅游文化的快速、多向流动，一方面造成旅游文化渗透到社会生活的各个方面，另一方面又造成旅游文化与旅游客源地文化、旅游目的地文化、旅游环境文化纠缠在一起。这就使得旅游文化与非旅游文化难分难解。这也是至今我们不能严格区分旅游文化与非旅游文化的重要原因之一。

随着世界经济的发展和科技的进步，旅游将更为普遍，传媒将进一步发达，旅游文化的流动将日益加速。旅游文化的加速流动，有利于世界政治、经济、文化的交融，加速全球经济一体化进程，缓解不同民族与文化间的冲突，维护世界的和平进程。

2. 开放性

旅游文化不但具有向外传播的流动性，还具有整合吸纳的开放性。就文化风格而言，旅游文化是一种外向开放的文化。如果说古代的旅游文化是农耕经济求稳、内向、保守性格的叛逆，近现代的旅游文化是商品经济开放性、流动性的延伸，那么，当代的旅游文化则表现出全球经济一体化时期前所未有的国际性、融合性、多样性以及个性、活力的风格。以旅游体验文化为例，一群旅游者，他们可以不赞同东道国的社会制度，不理解旅游地所在国人民的道德观念，却可以蛮有兴趣地观察、体验所处旅游地人民及周围环境的一切，从中领略异族风情，获得各类知识，得到美的享受。旅游介入文化也是如此。虽说旅游介入文化具有地域性、民族性属性，但在强调“与国际接轨”的今天，旅游服务文化、景观开发文化、旅游宣传文化、旅游研究文化不正在快速地接受所谓的“国际标准”，开始国际化了吗？旅游文化这种外向风格，充分反映了其开放性的特点。

旅游文化是在文化冲突与文化融合过程中形成的，因而不能不具有开放性的特点。当旅游把客源地文化和目的地文化连在一起时，异质文化的冲突与融合是在所难免的。冲突意味着拒绝，融合意味着接受。无论是冲突还是融合，都意味着文化是交流的。正是在这种交流环境中，旅游文化逐渐形成。交流环境中形成的旅游文化生性好动，更具有开放性。旅游文化开放性也与旅游文化主、客体的多样性有关。旅游文化主体——旅游者、旅游从业人员、旅游地居民、旅游研究者并非一个群体，他们有不同的价值观念、审美标准、思维方式，旅游文化客体——旅游及其要素也是多种多样，同时并存，由此也决定了旅游文化必然是一种开放性的文化。

旅游文化的开放性使旅游文化成为不断增值的充满活力的文化。旅游文化的增值在时间和空间两个维度展开。在时间维度上，表现为由于现代交通工具和传播工具的使用，旅游文化产生的时间缩短，效率提高；在空间维度上，表现为旅游文化溢出了传统的固有疆界，衍生出新的价值和意义。旅游文化的增值，不断拓展着旅游活动的空间，增添着旅游活动的内涵。当代旅游与时俱进，其活动方法、模式推陈出新，旅游文化功不可没。

随着社会的不断进步和旅游的全面开展，旅游文化的开放性特征将更加显著。旅游文化的开放性，要求我们在研究旅游文化时，必须不断地开阔视野，于动态、整体中把握旅游文化。

3. 多质性

旅游文化是一个整体，这个整体不是由单一要素构成的，而是由多种要素构成的。其中既有本土的，也有外来的；既有传统的，也有现代的；既有精神因素，也有物质成分。旅游经营者们在深圳建立起“中国民俗文化村”，把多种少数民族文化编排成节目和活动，配备了相应的建筑设施和场景，汇成一个有机的整体后，成为专题的旅游文化。这个专题的旅游文化就包含了多个少数民族的文化特质。作为旅游文化，“中国民俗文化村”是多质的，沈阳世博园也是多质的。那里不但有国内各地文化的因子，更有世界各地文化的因素。人们的旅游体验文化更是多质的，客源地文化、目的地文化、旅游环境文化……其文化因子在旅游体验文化中都能找到。尽管世界上任何一种文化都是多质的，但论要素之多，旅游文化可以名列前茅。可以说，构成文化的各种因素在这里都能找到，旅游文化简直就是文化的缩影。学者大都提到旅游文化具有综合性，也是看准这一点的。

旅游文化的多质性是由其开放性所决定的。如前所述，旅游文化本身并不排斥异质文化，相反，在一定条件下它愿意吸收异质文化，作为壮大自己的养料。旅游文化正是吸收了相关文化的优秀成果，不断地给自己补充血液和营养，逐渐形成自己的多质性特点。旅游文化的多质性与文化的多样性有关。不同的民族其主体的文化观念和行为模式是不同的。例如，中国人多数比较内敛稳健，而西方人多数比较外向和具有冒险精神；中国人注重内心的感受，而西方人则注重对外部世界的观察与探究；中国人比较看重道德功效，且富于人文情怀，而西方人则更看重知识的价值，富有科学精神。文化的多样性直接影响着旅游文化的多质性。正是由于这个原因，旅游文化才能不断推陈出新。

旅游文化的多质性，一方面造成了旅游文化内部诸要素互相矛盾、互相冲突、互相碰撞、互相斗争，使得旅游文化经常处在活跃状态中；另一方面也造成了旅游文化内部诸要素相互联系、相互依存、相互交流、相互转化，使旅游文化成为一个相对稳定的有机整体。我们常说，旅游文化是活跃的，也是稳定的。在某种程度上说，这是由旅游文化的多质性决定的。旅游文化的多质性也使得旅游文化一开始就走上了多样化的发展道路。

现代的旅游文化是多质的，未来的旅游文化更是多质的。旅游文化的多质性，使得旅游文化变得异常复杂，剪不断，理还乱。人们普遍感到认识旅游文化实在不容易，这和旅游文化的多质性是密切相关的。

4. 情感性

旅游文化充满了强烈的情感色彩。这在旅游体验文化中表现得最为充分。无论旅游者观赏自然还是体验社会，也无论旅游者乘车还是住进饭店，总会有情感体验伴随旅游者。这种情感体验可能是欢乐的，也可能是痛苦的；可能是强烈的，也可能是平缓的；可能是审美的，也可能是非审美的。苦辣酸甜，一言难尽。一部旅游体验文化的发展史，其实也是一部旅游情感发展史。翻一翻古今的旅游体验记录——游记，便能强烈地感受到这一点。情感性在旅游介入文化中也有充分表现。旅游服务被称为最有人情味的服务，情感服务是其利器之一；景观设计、规范制定、旅游宣传也纷纷打出人性化、个性化的旗帜，在情感方面下足了功夫。所有这些都使得旅游文化具有了鲜明的情感特征。

旅游文化的情感性首先取决于旅游者。人是感情动物，旅游者有着各种各样的情绪和复杂的情感。他们的旅游体验的动机可能并不相同，有一点却是相同的，即使自己的身心得到享受，产生愉悦的心情。良好的情绪情感又能推动和谐愉快的旅游活动。因此，旅游者往往把“人情味”看得重如千斤。旅游者对情感的重视，不但使旅游体验文化充满了感情色彩，也使旅游介入文化打上了情感的烙印。据来自英、美、澳三个国家的一些旅游者的反映，他们认为服务最重要的就是要有人情味。为了满足旅游者的需要，占领或巩固、扩大市场，旅游介入文化强调要真情、要倾情，大量注入情感因素。其情感色彩也因此越来越浓。

旅游文化的情感性，一方面，使旅游文化热力奔放地朝着个性化、多样化方向发展；另一方面，也使旅游文化中的理性成分不断地销蚀。乔治·萧伯纳有句名言：“理智的人努力使自己适应外界，而非理智的人则顽固地企图让外界来适应自己。因此，世界能否向前进步，取决于非理智者的努力。”情感属于非理智形式，是旅游文化发展的重要推动力。由于人们的情感需求并不一致，旅游文化的发展才出现了个性化、多样化态势。在群体思维中，情感和理智往往是交织在一起共同加工处理信息。情感成分过多，势必削弱理智的力量。一部旅游文化史，感性成分越来越多，理性成分越来越少，旅游文化的情感性难辞其咎。由此也不难理解为什么旅游者喜欢放纵自己的情感，为什么“顾客是上帝”这类自欺欺人的口号依然盛行不衰。

在快速工业化的今天，流水线上的人机对话阻断了人与人之间的情感交流，人们已把旅游当作情感发泄、情感交流的重要手段；在工业化高度发达的明天，人情更显淡化，人们将更加寄情于旅游。旅游文化的情感性将有增无减。旅游文化的情感性给旅游文化增添了厚重的感性色彩。它告诉我们，旅游文化既是一种理性文化，更是一种感性文化。

5. 适应性

不同文化的适应性是不一样的。有的文化适应性强，生存下来了；有的文化适应性差，逐渐消亡了。旅游文化具有极强的适应能力，几乎不择地而生，不择时而长。有旅游的地方就有旅游文化，有旅游的时代就有旅游文化。地域变化了，它会在新的地方落地生根；时代变化了，它会随时代的发展而发展。旅游开始了，旅游文化也随之开始，旅游结束了，旅游文化却并不随之结束。三峡库区蓄水了，区内旅游文化面临灭顶之灾，但随着人口的外迁和文物的转移，它又在别处安家了；旅游文化从产生到现在，也有几千年的历史了。在漫长的历史进程中，无论朝代的更替，还是灾祸的冲击，旅游文化始终以坚韧不拔的毅力延续下来。旅游文化是随着旅游的开始而开始的，旅游结束了，旅游文化却以游记等形式生存下来。前面举过的“顾客是上帝”口号由美国传遍全球、生态旅游的体验方式由肯尼亚传到了全世界、近年来欧美的景观开发理念已在中国落地生根、“驴友”一词似乎一夜之间传遍全国，也都反映了旅游文化超强的适应性。

旅游文化的适应性与旅游文化的流动性、开放性、多质性、情感性高度相关。旅游文化的快速、多向流动，使旅游文化突破了地域、民族的局限，养成了“以四海为家”的品格；旅游文化整合吸纳的开放性，使得旅游文化已习惯于面对并很好地回应不同的文化环境；旅游文化的多质性，说明旅游文化本来就是一个拥有多种文化血统的“混血儿”，由此也决定了它具有极好的文化适应潜质；旅游文化的情感性则推动其主体不断地探索，从而强化了旅游文化的适应性。上述种种原因，形成了旅游文化的适应性特点。

旅游文化的适应性特点，使旅游文化具有极强的生命力。在古代，它生存于各种文化夹缝之中，历经磨难，顽强生长；在现代，它凭借自己的优势，左右逢源，蔚为大观。

未来的旅游文化将更具适应性，千百年的风风雨雨已经练就了超强的生存本领，随着历史的发展，这种本领将越来越强。旅游文化的适应性特点，既有利于引导其向健康的方面发展，也很难克服其固有的糟粕因素。

6. 易变性

变异性是文化的共有特点。但就其变异的难度而言，有难有易。旅游文化在各种文化中是最容易发生变化的：20 世纪 50 年代以前，它还属于少数人的贵族文化，20 世纪 50 年代开始则突然变成多数人的大众文化；大众旅游文化刚刚开始，后现代的旅游文化又应运而生；旁观式的旅游体验还未来得及在全民中普及推广，参与式的旅游体验又喧嚣而至；“顾客是上帝”的口号在中国还没流行几年，我们便又听到了“员工第一、顾客第二”的声音；就中国的旅游研究文化而言，旅游还没搞清楚是怎么一回事，又一头扎入更难搞清楚的范畴——休闲之中，休闲学取代旅游学的鼓噪时有耳闻；至于旅游宣传文化，更是日新月异，花样翻新。旅游文化变化之快，简直就像一个追逐时髦的少年，一会儿长发飘飘，一会儿聪明“绝”顶；一会儿西装革履，一会儿牛仔装扮。

旅游文化的易变性是由旅游需求的易变性所决定的。旅游者的旅游需要总是随着时代、社会、个人和经济条件等方面的变化而迅速变化，却将永无止境地变化下去。旅游需要既是旅游体验文化的一部分，也是旅游体验文化内在推动力。它的快速变化，必然导致旅游体验文化的快速变化。旅游需求的易变性也导致旅游介入文化的快速变化。例如，旅游者对于住宿的需要，最初是结构简单、功能单一，如今是设施齐全、豪华舒适。旅游者对于旅游纪念品的需要，最初是经济、实惠、耐用，而如今是美观、小巧、精致。所有这些都促使旅游服务迅速完成由简单到周全、由实用到审美的转变。旅游文化的易变性也与旅游文化的流动性、适应性、情感性有关。由于旅游文化的流动性，旅游文化不断遭遇新的文化冲击，不断地改变自己；由于旅游文化的适应性，旅游文化也愿意改变自己，稳定性较差。由于旅游文化的情感性，旅游文化也容易受外界的影响，说变就变。

旅游文化的易变性，使旅游文化本身不断出现新的表现形式。从传统旅游文化到现代旅游文化，从现代旅游文化到后现代旅游文化，从地方旅游文化到全球旅游文化，从民族旅游文化到世界旅游文化……旅游文化无时无地不在变化，而且花样翻新、层出不穷。

未来的旅游文化仍将是易变的文化，因为造成这种易变性的原因仍将存在。旅游文化的易变性，既给旅游文化本身增添了魅力，也为把握旅游文化增加了难度。

一般谈到旅游文化的特点，往往谈到地域性、民族性。如果从旅游的三要素的角度看似乎有道理，旅游主体、旅游介体、旅游客体确实存在地域性和民族性问题。但不要忘了，旅游文化是人们的旅游体验与介入过程及其精神产品的总和，它既不同于旅游主体文化，也不同于旅游介体文化，更不同于旅游客体文化，它是在客源地文化、目的地文化、旅游环境文化等基础上形成的一种新型文化，这种文化融合了不同地域、不同民族文化的因素，已不能再简单地把它归属于某一地域或某一民族。旅游文化的地域性、民族性特点只在同一地域的同一民族中存在。随着跨地域、跨民族旅游，特别是国际旅游的开展，旅游文化的地域性、民族性特点已变得不那么突出了。

## 二、旅游文化的本质

### （一）关于旅游文化本质的几种说法

关于旅游文化的本质，目前探讨不多。

马波先生认为，文化的本质在于创新，旅游文化不是一般社会文化向旅游领域的简单移入，而应该是在继承或局部包容一般文化形态的前提下创造出来的新型文化。如果不是这样，旅游文化的提出就失去了任何价值（马波，1998）。

李学江认为，旅游文化的本质和特征可从以下几方面认识：就文化历程而言，旅游文化是传统性和“现代性”交融的文化；就文化层次而言，旅游文化是一种从属于社会主文化的亚文化；就文化价值而言，旅游文化是一种具有精神价值和审美价值的文化；就文化风格而言，旅游文化是一种个性张扬、外向开放、充满活力的文化（李学江，2004）。

谢贵安认为，旅游文化的本质取决于人的本质属性——追求个性自由和人性完善。超越和回归、跨越和联结的旅游过程，正是人类“协调人与自然的关系和人与人的关系”的结果，也是实现人的自由本质的结果。因此，旅游文化的本质，是旅游主体在客体和媒体的参与下的“人文化成”过程和结果，也即摆脱人的自然属性、发展文化人格并追求人性自由和个性解放的过程及其成果（谢贵安，1999）。吴莉淳（2002）、章海荣（2004）等也持同样的观点。

李学江从四个角度探讨旅游文化的本质和特征，每一个角度得出一条结论，视野广阔，很有深度。但似乎还不到位：旅游文化的本质应该只有一个，一条足矣。一个人从四个角度探讨旅游文化的本质，居然不能殊途同归，说明所得结论还有待于进一步提炼。

谢贵安先生从人类追求个性自由和人性完善的本质出发，探讨旅游文化的本质，气魄宏大，非同凡响。但论据与结论仍值得怀疑：论者所谓的旅游包括了人类求生性的迁徙和劳作性的旅行，这些旅行实非旅游，以非旅游的事例求证旅游文化的本质，论据是否可靠？“人文化成”是文化的本质，即“自然的人化”，所“化”的对象是自然，包括人的自然性。如果“人文化成”也是旅游文化的本质，旅游文化与文化有何本质区别？难道旅游文化本质真如某学者所说的是“旅游的人化”过程？如果是的话，旅游岂不变成了一种自然现象？

马波先生的说法倒极具启发性，只可惜未见进一步的论证、发挥。

看来，关于旅游文化本质的讨论还有必要继续下去。

**（二）旅游文化本质新解**

人们在讨论旅游文化本质时，之所以未能抓住本质，还有一个原因就是对本质的内涵有误解。何谓本质？辩证唯物主义认为，本质是指事物固有的、决定事物性质、面貌和发展的根本属性，是一事物与他事物相区别的内在根据。本质有四个方面的特征：第一，对事物内部各部分而言，它是共有的（但不是唯一的）。第二，对其他事物而言，它是独特的。第三，对事物的面貌、发展及非本质属性而言，它是决定者。第四，它隐藏于事物的内部，单纯、深刻而抽象。把旅游文化的本质具体描述成是一种这样的文化、那样的文化的做法，显然是把事物的所属类别理解成该事物的本质；而把旅游文化的本质说成是“人文化成”，又是把事物的“共同性”理解成该事物的“独特性”。要知道，不管该事物的所属类别还是该事物与他事物的共同性，它们所反映的都只是某类事物的共性，离本质即“一事物区别于他事物的最根本性质”还差得远呢！

基于本质的特点，我们可以通过以下三步来把握旅游文化的本质。其一，确定主要旅游文化现象的共性（抽象的而非具象的）；其二，确定哪种旅游文化共性为其所特有；其三，确定哪种旅游文化共性决定旅游文化的面貌、发展及其非本质属性。

如前所述，旅游文化主要包括旅游体验文化和旅游介入文化两大类。作为两类旅游文化共同的抽象属性，主要有以下几点：第一，继承性。旅游体验文化和旅游介入文化并非一夜之间突然形成的，而是有历史渊源的。它们都是通过时间隧道一代一代传承并发展下来的。现在的旅游文化有过去旅游文化的血统；未来旅游文化也会有现在旅游文化的基因。第二，时代性。一个时代有一个时代的文化。现代旅游体验文化与近代旅游体验文化不同，近代旅游体验文化与古代旅游体验文化也不同。旅游介入文化也是如此。各个时代的旅游体验文化和旅游介入文化均有时代的烙印。第三，人们对旅游的感受与应对过程。旅游体验文化重在体验，而体验本身就包含了感受成分。旅游者在旅游体验前或体验中，要根据情况变化做出决策并付诸实施，这实际上就是一个对旅游的应对过程。旅游介入文化也是一个对旅游的感受与应对过程。面对汹涌的旅游大潮，旅游从业人员、旅游地居民、旅游研究者等旅游介入者或欣喜，或憎恨，或引导，或排拒，感慨各异，招法不同。

以上这些都是旅游体验文化和旅游介入文化的共性。但共性的东西不一定就是本质。要确定旅游文化的本质，还必须在此基础上确定哪种旅游文化共性为其所特有。以上三个方面的共性哪种为旅游文化所特有呢？第一、二方面的共性显然不是。正如学者所说，那是所有文化的共性，连旅游文化的一般特点都够不上。那么，第三方面的共性——人们对旅游的感受与应对过程，是否为旅游文化所特有呢？回答是肯定的。第一，这一过程的主体与众不同。这里的"人们"不同于旅游的主体旅游者，不同于旅游业的主体旅游从业人员，不同于旅游地文化的主体旅游地居民，也不同于旅游研究的主体旅游研究者，它不是上述主体的哪一个，而是上述主体的综合。第二，这一过程的客体与众不同。它不同于旅游的客体旅游资源，不同于服务的客体旅游者，也不同于其他客体，它的客体是旅游。第三，这一过程的内容与众不同。对旅游的感受主要是旅游体验的感受，此种感受因主客体的多样性而比其他感受更为复杂，几乎所有感受在这里都能找到，甚至连下地狱、上天堂的感受，有人都能体验到。对旅游的应对主要是旅游介入者对旅游的应对，此种应对因涉及方方面面而比一般应对更为多样，除了战争手段外，其他手段在这里都能派上用场。

至此，我们可以得出初步的结论：旅游文化的本质应当是人们对旅游的感受与应对过程。这个结论之所以是初步的，是因为它到底算不算旅游文化的本质，还得看它对旅游文化的面貌、发展及非本质属性是否有决定作用。

"人们对旅游的感受与应对"确实对旅游文化的面貌、发展及非本质属性起决定作用。第一，它对旅游文化的面貌、发展有决定作用。旅游体验文化的核心是旅游体验，而旅游体验的核心是旅游感受。旅游感受不同，必然导致旅游体验不同。旅游体验的不同或变化，导致旅游体验文化各种各样、生生不已（见旅游体验文化的分类）。旅游感受也决定旅游介入文化的发展、变化。旅游感受的好坏通常用满意度来计量，而最大限度地提高旅游体验的满意度，正是旅游服务、景观开发、旅游宣传等旅游介入文化孜孜以求的目标。旅游感受由此成为旅游介入文化面貌一新的核心动力（见旅游介入文化的分类）。旅游应对是旅游文化主体对旅游文化客体和环境变化的主动回应行为。旅游文化客体和环境是在不断变化的，为了提高体验质量和介入效益，旅游文化主体总是在不断地调适自己的行为。不同的调试方式，形成了不同的旅游文化。旅游文化也因此日新月异。第二，"人们对旅游的感受与应对"也决定了旅游文化的其他属性。旅游文化的情感性受制于"人们对旅游的感受与应对"自不必说，旅游文化的开放性、多质性、易变性也多由此决定：旅游文化本质强调感受与应对，当然是积极、主动地感受与应对，这本身就是一种开放的态度、外向的性格，旅游文化具有开放、多质的特点与此是一致的；积极、主动地感受与应对还意味着反对固守、顺势而为，由此也决定了旅游文化的易变性。当然，并非所有旅游文化现象都是由旅游文化本质决定的，有些旅游文化外部因素也会对某些旅游文化现象起决定作用。但这并不能动摇旅游文化本质的决定性地位。

综上所述，我们基本可以确定："人们对旅游的感受与应对"，这才是旅游文化的本质所在。

## 内容举要

目前的旅游文化定义有几十种。对旅游和文化的理解不同，对旅游文化的定义自然不同，但不管怎样界定，都应坚持以下几点原则：第一，定义应揭示旅游文化的基本特征，且不得出现同语反复。第二，定义应与概念相一致。第三，作为旅游学科的研究对象之一，旅游文化不能等同于旅游"三体"文化之一，旅游文化中的"文化"也不能作广义理解。第四，旅游主、客体与旅游文化主、客体应有区别。依据界定旅游文化的原则，综合诸说之长，旅游文化宜定义为："是人们对旅游的体验与介入过程及其精神产品的总和。"这个定义主要包含四层含义：①旅游文化的主体——"人"，除旅游者外，还包括旅游从业人员、旅游地居民、旅游研究者等；②旅游文化的客体——"旅游"，既包括旅游要素，也包括旅游整体；③旅游文化既包括其创造过程——"旅游体验与介入"，也包括这个过程的结果——"精神产品"；④旅游文化是一种精神现象。

关于旅游文化的结构也有多种说法，其中影响最大的是"三体（旅游主体、客体与媒体）文化"说。"三体"文化有一半不是旅游文化。研究旅游文化结构，应从文化学的视角直指旅游文化本身，而不是旅游。从文化创造的角度看，旅游文化由两大部分构成：①旅游体验文化：如旅游审美体验、旅游求知体验、旅游交往体验、旅游康乐体验等现实体验文化及梦游体验、幻游体验、纸游体验、网游体验等虚拟体验文化；②旅游介入文化：如旅游服务、景观开发、旅游宣传、旅游研究等现实介入文化和虚拟旅游服务、虚拟景观开发等虚拟介入文化。从文化层面的角度上看，旅游文化由三个层面构成：①心理层面："游"的体验心理、介入心理；②行为层面："游"的体验行为、介入行为；③产品层面："游"的体验产品、介入产品。本书对旅游文化结构的分析虽然两者并用，但更倾向后者。旅游体验文化和旅游介入文化也因此成为本书极为重要的关键术语。

文化功能是指文化整体或文化因素对自然、人类发展所发挥的效能与作用。以往的旅游文化功能研究，实为旅游功能研究，而且多着眼于对内功能即旅游（文化）内部诸要素的相互作用。本书则从旅游文化自身出发，重点探讨旅游文化的对外功能。旅游文化在改塑自然、发展文化、推动社会、繁荣经济、陶冶人格方面具有独特的功能。

旅游文化作为文化的类型之一，具有一般文化形态的共同属性，但作为文化的一种特殊类型，旅游文化又有着自己的特殊性质，这种特殊性质即构成了旅游文化的特征。

其中，一般特征称为特点，根本特征称为本质。特点一般是外显的，而本质则深藏于内部。关于旅游文化的特点，学界多有研究，但不少结论与其说是针对旅游文化的，还不如说是针对旅游或其他。旅游文化不是旅游，也不是一般文化。作为一种相对独立的精神文化现象，它具有以下几个主要特点：流动性；开放性；多质性；情感性；适应性；易变性。关于旅游文化的本质，目前探讨不多。我们认为，旅游文化的本质是人们对旅游的感受与应对过程。“人们对旅游的感受与应对”不但决定了旅游文化的面貌和发展，也决定了旅游文化的其他属性。

## 案例分析

**阅读下段材料：**

旅游文化是旅游学的基本概念之一，是旅游学研究的重要内容。但在旅游学理论中，“旅游文化”到底指的是什么？它都包括哪些内容？长期以来，人们对此的认识一直比较模糊，没有形成统一的认识，本文试图从旅游活动的文化属性和旅游资源、旅游产品的文化属性的角度来对“旅游文化”的概念和内涵进行一些分析。

一、旅游的本质和功能的文化性

人们普遍认为，旅游就是一种审美活动（观赏美景），具有“美学本质”。很显然，美学本质本身即体现为一种文化性，即旅游是一种文化活动。从旅游的功能来看，同样也具有文化性。一般认为，旅游的功能或作用有六个方面：增长知识、陶冶情操、促进文明、开启智慧、提高素质和强健体魄。其前五项都与文化有关，集中体现了旅游活动的文化功能。

既然旅游的本质和功能都具有文化性，那么，旅游过程中必然表现出一定的文化现象和文化关系，包括旅游活动本身的表现和特征；客源文化对东道文化的影响；东道文化对客源文化的影响。

二、旅游资源的文化属性

在旅游学中最常用的分类法是按成因、属性将旅游资源分成人文旅游资源和自然旅游资源两种。但无论人文的还是自然的资源，它们之所以能够成为旅游资源、成为人们旅游的对象，最根本的原因就在于它们能够“使游人获得知识和美感，从而在精神上得到享受与乐趣，这便是旅游资源的文化属性的具体表现”。

可以说，任何没有文化内涵的事物都不可能成为旅游资源，人类社会中任何资源都不如旅游资源具有那样显著的文化属性。

三、旅游产品的文化性

人们在旅游学研究中，往往有这样的情况，“在谈论旅游时，把旅游当作经济性的文化消费；在谈论旅游业时，把旅游业看成文化性的经济产业”。这说明无论是作为旅游消费的对象，还是作为旅游业的基本要素，旅游产品都具有非常明显的文化性。

在文化学中，人们更是把旅游产品与影视娱乐节目、商业足球赛和文学闲适小品一样纳入“消费文化”的范畴。消费文化是一种“产品”，可以进行市场炒作，可以赚取利润。这类文化消费品在消费过程中，能够起到休闲、娱乐、陶冶情操、提高品位等作用。

四、旅游文化的概念和内涵

由上述分析，我们可以看出，旅游文化实际上是由客源文化、东道文化和服务文化三种文化综合而成的，这种综合过程必须在旅游过程中才能得以实现，即旅游文化是在旅游活动和为旅游活动提供服务的过程中产生的。因此，我们可以给旅游文化下这样的定义：

旅游文化是以旅游活动为核心而形成的文化现象和文化关系的总和。这一定义包含下面几个含义：旅游活动是旅游文化产生的前提；旅游活动本身就是一种文化现象；旅游文化是一种融合文化，具有综合性；旅游文化是一种冲突文化，具有矛盾性；旅游文化因主体的背景而异，具有多样性；资源文化是旅游文化的重要内容。

（摘自王德刚《试论旅游文化的概念和内涵》，《桂林旅游高等专科学报》1999 年第 4 期）

**请分析：**

1. 作者是按什么思路或视角分析旅游文化的？
2. 按此思路，旅游文化与旅游、旅游资源、旅游产品是什么关系？

---

## 思考与练习

1. 旅游文化定义主要有几种说法？
2. 界定旅游文化应遵循哪些原则？
3. 旅游文化与文化及旅游的区别是什么？
4. 旅游文化结构有哪些说法？谈谈你对旅游文化结构的理解。
5. 旅游文化的功能主要有哪些？
6. 旅游文化特点有哪些说法？谈谈你对旅游文化特点的理解。

---

## 推荐文献

1. 魏小安 . 旅游文化与文化旅游［J］. 旅游论丛，1987（2）.

2. 卢云亭 . 旅游文化学及其系统结构分析［C］. 旅游文化论文集，北京：中国旅游出版社，1991.

3. 贾祥春 . 旅游文化的特点及其在旅游业中的地位和作用［J］. 复旦学报（社科版），1997（3）.

4. 崔延南 . 旅游文化新视野［M］. 北京：中国旅游出版社，1999.

5. 李学江 . 旅游文化论［J］. 东岳论丛，2004（6）.
6. 于行行 . 旅游文化的界定与特征［J］. 甘肃农业，2005（11）.
7. 郭少棠 . 旅行：跨文化想象［M］. 北京：北京大学出版社，2005 .
8. 邹本涛，谢春山 . 旅游文化新论［J］. 旅游管理，2010（3）.
9. 谢春山 . 旅游文化的四类研究［M］. 北京：中国旅游出版社，2015.

# 第 3 章 旅游体验文化

**【学习目标】**

通过本章教学，了解旅游体验文化研究的一般概况，熟悉旅游体验文化的含义、结构与特点，掌握旅游体验文化的心理、行为、成果与分类，全面、系统地认识旅游体验文化，为做好旅游管理、旅游服务打下基础。

**【内容结构】**

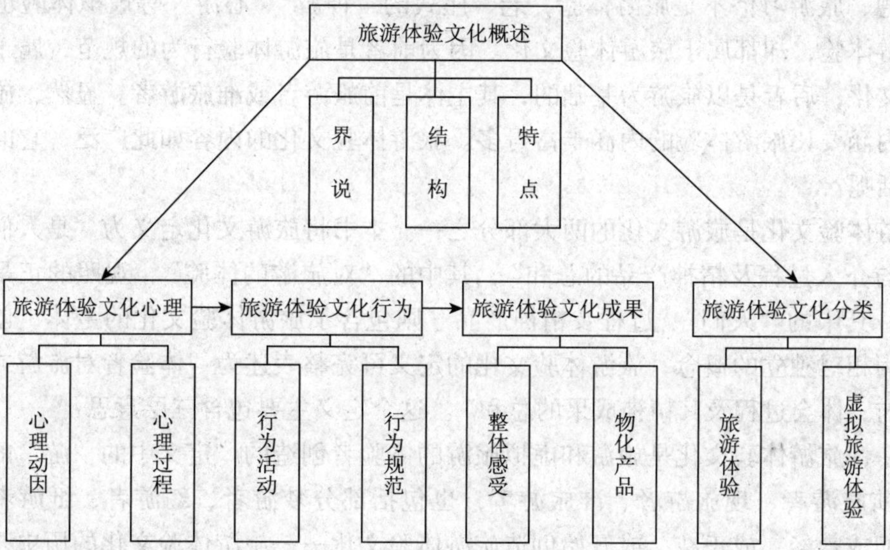


**【重要概念】**

旅游文化　旅游体验文化　旅游体验　虚拟旅游体验　旅游体验文化心理　旅游体验文化行为　旅游体验文化成果

## 第1节 旅游体验文化概述

旅游体验文化是旅游文化的核心，内容十分庞杂，包括旅游体验文化的内涵、结构、类型、特点、功能，涉及成因、途径、过程、效应、影响因素等。本节将从宏观的角度，重点探讨旅游体验文化的内涵、结构与特点，为后续各节的展开奠定基础。

### 一、旅游体验文化界说

#### （一）旅游体验文化的含义

旅游体验是旅游者特有的心理与行为活动，其本身就是一种精神文化，当然称得上旅游体验文化。但旅游体验文化并不局限于旅游体验。旅游体验从离家旅游开始，旅游体验文化则应始于旅游体验之前的心理准备如体验的需要、动机、期望等。因为这些心理准备是旅游体验的心理准备而不是其他，其主体即将是旅游者（可称为准旅游者，不同于潜在旅游者）。旅游体验的物化产品如游记之类一般也不属于旅游体验本身，但它们却不能不属于旅游体验文化，因为这些物化产品是旅游体验的凝结，其主体曾经是旅游者（可称为前旅游者，也不同于潜在旅游者）。另外，规范旅游体验行为的旅游法规、旅游道德、旅游习俗不是旅游体验，老、庄式的“神游”“心游”等虚拟体验也不是真正的旅游体验，却都属于旅游体验文化。因为前者是旅游体验行为的规范，属于旅游体验行为文化；后者是以旅游为基础的，其主体是前旅游者或准旅游者。显然，旅游体验文化的内涵要比旅游体验的内涵丰富得多。旅游体验文化的内容如此广泛，它的定义该如何概括呢？

旅游体验文化是旅游文化的两大部分之一。本书将旅游文化定义为“是人们对旅游的体验与介入过程及精神产品的总和”，其中的“对旅游的体验”，观照的正是旅游体验文化；其中的“人们”“过程及精神产品”则包含了旅游体验文化的主体、创造与产品。作为相对独立的概念，旅游体验文化的定义可完整表述为“体验者对旅游或虚拟旅游的参与、体会过程及其精神成果的总和”。这个定义主要包含三层意思：

其一，旅游体验文化是旅游和虚拟旅游的体验者创造的。定义中的“游”的体验者既包括前旅游者、现旅游者、准旅游者，也包括部分梦游者、幻游者、纸游者、网游者。他们或曾经，或正在，或开始创造旅游体验文化——旅游体验文化的历史、现在和未来正是由这些体验者创造的。由于旅游体验文化主要是旅游者创造的，这就决定了旅游体验文化主要产生于旅游活动之中，而非旅游活动之外。

其二，旅游体验文化以旅游体验为核心。如前所述，旅游体验文化包括亲临其境的体验即现实的旅游体验（通常称旅游体验）和心临异境的体验即虚拟的旅游体验（如梦游体验、幻游体验、纸游体验、网游体验之类），还有如影随形般地附带着体验行为规范。其中，旅游体验是本源，虚拟旅游体验和“游”体验规范是支脉。没有旅游体验，旅游体验文化无异于无本之木、无源之水。正因为旅游体验在旅游体验文化中处于核心地位，旅游体验文化才以“旅游体验”命名。

其三，旅游体验文化是一种精神文化。定义中的“参与、体会”亦即体验固然包含行为因素，但按精神物质两分法，行为仍属精神范畴；“参与、体会”的主要成果——“精神成果”属于精神文化自不必论，就是其物化产品，主要功能也是满足人们精神需求，观念为核心，物质为载体。虚拟旅游体验、“游”体验规范更是一种精神文化。

### （二）旅游体验文化与旅游主体文化

旅游体验文化与旅游主体文化是两个容易混淆的概念。什么是旅游主体文化？我们认为，旅游主体文化是“内化于旅游者的一般观念文化及其在旅游活动中创造的旅游体验文化的总和”（邹本涛，2006）。旅游体验文化与旅游主体文化既有联系，又有区别。

联系有二：其一，旅游主体文化包括部分旅游体验文化。文化塑造了旅游者，旅游者也在创造文化。作为一种文化，旅游体验是旅游者在旅游活动中创造的，当然属于旅游主体文化。其二，旅游体验文化和旅游主体文化都是属于精神文化。内化于旅游主体的一般观念文化包括价值观念、审美情趣、思维方式等，属于精神文化，故不必论；旅游体验文化也是一种精神文化。如前所述，定义中的“参与、体会”固然包含行为因素，但按精神物质两分法，行为仍属精神范畴。

区别主要是内涵不同。旅游主体文化包括内化于旅游主体的一般观念文化。旅游者在成为旅游者之前，本是社会的一员，必然受到一般观念文化的影响。这些观念文化有的来自本地、本族，有的来自外地、外族，一经内化，它们就包含在旅游主体文化中。旅游体验文化则与此不同。它不包括内化于旅游主体的一般观念文化，它是旅游者等以内化了的一般观念文化为工具，加工于旅游创造出的一种既不同于客源地文化，也不同于目的地文化的新型文化。

## 二、旅游体验文化的结构

文化是主体与客体在人类社会实践中的对立统一物。这一观点既是把握旅游体验文化实质内蕴的出发点，也是剖析旅游体验文化结构的钥匙。旅游体验文化的实质既然是旅游者、虚拟旅游者创造的精神文化并以旅游体验为核心，如果把它看作一个动态过程与结果，其内在结构应该包括三部分：旅游体验文化的心理、行为与产品。

### （一）旅游体验文化的心理

旅游体验文化的心理是“游”的体验者通过与体验对象接触而形成的社会意识。从静态心理要素的角度看，旅游体验文化的心理包括现实和虚拟旅游体验的需要、动机、期望、知觉、想象、理解、兴趣、态度、情绪、情感、意志、满意度等。从动态心理历程的角度看，旅游体验文化的心理包括现实和虚拟旅游之前的体验心理（如决策、期望）、之中的体验心理（如惊奇、兴奋、激动、沮丧、沉迷、深思等）和之后的体验心理（如回顾、总结等）。旅游体验文化的心理发生在体验行为活动之前，结束在体验行为活动之后，远比体验行为复杂得多。体验行为前、后的旅游体验文化心理虽不能单独构成现实或虚拟旅游体验，但同样是旅游体验文化的组成部分。旅游体验文化心理受到多方面因素的影响，具有极强的主观能动性。在旅游体验文化中，旅游体验文化心理处于灵魂地位。

**（二）旅游体验文化的行为**

旅游体验文化行为是旅游体验文化心理的外化，包括旅游或虚拟旅游的体验行为活动和体验行为规范。“游”的体验行为活动，从体验的环节看，包括“游”的交通体验行为活动、饮食体验行为活动、住宿体验行为活动、游览体验行为活动、购物体验行为活动、娱乐体验行为活动等。“游”的体验行为动规范则包括针对“游”体验行为活动的法律、道德、习俗、规则等。现实或虚拟旅游体验行为活动与相应的“游”体验心理既不相始，也不相终，它比相应的“游”体验心理发生得晚，结束得早。但它的开始与结束决定了“游”体验的开始与结束，它与同时的“游”体验心理一起“复合”为现实或虚拟的旅游体验。换言之，现实或虚拟旅游体验与它的体验行为活动相始终，后者是前者的标志。在旅游体验文化中，现实或虚拟旅游体验行为处于表层地位。在有些虚拟旅游体验如神游体验中，行为则处于可有可无的地位。

**（三）旅游体验文化的产品**

旅游体验文化的产品是旅游体验文化的心理与行为的结晶，可分为旅游体验产品和虚拟旅游体验产品两大类。旅游体验产品按具体形式划分，有文学、艺术、史哲、科技、猎物、果菜、草木、贝石、水土诸类；按大致用途划分，有旅游用品和非旅游用品两类；按基本性质划分，有物质性产品和观念性产品两类（详后）。虚拟旅游体验产品则有虚拟旅游文学、虚拟旅游影视、旅游作品观读笔记诸类。虚拟旅游文学和虚拟旅游影视以虚拟旅游为主题，所记“旅游体验”系作者虚构。这些作品是作者虚拟旅游体验的产物，因而属于虚拟旅游体验产品；这些作品也是为观、读者创作的，如果旨在干预或影响观、读者的虚拟旅游并达到目的，那它就兼有虚拟旅游介入产品的性质了（相应的，其作者也就兼有了体验者和介入者双重身份）。旅游作品观读笔记是虚拟旅游者体验该作品的思想记录，属于最常见的虚拟旅游体验产品。旅游体验文化产品有观念形态，有物化形态。物化形态者，其外壳固然表现为物质形式，但其内核大都是观念性的。因此，旅游体验文化产品就其整体属性来看，基本上属于精神文化。

关于旅游体验文化的心理、行为与产品，我们将在本章第 3、4、5 节做进一步的探讨。

## 三、旅游体验文化的特点

同旅游体验文化的结构研究一样，目前对旅游体验文化特点的研究成果也不多，仅有的成果主要集中在对旅游体验的特点上。黄鹂（2003）认为旅游体验具有情感反应、个体性、参与性、综合性四个特点；梁彦明（2005）认为旅游体验具有深刻性、干扰性两个特点。这些研究虽然还只限于旅游体验，但对于我们研究旅游体验文化的特点同样有重要启示。我们认为，旅游体验文化主要有以下几个特点。

### （一）广泛性

旅游体验文化涉及面广、范围大，呈现出明显的广泛性特点。

首先，旅游体验文化主体具有广泛性。从古至今，旅游体验文化的主体各阶层都有，而且呈现出自上而下逐渐扩大的趋势。截至 2021 年 1 月，全球人口数约 76 亿（http://www.5ppt.net/aricle.asp?id=3484）。其中，全球旅游业用户数 12 亿（2019 年为 24 亿。https://www.pinchain.com/article/238356），全球互联网用户数为 46.6 亿（http://www.inpai.com.cn/news/new/20210128/76263.html），通过旅游书画、影视做“纸上旅游”的虚拟旅游者数以十亿记。折来算去，旅游体验文化主体人数应该在 40 亿以上。一种文化的主体如此广泛，应该说并不多见。

其次，旅游体验文化活动具有广泛性。随着旅游逐渐为人类社会的基本需求，现代旅游体验文化活动已延伸到各个领域。旅游体验的游踪遍布世界各地甚至延伸太空，旅游体验的内容涵盖行、住、食、游、娱、购乃至人生思考方面固不必论，虚拟旅游体验的游踪和内容已广泛得无以复加：游方之外，无所不至；游历所得，世间少有。

再次，旅游体验文化产品具有广泛性。如前所述，旅游体验产品丰富多样，按具体形式划分，旅游体验产品可分为文学、艺术、史哲、科技、猎物、果菜、草木、贝石、水土诸类；按大致用途划分，旅游体验产品可分为旅游用品和非旅游用品两大类；按基本性质划分，旅游体验产品可分为物质性产品和观念性产品两大类。其内容之广泛，几乎涉及了文化产品的各个方面。至于虚拟旅游体验产品，由于可以全凭想象随意设计，其范围又远超旅游体验产品。

### （二）享受性

旅游体验文化的享受性是指旅游体验文化能够使人们获得生理或心理上的满足。不管是旅游体验还是虚拟旅游体验，参与者的最终目的都是追求生理或心理上的满足，由此决定了其所创造的旅游体验文化具有突出的享受性。

首先，旅游体验文化的过程具有享受性。旅游体验按体验对象划分主要有景观体验和服务体验两大类。无论是景观体验，还是服务体验，其过程都是一个享受过程：通过景观体验，享受游览的乐趣和美感；通过服务体验，享受贵宾的礼遇和尊崇。虚拟旅游体验更有享受性：足不出户，心游天下，与道往来，至美至乐（《庄子》）。在道家看来，这是“游”的最高境界、最大享受。

其次，旅游体验产品具有享受性。如前所述，旅游体验产品特色鲜明，有观赏性、纪念性等属性。旅游者不但从旅游条件、旅游对象中获得美的享受，也借助旅游条件、利用旅游对象亲手创作美的东西，自我欣赏或与人共享。其中的文学、艺术、草木、贝石类产品享受价值最高，史哲、科技、猎物、果菜诸产品也有很强的可享受性。虚拟旅游体验产品如虚拟游记、影视作品，其享受性自不待言。旅游体验文化产品的享受性不单单是对旅游体验文化主体而言的，也惠及非旅游体验文化主体。

**（三）自由性**

旅游体验文化是一种流动、开放的文化，规范性小，自由度高，有明显的自由性特点。

从旅游体验文化主体看，消遣型旅游者是纯粹的旅游者，也是旅游队伍的主力军，其特点之一就是自由度高。消遣型旅游者在旅游目的地，旅游活动方式、旅游路线、旅游交通工具和旅游出发、停留时间上，拥有较大程度的选择自由。虚拟旅游者的自由度更高。虚拟旅游是日常休闲的一部分，“出游”的时间、地点、方式等几乎不受旅游条件的制约，一念发动，随心所欲。旅游体验文化主体的高自由度，既是旅游体验文化自由性的一个原因，也是旅游体验文化自由性的一个标志。

从旅游体验文化的过程看，旅游体验文化的心理和行为是高度自由的。旅游体验的一个重要目标就是摆脱日常环境的压力和桎梏，到异地获得片刻自由。旅游世界是一个宽松环境，恰好为旅游体验提供了自由的平台。于是，旅游体验者心灵得以放飞，行为得以解放。虚拟旅游是日常的休闲活动，又没有旅游条件的制约，体验者更可以随心所欲，以欣然之态做心爱之事，心理和行为获得空前自由。

从旅游体验产品看，不管是旅游体验产品还是虚拟旅游体验产品，都具有极大的随意性。旅游体验产品种类繁多，各有特色，但它们不同于一般产品，既不整齐划一，也不标准规范。同一类型，甚至同一产品也不尽一致。同是旅游文学，作者不同，风格各异；同是一顶“遮阳帽”，两次所作，必不相同。虚拟旅游体验产品也是如此。只不过旅游体验产品实多于虚，虚拟旅游体验产品虚多于实。旅游体验文化产品的随意性，从另一个侧面反映了旅游体验文化的自由性。

**（四）情感性**

旅游体验文化充满了强烈的情感色彩，以至于旅游文化感性十足。如前所述，无论旅游者观赏自然还是体验社会，也无论旅游者乘车还是住进饭店，总会有情感体验伴随旅游者。这种情感体验可能是欢乐的，也可能是痛苦的；可能是强烈的，也可能是平缓的；可能是审美的，也可能是非审美的。喜怒哀乐，应有尽有。虚拟旅游体验是以旅游体验为基础的，同样充满情感因素。虚拟游记《穆天子传》《曼德维尔游记》寄托了作者对东西方的热切向往；《桃花源记》《神曲》充满了对现实的强烈不满。

游客的个人经历、知识背景、兴趣爱好影响着情感反应的强烈程度。当旅游吸引物与游客的兴趣或心境相符合时，就产生一种积极肯定的情感，表现为一次愉悦、难忘的经历；当与人们的爱好或心境不符时，就产生一种消极否定的情感，产生负面的体验。因此，对同一个旅游景区、同一个旅游项目，不同的游客会产生不同的情感体验。只有那些伴随美好情感的经历才能成为游客记忆中的瑰宝，让游客留恋并再现这种体验。

**（五）个体性**

旅游体验文化具有很强的个体性。所谓个体性，即个人化色彩浓厚。

旅游体验文化的个体性首先表现在旅游体验文化的内容和方式上。旅游体验是个人情绪、体力、智力或精神达到某一特定水平时的产物。因此，旅游体验是个人的，即使是同一个的旅游团，面对同一景观，也没有两个人的体验内容和方式是完全一样的。在追求个性化成为时尚的今天，旅游者更加要求有自己的旅游体验内容和方式。虚拟旅游是对现实旅游的模拟，虚拟旅游体验也不能不带有强烈的个人色彩。私人订制虚拟旅游愈来愈受到欢迎就是其佐证。

旅游体验文化的个体性还表现在旅游体验文化的产品上。旅游体验文化产品是个人体验的结晶，很少由群体通力合作完成。因此，没有两个人的旅游体验文化产品体是完全一样的，哪怕是同一类型的产品。1923 年作家俞平伯和朱自清同游秦淮河，相邀各写一篇游记，题目相同，都叫《桨声灯影里的秦淮河》，结果风格各异，内涵不同，一时传为文坛佳话。魏晋时期，仙幻之游成风，出现了许多题名为《游仙》的诗作，也是风格各异，内涵不同。

旅游体验文化的个体性是相对旅游体验文化的共同性而言的，旅游体验文化是共性与个性的统一，旅游体验文化中的共性使旅游体验文化成为一个统一体，旅游体验文化中的个性使旅游体验文化丰富多样。

## 第 2 节　旅游体验文化的分类

整体旅游体验文化由现实旅游体验（以下简称旅游体验）、虚拟旅游体验及相应的体验规范构成，三者相对独立，但又内在联系。相应的体验规范参见本章第 4 节，这里重点介绍旅游体验和虚拟旅游体验。

### 一、旅游体验

旅游体验是旅游者对旅游参与和体会的过程。从内容的角度看，旅游体验主要有旅游康乐体验、旅游审美体验、旅游求知体验、旅游交往体验诸类型。

### （一）旅游康乐体验

旅游康乐体验在各类旅游活动中随处可见。在旅游新宠——康养旅游和娱乐旅游中，旅游康乐体验表现尤为集中。随着人们对健康、快乐需求的急剧增长，获得旅游康乐体验已成为游客追求的主要旅游目标。本目将以旅游康乐为起点，对旅游康乐体验的基本含义、心理结构及行为方式做初步探讨。

1. 旅游康乐体验的含义

旅游康乐体验源于旅游康乐。王大悟、魏小安等（1998）认为：旅游康乐是指旅游企业为旅游者进行健身锻炼和文化娱乐活动提供各种设施和服务。这显然是一个基于旅游业视角的旅游康乐定义。从旅游者的角度看，旅游康乐则是旅游者从事的健康养生、愉悦身心的旅游活动。旅游康乐可以是旅游活动的环节，如旅游六要素中的“娱”、旅游九要素中的“养”“疗”“健”，更是旅游活动的类型，如“康养旅游”和“娱乐旅游”。

旅游康乐有明确定义，旅游康乐体验则定义不明。如前所述，旅游体验是旅游者对旅游的参与和体会过程，旅游康乐体验源于旅游康乐。根据我们对旅游体验和旅游康乐的理解，作为旅游体验的下位概念，旅游康乐体验可以定义为：是人们对旅游康乐活动的参与和体会过程。这个定义主要包含三层意思：①旅游康乐体验的主体是旅游者。旅游康乐体验属于旅游体验的一部分，而旅游体验的主体只有旅游者。②旅游康乐体验的对象是旅游康乐。旅游康乐既是旅游活动的环节，更是旅游活动的类型，所以，旅游康乐体验的具体对象既有旅游活动中的康乐环节，更有旅游类型中的康乐旅游。③旅游康乐体验过程既包括体验心理，也包括体验行为。旅游体验由旅游体验心理和旅游体验行为复合而成，作为旅游体验的一部分，旅游康乐体验过程也是如此。

2. 旅游康乐体验的心理结构

（1）康养旅游需求。

关于康养旅游者的需求，相关研究提出了健身、美容、颐养、长寿、调节身心健康、改变生活方式、体验养生文化、享受自然环境、获得医疗保健服务等方面的需求。何莽（2017）通过实证研究，认为康养旅游者的需求首先集中在自然环境方面（如适宜气温、空气、水、植被等）；其次是在人文环境（如养生保健氛围、与家相似的习惯和生活方式）和社会交际方面；对人造设施等康养要素的需求并不高。

在自然环境方面，康养旅游者需求最强、要求最高的是气候、空气、水和卫生这些自然条件，更看重自然环境的生态和完整性。也就是说，自然环境作为休闲度假需求和养生需求的空间载体，同时构成了康养旅游目的地吸引力及康养旅游体验的一部分，是康养旅游不可或缺的核心需求。

在人文环境方面，康养旅游者需要有一定的熟悉感，并感受良好自然环境、适宜养生的氛围。他们更倾向于选择离家较近、生活习惯和饮食习惯都与常住地相似的地方康养。一方面是希望能够减轻因交通时间过长而导致的不舒适感，另一方面则希望能够尽量贴近原有的生活习惯及饮食习惯，减少适应难度。

在社会交际方面，康养旅游者有着较强的社会交际需求，他们希望通过康养旅游活动，改变现有的生活方式，尝试新的生活环境，但又期望这种尝试和改变发生在较为熟悉的环境和范围之内，即在新的而又相对习惯的环境中康养；康养旅游者倾向与亲朋好友结伴出游，或期望在新的环境和生活方式中结交新朋友。

在康养设施方面，康养旅游者对医疗健康设施及休闲娱乐运动设施等硬件设施有一定需求，但与其他需求要素相比，重要性和吸引力都较弱。2 个观测指标探索性因子平均值分别为3.767、3.815，比其他低0.6–2.6。这一点与毛晓莉、薛群慧等研究结论有所不同。

（2）旅游娱乐心理。

关于旅游者的旅游娱乐心理，学界研究稍多。综合李萌等（2006）的研究，旅游者的娱乐心理有以下几个方面：

一是追新猎奇，鲜中求乐。旅游娱乐爱好者在旅游活动中对活动的新奇性非常看重，喜欢尝试参与一些跟日常娱乐活动有所不同的新奇活动项目。通过对新奇娱乐活动的参与来展现自己紧跟娱乐时尚、思想比较前卫的心理倾向，获得哪怕是暂时的快乐满足。一些日常生活中保守、旅游娱乐中积极的旅游者也多有这种心理。

二是消遣放松，谐中得乐。很多旅游者把旅游活动作为缓解疲劳、恢复精力的休养活动，不再像以前观光旅游团那样整天只顾多看一些景区和景观，把观光作为唯一的核心活动。他们在旅游途中追求更多的放松、舒适和消遣，对享受性、休养性项目青睐有加，于天人、自我和谐中获得乐趣。近年观光旅游向休闲度假旅游的转变就是这样心理推动的结果。

三是排解苦闷，乐以忘忧。出于摆脱日常苦闷而出游的旅游者占很大数量，这类旅游者把旅游活动视作排解苦闷、宣泄情感、获得快感的途径和手段。他们热衷于参与一些有助于排解苦闷、宣泄情感的娱乐活动项目，希望在娱乐的快感中宣泄自己的情感，排解心中的苦闷，忘却生活中的忧愁。

四是贪恋刺激，恣意作乐。旅游生活对于日常生活来说是一种暂时的“溢出”“放松”，个人的行为不像日常生活中那样有太多束缚，旅游者普遍存在一种抛弃平时角色意识、弱化责任感的放松心态。这种放松心态表现得比较激烈时，就会变为一种放纵心理——贪恋刺激，恣意作乐。一些旅游者正是抱着这样一种心态踏上旅途的。

五是想出风头，炫耀助乐。许多旅游娱乐活动稀有、奢侈，更具有象征意义。这就为一些爱出风头的人提供了满足虚荣心的机会。许多旅游者怀着出风头的炫耀心理，参与到某些能使人出名的娱乐项目中来。这类游客往往对那些名气大、游人少的旅游娱乐项目青睐有加，在炫耀中自我陶醉。

六是挑战自我，以苦为乐。有些以高度、速度和难度为衡量标准的新潮旅游活动，如拓展训练项目、探险主题旅游，充满艰辛，也充满快乐。于是，很多想展现自我的旅游者视之为娱乐活动，必欲参加而后快。通过参加此类活动，向外人表明自己积极参与的勇气、敢于接受挑战的个性，同时充分享受由此创造的成功感和愉悦感。

七是提升修养，直入乐境。一些文化艺术爱好者旅游时偏爱演出、音乐会、艺术展览、影视剧、文艺节庆、文体赛事等娱乐项目，追求文化艺术娱乐成为主要的出游动机。这些游客参与娱乐活动带有鲜明的指向性，注重娱乐活动的文化艺术内涵，期望在旅游娱乐中开阔文化视野、提升文化艺术修养，健全个人的人格，并以此为最大乐趣。

3. 旅游康乐体验的行为方式

旅游康乐体验在各类旅游活动中随处可见，其行为方式多种多样。举凡洗浴、露营、越野、滑雪、骑马、漂流、击球、歌舞、攀岩、溜冰、划船、垂钓、蹦极、飞翔、跳伞、聚会、野餐、观风（俗）、赏景、博彩……无所不包。其体验场所或在旅游饭店，或在度假村，或在游乐园，或在荒野外。陆地、水上、空中，都是行为施展的舞台。下面，择要分析 5 种方式，以窥全豹。

（1）洗浴。

洗浴最初只是一种清洁方式，随着人们对温泉、海水等医疗作用认识的加深，早在罗马时代，洗浴就从澡盆走向温泉、大海，从日常生活演变为旅游方式。自 18 世纪以来，温泉、滨海旅游在欧美得到进一步发展，并且风靡全球。早期以治疗为主的温泉浴、海水浴场所逐渐发展为集疗养和休闲娱乐功能于一体的温泉、滨海旅游度假区。现代以来，洗浴这种旅游体验方式越来越多样化、综合化、艺术化，泥浆浴、沙浴、花瓣浴、牛奶浴、盐浴、森林浴、空气浴、日光浴等尽在其中，养生、修心、医疗、药膳、美容、健体、运动、音乐、歌舞、棋牌、游泳、滑水、冲浪、潜水、滑沙、野炊、野营、聚会、观景应有尽有。

作为旅游康乐体验方式的现代洗浴，不但能够洁净身体、放松身体、强身健体，满足生理需求，还能结合观赏游乐，在洗浴中的过程中领略自然、了解社会、体验文化、感悟人生，获得心理愉悦。洗浴是不分季节的休闲、不分时空的文化，非常符合现代生活的时尚需求。

（2）露营。

露营最初是指军队野外扎营过夜，后泛指为了工程、军事、测绘、旅游等而特设临时的户外驻扎区。古代旅游交通住宿不便利，旅游者常常被迫露宿野外，以天为帐，以地为床。现代社会旅游发达，食住条件便利，露营不但没有消失，反而成为旅游康乐体验的一种方式。随着露营旅游者的增多，野营基地兴旺起来，形成许多野营旅游度假地。露营主要有常规（以生火、烧烤、野炊、唱歌为“标配”动作）、拖车（以自驾“房车”为特征）、特殊（露营者为完成长距攀岩等特殊活动将帐篷挂在悬崖边等特殊地方）三种形式。

露营地多设在山地、湖畔、海边，露营活动通常和其他活动如徒步、钓鱼或者游泳等结合，所带来的体验既有紧张甚至惊险，也有野性和自由。既锻炼了意志和身体，也满足了对快乐的需求。

（3）越野。

作为旅游康乐体验的方式，越野是现代兴起的野外运动。分为汽车越野、摩托越野、自行车越野、徒步越野四类。汽车越野是在一个国家的公路和自然道路上举行的允许对该国进行考察的汽车比赛，采用单车发车方式。摩托越野始于英国，是摩托车越过原野、在封闭线路上进行的的多圈竞赛，赛道有天然障碍或人工设置的复杂地形。自行车越野赛始于法国，赛手应骑山地车。赛道选择崎岖不平、有天然障碍的路面，必要时设置人工障碍。徒步越野由滑雪运动演变而来，是一种使用两支手杖行走的运动。运动方式包括平地走、山地走和手杖操。

越野赛是集竞技性、观赏性、刺激性于一体的比赛，是展示车辆性能和参赛车手高超竞技水平，展示挑战自我、挑战极限的运动，因其所具有的超越极限、人车结合、积极拼搏的精神而深受人们的喜爱。

（4）击球。

击球是参加运动的人用球拍、球棒、球杆或者手击打球体的动作。所击之球有乒乓球、台球、排球、棒球、网球、羽毛球、高尔夫球等。其中高尔夫球是一种高档次体育运动，过去一向被称为“贵族运动”。高尔夫球发祥于15世纪英国苏格兰，长期流行于欧洲；近年在亚太各国，如日本、东南亚和澳大利亚，“高尔夫球热”也在升温，越来越向“平民化”“国际化”方向发展。英国有300万高尔夫球爱好者，而每年出国进行高尔夫度假旅游的竟达300万人次。高尔夫球运动已成为全球热门的旅游项目。

高尔夫运动强度大且持续时间较长，球场环境优雅，运动本身讲究礼仪、风范和儒雅，具有健身性、交谊性特点，更具有体育休闲活动特色。因此，打高尔夫球所带来的体验集享受自然美景、获得游戏乐趣、增强身体素质、促进人际交往于一身。

（5）蹦极。

旅游康乐体验行为最让人惊叹的是高空悬跳，也就是外语音译的“蹦极”。跳跃者站在约40米以上（相当于10层楼）高度的桥梁、塔顶、高楼、吊车甚至热气球上，把长橡皮绳的非固定端绑在踝关节或腰背处，然后两臂伸开，双腿并拢，头朝下跳下去。当人体落到离地面最低点时，橡皮绳回弹，人被抛起。随后，又落下，再抛起。这样反复多次，直到橡皮绳弹力消失，蹦极结束。

“蹦极”被称为是极限体育运动项目，尽管坠落式蹦极十分安全（全世界总计已有上百万次的安全悬跳记录），所带来的体验仍非常强烈：跳跃者在空中“大落大起”，每次都能享受到急剧的“自由落体”和“弹射升空”带来的深度刺激；观众则在一片惊呼中欲罢不能。“蹦极”，既是极限的体育运动项目，也是惊险的旅游康乐行为。

### （二）旅游审美体验

旅游审美体验是旅游体验的重要组成部分，内容极其丰富又十分复杂。什么是旅游审美体验？有哪些心理要素？行为方式是怎样的？这是本目要探讨的主要问题。

1. 旅游审美体验的含义

在旅游美学研究中，旅游审美体验一般是指旅游者的旅游审美感受，即旅游者对于当下客观存在的某一旅游审美对象产生的一种特殊的心理现象，不包括行为活动。

体验既包括体验心理，也包括体验行为（邹本涛，2010）。所谓旅游审美体验，应该是旅游者的旅游审美实践和旅游审美感受的复合体，而不应当单单是旅游审美感受。旅游审美体验是一种创造活动，本身就意味着实践或行为。没有实践或行为，旅游审美体验的定义是不准确的。只有心理感受没有实践行为，这不是真正的旅游审美体验，而是老庄式的"心游"或"神游"等虚拟旅游审美体验。

旅游审美体验也不同于旅游审美。旅游审美是围绕旅游和通过旅游来进行美的创造和美的欣赏，其主体是多重的，除旅游者外，还包括旅游从业人员等；而旅游审美体验的主体只有旅游者。因为旅游审美体验属于旅游体验，而旅游体验仅指旅游者的体验。当然，旅游审美体验是建立在旅游审美的基础之上的，没有旅游审美，也就没有旅游审美体验。

旅游审美体验是"旅游者的旅游审美实践和旅游审美感受的复合体"，本目对旅游审美体验的探讨，重在旅游审美体验心理，但也增加了旅游审美体验行为的内容。

2. 旅游审美体验的心理要素

旅游审美体验心理包括旅游者的审美感知、审美想象、审美理解、审美情感等审美感受心理和旅游者的审美观念、审美能力、审美理想、审美趣味、审美需要、审美动机等审美个性心理。由于审美观念、审美理想抑或审美能力都要通过具体的审美感受心理过程才得以体现，故在整个旅游审美心理活动中，旅游审美感受心理处于核心地位，其四种要素——审美感知、审美想象、审美理解、审美情感交渗互助，形成了丰富多彩的旅游审美感受。

（1）审美感知。

审美感知过程，是审美主体对审美对象产生感觉，进而对审美对象产生知觉、形成记忆表象的过程。

审美感觉，是审美对象的个别的（而不是一般的）现象（而不是本质）、特征或属性在审美主体头脑中的零散反映。它是通过感官与对象的直接接触完成的。如进入武陵源风景区，那高大的石柱、陡峭的崖壁、葱茏的古木、变幻的云雾、翱翔的苍鹰、攀缘的猿猴、淙淙的山溪、唧唧的蝉鸣等许多个别现象与特征，通过我们的视、听等感觉器官一一反映出来，令我们兴奋不止。这种反映，就是我们对武陵源这个审美对象许多个别现象与特征的审美感觉。

审美知觉，是审美主体把对审美对象各个不同类的感觉加以联系和综合，并用自己以往的经验和知识加以补充，从而对审美对象形成比较复杂的反映，并在头脑中形成一个综合、完整的形象。

记忆表象是在审美主体头脑中保存并可再现的对审美对象的感知形象。它建立在感觉印象基础之上，通常体现为记忆效果，表现在回忆之中。比如说，我们在离开武陵源以后，大脑中仍然保存并可再现的武陵源那种雄、奇、幽、野、险、怪的庞大的山水形象，就是审美表象。

审美感知过程，是审美主体对审美对象的感性认识过程。在审美感知过程中，审美主体虽然可以获得某些情感愉悦即美感，但这种美感还是不深刻、不丰富、不强烈。只有在这个基础上再进行审美想象、理解等审美心理活动，才能使美感进一步强化和深化。

（2）审美想象。

审美想象是审美主体在直接观照审美对象的基础上，调动过去的表象积累，丰富、完善对象和创造新对象的心理过程。审美想象包括知觉性想象、再现性想象和创造性想象。

知觉性想象，指伴随审美知觉的审美想象。它表现为在直接把握对象形式结构的活动中展开联想，即充实、扩展知觉经验，或赋予知觉经验以新意，形成审美表象。知觉性审美想象的一个重要特点就是牵动主体情感的外移。

再现性想象，指再现记忆表象的审美想象。它常常借助语言描述和非语言描绘（图样、图解、符号等）在头脑中形成审美表象。它的基本趋向是最大限度地复现原来的记忆表象。通过复现，原来伴随对象形式的情感也将会或多或少地再现出来。

审美想象还可以对记忆表象进行改造制作，通常称为创造性想象。创造性想象常常借助黏合、夸张、变形、浓缩、抽象等不同的手段或方法建立新的表象。它的基本趋向是通过积极的记忆联想活动，将原有记忆表象重新加工组合，创造出新的形象。

想象这种审美心理过程，属于对美的感性认识向美的理性认识上升的中间环节，在审美中占有十分重要的地位。它不仅可以使审美主体产生强烈、深刻的美感，而且经由想象活动形成的新形象一经定型，便会经常地出现在审美主体的头脑中，成为人们创造美的精神材料及欣赏美的美感经验。它是审美必要的条件，没有想象便没有审美。

（3）审美理解。

审美理解，是审美主体把握审美对象内部联系或本质的思维过程。马克思主义实践美学积极地肯定了理解在审美意识活动中的作用："感觉到了的东西，我们不能立刻理解它，只有理解了的东西才能更深刻地感觉它。"由于理解的深浅程度不同，往往会形成不同的层次或水平。

第一层次是能够理解现实状态与虚幻状态的区别，即把现实生活中的事件、情节和感情与审美或艺术中的事件、情节和感情区别开来。例如，在观赏海市时，不把幻景当实景；在欣赏戏剧时，不把剧情当真情。

第二层次是能够理解审美形象（特别是艺术形象）的内容，就是对于审美对象的题材、人物、典故、背景、情节、符号、意义、技巧、程式等项目的理解。比如，到黄山旅游，当看到“仙人指路”这一空间意象时，会习惯性地思索一下对象的意味：既然是“仙人”，所指之路不是通往清幽之处的曲径，便是导向险峰之巅的通途，一种审美的遐想油然而生。

第三层次的理解是深层内在的理解，是对融合在形式中的意味的直观性把握。如“毕竟西湖六月中，风光不与四时同。接天莲叶无穷碧，映日荷花别样红”（杨万里，《晓出静慈寺送林子方》），不仅渲染了西湖莲叶之无际、荷花之绚烂，而且烘托出天高水阔、日朗气清的宏大气氛，西湖“有限藏无限、平凡现不凡”的意味跃然纸上。

审美理解是审美心理活动最复杂、最高级的过程。审美只有达到了理解，才能产生最丰富、最深刻、最强烈的美感。

（4）审美情感。

情感是人对客观现实的一种特殊的心理反应。审美情感是审美主体对审美对象的肯定的情绪和感情。它是对审美对象与审美主体之间的某种关系的反映，而不是对客观事物本身的认识，因而不同于审美的感觉、知觉、记忆、思维等心理活动。旅游审美中的情感因素主要体现为壮美感和优美感两种美感形态。

壮美感是审美主体的一种雄浑豪放的审美感受。引起壮美感的，是那些体积较大、力度较强、突破对称、均衡与和谐的审美对象。壮美感的高级状态是崇高感，它是审美主体惊心动魄而又心驰神往的心理状态。面对崇高的对象，审美主体首先因审美对象的巨大、有力而产生惊奇甚至恐惧的情感反应，进而由衷折服，产生一种惊赞、奋发、崇敬、豪壮的情感。

优美感，也称秀美感，是与壮美感相对的另一种美感。获得优美感的审美主体，心情轻松舒缓。引起人的优美感的审美对象，是体积较小、力度较弱，具有对称、均匀与和谐形式的事物。优美感中的情感与壮美感中的情感有所不同，它偏重于对符合规律性的自由形式的玩赏和领悟，始终伴随并增添着赏心悦目的快感，不会出现惊惧、突兀、紧张、紧迫和不可遏制的情绪激动。

审美情感以日常生活的情感为基础，两者有密切的联系，但又有显著的区别。审美情感不同于日常生活情感之处在于，它是通过理解与想象并且使日常生活情感形式化、秩序化、组织化。也就是说，审美情感是经过多种心理功能的处理，渗透着理解和想象的情感。

3. 旅游审美体验的行为方式

旅游审美体验的行为方式，即旅游审美体验行为的方法、形式。关于旅游审美体验的行为方式，目前尚未见到专门的探讨，只是一些旅游美学论著如王柯平的《旅游美学纲要》(1997）等，在探讨游览方法时对此有所涉及。其中谈到的动态观赏、静态观赏、登高观赏、结侣观赏等，实则旅游审美体验的行为方式。

（1）动态观赏。

动态观赏作为旅游审美活动广泛应用的方法之一，是指人在游览中，沿着一定的风景线，或徒步，或乘车，或坐船……于主体位移过程中欣赏玩味那些包罗万象、流动变幻的风光胜景。

主体位移有快有慢，景观变化因此不同，所带来的感受自然有别。步移是一种慢速度的游览方式，游人步履从容，景观变化缓慢，在悠然自得的观赏中，会得到较强的亲切感和放松感。乘车（船等）是动态观赏活动中快速度、快节奏的游览形式。在快速的位移中，远近不同、形态各异、色彩缤纷的景致，以画面组合的方式连贯起来，腾跃飞动，此起彼伏，迎面扑来，转瞬即逝，使人获得生机盎然、气势浩荡的审美感受。

自不待言，移动涉及速度，速度导致景变，景变影响感受，感受反过来又调节速度……彼此关联，循环往复，交互作用，旅游者一旦步入其中，将会俯仰六合，尽情玩味，畅神怡性，欣然而乐。

（2）静态观赏。

静态观赏是旅游者在相对静止的位置上，驻足凝视或缓慢地移动视线仔细观赏风景的一种方式。观赏方式有时需要动中求静，正是充分考虑到这种审美活动的特点，主要风景点一般都建有亭、台、楼、阁、榭、廊等，让游人停留休息，驻足观赏。

静态观赏，心境平和，景观稳定，容易从容而细腻地感受景观之美。在烟台小蓬莱一座石砌的门楣上，有“观海听涛”四个醒目的大字。这里“观”与“听”二字都含有“静”的意境，它告诉我们：欣赏大海，只有凝观谛听，进入“静”的审美状态，才能真正感受到大海的美。黄山有许多山石，也只有在相对静止的位置上仔细玩味才能体会到“梦笔生花”“老翁钓鱼”“仙人下棋”“侠女绣花”“天女抚琴”“武松打虎”等妙趣。当然，静态观赏要有适合的对象。小巧精美、小中见大、内涵丰富的景观，都适合静态观赏、仔细玩味。

动态与静态是相辅相成、互为补充的。前者有助于寻求天趣与动美，后者有助于获得情趣与静美。动与静相互结合，才能感受风景全貌的美，获得整体的美感。

（3）登高观赏。

登高观赏即上到高处，远望景观，亦即所谓登高望远。登高观赏是旅游审美体验行为的重要方式之一，所以，山巅、楼顶、塔上、城头往往成为游人登高的目标。在中国，重阳游览必登高，已成为千年习俗。

作为旅游审美体验行为的重要方式，登高观赏所带来的旅游审美感受是深刻而独特的。游泰山，只有“会当凌绝顶”，才有“一览众山小”的豪情；游嵩岳，只有“峻极游”，才有“小天下”的感受；游华岳，若未“峰头游罢看”，也不会有“云开眼界宽”的喜悦。古人所说的“地敞中原秋色尽，天开万里夕阳空”（李攀龙《杪秋登太华绝顶》）的壮美感，正是得之于登高观赏的旅游审美体验方式。凡游崇山伟岳、高楼危城、巨塔大寺，只有登高望远，才能尽收人文自然之美，更增坦荡无限之情。

登高观赏作为旅游审美体验的行为方式之一，常常与动观、静观同时使用。边登高边游览，这是登高与动观的结合；登至高处，驻足远眺，这是登高与静观的结合。对于游人来讲，三者结合是促发灵感、悦神悦志的有效途径。

**（三）旅游求知体验**

旅游求知体验在旅游体验中的地位不亚于旅游审美体验。不了解旅游求知体验，对旅游体验的认识注定是残缺不全的，也无法深刻认识旅游审美体验。本目将从旅游求知出发，对旅游求知体验的内涵、心理过程及行为方式做深入探讨。

1. 旅游求知体验的含义

旅游求知是人们求知的重要途径，这一途径是旅游者及旅游从业人员开辟出来的。但旅游求知体验是旅游体验的一部分，要靠旅游者“以身体之，以心验之”。所以，旅游求知体验实际是旅游者旅游求知的实践与体会过程。16 世纪晚期一个名叫利普西斯的人在总结求知旅行时这样写道：“古往今来，伟人名士皆有旅行经历。而通过这种求知旅行，使其增加了对异国他乡风土民情、生活方式以及整体组织等方面的了解，从而开阔了见识。”（彭顺生，2017）利普西斯的总结，完全可以作为旅游求知体验的注脚。作为概念，旅游求知与旅游求知体验有共同之处，但前者的主体是多重的，后者的主体只有旅游者。

旅游求知体验是旅游者旅游求知行为和旅游求知心理的复合体。其中，与旅游体验行为相终始的旅游体验心理居核心地位。所以，历代学者在谈到旅游求知体验时，尤其关注旅游求知体验心理，特别是旅游求知体验的心理感受，如知识的积累、观念的改变。清代学者刘献廷指出，旅游是求知，旅游而不求知，徒然浪费时日，劳筋伤神（刘献廷《广阳杂记》）。西方学者阿尔贝·加缪说：“旅行中没有愉悦，我把旅行看成是一种精神考验……就像伟大而严肃的科学实践，旅行帮助我们找回自己。”（郭少棠，2005）同样强调了旅游求知体验的心理意义。

2. 旅游求知体验的心理过程

旅游求知体验的心理过程无疑包括旅游者对体验对象的认知过程。这一过程包括感觉、知觉、记忆、想象、推理、判断诸环节。

旅游认知对象一旦进入旅游者的感觉范围，便直接作用于旅游者的外部感觉器官，引起旅游者的感官反应，在旅游者脑中形成对该旅游现象个别属性的印象，这一过程便是旅游认知体验的感觉过程。如初见湖石，首先形成的丑、陋、透、瘦等零散印象。对旅游体验对象的感觉是直接建立在旅游者生理反应的基础上的，是旅游认知体验的起点。

旅游感觉形成的对该对象的零散印象存于旅游者的大脑后，大脑要根据已有的经验对这些零散的印象进行分析整合，从而形成对该事物现象的整体印象。这一过程就是旅游认知体验的知觉过程，如把湖石丑、陋、透、瘦等零散印象进行整合，形成对湖石整体印象的过程。旅游知觉直接建立在旅游感觉基础之上，是旅游认知体验形成完整印象的开始。

感知旅游事物、情感、行为等所形成的印象，都能以经验的形式或长或短地在头脑中记识、保持一段时间，并在一定的条件下被激活，再现出来。这个记识、保持与再现过程就是旅游认知体验的记忆过程。由于有了记忆的心理活动，旅游者就可以把感知过的经验积累起来，为进一步认知提供依据，从而加深认知体验的过程。

旅游者在认知体验过程中，不但感知对象，还利用头脑中已有的知识经验去设想、创造对象。如面对一些奇形怪状的顽石，有相关知识的旅游者会浮现出地壳变迁、风雨侵蚀的情景。利用头脑中已有的知识经验去设想、创造一些新的东西，这便是所谓的想象。借助想象，旅游者对体验对象的认知更加深刻、丰满。

判断是对思维对象有所断定的一种思维形式。包括根据对象固有属性做出的事实判断和根据主体需要做出的价值判断。旅游者面对认知对象，经过感知之后，往往要做出“这是什么”的判断，这便属于事实判断；还要做出“它有什么意义”的判断，这便属于价值判断。旅游认知体验的判断大多以价值判断统摄事实判断，重意义轻真相，十分在乎能否满足自己的需要，不太在乎是真是假。

推理是从一个或几个已知的判断或前提推出新的判断或结论的思维形式。包括演绎推理、归纳推理和类比推理等多种形式。旅游认知体验中，推理是不可缺少的。“五岳归来不看山，黄山归来不看岳”，这是运用归纳推理的结果。推理的运用，深化了旅游认知体验。但旅游认知不同于学术研究，除少数人外，推理运用往往不甚严谨，所得结论或然性很大。

旅游求知体验的心理过程除包括旅游者对体验对象的认知过程外，还包括情感过程和意志过程。顾炎武在《金石文字记序》中讲到他周游天下，所至名山巨镇，祠庙伽蓝之迹，无不寻求碑文。常常登上危峰，穷探幽壑，扪抚落石，践履荒榛，在颓垣残壁中搜寻。每次见到碑文可以识读的，必定亲手抄录。发现一个为前人所没有见过的文字时，总是喜得睡不着觉。在这里，我们清楚地看到：旅游求知有时要登危峰，探幽壑，扪落石，践荒榛，这需要何等的意志。而每有所得，又是何等的高兴。在顾炎武的自述里，旅游求知体验的情感起伏和意志锤炼跃然纸上。

3. 旅游求知体验的行为方式

旅游求知体验行为是旅游求知体验心理的外化。旅游求知体验的行为方式有很多，典型的当数观光、游学、考察和探险。所谓的观光旅游、求学旅游、考察旅游、探险旅游，从行为的角度看，其实也是按行为方式划分的。

（1）观光。

“观光”一词源于《周易·观卦》中的“观国之光”，意谓参观外国或外地的景物、建设等。观摩、学习之意至为鲜明。古西亚示巴女王观光之旅的求知体验被完整记载下来。“示巴女王听见所罗门因耶和华之名所得的名声，就来要用难解的话试问所罗门。跟随她到耶路撒冷的人甚多，又有骆驼驮着香料、宝石和许多金子。她来见了所罗门王，就把心里所想的对所罗门都说了出来。所罗门王将她所问的都答上了，没有一句不明白、不能答的。”示巴女王领略了所罗门的智慧，观看了所罗门的宫室珍馐、君臣威仪，“诧异得神不守舍”。最后满载所罗门王馈赠的丰厚礼物，“女王和她的臣仆转回本国去了”（《旧约·列王记上》）。

中世纪以来，观光之旅渐成大宗，有自然观光、城市观光、乡村观光、名胜古迹观光、生态观光等多种形式。观光既是旅游求知体验的行为方式，也是旅游审美体验、旅游交往体验等多种旅游体验的行为方式。由于观光时间短、景点多，加之多种目的并存，观光之旅的求知体验往往不是很深刻，常常浮光掠影，浅尝辄止。这也是观光旅游为众多学者所诟病的原因之一。

（2）游学。

“游学”是中国的一个特定词汇，是指文人学子以讲学、求学为主要目的的旅行游览活动。从旅游行为方式的角度看，其代表形态是后世所谓的教育旅游或求学旅游。在中国，游学兴起于春秋时代。据《庄子》记载：孔子曾率弟子周游列国，问道于老子；又曾“游乎缁帷之林，休坐乎杏坛之上”，弦歌鼓琴，伴弟子读书。西方也有自己的游学传统。公元前 335 年，亚里士多德在雅典东郊的吕凯昂创办了哲学学校，招生授课。师生经常在林荫道上且游且讲，且游且学，被称为“逍遥学派”。17 世纪的大旅游、近代的留学潮则是出国游学的典型。

游学的求知体验是艰辛的：面对异地的语言、风俗、生活方式，游学者要经过长时间的磨砺才能适应，有的没了旅费，不得不靠打工甚至乞讨度日。归来时大多满面倦容。游学的求知体验也是欢乐的：长时间的游学，使他们更多地发现了新事物、增长了新见识、体会了新文化、了解了新风俗，也使他们饱览了异地风光，获得了美的享受。

（3）考察。

考察有两重含义：一是实地观察调查，如考察水利工程；二是细致深刻地观察，如科学考察。作为旅游求知体验的方式，就其第一重含义而言，考察与观光有重叠之处，只是专业色彩浓厚一些；就其第二重含义而言，考察与观光大不相同：前者的目的是探究真相，后者的目的是开阔眼界。考察还带有一定的探险色彩。考察式的旅游自古有之。除了前面列举过的希罗多德、亚里士多德、司马迁、顾炎武外，徐霞客、李时珍、达·芬奇、达尔文等人的旅游也属此类。近代以来，考察式的旅游风靡全球，各行各业考察旅游团的足迹已遍布世界各个角落。

考察式旅游所带来的求知体验是深刻的。考察型旅游者艰难跋涉于荒郊野岭、大泽莽原，饱尝风雨之苦；奔波于热带雨林、冰雪世界，备受寂寞煎熬；穿梭于现代城市、原始部落，见证了文明的变迁；置身于浩瀚沙漠、汪洋大海，感受了自然的伟力。深刻的体验，催生了《徐霞客游记》《本草纲目》以及进化论这样的伟大论著和理论。

（4）探险。

按照一般的解释，探险是指到从来没人去过或很少有人去过的风险之地进行考察。从这个意义上讲，探险似属考察。其实，探险并不局限于考察。考察是出于好奇心和求知欲，而探险除了好奇与求知外，更多是出于实现自我。有鉴于此，我们将探险和考察分开讨论。作为一种旅游方式，探险式的旅游是一些富于冒险精神的人深入神秘风险之境的旅行游览行为。它分为两类，即猎奇性探险和科学考察性探险。前者的目的是寻求新奇感、满足好奇心，完全是旅游者自身的行为；后者的目的是获得资料、探明真相，集考察者与旅游者行为于一身。既然讲旅游探险，那些非旅游性质的探险，如旅游史家津津乐道的腓尼基人航海旅行、张骞通西域、哥伦布发现新大陆、利玛窦来中国……就不在本书的探讨之列。旅游探险明显具有求知成分，这从上面的定义中就可以看出。

探险的旅游求知体验是异常艰辛的，早期的探险旅游者享受不到汽船的头等舱、火车的卧铺服务，也没有接待旅行者的旅馆和民宿。探险的旅游求知体验也是成果卓著的，西方学者阿·德芒戎说：科学人文地理学的发展，主要得力于科学家或具有科学好奇心的探险家进行的航行。这些航行使人们能够收集到世界各地文明程度不同的各人类社会之间可以对比的资料（阿·德芒戎，1993）。

**（四）旅游交往体验**

旅游是一种社会性的活动，在旅游活动中，人与人的交往是不可缺少的。有旅游交往，必有旅游交往体验。旅游交往体验同旅游康乐体验、旅游审美体验、旅游求知体验一起，构成旅游体验的不同侧面。旅游交往体验内容丰富，本目主要探讨三个问题：旅游交往体验的内涵、旅游交往体验的心理历程、旅游交往体验的行为方式。

1. 旅游交往体验的内涵

旅游交往是旅游过程中双方乃至多方的互动，交往各方互为主客体，由此决定了旅游交往的内涵必然涵盖各方而非一方的交往活动。较之旅游交往，旅游交往体验的内涵相对单一，它仅指旅游者的交往行为及与之相始终的交往心理，是旅游者对旅游交往的参与和感受过程。因为旅游交往体验属于旅游体验的一部分，而旅游体验的主体只有旅游者。

旅游交往体验“是旅游者对旅游交往的参与和感受过程”，这个定义主要包含三层意思：①旅游交往体验的主体是旅游者。如前所述，旅游交往体验属于旅游体验的一部分，而旅游体验的主体只有旅游者。②旅游交往体验的对象是旅游交往。旅游交往包括交往主体、交往过程等，所以，旅游交往体验的具体对象既有旅游服务人员、旅游地居民、旅游者，也有旅游交往过程。对前者的体验，形成单项性的旅游交往体验；对后者的体验，形成综合性的旅游交往体验。③旅游交往体验过程既包括体验心理，也包括体验行为。旅游体验由旅游体验心理和旅游体验行为复合而成，作为旅游体验的一部分，旅游交往体验过程也是如此。

旅游交往体验源于旅游交往，旅游交往的短暂性、广泛性和自由性，决定了旅游交往体验往往泛浮而不持久、随意而少理性。在旅游世界里，大家萍水相逢，不过数日便分散四方，很难留下深刻、永久的印象。交往各方自由互动，旅游者以客人自居，合则留，不合则去，体验中随意性与情感性成分很高。

2. 旅游交往体验的心理历程

旅游交往体验的心理早于其行为的发生，晚于其行为的结束，加之交往主客体和交往情境不同，旅游交往体验的心理历程也会出现阶段性的变化。旅游交往体验的心理历程一般要经过几个阶段，目前还未见专门探讨。笔者认为，结合旅游实际情况，就初次交往而言，旅游交往体验心理一般要经历试探、定向、深入、尾声四个阶段。

（1）试探阶段。

试探阶段是旅游交往者初次接触后经历的第一个心理阶段。面对面接触后，由于对对方一无所知或知之甚少，旅游者常常会感到拘谨、尴尬，普遍怀有一种试探心理，力图探明对方的基本情况。“您好，我是某某某。”这既是自我介绍，也是在试探对方的反应；“听口音，您好像也不是本地人？”既是闲聊，也是试探对方的籍贯；“您能看出，我是个直性子人，喜欢直来直去。”既是自我表白，也是在试探对方的态度。以上这些还都是委婉的试探；至于“小姐，我能不能……”“先生，我可不可以……”之类的直接试探，更是人们耳熟能详的见面用语。

在试探阶段，旅游者常常谨小慎微、注重礼节。既希望给对方留下良好的第一印象，也希望得到对方的足够尊重。如果产生挫败感或认为没有得到对方的尊重，除非必须，否则交往可能由此夭折；如果交往有可能继续下去，旅游者则开始考虑下一步的交往方向，旅游交往体验心理由此进入定向阶段。

（2）定向阶段。

定向即确定行为方向。定向阶段主要解决如何进一步交往的问题。经过试探阶段，旅游者对交往对象已有初步了解。如果感到有必要而且有可能交往下去，旅游者往往要考虑以下问题：面对这样的交往对象，该如何跟他（她）交往；同这样的人交往，应该达到什么程度；首先要争取的目标是什么，如何才能达到这一目标；交往中可能出现哪些问题，如何解决这些问题；自己尤其要注意哪些细节，如何处理这些细节，等等。由于各人的交往经验、个性倾向、思维方式、处事原则、交往目的等并不相同，人们在考虑这些问题时，有深浅之别、广狭之异、粗细之分，重视程度却不相上下。

同试探阶段一样，定向阶段的旅游交往体验心理还多是角色性的体验而非感情上的体验，人际关系体现为角色性接触而非感情上的融合。尽管如此，定向阶段的旅游交往体验心理在整个旅游交往心理体验过程中仍是一个非常关键的时期，它决定了下一步旅游交往的行为方向。经此阶段，旅游交往体验心理进入一个新的阶段——深入阶段。

（3）深入阶段。

深入阶段是旅游交往体验心理的全方位展开阶段。随着交往方向的确定，交往双方开始进行实质性的交往，或交流情感，或交流信息，或交换实物，或交换劳动。因而，旅游者的旅游交往体验心理较前两个阶段深刻而广泛。在情感体验方面，随着接触的频繁和了解的加深，双方关系越来越密切或者越来越疏远，旅游者心理上逐渐产生一种情感上的融洽或冲突体验；在利益体验方面，由于人们的共同活动或某种自然的联系，彼此互相帮助而融洽相处，或者互相拆台而冲突龃龉，从而形成互惠或相反的交往体验。

深入阶段的旅游交往体验心理，是整个旅游交往体验心理的核心。旅游者对自己交往经历的综合评价或整体感受，主要是以此为依据的。所谓"热情""冷漠""好客""排外""友善""欺生""野蛮""文明""满意""失望"等综合性评价或感受，主要来自这一阶段的心理体验。

（4）尾声阶段。

天下没有不散的筵席。旅游交往是短暂的，不管交好还是交恶，终归是要告一段落的。随着旅游交往的行将结束，旅游交往体验心理也进入尾声阶段。

在旅游交往体验心理的尾声阶段，旅游者的感受是多种多样的。关系密切，依依不舍；关系恶化，巴不得早点儿离开。合作愉快，希望再度重逢；合作失败，可能悔恨交加。自信心增强者大有人在，自卑感加重者不乏其人。由此及彼，牵挂亲朋故旧、思念家乡祖国，更是一种普遍的心理现象。在这一阶段，情感体验成为旅游交往体验心理的主旋律。

旅游交往体验心理的尾声阶段一般并不随着旅游交往的结束而结束，往往延伸至交往结束之后，以至于形成难忘的记忆。

需要说明的是，这里对旅游交往体验心理历程的探讨，完全是在旅游交往体验这个框架范围内进行的，尚未包括交往开始前和交往结束后的体验心理。另外，旅游交往体验的心理历程并非对每一个旅游者都是一样的。有的人度过了全部四个阶段，并达到了知交水平，终生难忘；有的可能只经历首尾两个阶段，刚打招呼即擦肩而过，印象极浅。

3.旅游交往体验的行为方式

旅游交往体验心理要通过一定的交往行为方式来表达，并受制于此。所谓的旅游交往体验的行为方式，亦即旅游交往体验行为的方法、形式。关于旅游交往体验的行为方式，同旅游交往体验的心理历程一样，也未见专门探讨。旅游交往体验的对象主要有旅游服务者、旅游地居民、旅游者，本身具有社会性、文化性、经济性、情感性等多重属性，由此决定旅游交往体验的行为方式也必然是各种各样的。在多样的旅游交往体验行为方式中，常见的同游、聚会、探访、购买等涵盖了旅游交往体验的多重客体和多重属性，无疑具有指标性的意义。因此，分析旅游交往体验行为方式首先应从这四种主要方式入手。

（1）同游。

同游即结伴而游。同游的可以是朝夕相处的故交，也可以是志同道合的新朋。古代的同游是自发的，三五好友相邀而游，同游者故交居多；现代的同游由于旅行社的介入，数十人结伴而游，新朋居多。同游相处时间较长，彼此可以得到更多的关照、更多的了解，加之有些游伴是自愿组合，共同点多，互补性强，容易沟通情感，增进友谊，所以，同游也就成为旅游交往体验普遍的行为方式之一。同游是旅游者之间旅游交往体验的主要行为方式，有时也是旅游者与导游员之间旅游交往体验的主要方式。

同游所带来的交往体验大多是愉快的。一位旅游者这样写道：为期六天的粤湘之旅，在广州站月台依依不舍的告别声中结束了。从初次相见的拘谨交往到离别时的真情告白，同学们敞开心扉，结下了深厚的情谊，结成了真心的朋友。（佛山共青团、同游祖国河山 · 共筑两岸深情［EB/OL］.www.946.com.cn/xxpt/zixun/200809220542.html，2008-09-22）不用说，此次同游带来的交往体验是愉快而难忘的，难怪网上“我想去交游”的帖子铺天盖地。

（2）聚会。

聚会即众人聚集在一起。旅游中的聚会主要有会议、会餐、晚会等形式，旅游聚会者主要是旅游者，也不排除当地居民和旅游从业人员。通过参加会议，结识同道、交流观点；通过参加会餐，介绍新朋，融洽感情；通过参加晚会，呼朋唤友，共享快乐。聚会使熟悉和不熟悉的人走到一起，加深了了解，沟通了情感，增进了友谊，扩大了交往。正因为聚会功效多，会议旅游大行其道，旅游会餐屡见不鲜，旅游晚会必不可少。所以，旅游聚会既是旅游者与旅游者、旅游者与当地居民、旅游者与旅游从业人员的交往形式，也是旅游者旅游交往体验的主要行为方式。

作为旅游交往体验的行为方式，聚会时间虽然不长，接触却是广泛而密切的，因此，所带来的旅游交往体验也较为全面深刻。会议室里，聆听仰慕已久的大师的演讲；歌舞厅里，目睹刚刚结识的朋友的才艺；宴会厅里，亲身感受故友新交的盛情……此时此景，令人难忘。

（3）探访。

探访即探亲访友。人是重感情的动物，亲情友情，不可或缺。由于种种原因，亲朋好友各处一方，久不见面，难免牵肠挂肚。通过探访，可以暂缓相思之苦。探访过程中，游山玩水乃常有之事，于是，探亲访友成为旅游的方式之一。由于探访旅游多因探访亲友引起，亲友所在地成了旅游目的地，所访亲友也多为当地居民，加之这种现象广泛存在，所以，探访不但是旅游的重要方式，更是旅游者与目的地居民交往体验的主要方式。

探亲访友由于时间较长，往往同游、同吃、同住，加之被探访者多为故人，所形成的旅游交往体验情感成分更多。“故人具鸡黍，邀我至田家。绿树村边合，青山郭外斜。开轩面场圃，把酒话桑麻。待到重阳日，还来就菊花。”孟浩然的这首《过故人庄》可谓探访式旅游交往体验的真实写照。通过探亲访友，既能寻根问祖，处理私事，扩大交往，又能抒发情感，畅叙旧谊，增添亲情。惟其如此，自古至今，探亲访友成为旅游交往体验的重要形式。

（4）购买。

旅游购买包括对有形商品和无形商品的购买，前者一般称为旅游购物，后者一般称为接受服务。从旅游交往体验的角度看，旅游购物是旅游者以货币、实物为媒介与旅游商品销售者进行交往的一种行为方式，时间较短；接受服务是旅游者以货币、服务为媒介与旅游服务提供者进行交往的一种行为方式，时间较长。

作为旅游者与旅游从业人员交往体验的主要行为方式，旅游购买反映的是旅游者与旅游经营服务者的利益关系。因此，它给旅游者带来的心理体验自然以利益为重心。对大多数旅游者而言，每次购物都是一场技巧与耐力的竞赛：等价、比价、议价，费尽心思；一试、再试、三试，小心翼翼。购买到物美价廉的商品，满心喜欢，对卖方也有好感；购买到质次价高的商品，后悔不迭，对卖方恨恨不已。交易结束，不管成功与否，交往基本断绝。接受服务也是如此。

## 二、虚拟旅游体验

一般认为：虚拟旅游体验是指在虚拟现实（Virtual Reality）系统中进行旅游体验的一种新的体验模式。其实，这只是现代虚拟旅游体验的模式之一。自古至今通过想象形成的幻游（“神游”）体验，通过观画形成的纸游（“卧游”）体验，也都是虚拟旅游体验。所以，虚拟旅游体验实际是虚拟旅游者通过想象、文本或网络等心临异境方式满足旅游需要的特殊体验活动。虚拟旅游体验主要是一种心理活动，按照起主导作用的心理因素划分，虚拟旅游体验可以分为想象性虚拟旅游体验和感知性虚拟旅游体验两类。

### （一）想象性虚拟旅游体验

想象性虚拟旅游体验是以想象为主要方式，以旅游为主要对象创造出来的类旅游体验。这个定义要点有三：第一，该体验以想象为主要方式。虚拟旅游体验主要是一种心理活动，在想象性虚拟旅游体验的创造过程中，虽然也有其他心理因素参与，但想象因素占主导地位。以此之故，该体验以“想象性”为标识。第二，该体验以旅游为主要对象。任何有目的的活动都有特定的对象，想象性虚拟旅游体验就是以旅游为对象创造出来的。不以旅游为主要对象的虚拟体验不属于想象性虚拟旅游体验。第三，该体验的主体是想象者。通常，体验活动的创造者与体验活动的主体是一致的，换言之，体验活动的创造者即是体验活动的主体。想象性虚拟旅游体验则不然。想象性虚拟旅游体验的创造者首先是该体验的想象者而非该体验的主体“旅游者”，因为后者也是前者创造（想象）的。在以“我”为主角的想象性虚拟旅游体验中，“旅游者的我”也多是“想象者的我”加工出来的，一如《神曲》中的但丁之于作者的但丁。想象性虚拟旅游体验也称“神游体验”。因“神游”外延极其广大、内涵不够确定，使用起来容易产生歧义，非特定语境，本书一般不使用“神游”一词。按体验的形式划分，想象性虚拟旅游体验主要有幻游与梦游两种类型。

1. 幻游体验

幻游是以现实为基础幻想出来的旅游，主旨是批判现实、反思文化。幻游包括以尊神仙人为表征的仙幻之游、以奇异怪诞为表征的奇幻之游和以科学技术为表征的科幻之游。相应地，幻游体验也可以分为仙幻式旅游体验、奇幻式旅游体验和科幻式旅游体验三类。

（1）仙幻式旅游体验。

仙幻之游，也称仙游，是假借神仙所做的虚拟旅游，相当于古人所说的“天游”。仙幻之游不受内外环境制约，随心所欲，无所不至，优哉游哉，绝对自由。仙幻之游主要盛行于古中国，流行至今。

按照道家的说法，神仙包括尊神（三清、四御、真武大帝、王母娘娘）、仙人（彭祖、赤松子、八仙）等系列，这些神仙能力非凡，超脱尘世，长生不老，喜欢旅游。他们的旅游体验是怎样的鲜见自述，只能从他人的记述略知一二：“天游者，与道同流，天地万物同体。勿忘勿助之间，无在无不在之妙，不疾不徐，浑与道俱。所过者化，所存者神。”（湛若水，《送谢子振卿游南岳序》）“无町无畦，无畛无域，审乎无假，挥斥八极，出入六合，挠挑无垠，乘夫莽眇之鸟，而息夫亡何有之乡。是谓天游。”（邹光迪，《郁仪楼集》卷36）如此玄妙的仙游体验，对世人而言，无疑是可期而不可遇——毕竟仙俗两界，修为不同。羡慕而不可得，怎么办？只能凭借幻想扮演一下神仙的角色，模拟一下神仙旅游。于是，仙幻之游派生出另一分支——派生性仙游。

派生性仙游是世人幻想受神人指点或带领，像神仙一样，白日飞升，腾云驾雾，遨游于天地之间。派生性仙游主体以追求自由的士人居多，其“旅游体验”，当事人多有描述。在中国，这种派生性仙游体验集中体现在游仙诗中，其以屈原的《远游》最为典型。起初，诗人在仙人的指点下，乘云气，入天宫，游览清都等天帝的宫殿，受到隆重款待。接着，又驾龙车，建旌旗，以飞廉、风伯为向导，雨师、雷公为侍卫，在庞大威武的车队簇拥下，游览东方和西方，拜见东方天帝太皓和西方金神蓐收，享受得道成仙的乐趣。最后游览南方和北方，拜会南方之神祝融和北方之神颛顼，聆听二神的教诲。

诗人对这一奇妙旅行的整体感受是:“下峥嵘而无地兮，上寥廓而无天。视倏忽而无见兮，听惝恍而无闻。超无为以至清兮，与泰初而为邻。”束缚的灵魂得到解放，迷茫的人生找到归宿。受到屈原《远游》的影响，汉晋以下，中国诗坛出现了一大批描述仙游的作品，极大地丰富了仙幻式旅游体验。

（2）奇幻式旅游体验。

奇幻之游是虚拟的世人奇异怪诞之游。奇幻之游的主体是世人，不包括神仙等“非人类（派生性仙游的主体也是人，但其身份、行为已暂时升格为神仙）”；奇幻之游的活动同所有的虚拟旅游一样是另类“旅游”，即具有异地、暂时、休闲性质，而不是泛泛的所有空间移动。因此，不具有旅游特征的奇幻式空间移动，如《西游记》中的唐僧师徒“西游”、《鲁滨孙漂流记》中的鲁滨孙“漂流”，均不在本书探讨之列。奇幻式旅游体验多记载在虚拟旅游文学之中，如中国《穆天子传》中穆天子的昆仑山之游,《桃花源记》中渔夫的桃花源之游,《镜花缘》中唐敖的海外之游，西方《曼德维尔游记》中曼德维尔的东方之游,《神曲》中但丁的地狱、炼狱、天堂之游,《格列佛游记》中格列佛的探险之游等。奇幻式旅游体验按目的地划分，可分为奇幻式此岸旅游体验和奇幻式彼岸旅游体验两小类。

奇幻式此岸旅游体验是指发生在人间的奇幻式旅游体验，是奇幻式旅游体验的主流。前面列举的6部经典虚拟旅游文学，有5部是记载奇幻式此岸旅游体验的:《穆天子传》主要记载周穆王从宗周出发，越过漳水，经由河宗、阳纡之山，抵达群玉山和西王母宴饮酬酢的神话故事，地点清晰可考;《桃花源记》记载武陵渔人发现桃源、小住桃源、离开桃源、再寻桃源的曲折离奇经历，桃源虽不可考，但无疑是人间桃源;《镜花缘》记载了唐敖、多九公等人乘船在海外女儿国、君子国、无肠国等国游历的故事，国家虽属虚构，蓝本却在人间;《曼德维尔游记》记载作者从英国出发，经过中亚、印度、中国，最后来到传说中的祭司王约翰的国土，并由位于约翰国东海外的伊甸园回到欧洲。游历是虚拟的，地点却是真实的;《格列佛游记》以里梅尔·格列佛船长的口吻叙述周游小人国、大人国、飞岛国、慧骃国四国的经历，游历、地点都是虚拟的，背景却是人间的。奇幻式此岸旅游体验既以此岸为背景，所关注的对象当然是现实世界了。而且，大多数体验是以批判现实、反思文化为主题的。《桃花源记》以桃花源的美好反衬现实的丑恶,《镜花缘》《格列佛游记》以海外奇遇讽刺当朝的黑暗固不必论，像《穆天子传》《曼德维尔游记》这样以炫耀、猎奇为主要动机的虚拟游记也不无文化震惊、文化认同等文化反思的内容。

奇幻式彼岸旅游体验是指发生在神界（或人死后的世界）的奇幻式旅游体验。典型的奇幻式彼岸旅游体验当数《神曲》中但丁的地狱、炼狱、天堂之游的体验。作品中的但丁在维吉尔的引导下，参观了惩罚重罪灵魂的地狱和改造轻罪灵魂的炼狱，访问了供养圣洁精灵的天堂，拜见了仁慈万能的上帝，灵魂得到升华。奇幻式彼岸旅游体验虽非奇幻式旅游体验的主流，但其对现实的批判和对文化的反思往往更加广泛而深刻。在《神曲》中，但丁愤怒批判那些买卖圣职的教皇们和犯了重罪的贪官污吏、伪善者、盗贼及伪造金银者，把他们打入八层地狱，批判对象涉及各个阶层；在批判封建教会文化的同时，无情揭露新兴市民文化的弊端，文化反思已触及根本。

（3）科幻式旅游体验。

科幻之游是想象中的科学技术之游。科幻之游的主体也是人，但已不局限于地球人，还包括其他星球的人。科幻之游的活动也同所有的虚拟旅游一样是另类“旅游”，即具有异地暂时休闲性质，而不是泛泛的所有空间移动。因此，不具有旅游特征的科幻式空间移动，如《星球大战》中的星际战争、《通往天堂之路》中的天堂迁徙，同样不在本书探讨之列。科幻式旅游体验多记载在虚拟旅游文学和虚拟旅游影视之中。按目的地划分，科幻式旅游体验可分为科幻式空间旅游体验和科幻式时间旅游体验两小类。

与现实旅游体验相似，科幻式空间旅游体验是在特定空间里展开的。这个特定空间可以是地球，也可以是太空。在科幻式空间旅游体验中，空间因素具有不可替代的地位。科幻式空间旅游体验以《海底两万里》的阿龙纳斯教授海底旅游和《太空旅行记》的探险家太空旅行为代表。《海底两万里》是凡尔纳著名的三部曲的第二部（第一部是《格兰特船长的儿女》，第三部是《神秘岛》），讲述法国博物学家阿龙纳斯教授等乘坐潜艇在海洋深处旅行的故事。他们从太平洋出发，经过珊瑚岛、印度洋、红海、地中海，进入大西洋，看到许多罕见的海生动植物和水中的奇异景象，又经历了潜艇搁浅、土人围攻、鲨鱼追杀、冰山封路、章鱼袭击等险情。故事情节扑朔迷离，人物命运瞬息万变，丰富详尽的科学知识和细腻逼真的美妙幻想融为一体。《太空旅行记》是法国导演乔治斯·梅利斯执导的一部科幻电影。影片表现了一群宇宙地理科学家乘坐一辆飞翔的火车到太阳上探险的活动：探险队从琼弗劳高峰出发，驶进云层，落到太阳嘴里，险些被融化；探险家们逃入冰山，结果又被冻成冰块。解冻之后，他们乘坐一艘悬有降落伞的潜水艇落到地球上，又开始了一番海底游历。真是冰火两重天，地空任遨游。这大大地丰富了人们的幻游体验。

科幻式时间旅游体验则把过去或未来作为旅行目的地。在科幻式时间旅游体验里，时间成为关键因素，跨越时间是虚拟旅游者要解决的首要问题，空间因素居于次要地位，具体地点是地球还是太空已不重要。此类体验以威尔斯《时间机器》中时间旅行者的未来之游为代表。小说描述一位科学家通过时间旅行机器来到公元802701年，这时的人类进化为两类。一类叫埃洛伊人，生活在地上。他们体态娇小柔弱，衣着华丽，不思劳动，过度追求安逸的生活，智力、体能都发生了退化。另一类叫莫洛克人，生活在地下。他们的外形像白色的猴子，眼睛灰红，头发浅黄，习惯于黑暗，怕光怕火。他们为埃洛伊人生产各种物品，却又寻机捕食埃洛伊人。来到未来的科学家好奇地闯入了莫洛克人的地下世界，结果被莫洛克人追赶，最后历经艰险终于逃离险境，回到现实世界。自《时间机器》之后，时间旅行成为科幻旅游作品一个永不凋谢的主题。通过各种时间跨越方式（时光机器、时光隧道、冥想等），神游者在过去与未来的时间中交替穿行，构成了一个又一个富有文化意义的旅行想象。在这些旅行想象中，人类历史事件（文化经验）的唯一性遭到了颠覆，既定文化价值的合理性受到了质疑，一切被传统认为天经地义的事情有了重新审视的必要（郭少棠，2005）。

2. 梦游体验

作为术语，梦游既属病理学范畴，也属文化学范畴。前者指的是一种病症即夜游症，后者指的是一种文化现象即依托梦境所做的精神之游。旅游文化学中的梦游体验当然指的是后者。梦游体验自古有之，中西盛行。梦游体验亦有原生与派生之别。

原生性梦游体验是真实发生的梦中旅游体验。俗话说，日有所思，夜有所梦。爱好旅游的人，或已游而游兴未尽，或未游而求之心切，梦见旅游，也是常有之事。“阁下灯前梦，巴南城底游。觅花来渡口，寻寺到山头。江色分明绿，猿声依旧愁。梦钟惊睡觉，唯不上东楼。”这是白居易的《中书夜直梦忠州》。白居易曾游历忠州，对忠州印象深刻，以至于回京后梦游忠州。这是已游而游兴未尽遂有梦游的事例。“武夷山水之胜，为七闽之最，图志载之详矣。余闽人也，游宦四方，每以未至其下为恨……昼寝，梦游山间，四顾峰峦，玉色秀美，瑰奇不可模状。既觉欣然，窃意所梦殆非尘世也。”这是宋代李纲的《武夷山赋序》，是未游而求之心切遂有梦游的事例。表面看来，原生性梦游体验是一种自然的生理心理活动，似非文化，其实不然：第一，原生性梦游以旅游活动为主题，以情感寄托为主旨，其内容是文化的。第二，它是以做梦、记梦、释梦为中心的梦文化的重要组成部分。第三，它不是个别的个人现象，而是一种普遍的群体现象。

派生性梦游体验是假借梦境所获得的虚拟旅游体验。原生性梦游体验固然情节离奇、自然而然，殊堪回味，但不能招之即来，挥之即去，其中不尽如人意之处也无法修改，“旅游体验”难达酣畅。于是，派生性梦游体验应运而生。派生性梦游体验记载俯拾皆是，典型的派生性梦游当数《梦游天姥吟留别》中李白的天姥山之游。诗人借梦游一夜飞度，天亮时抵达天姥山麓，观海日，听天鸡，迷鲜花，赏奇石，惊熊龙，遇山崩，会仙人，叹梦醒。经历丰富曲折，形象辉煌流丽，意境奇特雄伟，感慨深沉激烈。唐朝李贺的《梦天》也是一篇记载派生性梦游的经典之作。此诗以梦游月宫为主题，前四句写在月宫所见：“老兔寒蟾泣天色，云楼半开壁斜白。玉轮轧露湿团光，鸾佩相逢桂香陌。”后四句写在月宫看人世的感觉：“黄尘清水三山下，更变千年如走马。遥望齐州九点烟，一泓海水杯中泻”。想象之丰富，经历之奇妙，堪称派生性梦游体验的极品。

**（二）感知性虚拟旅游体验**

感知性虚拟旅游体验是虚拟旅游者以感知为主要方式创造出来的类旅游体验。这个定义要点有三：第一，感知性虚拟旅游体验的主体是虚拟旅游者。虚拟旅游者与现实旅游者有种种不同，但在主要目的上却是一致的，都是为了满足旅游需要。不以满足旅游需要为主要目的的感知者基本上不属于虚拟旅游者，这样的感知者及其感知活动也不在本书的探讨之列。第二，感知性虚拟旅游体验是以感知为主要方式创造出来的。与想象性虚拟旅游体验的创造不同，感知性虚拟旅游体验主要不是通过想象创造的，而是通过感知创造的。该体验以“感知性”为标签，原因正在于此。既然以感知为主要方式，就一定离不开感觉器官和感知介质。在感知性虚拟旅游体验中，起主导作用的感官是眼睛和耳朵，居主要地位的感知介质是纸质和网络。第三，感知性虚拟旅游体验的对象是记载的旅游或虚拟旅游。如前所述，任何活动都有特定的对象，感知性虚拟旅游体验就是以记载的旅游或虚拟旅游为对象创造出来的。以记载的旅游为对象的感知性虚拟旅游体验，迹近真实；以虚拟旅游为对象的感知性虚拟旅游体验，虚上加虚。感知性虚拟旅游体验是由该体验的主体虚拟旅游者创造的，创造的主要方式是感知，这两点大异于想象性虚拟旅游体验，而稍近于现实旅游体验。按体验的介质不同，感知性虚拟旅游体验可分为纸游和网游两小类。

1. 纸游体验

纸游体验，即纸上旅游体验。因该体验的介质以纸质为主，且与“纸上谈兵”相类，故名。纸游最初的意思是通过居家欣赏与旅游有关的书刊、图画等体验旅游，后扩大为通过欣赏与旅游有关的影视等体验旅游。据此，可以把纸游体验分书刊游体验、图画游体验和影视游体验等若干类。

（1）书刊游体验。

书刊游体验即通过欣赏与旅游有关的书刊获得的虚拟旅游体验。旅游书刊，素有导游手册之称。自古以来，旅游文学不但为旅游者所喜爱，更为虚拟旅游者所珍视。虚拟旅游者可以尽情地从书中享受各种旅游信息，所得感受有时比亲临其境更深入、更彻底。同样是民俗风情，书中描述的有时比现实更引人深思；同样是青山绿水，笔下呈现的要比自然更具神韵；而对旅游意义的感悟，对文明和自然的责任，书上得来的也往往要比亲历更为深刻。再以审美而言，自在的美和升华的美给人的感受是不一样的。自在的美因未经艺术升华有时显得质朴，而一旦经过艺术加工，就立刻变得光彩照人。行旅作家笔下的美就是这样的美。从作家所描绘的世界里，你能领略到什么叫完美无瑕，什么叫意境深远。作家笔下的美，无论是优美还是壮美，都更能让人心胸舒畅，眼界广阔，更能让一切的纷纷扰扰变得微不足道。正因为如此，一些书刊不但登载游记，而且登载读游记体会，交流心得，甚至还出现了专门登载书刊游体验的“读游记网”。

有位读者这样写道：我是一个行者，喜爱去领略大自然的各种风景奇观，走过不少山水，却在游记中领略到了全新的东西，仿若以往的游览也是对绝景的浅显领悟，也是对它的一种亵渎。几页书就是一段锦绣，几段文字就是无限风光，每一次翻动都是全新的体验。在这无疆世界的探寻过程当中，我伴随着作者一起登上了巍然高山，面临了无垠大海，造访了幽僻小镇……行者是狂烈热爱旅行的人，无论旅行的时间有多长，都会有不同的各种趣味持续，我们却可以通过游记成为思者，在思索的过程当中完成对神秘文化、秀丽景色的领略，完成对作者情怀的感受和体验（佚名，《读游记有感》，http：//www.xchen.com.cn/wenmi/ duhougan/666259.html2015/2/12）。书刊游体验，确实非同一般。

（2）图画游体验。

图画游体验即通过居家观赏山水画获得的虚拟旅游体验。通过居家观赏山水画体验旅游，亦称“卧游”。“卧游”这一概念的出现与南朝画家宗炳有关。史书记载宗炳喜好游山玩水，回来后绘以成画，挂在家中，卧以游之。宗炳在他的《画山水序》中对卧游有细腻的描述：“于是闲居理气，拂觞鸣琴，披图幽对，坐究四荒，不违天励之藂，独应无人之野。峰岫峣嶷，云林森眇。圣贤暎于绝代，万趣融其神思。余复何为哉，畅神而已。”卧游不仅有畅神的审美功能，还有愈疾的医疗奇效。北宋著名词人秦观因仕途不顺，心境忧郁，精神苦闷，患了肠癖病（拉肚子），乃至卧床不起。友人高符仲携带唐代王维的画作《辋川图》供他欣赏，并告知“阅此可以疗疾”。此画乃王维临摹自家田园的山林景观，亭台楼阁、花草树木皆得自然之趣。秦观得画后在床上细细观赏，如同身临其境。他陶醉于画境之中，心中安乐，精神不觉为之振作，脏腑随之调和，“数日（之间）疾良愈”（秦观，《书辋川图后》）。

图画游体验至今仍为虚拟旅游爱好者所称道。如果说实地游是对自然的足力之旅，那么，图画游就是对自然的心灵之旅。借助画家的画作，由“画”入“景”，由“景”入“境”，观者的自我精神得到升华。五代画家荆浩有言，“度物象而取其真”（荆浩，《笔法记》）。这里的“真”已不再是自然之物的代称，而是精神气质的再现。故实地游是以足代心，而图画游则是以心代足，足迹和心迹是不一样的。人们常说“江山如画”，可见“画”是可以美过“江山”的（张捷，2013）。

（3）影视游体验。

影视游体验有两层意思：一是通过异地游览影视基地获得的旅游体验；二是通过居家观赏旅游影视作品获得的虚拟旅游体验。本目讲述虚拟旅游体验，作为虚拟旅游体验的影视游体验，其内涵当然是后者。作为虚拟旅游体验的影视游体验，其具体感受是怎样的？一位笔名“温文尔雅”的网友为我们描述了她的《超时空接触》电影观后感：“太空，在我心中是个神圣的名词。她代表着人类对未知领域的探索。她代表着一种科学的精神，乃至一种信仰。太空是人类永恒的家园。46亿岁的地球，在浩瀚的太空中，只是沧海一粟，而我们每个人，仅仅是这个小小的蓝色星球上短暂存在着的一个个生命体。人的一生，真的就像是那个词——白驹过隙。短暂的一生，像美丽的焰火一样绽放最美丽的色彩，只为璀璨地照耀那一霎间的星空。”（温文尔雅，电影《超时空接触》观后感，http：//blog.sina.com.cn/s/ blog_7 c4458550100t2nb.html 2011-08-03）“温文尔雅”的影视游体验感受，从科学到人生，从电影内到电影外，其深度和广度，恐怕不亚于电影主角伊莉·爱萝薇的超时空旅游体验。

影视是时间和空间的艺术。影视所呈现的时空或者逝去，或者改变，或者还未到来，这一切都会引导我们去做一次时空的漫游。《太空旅行记》带领我们来到了太阳之上，《2001：太空漫游》则把我们从史前带到了未来。现实中挥汗成雨的庐山、挥袖成云的黄山，也可以借助影视一下子恢复其“万径人踪灭”的原始状貌，只留下我们，或者留下你想留下的人，和你一起体验你想体验的庐山雾霭、黄山雨松。

2. 网游体验

网游体验是指利用网络系统获得的一种虚拟旅游体验。它不同于旅游电子商务或网络游戏，后者是现实旅游服务或多位玩家娱乐的电子化而非虚拟旅游体验的电子化，不属于虚拟旅游体验。网游体验中外盛行。美国权威旅游杂志《旅行家》曾选出世界“十大奇景”，第十景即为无国界的电子网络。

在电子网络中，虚拟游客借助系统的导航模块和电子导游系统，可以循着系统预先制定的线路漫游，也可以根据个人爱好自选线路观光，还可以随时停下去查阅更多的相关知识。他们不仅能通过显示器对旅游景观做外部的、静态的观察，而且可以通过人的视觉、听觉、触觉、嗅觉，以及形体、手势或口令，参与到信息处理环境中，获得身临其境般的“旅游体验”，甚至可以梦回千年，去看看完全未遭破坏时的原生态景观，或是体会历史的气息。网游体验的过程是畅快、奇妙的，因为这个过程更自主、更灵活、更激发人的创造和想象力。前一秒还在武汉，下一秒可能就到了瑞士。另外，相对于现实旅游体验食、住、行、游、购、娱面面俱到，网游体验则集中在后三者，因此会更深入、更深刻。

网游体验兴起于 20 世纪 80 年代，是一种充满个性的虚拟旅游体验。20 世纪 90 年代以来，越来越多的人加入网游体验行列中来。“一项新的研究发现，45% 的成年美国互联网用户利用了能够使他们虚拟地到其他地方旅游的功能。尽管大多数网络活动都是年轻人的天下，但年龄稍大些的用户更喜欢参加虚拟旅游活动……城市和受教育程度较高的互联网用户也更喜欢参加虚拟旅游。”（刘彦青，近半数成年美国互联网用户热衷参加虚拟旅游［EB/OL］. http：//news.ccidnet.com/art/1032/ 20050103/198173_1.html, 2005-01-03.）作为新型的休闲娱乐方式，网游体验主要有以下三个特点：

第一，深度的参与性。网络所构造的现实“虚拟”，不仅提供一个现实的“虚拟”环境，还构建了体验的剧情和环节，极大地满足了游客角色扮演的需求。在网游体验中，游客可以摆脱现实的限制，在虚拟与现实的结合中获得深度的参与体验。随着网络信息的更新和互动，这种体验还可以不断超越。

第二，高度的自由性。“e 时代”人们厌倦被灌输、被束缚，喜欢平等自由的交流；在意自己的角色感、需要被满足的自由感等。网络在娱乐和沟通方式上满足了“e 时代”人们的自由需求：忙碌紧张的工作之余，即使不能出游，也能够在自己喜欢的网络情境中游览或参与活动，暂时忘却现实生活中的角色，摆脱日常生活的压力，无拘无束地释放天性。

第三，主体的特定性。俗话说，物以类聚，人以群分。网游既是一种休闲方式，又是一个交流平台或盛会。在共同爱好的驱动下，一群熟悉或不熟悉的人会聚到网络之中，参与同一网游项目。久而久之，有着共同娱乐取向的网友就会形成某个网游的特定群体。

## 第 3 节　旅游体验文化的心理

旅游体验文化的心理是“游”的体验者通过与体验对象接触而形成的社会意识。从静态心理要素的角度看，旅游体验文化的心理包括现实和虚拟旅游体验的需要、动机、期望、知觉、想象、理解、兴趣、态度、情绪、情感、意志、满意度等。由于旅游体验心理在旅游体验文化的心理中占核心地位，本节重点探讨旅游体验的内在动因及心理过程。

### 一、旅游体验文化的内在动因

人为什么要进行旅游体验？从内因上讲是因为有旅游体验的需要与动机。旅游体验是旅游活动的重要组成部分，所以，旅游体验的需要、动机同旅游的需要、动机基本上是一致的。本目重点探讨旅游体验需要和动机的含义与类型。

#### （一）旅游体验需要

1. 旅游体验需要的含义

需要是个体生理或心理的匮乏状态及由此产生的平衡驱动力在头脑中的反映，是人们匮乏感及由此产生的平衡驱动感的总和。旅游体验需要是人的一般需要向旅游领域的延伸，是人们对旅游体验的愿望和要求。随着社会生活节奏日益加快，人们的身心日趋疲劳紧张；在物质生活丰富的同时，人的精神生活却相对匮乏。身心的疲劳紧张和精神生活的相对匮乏引起生理或心理的平衡失调，并由此产生去外地摆脱紧张、补偿缺乏、恢复平衡的驱动力。这种疲劳紧张、相对匮乏、平衡失调的状态和去外地摆脱紧张、补偿缺乏、恢复平衡的驱动力必然通过人的大脑形成主观反映，旅游体验需要就此产生。客观存在体验对象——旅游也是旅游体验需要产生不可缺少的必备条件之一。旅游体验需要具有对象性，没有客观存在的旅游的刺激，旅游体验需要里也就没有了对象，旅游体验需要也不成其为旅游体验需要。

按照马斯洛需求层次理论，旅游体验需要属于一种较高层次的需要。旅游体验需要虽然也有吃、穿、住等基本方面的需要，但这些需要并不仅仅局限于生理层面，更多已发展为对吃得好、穿得好和住得好的追求，已进入较高层次。这是旅游体验需要与人的一般需要的最大区别。

旅游体验，作为自由的生命表现的一种形式，摆脱了异化劳动的束缚。旅游者不吝金钱、不辞辛劳的空间位移活动，不具有“谋生”的性质，而是出于“乐生”的需要，是一种有意识的、对象性的乐生活动，是人的“精神状态得到自由解放的象征，其起步的地方，也正和具体的游戏一样，是从现实观念中得到解脱”（徐复观，1987）。因而，旅游体验需要本质上是文化性的需要。

2. 旅游体验需要的类型

明确地以旅游需要作为探讨对象并为之分类，要数菲利普·皮尔斯的模型。皮尔斯所提出的旅游需要层次基本上是马斯洛需要层次论的翻版，是从旅游的角度对马斯洛的模型进行的重新注解。在这个模型当中，包含了五个层次的旅游需要：放松需要、刺激需要、关系需要、自尊与发展需要和自我实现需要（谢彦君，2005）。

类型划分，服务于研究目的。研究目的不同，类型划分各有侧重。从识别不同旅游体验需要的目的出发，按一定标准，旅游体验需要可以划分出以下几种类型。

按起源划分，旅游体验需要可分为天然性需要和社会性需要两大类。

天然性需要源于自然本能。包括生理性需要（如对衣着、住所、休息、交通的需要）和对安全健康的需要。旅游者的天然性需要，与马斯洛需求层次理论中的生理需要和安全需要有着很大的区别。它并不局限于生存层面，而是渗透到了发展和享受层面。以旅游者的住宿体验为例，旅游者需要的是环境幽雅、卫生清洁、设备齐全的休息场所，以便体验生活和美的享受，而不是一般意义上的“居者有其屋”。

社会性需要源于社会生活，它是旅游者对于名誉、权力、尊重、交往和友谊等方面的需要，对应于马斯洛“需求层次理论”中“归属和爱的需要”及“尊重的需要”。旅游体验需要中的“归属和爱的需要”，主要表现为探亲访友、故地重游、寻根求源、结交朋友、增进友谊等；旅游体验需要中的尊重需要，主要是表现为摆脱工作中遭人冷落的烦恼，重新感受人间的温暖和他人的尊重等。

按对象的属性划分，旅游体验需要可分为物质需要和精神需要两大类。

物质需要主要是指旅游者对服饰、食物、住所、交通等物质产品的需要。旅游体验主要是为了追求精神上的满足，但精神上的满足离不开物质产品的支持，所以，旅游者的物质需要是普遍存在的。旅游者的物质需要不全是低级需要，除了生存需要部分外，有的属于发展需要，有的属于享受需要。在旅游活动中，后两者还比较突出。

精神需要主要是指旅游者对于艺术、道德、宗教信仰和美的需要。旅游活动是一种高级的精神活动，许多人利用自己的休息时间，千辛万苦，不远万里，主要是想通过旅游寻访名胜古迹和风土人情，或者通过旅游欣赏艺术珍宝、琴棋书画以获得精神上的满足。所以说精神享受的需要，是旅游者最为普遍和共同的需要。

按需要的复杂程度划分，旅游体验需要也可分为单一性需要和多样性需要两大类。

单一性需要是指旅游体验者对平衡、和谐、熟悉、没有冲突和可预见性的向往和追求。“单一性”意味着稳定、安全，是人类的基本需要。大批旅游者之所以喜欢世界驰名的景观，而且愿意享受大众的、标准化的旅游服务，在很大程度上是单一性需要使然。

多样性需要是指旅游体验者对新奇、出乎意料、变化和不可预见性事物的向往和追求。“多样性”意味着变化、刺激，也是人类的基本需求。旅游者愿意游览他以前从没有去过的地方，而且喜欢乘坐不同的交通工具，光顾不同的旅店，乃是受多样性需要的推动。在单一性需要获得满足之后，人们的多样性需要往往大增。

**（二）旅游体验动机**

1. 旅游体验动机的含义

动机是个体发动和维持其行动并导向某一目标的直接内在驱动力。根据心理学的动机定义，我们可以对旅游体验动机做这样的界定：旅游体验动机是直接推动、引导一个人进行旅游体验的内部动因或动力。

主体的旅游体验需要是产生旅游体验动机的首要条件。社会心理学告诉我们：动机的动力成分源于需要。旅游体验需要产生后，如果不能得到满足，体内就会感到紧张，并产生一种动力，驱使人们采取行动，满足需求，消除紧张。这种动力为旅游体验动机中动力成分的形成奠定了基础。

如果说旅游体验动机的动力成分源于内在的旅游体验需要，旅游体验动机的导向成分则源于个体在后天社会生活中所习得的各种观念、规范准则以及个体当时所处的社会环境，特别是外在的旅游体验目标，即能够满足旅游者旅游体验需要的旅游地。其中的旅游体验对象尤为关键。

2. 旅游体验动机的类型

国外对旅游动机类型的研究起步较早，并取得了不少成果。20 世纪 60 年代，美国人约翰 · A . 托马斯提出驱使人们进行旅游的 18 种重要动机。70 年代，麦金托什将旅游动机归纳为身体健康动机、文化动机、交际动机、地位与声望动机四大类。旅游动机的研究，为旅游体验动机类型的划分奠定了坚实的基础。结合旅游体验实际，旅游体验动机主要有以下几种类型：

（1）身心健康动机。包括两方面的内容，一是生理上的健康动机，如以增强体质、恢复体力为目的的旅游体验动机；二是指心理上的健康动机，如以消除心理紧张、缓解心理压力为目的的旅游体验动机。健康动机的特点主要是：以促进身心健康为目的，推动人们从事调节身心节律、增进身心愉悦的旅游体验活动，满足人们身心健康的旅游体验需要。纵观古今旅游，不难发现，许多旅游体验类型的背后，都有健康动机的存在，保健旅游、疗养旅游主要是健康动机推动的结果。

（2）探奇求知动机。这是驱使人们认识和了解自己生活环境和知识范围以外的事物的旅游体验动机，包括以探险猎奇为目的的探奇动机和以增长见闻为目的的求知动机。探奇动机和求知动机往往互相渗透，密不可分，故归为一类。探奇求知动机的特点，主要是以满足旅游者好奇心和求知欲为目的，推动旅游者从事具有新意性、知识性乃至冒险性的旅游体验活动。探奇求知的动机在旅游体验动力中很普遍，探险旅游、科考旅游、教育旅游更是探奇求知动机的产物。

（3）娱乐审美动机。旅游体验活动也是娱乐审美活动，所以，娱乐审美也是人们旅游体验的重要动机之一。娱乐动机以获得快乐、乐趣为目的；审美动机以获得愉悦、美感为目的。娱乐动机和审美动机往往如影随形，密不可分，故归为一类。娱乐审美动机的特点，主要是以满足旅游者求悦求美需要为目的，推动旅游者从事快乐有趣、具有审美价值的旅游体验活动。在旅游体验动力中，娱乐审美动机同探奇求知动机一样普遍，甚至有过之而无不及。去异地参加游乐活动、游览名山大川，其主要动机便是娱乐审美。

（4）社会交往动机。社会交往是人之本性，它既是人们需要的层面，也是人们外出旅游的重要动机。旅游体验的社会交往动机包括以结识新朋、探访亲友为目的的亲和动机和以寻根怀古、归宗认祖为目的的怀旧动机。社会交往动机的特点是：以扩大交往、沟通情感为目的，推动人们从事增进友谊、联络感情的旅游体验活动，满足人们爱和归属的旅游体验需要。每种旅游的背后都不同程度地存在社会交往的旅游体验动机。社会交往动机还是探亲游、故国游等旅游形式的主要动机。

（5）自我实现动机。自我实现动机主要包括展现自我动机和发挥自我动机。前者以炫耀自己特殊经历、提高自己社会地位为主要目的，后者以挖掘自己最大潜能、充分发挥自己个性为主要目的。自我实现动机的特点是：以展现自我、发挥自我为目的，推动人们从事能够体现自我的旅游体验活动，满足人们自我实现的旅游体验需要。越来越多的人把旅游体验看作他们实现自我的一种有效的手段。豪华旅游、探险旅游在很大程度上是这种旅游动机推动的结果。

（6）宗教信仰动机。宗教信仰动机指直接推动宗教信众暂时离开常住地参加宗教活动的内在驱动力。宗教信仰动机的特点是：以增强认同、规范行为、调节心理、整合社会为目的，推动某一宗教信徒暂时离开常住地朝拜、求法、传教或参加宗教节日，满足人们宗教情感或宗教式情感的需要。宗教信仰动机也是重要的旅游体验动机之一，所谓宗教旅行就是该动机推动的结果。

## 二、旅游体验文化的心理过程

旅游体验心理是人的心理的一部分，从心理过程的角度看，包括认知、情感、意志三个过程。旅游体验心理活动过程是这三个过程的统一，它们相互联系、彼此渗透和相互影响。

### （一）旅游体验的认识过程

旅游体验的心理过程，一般是从旅游体验者对旅游体验对象的认识过程开始的。认识过程通过感觉、知觉、记忆、想象、思维等环节来实现，可以分为两个阶段，即对旅游体验对象的认识形成阶段和认识发展阶段。它是旅游体验决策和旅游体验行为形成的重要基础。

1. 对旅游体验对象的认识形成阶段

旅游体验者对旅游体验对象的认识形成阶段，属于感性认识阶段，是旅游体验者通过自己的感觉器官获得有关体验对象的各种信息及其属性的过程，主要包括旅游感觉和旅游知觉两种心理现象。

旅游感觉是直接作用于感觉器官的旅游现象在旅游者头脑的零散反映，它是旅游认识活动的起点。旅游现象作为客观事物，由于旅游者的接触和享用，直接作用于旅游者的外部感觉器官，刺激了旅游者的视觉、听觉、嗅觉、味觉和触觉，由此形成了对该旅游现象的个别属性的反映。

旅游感觉按刺激物与感受器的内外差别，可分为外部感觉和内部感觉两大类。外部感觉是由外部刺激物作用于外部感官引起的，包括距离感觉和接触感觉。内部感觉是指由人体内部各器官运动的刺激所引发的感觉，包括平衡觉、运动觉和机体觉。

旅游知觉是指直接作用于旅游者感官的旅游刺激现象在人脑中的整体反映。与旅游感觉相比，旅游知觉所反映的是对象的整体属性，所以，旅游知觉是旅游感觉的综合。旅游知觉具有选择性、整体性（组织性）、解释性等特点。

按知觉的简单与复杂程度划分，旅游知觉可分为简单（一般）旅游知觉和复杂旅游知觉两大类。简单（一般）旅游知觉是指以某种感觉为基础的知觉，包括旅游视知觉、旅游听知觉、旅游味知觉、旅游嗅知觉、旅游肤知觉等。复杂旅游知觉是指以多种感觉为基础，或缺乏感觉基础的知觉，包括旅游空间和旅游时间的知觉及旅游运动知觉。

2. 对旅游体验对象的认识发展阶段

在认识的形成阶段，旅游者获得了对旅游体验对象直观形象的了解。要进一步加深认识，还需要利用记忆、注意、想象、思维等心理活动来完成和深化其认识过程。

记忆就是把感知过的经验积累起来从而加深认识的过程。如感知过的事物、体验过的情感、进行过的行为等，都能以经验的形式在头脑中保存下来，并在一定的条件下被激活，再现出来，这就是记忆的过程。记忆是一个复杂的心理过程，它包括识记、保持、再现三个基本过程。识记就是识别和记住事物的过程。从信息加工的观点来看，识记是信息的输入和编码的过程。保持是巩固已获得的知识经验的过程，也就是信息的储存和继续编码的过程。把经历过的事物重新回想起来的过程，叫作再现。

旅游者的记忆对享受旅游体验和认知旅游体验具有十分重要的作用。由于有了记忆的心理活动，旅游者就可以把美好的体验经历储存并再现出来，以便自我回味或与人分享；由于有了记忆的心理活动，旅游者在下次旅游体验之前，就可以用记忆中的经验作为行为的参考依据。如果没有旅游记忆，人的旅游感受便不够完美，也必然会影响到下一次旅游体验过程。

思维是对事物的一般属性和事物内在联系的间接的和概括的反映，它是认识的高级阶段。间接性和概括性是人的思维过程的主要特性。间接性是通过其他媒介来认识客观事物，比如通过书籍、报刊、旅游宣传材料等来间接地了解外面的精彩世界；概括性是指借助已有的知识和经验来理解和把握那些没有感知到的或根本不可能感知到的事物，比如星级饭店服务质量好、信誉高，这就是对星级酒店的本质特征的概括反映。

思维是在感知的基础上产生和发展起来的。通过对感知所得到的材料进行分析、综合、比较、抽象、概括、具体化等复杂的心理活动，使人们获得对事物更全面、更本质的反映。独立、灵活、敏捷的思维是旅游体验深刻性的保证。中国旅游体验文化在宋代达到高度成熟，这与宋代人充分发挥思维在旅游体验中的作用是分不开的。

想象是利用头脑中已有的知识经验去设想、创造一些前所未有的东西。依据想象产生时有无预定目的，想象可分为无意想象和有意想象。根据想象的独立性、新颖性和创造性的不同，又可分为知觉性想象、再现性想象和创造性想象。想象与思维有着密切的联系，它也是一种高级的心理过程。

想象是旅游体验者的翅膀，旅游体验离不开想象，高峰旅游体验更离不开想象。在旅游之前由各种正面信息引发的对体验对象和过程的想象，可以使准旅游者身未临其境，心已入佳境；在旅游中由体验对象和过程引发的想象更使旅游体验蒙上瑰丽的色彩，推动旅游体验进入高峰状态。

**（二）旅游体验的情感过程**

旅游者在旅游体验中，不但认识了周围的事物，而且会产生某种情绪和感情。赏花草，感知它的颜色、香气，会产生美好、愉快的心情；出意外，认识到事故的严重后果，会感到悲伤、痛苦；游圆明园，看到她的残垣断壁，会产生耻辱感；游长城，感知它的雄姿，会产生自豪感。旅游者在旅游体验过程中出现的喜悦、愤怒、高兴、悲伤、恐惧、自豪、幸福、耻辱等各种形式的情绪和感情，统称旅游情感。所以，旅游体验的情感过程就是旅游者对旅游现象的情感发生与变化的过程。

情绪一般指与生理需要相联系的较低级情感。情绪按程度划分有心境、热情和激情三种。心境即平时所说的心情，是一种比较微弱、平静又持久的情绪状态，如喜气洋洋、心灰意冷等。在旅游体验活动中，心境这种情绪司空见惯。同样是青山、夕阳，唐庚（宋）的体验是“草青仍过雨，山紫更斜阳”，平静中伴随着持续的愉悦；杨慎（明）的体验是“青山依旧在，几度夕阳红”，一丝淡淡的哀愁挥之不去；热情是一种强有力的、稳定而深刻的情绪，如痴情、热爱等。在旅游体验活动中，热情这种情绪也屡见不鲜。孔子讲过“仁者乐山，智者乐水”，实际上也是他本人终生热爱山水的表白；李白自称“五岳寻仙不觉远，一生好入名山游”，其对山水的热情堪称典范。激情是一种迅速强烈的爆发而时间短暂的情绪体验，如狂喜、暴怒、绝望等都属于这种情绪状态。对于旅游者来说，激情的发生通常是由于旅游活动中的重大刺激所引起的。比如，某旅行社将旅游团半路转到另一旅游团，到目的地后竟然没有人管该团的游客，这些游客自然是怒发冲冠，气愤异常。

感情是指与人的社会性需要紧密联系的较高级情感，它是人在认识世界和改造世界的过程中产生和发展起来的，带有社会历史性。与情绪相比，具有较大的稳定性和深刻性。感情集中体现在理智情感、道德情感、审美情感之中，“三感”以感情为主，情绪为辅。道德情感是人们根据一定的道德标准，评价自己或他人的言论、行动、思维、意图是否符合人的道德需要而产生的情感，如正义感、耻辱感等。在旅游体验活动中，道德情感俯拾皆是。中国传统旅游体验的主要目标就是追求道德，包括道德情感的升华。理智情感是人的求知欲望是否得到满足时而产生的高级情感。如科学研究中的喜悦、疑惑、惊讶、不安等情感。在旅游体验活动中，理智情感随处可见，在科学考察旅游者中尤为突出。审美情感是人们根据美的需要，对自然、社会生活和它们在艺术上的反映进行评价时所产生的情感。如优美感、崇高感、戏剧性中的情感等。在旅游体验活动中，审美情感无处不在。旅游审美情感以优美感、崇高感中的情感为主。

旅游情感过程比较复杂，不但贯穿于旅游活动各个环节，也存在于旅游活动开始之前和结束之后。在旅游准备阶段，“准”旅游者旅游情感活动十分复杂和活跃，向往和盼望、好奇和激动交织在一起，表现为一种兴奋、亢进的状态。在旅途中，交通安全、畅达、舒适而不单调等问题是旅游者特别关心的方面，如果出于长途旅行产生的生理和心理上的不适，就会引起烦躁的情绪。当旅游者刚抵达某游览地时，陌生、新奇、人地生疏等心理状态也会产生不安、紧张的情绪。而在游览过程中，旅游者的心理活动与行为都非常活跃，常常表现出一种激动和兴奋的情感。旅游尾声，念友、思归等情感往往表现出敏感、易变的特征。旅游结束后，回顾、总结时，“前”旅游者会出现满意或不满意等情感。

**（三）旅游体验的意志过程**

旅游世界是一个新奇的世界，也是一个充满风险的世界，面对这个极具魅力的世界，旅游者在获得认识和情感体验的同时，也面临意志的考验。在风险和困难面前，有的人心里打起了退堂鼓，有的人心里犹豫不决，有的人信念坚定、不屈不挠。旅游者这种面对困难有意识地支配和调节自己行动的心理过程，就是旅游体验的意志过程。旅游者意志强弱不同，旅游体验的意志过程也不尽相同。根据预定的目标，主观能动地行动，克服一定困难，坚持达到目的的心理活动过程，属于意志过程；放弃预定目标，消极被动地行动，逃避困难，半途而废的心理活动过程，也属于意志过程；介于二者之间的心理活动过程，同样属于意志过程。以往界定意志过程强调第一种情况，失之偏颇。

旅游体验的意志过程也是一个比较复杂的过程，同旅游体验的情感过程一样，也贯穿于旅游活动之中和旅游活动前后。但以旅游前和旅游中最为突出。旅游前要进行旅游决策，在进行旅游决策的过程中，旅游者要选择旅游方式、旅游地点、旅游时间、旅游食住、消费水平等，要制订几套方案，往往颇费心思，要经过一番思想斗争，才能下定决心；旅游过程中，在旅游决策时，常常遇到一些干扰因素，考验旅游者的意志，刺激旅游者的意志活动再度活跃。特别是那些探险旅游者、极限项目游乐者，面对种种高风险、强刺激，其意志活动往往达到高峰状态。

## 第4节　旅游体验文化的行为

旅游体验文化行为是旅游体验文化心理的外化，包括旅游或虚拟旅游的体验行为活动和体验行为规范。“游”的体验行为活动，从体验的环节看，包括“游”的交通体验行为活动、饮食体验行为活动、住宿体验行为活动、游览体验行为活动、购物体验行为活动、娱乐体验行为活动等。“游”的体验行为规范则包括针对“游”体验行为活动的法律、道德、习俗、规则等。由于旅游体验行为在旅游体验文化的行为中占核心地位，本节重点探讨旅游体验的行为活动及其规范。

### 一、旅游体验的行为活动

#### （一）旅游体验的行为活动：文化创造

旅游体验行为活动是旅游体验的外显活动，一般称之为“旅游消费行为”，包括行、食、住、游、购、娱等行为活动。实际上，“旅游消费行为”只是上述行为活动的一个侧面，文化创造才是上述活动的本质所在。毕竟，对旅游者来说，购用旅游产品是手段，满足文化需要才是目的。所以，这里对旅游体验行为活动的探讨，仍着眼于行、食、住、游、购、娱等具体的旅游体验行为活动，重点揭示其文化创造的基本面貌。

行即旅游交通。从旅游体验者的角度看，旅游交通是指旅游者由定居地到目的地及在各地区往返的空间移动行为。旅游交通除具有一般交通的属性外，还具有游览性、舒适性、季节性等独特特点。旅游者借助于旅游交通实现游览行为，并在旅途中创造旅游体验文化：咀嚼离别滋味，观赏沿途风光，体验交通服务，尝试人际交往，回味旅游经历，酝酿新的目标。古人创造的道别、赠言、洗尘等旅游交通习俗流行至今姑且不论，单单是旅游体验文化产品，又有多少形成于旅途之中！

食即旅游饮食。作为一种行为，旅游饮食是指旅游者在旅游过程中的喝与吃。同日常饮食相比，旅游饮食更强调方便、卫生、营养、经济和特色。旅游饮食既可以发生在沿途的宾馆饭店中，也可以发生在目的地的农家小院内，甚至发生在自备的旅行帐篷里。旅游饮食既是一种生理行为，更是一种文化行为。它在消费食物的同时，也在创造文化：欣赏烹调艺术，领悟食艺之美；品尝特色食品，体验地方文化；猜拳行令，极尽饮食之乐；饮酒赋诗，更添文雅之色！旅游饮食行为同旅游饮食生产、旅游饮食服务、旅游饮食礼仪、旅游饮食制度等一起构成了丰富多彩的旅游饮食文化。

住即旅游住宿。作为一种行为，旅游住宿亦即旅游者在旅游过程中的投宿与居住。旅游住宿讲究方便、安全、卫生、宁静、价廉、舒适。同旅游饮食一样，旅游住宿既可以发生在沿途的宾馆饭店中，也可以发生在目的地的农家小院内，甚至发生在自备的旅行帐篷里。旅游住宿行为除了睡觉、休息外，更多的是社交、娱乐、健身、通信等文化行为。旅游住所也是旅游者家外之家，旅游者常借以栖身之地，将旅游所见、所感、所思等体验诉诸文字，创造了大量旅游体验产品，孟浩然的《宿建德江》、林逋的《宿洞霄宫》便是其中的代表。

游即游览。一般说来，游览是指旅游者在目的地从容行走、观赏景物的行为。在现代社会中，导游服务常与游览活动相随，享受导游服务已成游览活动的重要组成部分，所以，游览活动也包括导游服务接受行为。游览是旅游体验行为六大环节之一，而且是旅游体验行为最重要的一环。相对行、食、住三大环节而言，游览是核心，也是目的。游览行为中的享受服务行为固然要付费，使游览行为带上经济色彩，但游览仍不失为典型的旅游文化行为，所谓旅游是文化，主要就因为“游”是文化，这一点已有共识，不具述。

购即旅游购物。旅游购物是旅游体验活动六大环节之一，通常是指旅游者在旅游过程中对有形产品的购买行为。由于旅游购物过程中旅游者经常接受附加其上的有偿服务，所以，旅游购物也应包括旅游者对附加服务的购买。在旅游体验六大环节中，旅游购物最具经济色彩，但这并不意味着旅游购物行为没有文化内涵。其实，旅游购物行为也是文化行为。旅游者所购之物，除旅游日用品外，还有大量的旅游纪念品、旅游收藏品、旅游馈赠品等文化性产品，这是其一；旅游购物抢购成风，特别是中国出境旅游者的抢购行为令外国人瞠目结舌，既惊且喜，抢购之风已然成为一种文化现象，这是其二。在旅游体验行为中，作为行为文化，旅游购物行为跟抢购之风一样抢眼。

娱即旅游娱乐。作为一种行为，旅游娱乐是指旅游者在旅游过程中的求乐求趣行为。娱乐行为贯穿于旅游体验各个环节，在旅游体验行为中同游览一样处于核心地位。其性质也同游览一样，属于典型的旅游文化行为。这一点也是共识，不赘述。

### （二）旅游体验的行为方式

所谓的旅游体验的行为方式，亦即旅游体验行为的方法、形式。提起旅游体验的行为方式，人们自然会想到科恩总结的旅游体验方式。科恩在《旅游体验现象学》（1997）一文中将旅游体验方式划分为五种类型：休闲的方式、排遣的方式、经验的方式、实验的方式和存在的方式。细读科恩总结的五种旅游体验方式，实际是五种旅游体验的类型，与我们讲的旅游体验行为方式不是一个问题。按照我们对旅游体验行为和行为方式的理解，旅游体验的行为方式主要是行、食、住、游、购、娱等体验行为的方式。

旅游交通体验的行为方式可分为两大类：徒步与乘骑。徒步即凭借一双脚板旅行；乘骑则是凭借交通工具旅行。徒步无疑是最古老的旅行方式，人类一开始就是徒步行走的，凭借一双脚板奔向一个个目标，踩出一条条道路。旅游出现时，交通工具已经出现，有的旅游者坐上了舟车，有的旅游者还是坚持徒步行走，这一传统一直延续到交通发达的今天。至今仍有大批背包客徒步旅游，有的甚至徒步环球旅游。乘骑的出现虽然比徒步晚，但后来居上，逐渐成为主要的旅行方式。从畜力工具到人力工具，从内燃机式到喷气式，从陆地到水上，从天空到太空，交通工具林林总总，还是满足不了旅游者的旅行需求。徒步与乘骑，方式不同，旅游交通体验各有其妙。徒步对自由、人生领悟深刻，乘骑对舒适、快捷体验较多。

旅游饮食体验的行为方式主要是品与尝。品是品味，亦即体会、体味的意思；尝是尝试，亦即辨别、试验的意思。旅游饮食与日常饮食有一定的差异，这种差异是，旅游者的饮食需要更多体现的是一种心理文化上的需要，除求实（经济实惠）外，还强调新、异、特、名、美。旅游者离开惯常的饮食对象和饮食环境，来到一个新的地方，对目的地的饮食对象和饮食环境既陌生又好奇，希望通过品与尝加以了解。地方饮食是奇特的，不品味无以体会或体味当地食品之奇、文化之特；地方饮食是陌生的，不尝试便贸然行动，轻者吃坏肚子或闹出洋相，重者伤害自家性命或引发流血冲突。同样是品尝，具体的方式又不相同：有的细嚼慢咽，谨遵食礼；有的狼吞虎咽，旁若无人。前者饮食体验深刻细腻，后者饮食体验痛快过瘾。

旅游住宿体验的行为方式主要是露宿与住店。露宿即以天地为家，投宿于洞穴、河谷、花间、树下或自带帐篷之中；住店即以旅店为家，投宿于驿站、农舍、宾馆、饭店等住宿服务场所。露宿无疑是最古老的居住方式，人类一开始就是露宿于天地之间的。那时只有旅行，没有旅游，旅居于自然之中是再正常不过的事了。后来出现了房屋，旅行者也有了暂时歇脚的家外之家。旅游出现时，旅馆设施已经出现，有的旅游者还是愿意露宿。同徒步旅游一样，露宿这一传统一直延续到住宿业发达的今天，至今仍有大批背包客不但徒步旅游，而且露宿野外。住店形式的出现虽然比露宿形式晚，但也后来居上，逐渐成为主要的旅游住宿方式。露宿与住店，方式不同，旅游住宿体验也不相同。露宿对自然的体验有独特的感受；住店对文化的体验机会较多。

游览体验的行为方式主要有行军式和考察式两大类。行军式游览体验行为即通常所说的走马观花式，表现为很快地从一个景点转移到另一个景点，匆匆忙忙，蜻蜓点水，浮光掠影。观光旅游是其代表。考察式游览体验行为即所谓“凝眸盘桓”，表现为在景物跟前长时驻足，仔细观察、用心体味。科考旅游是其代表。行军式游览体验泛泛而肤浅，考察式游览体验细致而深刻。有学者把行军式游览行为与组团旅游挂钩，把考察式游览行为同散客旅游对接，贬低前者而推崇后者，实在是见仁见智。其实，不管组团旅游还是散客旅游，都存在行军式和考察式两种行为方式。至于这两种行为方式孰优孰劣，那要看个人的需要。上海中医药大学附属岳阳医院朱南孙教授爱好旅游，自称游览时徐疾随心，行止任意，该行走时走马观花，该逗留处凝眸盘桓，畅快无比。可见两种行为方式各有其妙，就看你如何运用了。

旅游购物体验的行为方式主要有问与试。问即询问，包括问价格、问产地、问功能、问质量、问品牌、问档次、问服务、问说明……只要和购物有关，无所不问。试即试用，包括试看、试听、试尝、试坐、试穿、试戴、试搽、试玩……只要能试，无所不试。反复询问和试用，这是购物行为的一般特点，所以，售货员的一个基本职业要求便是“百问不烦，百拿不厌”。购物行为的这一特点以旅游购物为甚。因为旅游购物不同于日常购物。旅游购物，旅游者身在异地，往往并不了解商品的实际情况，对商品价格、质量、服务等极不放心，加之旅游商品价高质低的现象十分突出，旅游者购物指向随意性强，购物需求精神成分高，问与试自然成为旅游购物体验的主要行为方式。通过问与试，旅游者获得多重购物体验：或欣喜，或沮丧，美感、成就感、挫败感不一而足。

旅游娱乐体验的行为方式主要是看与做，看即旁观，做即参与。旅游者不同，娱乐项目不同，旅游娱乐体验的行为方式也不相同。有的项目有可参与性，一些旅游者却只想旁观，不想参与；有的项目没有可参与性，一些旅游者却跃跃欲试。看与做，行为方式不同，游乐体验也不相同。看的方式使旅游者与游乐对象保持一定距离，固然可以确保安全，但只有部分感官发挥作用，无法获得全方位的体验；做的方式使旅游者融入游乐对象之中，全部感官零距离与对象接触，接受对象的全方位刺激，让旅游者情绪高涨，如痴如狂，从而获得更大的心理满足。因此，越来越多的旅游者已不再满足于只当“看的人”，要当“做的人”了，希望得到操作与表现的经历。

### （三）中西旅游体验行为的差异

以上所谈旅游体验的行为方式是从共性角度说的。实际上，不同时代、不同民族的旅游体验行为是有差别的。下面仅就中西旅游体验行为略做比较。

在旅游交通方面，中西旅游体验行为的差异主要表现为群与独。即中国人出游喜欢阖家共游，西方人喜欢单独外出旅游。中国人喜欢结伴同行，认为这样既可热热闹闹，有旅游气氛，人们之间又可以相互照应，获得安全感；而西方人为了尽情享受属于自己的时间和空间，往往单独外出旅游度假，认为与人结伴或与家人同行，很不自由，会损害自己的旅游效益。这一差异与中西方人际观的不同紧密相连。在人与人的关系上，中国人强调集体主义，家庭观念很重；西方人强调个人本位，家庭观念薄弱。这不能不对东西方的旅行方式产生影响。

在旅游饮食方面，中西旅游体验行为的差异主要表现为合与分。合即合餐，分即分餐。外出旅游，吃饭的时候，人们容易看到，中国人习惯于拿着碗筷同吃一桌菜肴，没有你我之分；西方人习惯于拿着刀叉各吃各的饭菜，界限分明。前者就是合餐，后者就是分餐。西方历来盛行分餐制，到了餐桌前，直截了当，直指主题。你吃你的，我吃我的，这种“个人主义”的行为，在人际关系上既体现了个性独立，又表现了对他人饮食行为和习惯的尊重。中国宋代以前实行过分餐制，宋代以后实行合餐制。合餐制首先强调人际和谐，然后指向食物。因此，在合餐制的宴会过程中，常常更注重人际关系、社会角色、人情债务的协调和分配。

在旅游住宿方面，中西旅游体验行为的差异主要表现为共与私。共是保持一定的公开性。私即强调隐私性。在旅游世界里，我们会看到，中国人住宿的房间里，经常有一些亲朋好友相聚娱乐或闲谈，白天如此，深夜也是如此。一些刚刚熟悉的房客也应邀或自动互相串门。而西方人居住的房间则显得很清冷，聊天、娱乐活动很少在卧室进行。这一差异是中西方居住文化在旅游居住行为中的必然反映。中国人讲求一种和谐的亲情邻里关系，故在居住方式上习惯聚族而居、毗邻而居，习惯和喜欢相互谈论家庭事务。与此相反，西方国家则主张父母兄弟分爨而居、屋与屋之间保持距离，家庭事务属于隐私，不愿外露。这一文化差异使许多中国老人到西方国家后感觉特别不习惯。

在游览方面，中西旅游体验行为的差异主要表现为静与动。静即安稳、平静、和平气象。动即变动、活跃，少受拘束。每个国家和民族都有自己的文化和国情，这就决定了不同国家、民族旅游者的游览行为会有所不同。一般情况下，中国人性格内向，信奉“天人合一”，乡土意识、宗族观念较强，喜欢小桥流水、流云飞鸥、波澜不惊的和平景观，多选择熟悉的甚至是人人皆知、规划成熟的目的地，故里、祖庙类景点也很有吸引力；美国人开朗，大方，喜新奇，重实利，爱结交朋友，喜欢讲话，不爱拘束，游览中往往是想做什么，就做什么，有时还会临时提出新的要求；英国人矜持、冷静，尊重妇女，有绅士派头，不轻易表露自己的意愿，游览中大都时间、纪律观念较强，遵从安排，多看少语，不随便提出计划外的活动要求；法国人热情，豪放，不拘小节，热爱生活，喜欢与人交往，重视自由，容易激动，游览中比较活跃，无拘无束，喜欢自由活动。

在旅游购物方面，中西旅游体验行为的差异主要是冲动与理智。冲动即好感情用事，易受别人影响；理智即按计划行事，靠理性支配行动。中国人出境旅游购物是出了名的，常常被描述为抢购。“新加坡一家商场的欧莱雅柜台前出现了大混乱。一群中国游客拥向柜台，吵吵闹闹地要买各种护肤品。华裔售货品尤凯伦一面接过大把钞票，一面不悦地瞪大了眼睛：‘我的天，他们太吵了，我不得不吼着说话，喉咙都疼了。’”这是2005年10月21日美国《纽约时报》一篇报道的描述。作者总结道：“美国和日本的游客把钱花在豪华的房间上，然后去海边晒太阳；中国的游客则主要把钱花在观光和购物上。”这种情况似乎表明购物已成为国人出境旅游的重要动机。但据《中国出境旅游者消费模式研究》(中国出境旅游者消费模式研究课题组，2003)的统计结果，虽然购物花费高居中国出境旅游者全部花费之首，却没有旅游者把旅游购物列为旅游动机！显然，中国游客的购物行为多半不是有备而来，系由某种刺激引起冲动所致。反观来华旅游的欧美客人，购物行为显然属于理智型的。他们对有鲜明特色的中国民间工艺品较喜欢，尤喜丝绸、瓷器、景泰蓝、玉佩、中国风格的服饰和刺绣品。他们购买景泰蓝，不喜欢只做摆设，而喜欢其实用。欧美客人对于顺序有相当严格的态度。如果柜台前一时出现较多的欧美客人购物时，只要营业员按次序售货，他们即使稍等较长时间也不会计较。

在旅游娱乐方面，中西旅游体验行为的差异主要是轻松与剧烈。中国人性格内向，保守稳健，重节制、求安稳，寻求一些轻松、安稳的游乐项目，缺乏主动性和冒险性。西方旅游者多具有主动、热情、不畏艰险的外倾性特点，因而喜欢攀岩爬壁、驾船冲浪、跳伞蹦极、拳击赛车等；这种情况近年虽有改变，但总体上仍然如此。

## 二、旅游体验的行为规范

### (一)旅游行为规范界说

旅游行为规范是以旅游法律法规、旅游道德、旅游习俗为主要形式来指导和约束旅游活动的规定、标准等的总和，其目的在于保障旅游活动的文明健康发展。本书的旅游是狭义的旅游亦即旅游者的活动，因此，这里的旅游行为规范是指专门针对旅游者及其旅游活动的规范，不同于专门针对旅游业者及其旅游经营活动的旅游业规范。旅游行为规范属于行为文化，也是广义的精神文化的一部分。它因旅游而产生并规范旅游体验行为，故归于旅游体验文化中的行为文化。

从整体的角度看，旅游行为规范的主要内容包括旅游规范的理念、行为、方法以及最终目标等。旅游规范的理念主要解决“规范的指导”的问题，具体涉及规范的原因、目的、原则、要求等。旅游规范的行为主要解决“规范的落实”的问题，具体涉及规范的对象、范围、层次、程度等。旅游规范的方法主要解决“如何规范”的问题，具体涉及规范的途径、手段等。旅游规范的目标实际上是对旅游规范效果的期待，目标的实现反映出旅游规范的最终结果。

### (二)旅游行为规范的分类

旅游行为规范类型划分较为复杂。既可以按照规范的主体进行分类，也可以按照规范的效力来分类，还可以按照构成成分的不同进行分类。这里按照旅游规范构成成分的不同将旅游规范分为旅游法规、旅游道德、旅游习俗三类。

#### 1. 旅游法规

旅游法规一般被定义为“由国家立法与行政部门制定、修正、废止的关于调整旅游活动中各种法律关系的规范体系”。中国旅游法规包括由全国人大常委会制定的旅游法、国务院制定的旅游行政法规、各部委制定的部门规章以及各级地方政府制定的相关旅游法规等。本书的旅游是指旅游者的活动亦即狭义的旅游，所以，本书的旅游法规特指专门规范旅游者及其行为的法规。

目前，中国旅游基本法——《中华人民共和国旅游法》已经制定实施，其中有专章规定旅游者的权利与义务。国务院的旅游行政法规——《旅行社管理条例》《导游人员管理条例》也有部分关于旅游者权利与义务的条款。它们一起构成中国调整旅游关系的主要法律依据。同时，文化和旅游部发布的《旅行社管理条例实施细则》《旅行社质量保证金暂行规定》《旅行社质量保证金赔偿暂行办法》《旅行社投保旅行社责任保险规定》《旅行社经理资格认证管理规定》《导游人员资格考试制度》《导游证管理办法》《导游人员管理实施办法》等文件，也对旅行社经营活动和导游人员的导游服务进行了相应的规范，其中涉及旅游者的权利和义务。此外，关于饭店管理、景区管理、旅游规划、出境旅游的《旅游饭店星级的划分与评定》《国家 5A 级旅游景区评定标准》《旅游发展规划管理办法》《中国公民自费出国旅游管理暂行办法》等以及涉及旅游的相关法律法规、各级地方政府颁布实施的旅游法律法规等也是中国旅游法规的重要组成部分，其中也有关于旅游者权利和义务的规定。

上述有关旅游的法律、法规及部门规章既规范约束旅游者及其旅游活动，也规范和约束旅游业者的旅游经营活动。到目前为止，尚没有一部专门针对旅游者的法律规范体系，相关的内容只能从国家立法与行政部门制定颁布的法律、法规中去寻找。由于旅游活动的特殊性，这些零散的关于旅游者的法规，已无法应对日益复杂的旅游者及其行为，制定专门规范旅游者及其活动的旅游法规，势在必行。

2. 旅游道德

一般认为，道德是以善恶为标准，依靠社会舆论、传统习俗和人的内心信念的力量来调整人们之间相互关系的规范体系。旅游道德是人们在广泛的旅游实践的基础上形成的由一定的善恶标准、情感意识、境界理想和行为准则所构成的旅游规范体系，旅游道德约束旅游者之间的相互关系和个人行为，并与法律一起对旅游者的旅游生活的正常秩序起保障作用。

第二次世界大战后，各国大众旅游的兴起在某种程度上加剧了对环境和资源的损害。因此，自 20 世纪 80 年代以来，西方旅游发达国家纷纷借助道德力量的支持，寻求保证旅游持续、健康发展的对策，对旅游者的旅游行为提出了各种道德要求。

旅游道德的内容较为复杂和宽泛，在表述上也见仁见智，互不相同，但总体看来应当包括如下内容：

第一，使用得体语言，杜绝旅游噪声。首先要求旅游者在旅游过程中，多用礼貌用语，不讲粗话、脏话；其次要求人们不得在旅游过程中大声喧哗、吵闹；最后要求旅游者在旅游过程中，尤其是在旅游目的地尽量少使用方言。

第二，注意环境卫生，杜绝旅游污染。要求旅游者在旅游过程中不随地吐痰、吐吃剩的东西、随处大小便、擤鼻涕，不随意丢垃圾。

第三，遵守行动秩序，杜绝旅游混乱。要求旅游者在买票、坐车、购物、照相、登记旅馆及其他拥挤场所不插队、哄抢；在听导游讲解时不随意打岔；在就餐、聚会时勿大声猜拳行令、酗酒滋事。

第四，讲究举止文明，杜绝旅游陋俗。具体要求旅游者在旅游过程中做到：不随时随地抽烟；天气炎热时不袒胸露背；情侣之间在公共场合少一些勾肩搭背；行走困乏时，不要席地而坐，见平物就躺。

第五，爱护社会财富，杜绝旅游破坏。要求旅游者在旅游过程中爱护旅游设施，不践踏草皮、攀折花木，不乱刻乱写乱画、损害古迹文物。

3. 旅游习俗

习俗是习惯和风俗的简称，是指人们在群体生活中逐渐形成并共同遵守的习惯与风俗（傅立民、贺名仑，1994）。旅游习俗是指在旅游活动中逐渐形成的专门规范旅游者及其旅游活动的各种习惯和风俗的统称，包括备行习俗、临别习俗、抵达习俗、旅途中的食宿游购娱习俗等。对旅游者来说，旅游习俗既是其在旅游活动中所应遵守的行为规范，又对旅游者旅游活动的顺利展开、旅游活动质量的提高与保证具有重要的影响。

旅游，作为一种特殊的活动，封闭起，是一个相对独立的世界；打开来，是人类生活的一部分。既关涉自然与社会，也关涉个人与心灵。何时出行吉、如何出行好、到哪儿旅行宜、应该注意什么，成为人们普遍关注的问题。久而久之，当上述问题在特定群体中达成共识并形成自觉遵守的规范时，也就形成了旅游习俗。在现代旅游活动中，除了业已形成的传统旅游习俗之外，还有一些正在形成的新的旅游习俗。

由于文化等原因，中西旅游习俗有很大差异。西方民族的旅游者单独外出度假的情况相当普遍，而中国人因为有强烈的群体意识和保守性格，旅游中多喜欢组团的形式，个人单独外出旅游的情况比较少见。中西方民族不同的风俗习惯在旅游各个环节上也有所体现。例如，中国人对数字很讲究，他们往往选择带 3、6、8、9 这些数字的日子出游，也喜欢住带这些数字的楼层和房间，而不喜欢带 4 的数字。西方人则忌讳“13”。在宴席上，中国人喜欢劝酒，甚至灌酒，而这在西方人看来简直是无礼之举；美国人不吃蜗牛、印度人不吃猪肉、犹太人不吃鱼类等，而中国人几乎无所不吃。中国人有“上马饺子下马面”（临行时吃饺子，抵达时吃面条）的习俗，西方则无此说法。

## 第 5 节　旅游体验文化的成果

旅游体验文化有过程，当然也有成果。旅游体验文化成果包括心理感受和物化产品，有阶段性的，也有总结性的。本节仍以旅游体验的成果为重点，探讨旅游体验的心理感受和物化产品。这里的心理感受是总结性的整体感受，而其物化产品，则阶段性与总结性兼容并包。

## 一、旅游体验的整体感受

### （一）旅游体验整体感受的要素

旅游体验的整体感受是旅游结束前后形成的一种对旅游的综合性体会。旅游结束前后，我们常常听到旅游者关于此次旅游的一些总结性评论："感觉挺好""感想很多""有所感悟""没什么感觉""糟糕透了"……这些评论的内容，正是所谓的旅游体验整体感受。在构成旅游体验整体感受的众多心理要素中，既有认知成分，也有情感成分，还有意志成分。当然还有需要、动机、态度、兴趣等成分。其中，认知成分、情感成分最为重要。

旅游体验整体感受中的认知层面主要指旅游体验主体对旅游体验对象的了解和评价。例如，"桂林游，爽！"这是对桂林之旅的感受，其中既包括了解的成分——我对桂林已有了解，也包括评价的成分——桂林不错。旅游体验整体感受中的认知层面，必须是内化的认识，这种认识既具有分化性——能够把对一种事物的认识扩展并运用到其他各种具体事物上；又具有概括性——可以将许多类似特性的事物聚拢，进行归类认识；还有迁移性——就是利用媒介传递某类信息而形成人们对某类事物的认识，最后迁移到相关的其他种类事物上。

旅游体验整体感受中的情感层面主要指旅游体验主体对体验对象的好、恶等情绪情感。前举游客对桂林游的感受"桂林游，爽"，喜欢之情溢于言表。情感层面多为旅游体验主体对体验对象的两种极端体验，如喜好与厌恶、神秘与平淡、气派与大众、广袤与狭窄等。旅游体验整体感受中的情感层面不一定有严格的心理推断过程，往往是简略的。

旅游体验整体感受中的认知层面决定旅游体验整体感受的清晰度。在对体验对象原有认知相同的前提下，谁在旅游体验中对体验对象认知越深刻，谁的体验感受就越清晰。同样知识水平的人游桂林，同样是感觉"爽"，认知深刻者要比认知肤浅者"爽"得清楚。毕竟，认知是感受的基础。旅游体验整体感受中的情感层面决定旅游体验整体感受的强度。在对体验对象原有情感相同的前提下，谁在旅游体验中对体验对象情感越深刻，谁的体验感受就越强。同样情感水平的人游长城，同样是感受清晰，感受强度却不一样，内在原因就在这里。

### （二）旅游体验整体感受的层次

主体不同，对象不同，旅游体验整体感受并不处在同一水平上。按体验的深浅程度，旅游体验整体感受可分为浅、中、深三个层次。

传统旅游以观光为主，尤其是包价旅游，游客只是走马观花地参观自然和人文景观，很少接触目的地居民、地方民俗文化。游客只能被动地接受旅游体验对象，旅游体验对象基本不能对其产生影响，这种体验所带来的旅游感受一般属于浅层的体验感受。浅层体验感受在中国旅游发展开发初期普遍存在。浅层体验感受要发展为中、深度感受，有待于体验主体综合素质的提高和体验对象吸引力的增强。体验主体综合素质越高、体验对象吸引力越强，游客的体验感受才越深。在体验主体心理不够成熟、资源品质和服务质量不高的情况下，游客难以获得独特、难忘的体验效果。

随着游客消费心理的成熟和旅游业产品的优质化、特色化、多样化，越来越多的旅游者已不满足于急行军式的观光体验，转而近距离地、多方式地与旅游吸引物接触。如参加滑沙、滑草项目，品尝地方美食，参与目的地节庆活动等。通过直接参与特色活动，视觉、触觉、味觉等感官多层面、多方位参与到体验对象之中，游客在身体上、精神上获得了独特的体验感受。这种感受，一般属于中度体验感受。国内一些景区开始注重参与性强的休闲、运动、娱乐、节庆活动的开发。如峨眉山在观光旅游的基础上着力打造滑雪、温泉等参与性强的项目，为游客创造属于其个人的体验提供便利。

当游客完全融入旅游体验对象中，与旅游景区和当地居民进行零距离的接触，深刻体验景区的特色和文化时，游客会获得深度旅游体验感受。深度旅游体验感受又称最佳旅游体验感受，是一种特殊的、不同平常的、有意义的心理状态，通常被概括为高峰、欢畅和沉浸。高峰体验感受表现为：有一种最高的幸福感和成就感；对某一刺激的深度关注和感知；无我的境界；或暂时的迷醉状态。欢畅的感受表现为：有一种无比的惬意；对某一活动高度投入以至于觉得没有任何事情比这更重要。沉浸的感受表现为：个人完全融入某一神奇的刺激中；自我和时间感的消失。目前，中国旅游正在改变观光体验占主体的局面，向休闲、探险等深度体验转变。

### （三）旅游体验整体感受的特点

旅游体验整体感受具有以下几个特点。

第一，主观性。旅游体验整体感受是体验主体对体验对象的主观的、能动的反应，同其他心理现象一样具有主观性。但同其他心理现象相比，旅游体验整体感受的主观性更为突出：面对同一个体验对象，每个人的旅游体验感受都不一样，以至于我们很难对其进行类型划分；每个人的旅游体验感受都不甚清晰，以至于我们很难对它进行精确描述；客观性太弱，以至于我们无法用客观的标准进行测量。旅游体验整体感受的主观性之所以如此强烈，从思维的角度看，旅游体验主体对体验对象的判断基本上是一种价值判断，感受好坏取决于需要的满足程度，而体验者的需要又是如此的不一致。旅游体验的感受里虽然有认知成分并且地位重要，但这种认知导致的事实判断总的说来服务于价值判断，它最大的作用是决定体验感受的清晰度，并不导致体验的整体感受由以价值判断为主转为以事实判断为主，否则，那就不是真正的旅游而是典型的研究。明乎此，所谓的旅游体验真实性问题，其实是一个不成问题的问题。

第二，综合性。所谓综合性是指旅游体验整体感受的内容是综合的而不是单一的。旅游体验感受的内容五花八门，从自然到社会，从景观到服务，从生活经验到哲学思考，应有尽有，而且作为旅游体验整体感受的内容，它们不是一盘散沙，是有机地结合在一起的。从理论上讲，旅游体验感受是体验主体对体验对象的主观的、能动的反映，体验对象因性质不同可以分为单项，旅游体验感受也可以分为单项。但那是单项旅游体验感受，不是这里讨论的整体旅游体验感受。显然，旅游体验整体感受的综合性是由体验对象的综合性决定的。旅游体验对象是一个由不同要素构成的松散综合体，游客与其各要素的接触产生各种不同的体验感受，各种单个体验感受共同形成旅游体验整体感受。

第三，复杂性。旅游体验整体感受无论内容还是过程都是非常复杂的。内容的复杂性，我们从旅游体验整体感受的综合性中已经看得很清楚，不具论。旅游体验整体感受过程更是复杂。体验的内在感受是主体通过客体的刺激而产生的，但它不像镜子反射成像那样机械简单，它是主体先行经验和体验对象及诸种主客观因素共同作用的结果，其具体过程至今也未研究清楚而只能得其大概。一般来说，主体感受性越强、客体刺激性越高、环境熟悉度越低，旅游体验整体感受也就越复杂。

第四，差异性。主体不同，对象不同，个人旅游体验的整体感受也不一样，从而使旅游体验整体感受呈现出差异性。旅游体验整体感受差异性首先表现在因程度而异。旅游体验程度不同，旅游体验感受也不相同。如前所述，旅游体验有浅、中、深之别，旅游体验感受便有浅、中、深之异。旅游体验整体感受差异性还表现在因主体而异。主体类型不同，旅游体验整体感受也不相同。安乐型旅游者常常愿意随团旅游，他的整个旅程都是预先安排好的，他要观赏的所有景点也都是精心设计好的，他自己几乎不用做任何决定。跟着导游匆匆忙忙地从一个景点奔向另一个景点，所得感受往往泛泛而肤浅；猎奇型旅游者喜欢独立地安排自己的旅游，尽可能远离别人走过的线路，尝试与当地的人们交往，所得感受往往细致而深刻。

## 二、旅游体验的物化产品

### （一）旅游体验的物化产品：概念与含义

在以往的旅游研究中，旅游者被认定只消费产品，不生产产品，这是不对的。旅游者旅游行为的产物——照片、音像、楹联、画卷、游记、诗赋、词曲、资料、猎物、标本，甚至所采之奇花、异草、珍木、怪石，无一不是旅游者借助一定的工具、通过施加其体力或脑力于对象之上而获得的，怎能说旅游者不生产产品呢？旅游者旅游体验的过程中生产的产品有观念形态的，有物质形态的，但大都以物化形态呈现于世。遗憾的是，这些产品一开始就不被承认，当然也就没有名字（概念）了。既然旅游体验的物化产品是存在的，应该叫什么名字？如何定义呢？我们认为，它的名字应该叫旅游体验产品，它的含义是旅游者在旅游体验活动中或以旅游体验活动为基础自己创造的产品。然而，有些学者却硬要把“旅游体验产品”这个名字送给旅游业生产的产品。

把旅游产品说成是旅游业产品，这已经是一个错误，是典型的张冠李戴。按产品的命名规律，旅游业生产的产品就应该叫旅游业产品，旅游者在旅游活动中或以旅游活动为基础自己创制的产品才是名副其实的旅游产品（曲玉镜:《旅游产品新论》,《旅游管理》，2002 年）。现在又把旅游体验产品说成旅游业产品，更是错上加错。

第一，把旅游业为旅游体验创造的条件与旅游者借助于这些条件创造旅游体验混为一谈。论者的逻辑是：旅游者需要某些条件获得特殊体验，而这些条件是旅游业创造并提供的，所以，旅游体验是旅游业产品。现代旅游业所提供的条件如服务、“场景”“舞台”“道具”等对旅游者获得某种体验确实是不可缺少的，旅游者为此多付费确已开始。但不能说旅游多付费就是购买体验，旅游者所付之费实际上是旅游体验条件费，这一点同传统的购买旅游商品和服务没有本质区别，只是其价格因旅游业多付出劳动而上扬了。旅游体验仍需要旅游者借助于这些条件自己创造。如果说旅游体验是旅游业产品，为什么在同一地方、同一时间，花一样的钱而所得旅游体验却不一样呢？同地、同时、同价、同样的商品，无论落到谁的手里，都应该是一样的！

第二，把旅游业生产的满足旅游体验需要的产品称为旅游体验产品，乱用概念。旅游体验产品这个概念的应有之义是什么？无非两种可能：用于旅游体验的产品和生产于旅游体验活动的产品。旅游业提供的产品是用于旅游体验的吗？当然是。从这一点看，旅游业产品可以叫旅游体验产品。但用于旅游体验的产品不都来自旅游业，旅游业生产的产品也不都用于旅游体验。显然，旅游业产品不能因此叫旅游体验产品。用于旅游体验的产品也不是旅游体验产品的应有之义。按第二种解释，旅游业产品就更不能叫旅游体验产品了，因为旅游业产品生产于旅游业活动中，不生产于旅游体验活动中。既然旅游体验产品是生产于旅游体验活动中的产品，那么，谁生产的产品可以叫旅游体验产品？只有旅游者。因为旅游者是旅游体验活动的唯一主体，而且有自己的产品。

综上所述，旅游体验产品应指旅游者在旅游体验活动中或以旅游体验活动为基础自己创造的产品，而不是旅游业提供的产品。把旅游体验产品这顶帽子扣在旅游业提供的产品这个脑袋上，也是典型的张冠李戴。旅游业为旅游体验提供的产品按命名原则应叫旅游业体验性产品（有的学者已准确地使用这个名称），不应叫旅游体验产品。

### （二）旅游体验产品的分类

旅游体验产品种类繁多，可按不同标准进行划分。

1. 按具体形式划分

按具体形式划分，旅游体验产品可分为文学、艺术、史哲、科技、猎物、果菜、草木、贝石、水土诸类。

文学类包括旅游者以旅游体验为基础创作的诗词、曲赋、散文、楹联等。自古游人多墨客。以旅游体验为素材，或写景，或论事，或抒情，或言志，旅游文学蔚为大观。杜甫的《望岳》、白居易的《忆江南》、张养浩的《山坡羊·潼关怀古》、孙绰的《游天台山赋》、柳宗元的《永州八记》、契盈的《碧波亭联》等皆属此类，而徐弘祖的《徐霞客游记》更是旅游文学的经典之作。

艺术类包括旅游者以旅游体验为基础创作的书法、绘画、石刻、照片、音像、雕塑等。艺术起源于生活，旅游生活为游人施展才艺提供了广阔天地：或临池而挥毫，或对松而泼墨，或登高而勒石。此三者，由来已久，流传至今。王羲之的兰亭集序、石涛的黄山汤池图、李斯的泰山石刻，无不是旅游体验的产物。至于照片、音像、雕塑之类，今游人更喜为之。大好时光尽收镜底，微缩景观起于沙中（沙雕）。游人的艺术杰作既以艺术形式凝结了自己的旅游体验，又为艺苑培育了朵朵奇葩。

史哲类包括旅游者以旅游体验为基础收集、撰写的有关史学、哲学、宗教学、美学、民俗学、伦理学等方面的论著和资料。旅游不同于治学，但旅游却是治学的途径之一。“读万卷书，行万里路”，此乃古训。有成就的史学家、哲学家大都寓治学于旅行之中，不放过旅游提供的所需答案。或追踪历史真相，或体验天地大道，或探索神人之际，或探讨美丑之谜，或考察风俗之别，或搜寻善恶之源。所得体会，或编为资料，或结为篇章。翻一翻司马迁的《史记》、柏拉图的《理想国》、康德的《判断力批判》、伏尔泰的《风俗论》、亚当·斯密的《道德情操论》……不难发现，其中的大量文字堪称旅游体验的记录，为我们研究旅游体验提供了宝贵的参考资料。

科技类包括旅游者以旅游体验为基础积累的天文、地理、数学、医药等方面的成果。旅游不同于科技发明，但旅游也是科技发明的源泉之一。因此，古今科学家大都跋山涉水，游览景物，广博搜寻，用心体物，“对天地问难，向山水求知”，他们的科技成就也无不折射着旅游体验的理性之光。僧一行的《大衍历》及其天文、数学方面的成就，乃其游历天台山、当阳山，访师求学的必然结果；斯特拉波的地理学巨著《地理学》，乃其遍游山水的不朽杰作；李时珍的医药学经典《本草纲目》，凝结着其游历的心得；老普林尼百科全书式的科技名著《自然史》，也是其游历的结晶。

猎物类包括旅游者在旅游活动中亲手捕获的飞禽走兽、河鲜海味等。射猎、捕鱼本为谋生手段，几经演变竟成为旅游者喜爱的旅游活动。从人工的苑囿场池、园林陂渠，到天然的山林河海、草原大泽，不知有多少披毛戴角、生鳞长甲之类落入欢呼的游人之手。这些渔猎体验的战利品，侥幸者放归自然，不幸者死于非命。

果菜类包括旅游者在旅游活动中采集的山果、野菜等。大自然在向游人展示其迷人景色的同时，也不断推出各色山果野菜：秋后的葡萄、山梨，令游人垂涎欲滴；成熟的核桃、榛子，令游客爱不释手；野生的芹、蕨、蒜、菇，令游人胃口大开……如无法令禁止，自然各取所需；纵有禁令在前，也不由跃跃欲试。所得果菜，或大快朵颐，或留为纪念，或馈赠亲友。采集的过程甘苦交织，采集的果菜更堪回味。

草木类包括旅游者在旅游活动中采摘的花、草、木、叶等。游客中喜欢花、草、木、叶者大有人在，如无法令禁止，也各取所爱；违禁而采摘者，亦不乏其人。游侣赠芍药，《诗经》有载；归客摘枫叶，香山可证。作为一种体验产品，花草木叶虽然柔弱，象征意义却不可小看。

贝石类包括旅游者在旅游活动中采拾的贝壳、石子等。去海滨的游客，难免要采几枚海螺壳；到南京的游人，不禁要拾几颗雨花石。采拾的过程是短暂的，所得贝石却意味深长。

水土类包括旅游者在旅游活动中采集的家乡水、故园土等。久居异国他乡的人们一旦故里重游，倍感家乡的水甜、故园的土热。旅游结束时常常带一抔故园热土或一掬家乡甘泉，踏上归途。一抔故园土，难解相思苦；一掬家乡水，更生故乡情。

2. 按大致用途划分

按大致用途划分，旅游体验产品可分为旅游用品和非旅游用品两大类。

旅游体验产品中直接用于旅游活动的部分属于旅游用品（广义）。如旅游者在目的地亲手采获用于一饱口福的果菜、猎物；旅游中精心采集用于装饰旅居或馈赠游侣的花草木叶、贝壳石子；游览中就地取材、临时自制用于助行防晒的"手杖""遮阳帽"；旅游者之间用于唱和、留念的旅游文学、山水画卷；旅游中亲手整理、用于下次旅游的资料……需要说明的是，旅游体验产品虽然广泛用于旅游活动的食、住、游、娱等各个方面，但旅游用品的绝大部分不是旅游体验产品，而是旅游者的自备品和旅游业及非旅游业提供的产品。因为旅游是有准备的活动，绝大部分旅游用品早已事先有了着落，旅游者用不着也没把握太多依赖就地取材、临时自制。旅游体验产品中的旅游用品不过是一种补充或辅助用品。

旅游体验产品中直接用于非旅游活动的部分属于非旅游用品。包括生产于旅游活动之中而用于旅游活动之外的大部分文学、艺术、史哲、科技、猎物、果菜、草木、贝石、水土类等旅游产品。这类产品或用于旅游后赏析，或用于旅游外研究，或用于返乡时馈赠，或用于永久性珍藏……旅游体验产品中的大部分属于非旅游用品。因为通过旅游者自备、旅游业和非旅游业提供，旅游用品已基本解决。

当然，旅游体验产品中旅游用品和非旅游用品的划分也不是绝对的。有些旅游体验产品既可以用于旅游活动，也可用于非旅游活动。两者之间在一定条件下还可能互相转化。

3. 按基本性质划分

按基本性质划分，旅游体验产品可分为物质性产品和观念性产品两大类。

旅游体验的物质性产品是指旅游者在旅游活动中生产的以物质为主的旅游体验产品。旅游体验产品中的猎物、果菜、草木、贝石、水土等基本上属于此类。旅游物质性产品既可以满足人们的物质需要，也可以满足人们的精神需要。

旅游体验的旅游观念性产品是指旅游者在旅游活动中生产的以观念为主的旅游体验产品。旅游体验产品中的文学、艺术、史哲、科技等皆属此类。旅游观念性产品主要是满足人们的精神需要。

从上述定义中可以看出，旅游体验产品中的物质性产品与观念性产品的划分也是相对的。物质性产品是观念的物化，观念性产品是物化了的观念，因此，旅游物质性产品中包含了观念的因素，旅游观念性产品中也包含着物质的成分。另外，由于旅游活动主要是一种精神文化活动，旅游消费主要是一种精神文化消费，旅游体验产品中的大部分自然属于精神产品。

**（三）旅游体验产品的突出属性**

旅游体验产品具有多种属性。就旅游体验产品整体而言，其突出属性主要有以下几点：

1. 粗放性

即粗疏、不细致。旅游体验产品中不乏精雕细刻之作，但由于生产旅游产品的时间比较短促，工具比较简单，过程比较随意，大部分旅游体验产品还都是粗制品，有些产品如猎物、果菜、草木、贝石、水土等类甚至与原料无大差别。即使文学、艺术、史哲、科技等旅游产品也大多有待于旅游后进一步加工。

2. 观赏性

即具有观赏价值。审美是旅游者旅游的主要动机或目的之一，旅游者不但希望从旅游条件、旅游对象中获得美的享受，也希望借助旅游条件、利用旅游对象亲手创作美的东西，自我欣赏或与人共享。因此，他们创制的旅游产品大多具有观赏价值。其中的文学、艺术、草木、贝石类产品自不待言，就是史哲、科技、猎物、果菜诸产品也无不凝结着旅游者的审美观念和审美情趣。

3. 纪念性

即具有纪念意义。旅游经历是值得怀念的，为了让美好的旅游经历长留心中，旅游者大都购买或自制一些有纪念意义的产品，馈赠亲友，或永久珍藏。在旅游体验产品中最有纪念意义的莫过于水土类了。如前所述，一抔故园土，难解相思苦；一掬家乡水，更生故乡情。其他如文学、艺术、草木、贝石诸类旅游体验产品也同样具有纪念意义：一首《忆江南》、一张旅游照、一枚南国红豆、一片香山枫叶、一颗南京雨花石……谁能说不饱含着作者对旅游经历的深深怀念呢！

4. 有用性

即具有使用价值。旅游体验产品中不乏用于出售的，但旅游活动毕竟不是营利性活动。因此，旅游体验产品中的绝大部分不是用于销售的，即不具有交换价值。旅游体验产品主要是自用品或馈赠品，这一点从前面对旅游体验产品的类型分析中即可看出。

5. 观念性

即以观念形态为主，凝结着作者的价值观。旅游体验产品固然表现为物化形态，但就大多数旅游体验产品而言，其基本内核却是观念性的。旅游体验产品中的文学、艺术、史哲、科技类最为典型。这类产品无疑是观念性产品，其物质成分不过是观念的载体。另外，旅游体验产品中的猎物、果菜、草木、贝石、水土诸类虽然是实实在在的物质产品，但其中也无不凝结着作者的价值观念。因为这类产品一般都被作者赋予种种象征意义。

6. 多样性

即种类繁多，各有特色。旅游体验产品种类之多，从上述类型分析中可见一斑。不同类型各具特色自不必说，就是同一类型，甚至同一产品也不尽一致。同是旅游文学，作者不同，风格各异；同是一顶“遮阳帽”，两次所做，必不相同。旅游体验产品的多样性，除了与旅游活动的综合性、旅游目的的复杂性、旅游地的差异性有关外，还与旅游体验产品的有用性密切相连。

## 内容举要

旅游体验文化是“体验者对旅游或虚拟旅游的参与与体会过程及其精神成果的总和”。如果把它看作一个动态过程与结果，其内在结构应该包括三部分：旅游体验文化的心理、行为与产品。旅游体验文化具有广泛性、享受性、自由性、情感性、个体性等特点。

旅游体验文化的类型主要有现实旅游体验和虚拟旅游体验两大类。现实旅游体验有旅游康乐体验、旅游审美体验、旅游求知体验、旅游交往体验四小类。旅游康乐体验是人们对旅游康乐活动的参与和感受过程，旅游审美体验是旅游者旅游审美实践和旅游审美感受的复合体，旅游求知体验是旅游者旅游求知的实践与体会过程，旅游交往体验“是旅游者对旅游交往的参与和感受过程”。虚拟旅游体验包括想象性虚拟旅游体验和感知性虚拟旅游体验两小类，前者是以想象为主要方式、以旅游为主要对象创造出来的虚拟旅游体验，如梦游体验、幻游体验；后者是虚拟旅游者以感知为主要方式创造出来的虚拟旅游体验，如纸游体验、网游体验。

旅游体验文化的心理是“游”的体验者通过与体验对象接触而形成的社会意识。旅游体验的心理包括旅游体验需要、动机及心理过程。旅游体验需要是人的一般需要向旅游领域的延伸，是人们对旅游体验的愿望和要求。旅游体验动机是直接推动、引导一个人进行旅游体验的内部动因或动力。按不同标准，旅游体验需要和动机可分为同类型。旅游体验心理是人的心理的一部分，从心理过程的角度看，包括认知、情感、意志三个过程。旅游体验心理活动过程是这三个过程的统一，它们相互联系、彼此渗透和相互影响。

旅游体验文化行为是旅游体验文化的心理的外化，从体验行为的对象看，包括旅游体验行为、旅游环境体验行为及虚拟旅游体验行为等；从体验的环节看，包括现实和虚拟的旅游交通体验行为、旅游饮食体验行为、旅游住宿体验行为、游览体验行为、旅游购物体验行为、旅游娱乐体验行为等。按行为文化的一般分类，针对现实和虚拟旅游体验行为的法律、道德、习俗、规则等规范亦属于旅游体验文化中的行为文化。

旅游体验活动有过程，当然也有结果。这个结果包括作为旅游体验文化的自身成果——心理感受和物化产品。在构成旅游体验整体感受的众多心理要素中，认知成分、情感成分最为重要。旅游体验整体感受可分为浅、中、深三个层次。旅游体验整体感受具有主观性、综合性、复杂性、差异性等特点。旅游体验产品是旅游者在旅游体验活动中或以旅游体验活动为基础自己创造的产品，而不是旅游业提供的产品。按具体形式划分，旅游体验产品可分为文学、艺术、史哲、科技、猎物、果菜、草木、贝石、水土诸类；按大致用途划分，旅游体验产品可分为旅游用品和非旅游用品两大类；按基本性质划分，旅游体验产品可分为物质性产品和观念性产品两大类。旅游体验产品具有粗放性、观赏性、纪念性、有用性、观念性、多样性等多种属性。

## 案例分析

**阅读下面材料：**

一、鸟鸣涧

唐　王维

人闲桂花落，夜静春山空。

月出惊山鸟，时鸣春涧中。

二、远观山有色

唐　大川禅师

远观山有色，近听水无声。

春去花犹在，人来鸟不惊。

（摘自《中华经典禅诗三百首（五言）》，http：//home.51.com/liuze101/diary/item/10055006.html）

**请分析：**

1. 从旅游体验文化的角度看，上述二诗描述了何种体验？

2. 上述二诗描述的体验有何异同？

## 思考与练习

1. 简述旅游体验文化的含义与结构。

2. 试析旅游体验的类型。
3. 试析虚拟旅游体验的类型。
4. 简述旅游体验需要的含义与类型。
5. 简述旅游体验动机的含义与类型。
6. 简述旅游体验的心路历程。
7. 简述旅游体验行为方式、行为规范的含义与种类。
8. 简述旅游感受的结构与特点。
9. 简述旅游体验产品的类型与属性。

## 推荐文献


1. 梅奥等 . 旅游心理学［M］. 天津：南开大学出版社，1987.
2. 谢彦君 . 旅游体验研究［M］. 北京：中国旅游出版社，2017.
3. 曲玉镜 . 旅游产品新论［J］. 旅游管理，2002（4）.
4. 邹统钎，吴丽云 . 旅游体验的本质、类型与塑造原则［J］. 旅游科学，2003（4）.
5. 邹本涛 . 旅游体验文化新论［J］. 社会科学家，2010（2）.
6. 王柯平 . 旅游美学纲要［M］. 北京：旅游教育出版社，1997.
7. 李建欣 . 论旅游者的四种类型［J］. 北京联合大学学报，2000（2）.
8. 陈才 . 游记文学中的旅游体验［M］. 长春：东北师范大学出版社，2015.
9. 孙喜林 . 旅游体验理论研究［M］. 北京：旅游教育出版社，2022.
10. 朱璇 . 背包旅行：用生命丈量大地［M］. 上海：上海交通大学出版社，2021.

# 第 4 章 旅游介入文化

## 【学习目标】

通过本章教学，熟悉旅游介入文化的含义、结构、特点与分类，掌握旅游介入的文化心理与行为，了解旅游介入文化的主要产品，为全面理解旅游介入文化打下基础。

## 【内容结构】

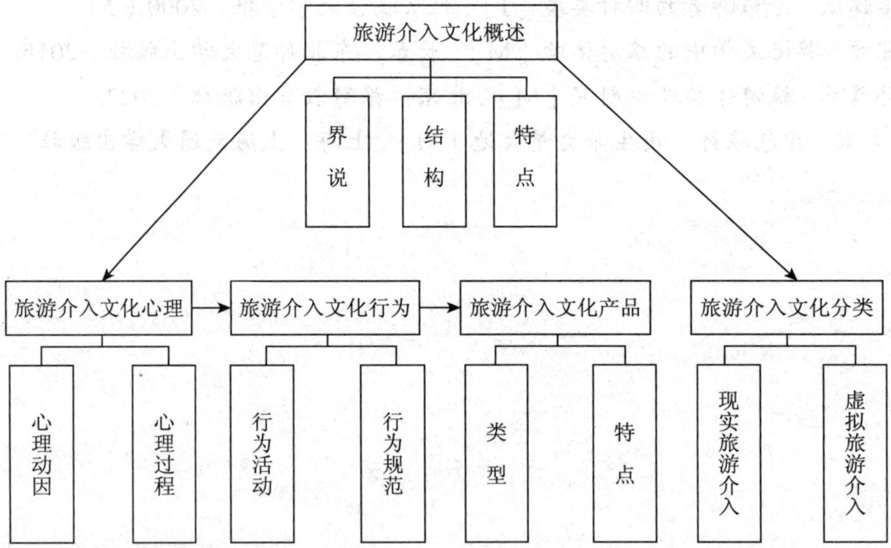


## 【重要概念】

旅游文化　旅游介入文化　旅游介入　虚拟旅游介入　旅游介入文化心理　旅游介入文化行为　旅游介入文化产品

# 第 1 节　旅游介入文化概述

旅游介入文化同旅游体验文化一样，是本书的核心概念。旅游介入文化的含义是什么？它有着怎样的结构？又有哪些特点？这是本节讨论的重点。

## 一、旅游介入文化界说

### （一）旅游介入文化的含义

旅游介入文化是本书提出的一个全新的概念，从内容上看，旅游业中那些直接面对旅游活动的部分，如旅游服务、景观开发、旅游宣传等文化现象因旅游活动的产生而产生，又积极主动地介入旅游活动，对旅游活动的展开具有巨大的影响，属于旅游介入文化；旅游研究者的旅游研究、旅游目的地的旅游传说以及新兴的“网上导游”等均以旅游活动为研究、思考、演绎的对象，对旅游活动具有较为深远的影响，也属旅游介入文化。旅游介入文化的内容如此广泛，它的定义该如何概括呢？

旅游介入文化是旅游文化的两大部分之一。本书将旅游文化定义为“是人们对旅游的体验与介入过程及精神产品的总和”，其中的“对旅游的介入”，观照的正是旅游介入文化；其中的“人们”“过程及精神产品”则包含了旅游介入文化的主体、创造与产品。作为相对独立的概念，旅游介入文化的定义可完整表述为：“介入者对旅游或虚拟旅游的干预、影响过程及其精神成果的总和。”这个定义主要有以下几个要点：

第一，旅游介入文化的主体是旅游和虚拟旅游的介入者。对旅游或虚拟旅游的介入是对“游”的有意识、多方式的干预和影响，介入过程及其产品构成旅游介入文化。“游”的介入者也因此成为旅游介入文化的创造者亦即主体。“游”的介入者包括旅游从业人员、旅游研究者、旅游地居民、社会上旅游思考者等旅游介入者以及与虚拟旅游相关的政府、企业、作家、画家、编剧、导演等虚拟旅游介入者。凡是以各种方式有意识介入旅游或虚拟旅游的人，都是旅游介入文化的创造者或主体。

第二，旅游介入文化以旅游介入为核心。如前所述，旅游介入文化包括现实的旅游介入（通常称旅游介入）和虚拟的旅游介入（如网游系统），还有相应的介入行为规范。其中，旅游介入是根本，虚拟旅游介入及介入行为规范是枝叶。在旅游介入文化这个系统里，旅游介入是主要子系统，虚拟旅游介入及介入行为规范是次要子系统。正因为旅游介入在旅游介入文化中处于核心地位，旅游介入文化才以“旅游介入”命名。

第三，旅游介入文化是一种精神文化。旅游文化是一种精神文化，旅游介入文化是旅游文化的一支，当然也是精神文化。说旅游介入文化是一种精神文化，并不意味着旅游介入或虚拟旅游介入活动是一种纯然的文化活动。两者既有文化成分，也有其他成分。但从介入活动的整体来看，文化是核心，是灵魂。“游”的介入多种成分并存，决定了旅游介入文化必然不是一种纯粹的旅游文化。这也是旅游介入文化在旅游文化中处于边缘地位的另一个原因。

**（二）旅游介入文化与旅游介体文化**

旅游介入文化与旅游介体文化既有联系，更有区别。

旅游介体文化一般认为即旅游业文化。旅游业有广、狭二义，广义旅游业是指与旅游有关的一切企业、事业、行政部门，狭义旅游业仅指其中的旅游企业。旅游业活动包括对内管理活动和对外服务、开发、宣传、调控等活动，由此形成对内的管理文化和对外的旅游服务文化、景观开发文化、旅游宣传文化、旅游研究文化等文化现象。

旅游业对外服务、开发、宣传、研究文化以旅游为基础，文化指向主要是旅游者，直接介入旅游者的旅游活动，既属于旅游介体文化，也属于旅游介入文化。这是旅游介入文化与旅游介体文化的联系。

旅游业内部管理文化以企业内部管理为基础，文化指向是企业内部的员工，没有直接介入旅游者的旅游活动，属于旅游介体文化，却不属于旅游介入文化；社会的旅游观念、旅游研究者的旅游研究、旅游目的地的旅游传说均以旅游活动为研究、思考、演绎的对象，并对旅游活动施加影响，属于旅游介入文化，却不属于旅游介体文化。虚拟旅游介入主要是指向虚拟旅游的，基本上也是属于旅游介入文化而不属于旅游介体文化。这是旅游介入文化与旅游介体文化的区别。

总的来说，旅游介入文化与旅游介体文化既有共同的主体和内容，又有不同的主体和内容。而且，前者的主体和内容较后者更为广泛。一言以蔽之，两者是交叉并列关系。

## 二、旅游介入文化的结构

从文化层面的角度来分析，文化的产生发展，最初是从“文化的心态”开始酝酿，然后经过“文化的行为”逐层向外，以特定的“物质形态”——产品的形式表现出来，并以这最外层的“物态文化”直接与人们触碰。因此，文化通常由心理、行为和产品三个层面所构成。对旅游介入文化的结构的分析也可以从心理、行为和产品三个层面来进行。

**（一）旅游介入文化的心理层面**

旅游介入文化的心理层面也称意识层面，包括“游”介入的社会心理和社会意识形式两个层次。

“游”介入的社会心理是指未经理论加工和艺术升华的大众流行的对旅游或虚拟旅游的干预意识，诸如“游”介入者的要求、愿望、情感、看法等习惯性心态。“游”介入者有自己的要求和愿望，如希望旅游者或虚拟旅游者多些慷慨，少些吝啬；多些理解，少些刁难；多些尊重，少些歧视。这些愿望和要求是普遍的而非个别的，是朴素的而非深奥的，自然形成，自发自在。“游”介入者有自己的情感和看法，如对旅游、虚拟旅游及其体验者的喜怒之情，利弊之见。这些情感和看法也是普遍的而非个别的，是朴素的而非深奥的，同样自然形成，自发自在。“游”介入的社会心理是经验的积累，不是理论或艺术的结晶，属于俗文化。

“游”介入的社会意识形式是指经过理论加工和艺术升华的系统化、模式化的对旅游或虚拟旅游的干预心态，包括“游”介入的理念、原则、理论、艺术等心态。如“顾客是上帝”的旅游服务理念，“三大效益并重”的景观开发原则，“人性化”的旅游规范理论，“重形象”的旅游宣传艺术，“实事求是”的旅游研究原则，还有“个性化”的旅游交往艺术，“可持续发展”的旅游发展理论等。这些“游”介入心态有的是从“游”介入的社会心理发展而来，有的是在实践基础上提炼、总结而成，但都经过了理论家和艺术家的专门加工，是理论或艺术的结晶，属于雅文化。

旅游介入文化的心态层面在旅游介入文化结构中居于核心地位，具有动力基础和前提条件的作用，它决定着旅游介入文化行为层面的旅游介入行为的发生及其介入方式，同时也对处于产品形态的旅游介入文化整体产生较大的影响，在一定程度上决定着旅游介入行为是否可行和有效。

**（二）旅游介入文化的行为层面**

旅游介入文化的行为层面又称制度层，包括“游”介入的行为方式及其规范。

旅游介入的行为方式有多种，业界、政界、学界、旅游地居民、社会均以各自的行为方式介入旅游活动。业界通常以服务、开发、宣传、研究等行为介入旅游活动；政界通常以调控、引导、规范、宣传等行为介入旅游活动，学界通常以研究、策划等行为介入旅游活动，旅游地居民通常以服务、干扰等行为介入旅游活动，社会通常以监督、引导等行为介入旅游活动。同一类型的旅游介入主体，其旅游介入的行为方式也不尽相同。同为业界的旅游饭店、旅游交通部门、旅行社、旅游商店、旅游开发部门，其旅游介入行为分别侧重于食宿服务、交通服务、游览服务、购物服务、景观开发；同为政界的旅游行政、工商管理部门，其旅游介入行为分别侧重于立法与决策、执法与检查；同为学界的旅游研究者，其旅游介入行为有的侧重于学术探讨，有的侧重于应用对策；同为旅游地居民，其旅游介入行为有的表现为支持，有的表现为反对。至于社会的旅游介入者，其旅游介入行为就更为多样化了。虚拟旅游的介入行为也是多样的：或为虚拟旅游者提供与旅游有关的图书、影视等纸游介质，或为虚拟旅游者开发集食住行游购娱于一体的网游系统。

旅游介入的行为规范也有多种，如针对旅游业及其行为的旅游业法规、旅游业道德、旅游业政策等。旅游介入的行为规范因规范旅游介入行为而分属旅游介入分支文化，又因未介入旅游而不是旅游介入文化。从旅游介入文化整体角度看，可存而不论。

旅游介入文化的行为层面在整个旅游介入文化的结构中具有桥梁和纽带的作用，是旅游介入活动从心理动因到形成最终产品的过渡环节，对旅游介入文化产品的质量与介入活动的效果具有较大的影响。

**（三）旅游介入文化的产品层面**

产品可以是有形的，也可以是无形的。旅游介入文化结构中的产品层面亦包括有形和无形两大部分。

旅游介入文化的有形产品包括已开发出来的旅游景观，如文化景观、人造景观等；已开发出来的各种形式的旅游宣传产品，如书籍、文章、电视音像资料、网页资料、广告手册、展销会议、推介会等；已完成的旅游研究，如研究著作、学术论文、研究报告、项目策划书、各种对策建议、法规、条例等。当然还有纸游系列、网游系统等虚拟旅游介入产品。

旅游介入文化的无形产品，主要是作为文化的旅游服务艺术。旅游服务艺术是一种看得见、摸不着的外显活动，集生产和产品于一身：从劳动的角度看，它是服务者施加其体力与脑力于对象之上的行为，是生产；从成果的角度看，它可以出售给旅游者，是产品。旅游观念、旅游传说也是一种无形的旅游介入产品，它们不但是旅游介入的智慧结晶，而且也可以转化为商品。在虚拟旅游介入产品中，也有许多是无形的，如梦游和幻游中的旅游服务。它是梦幻之游的主体想象出来的，看得见，摸不着，源于现实，高于现实。

旅游介入文化是一种精神文化，其产品层面虽然包含物质成分，但这些物质成分大多是作为精神载体出现的，在旅游介入文化产品中属于非核心、非主流。旅游介入文化的产品层面在旅游介入文化结构中居于表层地位，它反映旅游介入程度与效能。

关于旅游介入文化的心理、行为与产品，我们将在本章第3、4、5节做进一步的探讨。

## 三、旅游介入文化的特点

旅游介入文化的特点是旅游介入文化的本质属性的外在显现，也是旅游介入文化区别于非旅游介入文化的重要标志之一。对旅游介入文化的特点进行分析探讨有助于认识和掌握旅游介入文化的本质和规律，对旅游介入文化建设具有重要的意义。

旅游介入文化的特点突出地表现在导向性、功利性、地域性、民族性和规范性等方面。

**（一）导向性**

导向性特指旅游介入文化对旅游活动的引导作用。前文已经述及，旅游介入文化是介入旅游活动并对其施加影响的文化，这种介入和影响主要表现在依据一定的目的、方向、要求、线路对旅游者的旅游活动的引导上。对旅游服务来说，虽然满足旅游者的需要是其最根本的宗旨，但旅游需要的无限性和旅游服务的有限性之间始终存在着矛盾对立关系，旅游服务只能以有限的服务尽可能多地满足一般旅游者的类似需求，旅游者只有按照旅游服务所引导的方向才能充分享受旅游服务，提高旅游体验的质量和水平。同样，旅游景观的建筑风格、审美特征、地域特点、知名度、美誉度等都对旅游者的旅游活动具有导向作用，吸引旅游者来此参观游览而不是去往他处。虚拟旅游服务、虚拟景观开发也有类似的功能。旅游宣传对旅游者的导向性则更加明显，其目的就在于通过各种途径与手段的旅游宣传促销活动招徕、吸引更多的旅游者。旅游研究对旅游者的旅游活动也具有一定的导向作用，旅游研究的成果有助于旅游者对旅游活动形成科学的认知，对旅游者旅游活动内容的取舍、方式的选择、感受的品评等具有重要的影响。

**（二）功利性**

功利性是指旅游介入文化具有明显的经济、社会、环境等功名、利益目的。“游”的世界是一个开放的世界，为各行各业博取功名、利益提供了宽广的舞台，从而使旅游介入文化较其他文化更加充满功利特色。旅游服务文化和虚拟旅游服务文化的功利性主要体现在经济方面——为旅游者或虚拟旅游者提供服务首先是为了获取经济利益；也表现社会、环境等方面——在确保经济利益的同时，尽量多地获得社会与环境效益。景观开发文化和虚拟景观开发文化的功利性也是如此——确保经济利益最大化的同时，尽量多兼收社会与环境效益。较其他功利性而言，上述旅游介入文化经济上的功利性无论如何都具有直接性和外显性，且居于首位。旅游宣传文化的功利性主要表现为名、利兼收。旅游宣传的直接目的为自己的产品扬名，最终目的是获得经济等方面的利益，目的达到与否是宣传成败的标志。旅游研究文化的功利性与旅游宣传文化的功利性相似，也表现为名、利兼收。只是旅游研究文化的“扬名”主要不是为了产品而是为了研究者；旅游研究文化的“图利”也不如旅游宣传文化突出。

**（三）地域性**

地域性是指旅游介入文化因所在区域的不同而呈现出一定的地区特点。旅游介入文化，无论优质周到、令人回味的旅游服务文化或虚拟旅游服务文化，还是风格独特、景色优美的景观开发文化和虚拟景观开发文化，或者是亦真亦幻、撩人心思的旅游宣传文化等，都是在特定地域形成、发展起来的，难免受所在地域的影响，打上地域的烙印。北方旅游介入文化与南方旅游介入文化不同，东方旅游介入文化与西方旅游介入文化有别，这是人所共知的事实。相对于见怪不怪、熟视无睹的惯常居住环境而言，异地独特的旅游服务、旅游景观、风土人情等往往更令旅游者感兴趣，这也是吸引他们到此一游的重要因素。惟其如此，旅游介入文化的创造者千方百计在其介入文化中加入地方因素，凸显地方特色。别样的风景、别样的体验、别样的心情，这是众多旅游者对旅游活动乐此不疲的原因，旅游介入者要达到吸引招徕旅游者的目的，必须充分向旅游者展示出具有地域特色的旅游介入文化。

**（四）民族性**

民族性是指旅游介入文化因所在民族的不同而具有一定的民族特色。相对于旅游者，旅游介入者流动性差，基本是本地本族人，其文化创造主要是建立在本地本族资源基础之上，由此导致旅游介入文化具有浓厚的本民族特色。汉族的旅游介入文化不同于少数民族的旅游介入文化，藏族的旅游介入文化不同于壮族的旅游介入文化，这是旅游者明显感到并愿意看到的。旅游者对旅游介入文化民族性的强烈需要，也强化了旅游地对旅游介入文化民族性的塑造。旅游主体对旅游介入者所在民族的独特文化往往产生强烈的好奇，要求在文化的反差中体验感受异质文化的独特韵味，为满足旅游者的需要，旅游介入者大都千方百计从本民族的文化特色出发，精心打造具有民族特色的产品与服务，换言之，努力塑造旅游介入文化的民族性。尽管这种塑造的努力不断地被旅游引起的趋同化所侵蚀。旅游介入文化只有充分展示其民族的差异性，才能焕发出独特的魅力，增强旅游吸引力，才能对旅游活动产生巨大的影响。

**（五）规范性**

规范性是指旅游介入文化对旅游体验和旅游介入具有一定的约束作用。就规范的主体来看，国家和地方各级旅游行政管理部门以行政法规、部门规章等形式对旅游企业、旅游者的经营行为和游览活动做了相应的规范和约束。旅游景区、旅行社、旅游饭店等在提供旅游服务、设计旅游景观、推广旅游形象时也有严格的行业标准和操作规则，甚至对旅游者也提出种种规范。就规范性的显著程度而言，针对旅游者和旅游业者的各种不当行为而制定的旅游、旅游业规范如法规、道德、政策、章程等，宗旨、原则明确清晰，权利、义务条分缕析，奖励、惩罚严明具体，规范性较为明显。而旅游服务、虚拟旅游服务、景观开发、虚拟景观开发、旅游宣传、旅游研究等文化行为本身对“游”介入者规范性较强，对“游”体验者规范性相对较差，毕竟这些文化行为本身主要是服务而非约束“游”体验者。旅游介入文化的规范性对“游”者的体验活动具有重要的意义，它是促进旅游和虚拟旅游活动持续健康发展的必备条件之一。

## 第 2 节　旅游介入文化的分类

旅游介入文化是指介入者对旅游或虚拟旅游的干预、影响过程及其精神成果的总和，包括现实和虚拟两大类。

### 一、现实旅游介入文化

现实旅游介入文化是介入者直接干预、影响旅游活动所形成的一种文化现象。主体是旅游介入者，包括政府、企业、学界、旅游地居民、社会成员等；客体是旅游，包括旅游整体和要素；行为是直接干预、影响亦即介入，包括介入的规范。现实的旅游介入文化按照介入内容不同，又可划分为旅游服务文化、景观开发文化、旅游宣传文化、旅游研究文化、旅游思想观念、旅游神话传说等若干亚类。其中，景观开发文化是基础，旅游服务文化是主体，旅游宣传文化和旅游研究文化是两翼。由于上述四大文化是旅游介入文化的主干，研究旅游介入文化也就不能不把它们作为重点。

**（一）旅游服务文化**

1. 旅游服务文化的内涵

（1）旅游服务文化的含义。

郑向敏先生认为，旅游服务文化指以提供优质服务为价值核心，在旅游服务运作过程中培育成的，具有群体意识的价值观、行为准则、道德规范、审美情趣与思维方式的总和，由旅游服务环境文化、旅游服务产品文化、旅游服务行为文化和旅游服务精神文化四部分组成（郑向敏，2007）。应该说，郑向敏的定义基本上抓住了旅游服务文化的要点：第一，它是在旅游服务过程中产生的；第二，它是一种精神文化。但这个定义也有不周延之处：如行为准则与道德规范并列，有重叠之嫌；旅游服务文化包含部分旅游管理文化、旅游消费文化和旅游地文化，却不包括指向旅游服务的社会舆论、相关规范等，宽严失当。

我们认为，旅游服务文化是基于旅游服务而形成的文化心态、服务艺术以及指向旅游服务的社会舆论、相关规范等。

旅游服务的文化心态是服务者对旅游服务及服务对象的集体性社会意识。包括旅游服务的理念、精神、目标、风气等。旅游服务理念是服务者对旅游服务“应然”状态的理性认识和主观要求，如“顾客至上”“全心全意”等。它是渗透了旅游服务价值取向的“好服务”观念，决定着旅游服务文化的内容与方向。旅游服务精神是服务者从事旅游服务的内在精微动力与无形支柱。它能激励和激发服务者的主观能动性，使之开拓进取，努力工作。旅游服务目标是对旅游服务预期结果的主观设想，或旅游服务要达到的境地。它是服务理念和服务精神的集中体现，也是评价服务质量的重要标准。旅游服务风气是服务精神的外在表现，具体体现为旅游服务过程中的风貌和作风，直接影响服务形象的树立和服务质量的提高。

旅游服务艺术是已上升为艺术层面的旅游服务，包括旅游餐饮服务艺术、旅游住宿服务艺术、旅游交通服务艺术、导游服务艺术、购物服务艺术等。旅游服务人员按既定标准和规定流程规范地接待游客，这是旅游服务；如果在此基础上服务人员还能赋予旅游服务以很强的表演性和审美性，为旅游者提供意想不到、充满个性的额外服务，这便是旅游服务艺术了。旅游服务艺术有丰富的文化内涵和很高的艺术含量，能够充分满足旅游者的文化需要，大大提高主客双方的文化素质，圆满完成传播文化、发展文化的重要使命。旅游服务艺术是优质服务的重要参照，既然是艺术，就没有可以成功复制的标准模式，它因人而异，因事而异，因场合而异。旅游服务艺术是一种看得见、摸不着的外显活动，集生产和产品于一身：从劳动的角度看，它是服务者施加其体力与脑力于对象之上的行为，是生产；从成果的角度看，它可以出售给旅游者，是产品。

指向旅游服务的社会舆论是社会对旅游服务的看法与评价。旅游服务关涉千千万万旅游者的利益，难免引发社会对旅游服务的种种看法与评价。如社会对旅游服务的理念、风气、道德的看法，对旅游服务方式、行为、质量的评价。中国旅游研究院（文化和旅游部数据中心）已经连续十余年开展针对我国国内旅游者、出境旅游者和入境旅游者的旅游服务质量季度性调研，游客的满意度和获得感已成为高质量发展的风向标。

相关规范是指相关部门制定的旅游服务技术规范和社会规范。国家和行业制定的技术规范有《旅游服务基础术语》《旅游饭店星级评定（修订）》《内河游船星级评定》《导游服务质量》《旅游区（点）质量等级评定》《游乐园安全服务质量》《旅游汽车服务质量》《星级饭店客房用品质量与配备要求》等；国家和地方制定的社会规范有《中华人民共和国旅游法》《旅行社管理条例》《导游人员管理条例》《旅游职业道德》。

指向旅游服务的社会舆论和相关部门制定的旅游服务规范属于旅游服务文化，因多为未介入旅游，又很少有旅游介入文化成分，总论旅游介入文化时可以忽略，专论旅游服务文化时不可缺少。

（2）旅游服务文化与旅游服务的区别。

旅游服务文化与旅游服务既有联系又有区别。

旅游服务需要大量的成本费用支出，并需要通过向旅游者收取一定费用的方式实现成本费用的补偿，形成收益与利润，具有典型的经济性质。但是，旅游服务也具有显著的文化属性。旅游服务的理念、精神、目标、风气、道德等精神现象属于文化范畴自不待言，礼貌、高超、优雅、温馨的旅游服务行为更是上升到艺术层面而属于文化行为。从这个意义上讲，旅游服务文化存在于旅游服务之中。

但旅游服务文化并不局限于旅游服务之中。指向旅游服务的社会舆论以及由相关部门制定的旅游服务规范虽不属于旅游服务，却不能不属于旅游服务文化。毕竟，这些文化现象因旅游服务引起并指向旅游服务活动。

显然，旅游服务文化既与旅游服务重叠，又溢出旅游服务之外，与旅游服务构成交叉并列关系。

服务者虽不是旅游服务文化的唯一创造者，但无疑是旅游服务文化的首要创造者。本书在谈到旅游服务文化的主体时，一般只提旅游服务者而不及其他，原因就在这里。

2. 旅游服务文化的细分

旅游服务文化多种多样，按服务的内容，旅游服务文化主要有旅游交通服务文化、旅游食宿服务文化、旅游导游服务文化、旅游购物服务文化等四个部分。

（1）旅游交通服务文化。

旅游交通服务文化是向旅游者提供交通服务而形成的一种精神文化，包括旅游交通服务的文化心理、文化行为和文化产品。

旅游交通服务的文化心理包括旅游交通服务的内在动因、心理过程、社会观念等。现代旅游交通服务要求大力发展现代化的民航、铁路、公路和水运交通，形成一个以最快的速度让旅游者“进得来、散得开、出得去”的旅游交通网络，为旅游者提供安全、舒适、快捷、便利的旅游服务。这是旅游交通供给质量的保证和吸引力的源泉。

旅游交通服务的文化行为包括旅游交通服务的行为方式、行为规范等。针对不同旅游者的需求特征，供给多样、优质的旅游交通工具，这是旅游交通服务文化行为方式的首要表现。而安全、准点，则是旅游交通服务文化行为规范的原则要求。旅游交通服务文化的行为直接地影响着旅游者的旅游体验活动，在一定程度上决定着旅游者的旅游质量。

旅游交通服务的文化产品有广狭二义，广义的旅游交通服务文化产品是指一次完整、完美的旅游交通服务艺术；狭义的旅游交通服务文化产品是指旅游交通服务行为的产物。如精心设置、具有浓郁地方文化特色的候车室，随手制作、具有民族风情的饰车小品……旅游交通服务的文化产品不仅是连接旅游者和旅游服务者的纽带，还很有可能成为旅游者直接欣赏的对象。

虽然旅游交通服务文化的产生离不开汽车、火车、轮船、飞机等各种有形的旅游交通工具和载体，但旅游交通文化总体上看主要是一种精神文化。

（2）旅游食宿服务文化。

旅游食宿服务文化是向旅游者提供食宿服务而形成的一种精神文化，包括旅游食宿服务的文化心理、文化行为和文化产品。

旅游食宿服务的文化心理包括旅游食宿服务的内在动因、心理过程、社会观念等。旅游食宿服务的文化心理主要涉及对食宿服务的目的、意义、作用等方面的看法、观点等，它对整个旅游食宿服务行为具有导向和约束的作用。现代旅游食宿服务的基本要求是：针对特定的客源市场公平合理地提供安全、卫生、健康、便利、有特色、高品位的旅游食品和住宿设施，满足旅游者的需求。

旅游食宿服务的文化行为包括旅游食宿服务的行为方式、行为规范等。旅游食宿服务的行为文化主要体现在旅游服务者的仪容仪表和言行举止及行为规范上，如服务者的形体举止、服饰发型，服务的程序与标准、技巧与水平等。旅游食宿服务的文化行为对旅游食宿服务的质量和水平产生较大的影响，进而影响旅游者的旅游体验活动。

旅游食宿服务的文化产品也有广狭二义，广义的旅游食宿服务文化产品是指一次完整、完美的旅游食宿服务艺术；狭义的旅游食宿服务文化产品是指旅游食宿服务行为的产物。如精心设置具有家庭文化气息的客房氛围，精心打造具有地方文化色彩的餐厅环境……旅游食宿服务的文化产品是一个庞大系统，要赢得游客的满意，必须注意每一个细节。

（3）旅游导游服务文化。

导游服务文化是为旅游者提供导游服务过程中产生的一种精神文化，包括导游服务的文化心理、文化行为和文化产品。

导游服务的文化心理包括导游服务的内在动因、心理过程、社会观念等。导游服务是客我接触时间最长、对面交流最频的旅游服务，旅游者要求多，导游员风险大，由此决定导游员必须有稳定、良好的服务心态。其中最重要的是将全心全意为游客服务的理念内化于心，以强烈的责任感、忘我的投入感、崇高的道德感，热情、主动、耐心为旅游者提供优质服务。

导游服务的文化行为包括导游服务的行为方式、行为规范等。导游服务行为是导游服务心理的外化，主要体现在导游服务过程中的仪容仪表、言行举止、服务规范、技能水平等具体的行为层面上（陶汉军，黄松山，2003）。作为一个国家或地区的形象的代表，导游员在仪容仪表、言行举止方面必须体现出干净利落、精神饱满、热情友好、文明礼貌，将自己最美好、最光辉的形象展示在游人的面前，通过“光环效应”，为导游服务的展开打下良好的基础。

导游服务的文化产品同样有广狭二义，广义的导游服务文化产品是指一次完整、完美的导游服务艺术；狭义的导游服务文化产品是指导游服务艺术行为的产物。如导游词、应急的旅游线路方案等。既定的旅游线路是旅行社的产品，但也有导游员的贡献。导游员常年往返于多条旅游路线，对既定旅游线路的利弊感受深刻，这些感受常常成为旅行社科学设计旅游线路的重要依据。

（4）旅游购物服务文化。

旅游购物服务文化是向旅游者提供购物服务而形成的一种精神文化现象，主要包括购物服务的文化心理、购物服务的文化行为和购物服务的文化产品。

购物服务的文化心理包括购物服务的内在动因、心理过程、社会观念等。旅游购物服务工作的特殊性，使得服务者注定要和旅游购物的供给者发生千丝万缕的联系，有时服务者可能就是旅游购物的供给者。为了体现全心全意为游客服务的精神，为游客提供圆满的旅游购物服务，旅游购物服务的供给者必须树立诚信经营、遵章守纪、维护游客正当权益的理念。

购物服务的文化行为包括购物服务的行为方式、行为规范等。购物服务行为是购物服务心理的外化，语言表达清晰（一口清）、动作准确熟练（一拿准）、程序合理专业（根据不同顾客有针对性的介绍、展示商品），这是购物服务基本的也是规范的行为。购物服务要严格遵循自愿、平等、尊重、诚实原则，坚决杜绝任何形式的强迫购买和欺诈行为。

购物服务的文化产品同样有广狭二义，广义的购物服务文化产品是指一次完整、完美的购物服务艺术；狭义的购物服务文化产品是指购物服务行为的产物。如欢迎顾客、介绍产品、展示商品的导购词，亲手制作的包裹、包装品等。与旅游交通、旅游食宿、旅游导游的文化产品不同的是，购物服务的文化产品中无形产品比例更大（游客多接受咨询服务而不购买实物）。

**（二）景观开发文化**

1. 旅游景观开发文化的内涵

（1）旅游景观开发文化的含义。

关于景观开发文化，目前尚未有明确界定。本书的景观开发文化是指旅游景观的文化塑造及由此引起的指向自身的精神现象的总和。从这个定义不难看出，景观开发文化包含两大部分：一是景观的文化塑造；二是由此引起的指向景观开发的精神现象。

景观的文化塑造包括塑造的心态、行为与产品。

旅游景观的文化塑造心态主要有塑造的理念、目标、原则等。旅游景观文化塑造的理念系指旅游景观文化塑造的"应然"的理性认识与要求。目前我国旅游景观文化塑造的理念有"天人合一""景区生态文明""绿色景观""智慧景观"等。旅游景观文化塑造的理念是景观开发的灵魂，它要求旅游景观开发提升文化品质，满足旅游者的文化需求。旅游景观文化塑造的目标系指旅游景观文化塑造所要努力的方向和达到的目的。旅游景观开发的目标有发展经济、提高当地人民生活、保护环境与文化遗产、完善基础设施等，旅游景观文化塑造的目标首先是保护并开发出文化含量高、极具吸引力的旅游吸引物，吸引旅游者前来观赏体验。旅游景观文化塑造的原则是景观开发的指导思想，包括：文化性原则；美学性原则；特色性原则；保护性原则。要求旅游景观开发突出文化内涵的挖掘与展示，遵循形式美的法则与规律，适应旅游者的审美习惯和本民族的美学精神与美学传统，强化特色，保护好旅游景观及其环境。

景观开发是一门科学，是一种经济行为，更是一门艺术，一种文化行为。纯艺术类景观的开发是艺术再现（造）过程固不必论，其他类景观，不管是自然景观还是人文景观，其开发也离不开艺术化过程。园林集自然和人文于一体，是最早被赋予旅游功能的景观之一，其开发历史经历了天然园林到艺术园林的演变，可以看作是旅游景观开发艺术化的缩影。近代以来，景观开发一直存在科学和艺术流派之争，但所争的是科学与艺术以谁为主，而不是科学与艺术谁存谁亡。景观开发的实践也见证了景观开发艺术化这一不可逆转的发展趋势。伴随生活水平的逐步提高和审美素质的提升，人们不再满足于生活上的经济与实用，而是追求一种更加健康、生态、生机勃勃的环境和更加安全、祥和、诗情画意的生活。正是这种对美好环境和生活的迫切需求，推动景观开发不断强化多样性和艺术性。（杨湘涛，2018.）

景观开发行为的艺术化、文化化，必然导致其产品的艺术化、文化化。自然资源本无文化或很少文化，一经辅以与之相谐的设施建筑，附会与之相关的神话传说，赋予雅名美文，配以音乐灯光，自然景观就变成艺术化、文化化景观作品；人文资源本来就是艺术、文化的存在，其艺术、文化内涵或湮没不彰，或特色不足，一经发掘、复原、强化、赋能，艺术景观更加艺术，文化景观更加文化。

由景观开发引起的指向景观开发的精神现象，包括对景观开发的反思、规范等。

中国大规模的景观开发是从 20 世纪 80 年代开始的，在取得辉煌成就的同时，也暴露出一系列新的问题。于是引起了国人对景观开发的反思。打开电脑搜索，涉及反思景观开发的文章数以千计，若加上涉及反思景观开发的书籍，那更是洋洋大观了。在对景观开发的反思中，有成就盘点，有问题分析，有经验介绍，有教训总结，有原因探讨，有对策研究，林林总总，不一而足。这一文化现象是指向景观开发的，同时也指向了旅游要素——旅游主体和旅游客体，涉及旅游者的需求和旅游景观的特性，因而，景观开发的反思既属旅游景观开发文化，也有旅游介入文化的成分。

为确保旅游景观开发有序、健康地开展，相应的开发规范应运而生。这些规范既包括业内人士提出的开发原则、步骤、措施等“行规”，也包括行政、立法部门制定的有关规章、制度。旅游景观开发规范是针对景观开发行为而非旅游行为，因而它属于景观开发文化，确切地说，属于景观开发文化中的行为文化，很少有旅游介入文化成分。

（2）旅游景观开发文化与旅游景观开发及景观文化。

旅游景观开发文化不能等同于景观开发。景观开发是对旅游景观的开拓和建设，既是一个经济过程，也是一个文化过程，只有文化过程属于景观开发文化；由景观开发引起并指向景观开发一系列文化现象，已不属于景观开发本身，却不能不属于景观开发文化。因此，同旅游服务文化与旅游服务的关系一样，景观开发文化与景观开发也是交叉并列关系，景观开发文化既在景观开发之中，又溢出景观开发之外。

旅游景观开发文化也不能等同于景观文化，它与景观文化既有区别又有联系。景观文化既是景观开发文化的对象之一，又与景观开发文化的产品有交叉。它同其他景观一样，如果未经旅游开发，便与景观开发文化无关；如果经过旅游开发，它就转变成景观开发文化的产品。

2. 景观开发文化的细分

不同的景观开发类型，衍生出多种多样的景观开发文化。从起主导作用的价值观角度看，景观开发文化主要有科技导向型、艺术导向型、生态导向型诸类。

（1）科技导向型景观开发文化。

随着现代科学技术的迅猛发展，现代景观开发文化的面貌发生了根本性的变化，景观开发的观念及实践也发生了相应的转变。越来越多的景观设计师热衷于采用现代新型材料和现代高新技术，创造科技含量十足的景观作品，被称为“高科技派”或“高技派”。“高技派”在建构方法和设计方法上打破以往景观设计的常规，使用塑料、钢、玻璃、纤维膜和编织品等新型材料，运用机械、信息、传感等高新科技，通过光影、色彩、声音、质感、透明度等形式要素，创造具有现代感的景观环境。如：可以随说话、走动的声音而改变颜色的“声动竹林”（中国），可以在荷塘的影像中随意移动观赏月色的“荷塘月色”（日本），能把雨滴变成美妙声音和投影映射在大自然里的“雨水工程”（比利时），能让观众漫步“田野”、体验“麦子”生长与“四季”变化的“麦秆田野”（加拿大），由太阳能 LED 灯与数千枚鹅卵石构成、布满了旋涡状图案的自行车道“星夜之路”（荷兰）……如果说这些“诗意科技”还是现代景观的“小制作”，卢浮宫拿破仑三世广场上贝聿铭设计建造的玻璃金字塔可算是此类文化的“大制作”了。

科技导向型景观开发文化肇始于十八世纪爆发的工业革命。工业革命本质上是一次科学技术革命，它不仅改变了社会的走向，也改变了景观开发的走向。一方面，人们的景观开发意识发生巨变——1835 年，“建构”（tectonic）这个词第一次作为建筑术语出现在德国出版的东方学者穆勒的《艺术考古学手册》中。“建构”不仅表现了忠实于结构和构造的艺术表现思想，还表示诗意的构造。按照建构理论的观点，秩序、比例、均衡都是愚蠢的，只有技术才是建筑的核心。另一方面，建筑材料和建筑技术也日新月异——在传统的材料如石材、砖、木材的基础上，增加了铸铁、玻璃和混凝土等新材料，借助科技的力量，这些材料得以科学的利用。于是产生了划时代的科技型景观开发作品，如伦敦的水晶宫和巴黎的埃菲尔铁塔。

（2）艺术导向型景观开发文化。

科技导向的景观开发一开始就遭到了艺术界和社会活动家的强烈反对。19 世纪 50 年代在英国出现了以拉斯金（1819-1900）和莫里斯（1834-1896）为首的工艺美术运动，他们反对机械化与工业化，热衷于手工艺的效果和自然材料的美。工艺美术运动的思想在欧洲大陆广为传播，并在追求美学社会理想的过程中转变为接受机械化，最终引发了一场以新艺术为中心、广泛的设计上的新艺术运动。新艺术运动在 1890 年至 1910 年间达到了高潮。工艺美术运动和新艺术运动延伸到景观设计领域，都主张艺术和技术的结合，并喊出了“为时代的艺术，为艺术的自由”的口号，从而巩固了艺术在景观开发中的主导地位。这一时期出现了一批追求自然曲线或几何直线艺术风格的名家、名作。前者如西班牙的高迪及其居尔公园，后者如奥地利的奥尔布里希及其“彩色园”。

20 世纪以来，绘画艺术发生了巨大变化，古典艺术或传统艺术逐渐解体，艺术的创作主流发生了由具象到抽象的巨大转变，出现了各种不同类型的艺术流派，如：主张观念取代实物、艺术摆脱物质的概念艺术；要求抛弃艺术自律、艺术介入生活的先锋艺术；强调返回自然、以大地为艺术创作对象的大地艺术；追求抽象、简化和几何秩序的极简主义。这些不同的艺术流派思想及其表现形式，被景观设计吸收和消化，产生了新时期的艺术导向型景观开发流派。其中，大地景观派和极简主义派影响最大。前者代表人物主要有美籍艺术家克里斯托夫妇、设计师林樱、罗伯特·史密斯等，较为著名的作品有螺旋防波堤、华盛顿越战阵亡将士纪念碑、巴塞罗那北站广场、苏格兰宇宙花园等；后者最有名的是美国的彼得·沃克，其代表作品有哈佛大学特纳喷泉、加州的波特公园、日本筑波科技新城的广场设计、加州橘郡的广场设计、慕尼黑国际机场凯宾斯基酒店庭院设计等。

（3）生态导向型景观开发文化。

20 世纪 60 年代，美、英、日等工业发达国家相继爆发环境污染问题，引起联合国对城市化、工业化导致的生态和环境问题空前重视。1971 年，联合国教科文组织提出了“人与生物圈计划（MAB）”，要求城镇建设遵循人与自然共生的基本生态原则。随着“人与生物圈计划”的实施，自然保护与生态重建活动广泛开展起来。1969 年，美国景观设计师伊安·麦克哈格发表《设计结合自然》一书，深入研究了生态设计的理论和方法，开创了生态设计的科学时代，景观开发从形式到内容都有了很大发展。

美国是较早将境内独特的公共绿地和水体辟为国家公园的国家之一。20 世纪 70 年代以来，致力于使用景观生态学的方法去解决环境污染和景观设计问题，对湿地治理、植被恢复、生物栖息地规划、水体治理提出了具体的解决方案，完成了许多景观生态规划研究和案例设计。除伊安·麦克哈格外，影响力较大的还有理查德·海格、约翰·O·西蒙兹、乔治·哈格里夫斯等。涉及的作品主要是垃圾场的生态恢复或者废旧工厂的改建利用，如西雅图煤气厂、芝加哥植物园、旧金山烛台文化公园、加州拜克斯比公园等。这些作品多带有保护生态环境和工业遗址的意义。

英国是最早开始探讨用生态学原理来指导城市生态公园建设的国家。1977 年，英国生态公园信托机构在伦敦塔桥附近建了具有典范意义的威廉·柯蒂斯生态公园。其他国家城市生态公园也各有特色：如以城市废弃地再利用为主要特色的德国鲁尔区杜伊斯堡风景园、中国中山市岐江公园等；以生态保护和教育为主要特色的日本京都梅小路公园；将生态和艺术、文化结合在一起的美国华盛顿州兰顿水园、中国四川省成都活水公园等。

**（三）旅游宣传文化**

1. 旅游宣传文化的含义

一般认为，旅游宣传是旅游东道国（地区）或旅游企业为了树立形象，开拓客源，吸引旅游者，提高经济效益和社会效益而进行的各种信息传递和情报沟通活动（田里，1994）。

旅游宣传以旅游者为主要对象，以传递信息和沟通情报为主要内容，以扩大影响为首要目的，本身就是一种典型的旅游文化现象，当然可称为旅游宣传文化。但旅游宣传文化不止旅游宣传。人们关于加强旅游宣传、引导旅游消费等的思考、建议不属于旅游宣传，却不能不属于旅游宣传文化，因为这些活动是由旅游宣传引起的，又指向旅游宣传和旅游，也是旅游宣传文化的创造过程。因此，旅游宣传文化实际是以旅游宣传为核心的精神现象。这个定义包含两方面内容：

（1）旅游宣传是旅游宣传文化的核心。

这个核心包括旅游宣传的理念、内容、形式和原则等。它的主体是旅游宣传者，对象是旅游者。

旅游宣传的根本宗旨和理念追求，在于吸引旅游者，让旅游者全面了解旅游产品的内容、特点，充分行使对旅游产品相关信息的知情权。其直接目的一是为了提高旅游目的地或旅游产品的知名度与美誉度，二是为了提高旅游目的地或旅游产品的竞争力。这种理念追求内在地决定了旅游宣传的内容与形式，在整个旅游宣传文化中具有方向和灵魂作用。

旅游宣传的内容取决于旅游宣传的目标与宗旨，主要表现为旅游目的地或旅游产品的概况、特色、优势、影响等。概况主要介绍旅游目的地或旅游产品的形成时间与过程、结构与功能等，旨在使旅游者对自然状况有一个大概的了解，引起旅游者的注意。特色与优势主要宣传旅游目的地或旅游产品同其他同类型的目的地或产品在区位条件、地域风格、文化内涵、民族特色、服务艺术、发展潜力等方面的差异性，其目的在于在引起旅游者注意的基础上，激发旅游者的购买动机，最终产生购买行为。影响主要从旅游目的地或旅游产品的文化内涵、历史积淀、名人效应等方面宣传其文化蕴涵与品位，通过良好的氛围营造与背景烘托，坚定旅游者的购买信念。

旅游宣传的形式多种多样，主要有旅游广告、旅游节庆和旅游推介活动以及相关的图书资料等。旅游广告是由旅游目的地国家或地区的旅游组织或旅游企业出面，用付费的方式选择和制作有关旅游方面的信息，并由媒体发布出去以扩大影响和知名度，树立旅游形象，达到促销目的的一种宣传形式。其方式主要有报刊广告、广播和电视广告、户外广告、印刷品广告、网络广告等。在现代科技高度发达的今天，旅游广告影响巨大，发展前景广阔。旅游节庆是利用地方特有的文化传统，按特定的方式设计，包含众多旅游专项内容的一种宣传形式。旅游节庆往往和主题形象紧密结合，通过主题活动的策划和宣传，稳定地在人们心中构成一个积极的形象，具有浓郁的民族和地方特色，潜力大，牵动效应强，主题鲜明，专项性强，在旅游宣传上具有突出的作用。

旅游宣传一般要遵循下列原则：①真实原则。在旅游宣传中，无论扩展旅游市场，还是指导旅游消费，都应实事求是，取信于人。②新颖原则。求新、求异是人们出游的主要动机之一，在旅游宣传中，只有突出个性、不落俗套，给人以新颖之感，才能满足人们的求新、求异需要。③针对性原则。针对性既是旅游宣传的特点，也是旅游宣传的原则。要针对旅游者的不同需要有针对性地进行宣传，防止千篇一律、千人一面。④及时性原则。旅游市场信息千变万化，时机稍纵即逝，要求旅游宣传务必与时俱进，见机行事，一旦错过时机，后悔莫及。

（2）旅游宣传文化还包括由旅游宣传引起并指向旅游宣传的其他文化现象。

这些文化现象有很多，如人们对旅游宣传的设计、检验、思考、研究、规范等。其主体是旅游宣传者和其他人员，对象是旅游宣传。

旅游宣传是件严肃的大事，宣传前要经过严密设计，宣传后要进行效果检验。以广告宣传为例，其设计工作一般要分六个步骤：分析目标市场；预算广告费用；构思广告内容；选择媒体手段；确定宣传时机；制定检验方法。检验广告宣传效果一般要通过回寄副卷和抽样调查两种途径进行。

旅游宣传影响巨大，波及社会多个领域，自然引起人们的思考、研究。这种思考、研究，也是指向旅游宣传本身的，如旅游宣传的利弊得失、经验教训等。对前述旅游宣传的含义、结构、类型、特点、内容、形式、原则、策略、手段等的认识，就是人们思考、研究的结晶。近年来，人们对旅游宣传的思考、研究已经取得了令人瞩目的成就，这些文化现象是建立在旅游宣传的基础之上的，反过来又推动了旅游宣传的健康发展。

旅游宣传是一种社会文化活动，需要有一定的规范指导、约束。这些规范除了自身固有的原则、方法等外，还包括相关部门制定的关于旅游宣传的规章、制度，如地方政府发布的加强旅游宣传、规范旅游宣传之类的通知、办法、规则等。一些旅游法规也有这方面的条款。旅游宣传规范的制定与实施，使旅游宣传有章可循、有法可依，确保了旅游宣传的顺利开展。

旅游宣传本身是文化现象，属于旅游宣传文化，由旅游宣传引起并指向旅游宣传的其他文化现象也属旅游宣传文化，但不少并未介入旅游，因而很少旅游介入文化成分。

2. 旅游宣传文化的细分

从宣传主体的角度看，旅游宣传文化可以划分为政府主导型、企业主导型和非政府企业主导型三大类。

（1）政府主导型。

政府主导型旅游宣传文化即以各级政府或相关行政部门为主导创造的旅游宣传文化。政府主导型旅游宣传文化全局观念非常明显，在很大程度上，它不是某种或某个旅游产品的宣传，而是一个地区、一个城市的整体旅游形象的展示，除了促销以外，还有较多的社会公益的性质。加之政府可以运用必要的行政手段集中较为雄厚的物力、财力与人力进行旅游宣传，使得政府主导型旅游宣传文化规模宏伟、声势浩大、形式多样、影响深远。

政府主导型旅游宣传文化的形式异常丰富，主要有主题宣传年、旅游节庆活动、旅游展销会、旅游博览会、旅游推介会、旅游广告等等。其中，旅游主体宣传年活动是较为重要的由政府主导的旅游宣传活动，受到各国政府的高度重视。世界旅游组织（WTO）几乎每年都推出不同的旅游主题，以引导世界旅游和旅游业的发展。中国旅游行政部门自 20 世纪 90 年代以后几乎每年都推出一个旅游主题、若干宣传口号，从未间断。近几年的如 2017 丝绸之路年“旅天下、游世界、品人生”，2018 美丽中国－全域旅游年“全域旅游，全新追求”，2019 中国旅游日“文旅融合，美好生活”，2020 中国旅游日“美丽中国之旅”等，极大地推动了中国国内与国际旅游的发展。此外，全国各地通过政府行为纷纷在中央电视台作城市旅游形象的广告宣传，并以户外广告、公共汽车流动广告等形式展开旅游宣传，也取得了良好的效果。

政府主导型的旅游宣传在旅游宣传促销中具有其他宣传类型不可替代的作用。随着旅游和旅游业的发展，这种类型的旅游宣传文化将一直在旅游宣传文化建设中占有强势地位。毕竟，旅游是集经济、社会、文化于一体的综合活动，对人文和自然环境影响巨大，只有政府主导的旅游宣传才能做到全面、平衡、协调。政府主导的旅游宣传具有经济、政治、文化多重目的，社会公益性质较强。这对于地区与城市经济和社会的发展与文明的进步，无疑具有深远的意义（董芳、刘丽娟 . 2005）。

（2）企业主导型。

企业主导型的旅游宣传文化是由旅游景区、旅行社等旅游企业为主导创造的旅游宣传文化。企业主导的旅游宣传文化，市场意识十分强烈，各个企业常常从自己的产品特色出发，有针对性的锁定适宜消费群体，千方百计地将其产品推向特定旅游市场，获取经济效益。由于企业只能动用本企业或相关企业的物力、财力与人力资源参与旅游宣传促销活动，使得企业主导型的旅游宣传文化在规模、声势、影响等方面较政府主导型的旅游宣传文化逊色不少。

企业主导的旅游宣传文化，形式与手段也较为丰富。旅游企业主导的宣传通常以本企业特色旅游产品为主题，以旅游广告、旅游印刷品、旅游推介会、邀请旅游等为主要宣传形式。通常，旅游饭店将自己的饮食、住宿、康乐、会展等服务产品以文字、图片、影视、解说等形式，通过各种媒体和虚拟技术告知受众；旅游景区将自己独具特色的景观以图片、录像短片的形式制成旅游宣传品加以推广；旅行社将旅游线路和旅游景点的风光介绍、食宿安排、交通方式等制成旅游宣传印刷品加以传播。

企业主导型的旅游宣传，在旅游宣传促销活动中具有重要的地位，在一定程度上决定着旅游企业经营的成败。随着国内外旅游市场竞争形势的日趋激烈，争夺消费者，增加市场的占有份额，成为企业成败的关键。如何争夺旅游者？除了在产品质量本身下功夫外，还要加大旅游宣传力度。经验告诉我们：“好酒也怕巷子深”，产品质量再好，它自身是不会说话的，靠“回头客”传播，知名度只能停留在小圈子里。换言之，市场无法做大做强。在强手林立的今天，这样的企业注定朝不保夕。所以，各地旅游企业都在不遗余力地开展旅游宣传活动，以期提高知名度，拓展旅游市场，在竞争中立于不败之地。

（3）非政府企业主导型。

非政府企业主导型旅游宣传文化是指相关民间组织（绿色环保组织、动植物保护协会、旅游消费者协会）、旅游学界（旅游高校、旅游研究机构、旅游协会）、旅游目的地居民、旅游图书出版机构等为主导创造的旅游宣传文化。非政府企业主导型旅游宣传文化“民间”“公益”色彩十分浓厚。上述主体常常基于人类整体或区域利益，从自然、社会、文化、经济等角度，自发的宣传自己的旅游观念，鼓励、限制或反对发展旅游。由于上述主体多有名流参加，且有社会力量支持，声势、影响相当可观。但上述主体自发、分散、不统一，该类型的旅游宣传文化总体上不够成熟。

在上述主体中，旅游宣传以各种绿色环保组织最为活跃，旅游教研机构、旅游地居民次之，旅游图书出版机构又次之。他们或独立、或联合发起旅游宣传，内容、形式多种多样。绿色环保组织以保护自然环境为主题，通过游行集会、临场示范、网络直播、网页制作、讲演报告、宣传手册等宣传绿色、环保、低碳、节能旅游；旅游教研机构以旅游开发等为主题，通过教学培训、著书立说、举办会议宣传旅游；旅游地居民以当地自然、经济、社会、文化环境为主题，通过介绍特色旅游产品、本地旅游资源，或集会、抗议表达发展旅游或反对旅游的意愿；旅游图书出版机构以旅游为主题，通过出版发行与旅游相关的出版物宣传不同旅游观点。

非政府企业主导型的旅游宣传文化在各类旅游宣传文化中虽不占主流地位，由于立足民间、多涉公益，较政府主导型、企业主导型旅游宣传文化更具稳定性和持久性；又因主体的松散、不统一，所创造的旅游宣传文化较政府主导型、企业主导型旅游宣传文化更富多样性和质朴性。非政府企业主导型的旅游宣传文化对旅游发展有很强的监督作用，有利于旅游的健康发展。

**（四）旅游研究文化**

1. 旅游研究文化的含义

所谓“研究”，包含两层意思：一是钻研，即探求事物的性质、规律等；二是考虑、商讨。显然，旅游研究主要是指探求旅游活动或现象的性质、规律等的一种学术活动。一般认为旅游研究应当既包括对旅游的研究，也应包括对旅游业的研究，鉴于本书的旅游是狭义的旅游即旅游者的活动，因此，本书的旅游研究仅指针对旅游者及其活动所进行的研究活动。

旅游研究本身就是一种智力和脑力活动，当然可称为旅游研究文化。但旅游研究文化不局限于旅游研究。除旅游研究外，旅游研究文化还包括由旅游研究引起的关于旅游研究的思考、规范等。如人们关于加强旅游研究、规范旅游研究行为等的思考。这些文化现象不属于旅游研究，却不能不属于旅游研究文化，因为这些活动由旅游研究引起，又指向旅游研究并涉及旅游活动，也是旅游研究文化的创造过程。因此，可以将旅游研究文化定义为：以旅游研究活动为核心的精神文化。旅游研究文化包括旅游研究及由此引起并指向旅游研究的其他文化。

旅游研究的范围十分广泛，既包括对旅游者的旅游需要、旅游动机、旅游行为等方面的研究，也包括对旅游者的旅游活动空间分布、发展阶段、活动规律、影响程度等方面的研究。从内容上看，旅游研究包括旅游研究的理念与意识、方法和手段、过程及成果三个方面。

旅游研究的理念与意识，主要探讨旅游研究的原因、目的、宗旨等方面的内容，它直接制约和影响着旅游研究展开的范围和程度，决定着旅游研究的方向。旅游研究主体十分复杂，既有旅游从业人员，也有政府官员；既有学界人士，也有旅游者，还包括其他个人。这些研究主体的研究目的和宗旨也具有很大的差异。

旅游研究的方法和手段主要探讨旅游研究的途径、视角和工具问题。方法和手段的选择直接影响到旅游研究的深度和水平，在旅游研究水平亟待提高的情况下，旅游研究方法的运用和研究手段的选择具有至关重要的意义。旅游研究方法和研究手段因事（研究对象）而异，因人（研究人员）而异。合于事、宜于人就是好方法、好手段，墨守成规固不可取，追求新异亦须合时宜人。

旅游研究的过程与成果主要探讨旅游研究的准备与实施、著述与审定等问题。旅游研究的过程和成果反映人们对旅游者及其旅游活动的认识能力和水平，对于旅游发展具有重要的指导意义。旅游研究过程和成果是不断发展、变化的，随着认识的不断深入和提高，前一段旅游研究的过程和成果将不断地被后一段研究的成果和见解所推翻、修正或补充。

指向旅游研究的其他旅游研究文化包括对旅游研究的反思和规范等。

对旅游研究的反思包括对旅游研究的理念与意识，方法和手段，以及成果的反省与思考。旅游研究反思来自多个方面，既有学界的，也有业界的，还有社会其他成员的。学界对旅游研究的反思主要体现在旅游研究综述、述评之类的论著中。如申葆嘉（1996）的《国外旅游研究进展》、石培华（2009）的《中国旅游研究 30 年（1978~2008）》。前者对 20 世纪 90 年代以前国外旅游研究的发展情况做以综评，后者力图通过 9 个专题系统全面地梳理中国旅游 30 年的发展历程和资源全貌。克里斯·库珀（2006）的《旅游研究经典评论》也属此类。业界和其他社会成员对旅游研究的反思更多体现在对旅游研究成果的口头或书面评论上，如“研究深入”“切合实际”“规划规划，墙上挂挂”等褒贬评价。学界对旅游研究的反思往往理论、应用并举，业界、社会对旅游研究的反思往往着眼于研究成果的实用价值。

对旅游研究的规范是旅游研究所应遵守的基本伦理、道德规范，既包括旅游研究中的具体规则，如文献的合理使用规则、引证标注规则、立论阐述的逻辑规则等，也包括旅游研究的高层次规范，如学术制度规范、学风规范等。旅游研究规范主要来自学术界。中国旅游研究权威期刊《旅游学刊》定期或不定期发表许多关于旅游研究规范的文章，学者们就旅游研究中的重复研究现象及严重后果、如何正确使用统计建模方法、定量研究的滥用与不恰当使用、定性研究不规范等问题阐述了各自的观点，值得关注。

旅游研究本身是文化现象，属于旅游研究文化。由旅游研究引起并指向旅游研究的其他文化现象也属于旅游研究文化，但不少并未介入旅游，因而很少旅游介入文化成分。

2. 旅游研究文化的细分

自 19 世纪末科学意义上的旅游研究开展以来，相关学科纷纷介入其中，形成了经济学、地理学、社会学、人类学等比较成型的旅游学术流派。（邹统钎等，旅游学术思想流派，2008；鲁小波等，基于旅游博士毕业论文的旅游学术流派研究，2016；党宁等，中国旅游学术领域的网络、学缘与流派：1979-2021，2023）每一流派相对独立，相互渗透，构成了不同类型的旅游研究文化。

（1）经济学取向的旅游研究。

经济学取向的旅游研究是以经济学一般理论方法为根本指导，探讨旅游活动中各种经济现象、经济关系和经济规律的旅游研究类型。主要研究内容有旅游市场理论、旅游需求和支出、旅游经济影响及旅游投资、旅游经济效益和旅游代价、旅游目的地管理与发展、旅游企业及其行为、旅游产业等。研究方法以政治经济学和西方经济学、产业经济学等经济学的理论方法为主，兼用心理学、地理学、资源学、社会学、统计学、市场学等学科的理论和方法。

1899 年，意大利国家统计局局长博迪奥发表了《关于在意大利的外国旅游者的流动及其花费》的论文，揭开了现代旅游经济研究的序幕。1927 年，意大利罗马大学的教授马里奥出版了《旅游经济》一书，首次对旅游经济进行了全面、系统的研究和讲授。1978 年，南斯拉夫翁科维奇教授的《旅游经济学》出版，全面阐述了现代旅游经济的理论和原则，成为具有代表性和较大影响的旅游经济学教材。此后，世界各国有关旅游经济研究的论文和专著大量涌现，旅游经济研究衍生出“旅游活动”“旅游产业”等许多支派。经济学取向的旅游研究在旅游业对国家、地方及当地的经济贡献，区域及当地的经济情况，旅游业成本与收益的经济评估等方面成果突出，在 20 世纪 70 年代以前的旅游研究文化中独领风骚。

（2）地理学取向的旅游研究。

地理学取向的旅游研究是以地理学的一般理论方法为根本指导，探讨与旅游相关的多种地理现象的形成、演变和发展及其基本规律的旅游研究类型。主要研究内容有旅游流、旅游资源、旅游地、旅游交通、旅游环境、旅游区划、旅游影响、旅游规划等。研究方法以区位理论、土地利用理论、空间扩散理论、中心地理论及调查考察法、地理图表法、遥感技术分析、地理信息系统（GIS）等为主，兼用心理学、经济学、管理学、环境与生态学、统计学、计量方法、抽样调查法、比较法等相关理论与方法。

1930 年，美国学者麦克默里发表了《娱乐活动与土地利用关系》一文，被认为是现代旅游地理学的开山之作。其后，旅游地理研究进展缓慢。20 世纪 70 年代中期以来，旅游地理研究取得了长足的进步：研究内容拓展到服务设施的空间经济、旅游者的空间行为与旅游目的地营销、大区域旅游开发与规划，旅游的区域影响过程与机制等领域；

研究方法上多学科、新技术广泛应用，理论研究、应用研究同时并举。出现了《旅游开发》(道格拉斯·皮尔斯，1981)、《游憩地理学》(斯蒂芬·史密斯，1983)等一大批经典著作，旅游地理学开始成熟并派生出“旅游空间”“旅游规划”等许多支派。地理学取向的旅游研究在旅游空间、旅游流动、旅游地变迁、国家公园与户外管理、社会及环境评估等方面成果突出，20 世纪 80 年代以后成为旅游研究文化中的“显学”。

(3) 人类学取向的旅游研究。

人类学取向的旅游研究是以人类学的一般理论方法为根本指导，探讨研究旅游地居民、社会团体、旅游开发者与旅游者之间关系的旅游研究类型。主要研究内容有二：一是对旅游者及旅游本质，包括旅游者的经历转换、旅游体验等；二是旅游对东道国地区的社会文化的影响，包括旅游地文化变迁、主客互动等。研究方法以整体性的参与观察与社会调查、深度访谈与问卷调查、文献资料收集、“过程——事件”分析法为主，兼用社会学、文化学、美学等相关理论与方法。

1963 年，美国人类学者努涅斯发表了《一个墨西哥山村开展周末旅游带来的影响》一文，开辟了人类学取向的旅游研究之路。1977 年，美国人类学家瓦伦·史密斯主编的《东道主与游客：旅游人类学》出版，标志旅游的人类学研究已然成学，研究旅游对目的地社会、文化的影响成为旅游人类学的主流。进入 80 年代后，学者们越来越关注旅游对社会的影响，并把旅游开发与社区建设联系起来，考察如何使二者更好地互动。20 世纪 90 年代后，旅游的可持续发展问题也进入人类学学者的视野，他们开始思考如何达到社会文化方面的可持续发展。在众多的旅游人类学家中，除瓦伦·史密斯外，纳尔逊·格雷本、丹尼森·纳什的旅游人类学研究最具代表性，各自所著《旅游人类学》是皆为经典之作。旅游学界耳熟能详的理论“神圣游程论”即为旅游人类学派的贡献。

(4) 社会学取向的旅游研究。

社会学取向的旅游研究是以社会学的一般理论方法为根本指导，探讨研究旅游各个组成部分的良性运行和协调发展的条件和机制的旅游研究类型。主要研究内容包括旅游现象、旅游社会关系、旅游社会行为、旅游社会问题等。研究方法以社会整体论、社会互动论、社会调查、社会分析、社会统计等社会学理论方法为主，兼用人类学、文化学、语言学、地理学、民族学、民俗学、宗教学、结构主义与符号学、现象学、美学、文学艺术等相关理论与方法。

早在 20 世纪 30 年代，德国学者冯·威斯等开始把旅游放在社会学大范畴中进行研究，开启了旅游社会学的端绪。其后，旅游社会学研究进展缓慢，社会学家对旅游的关注通常是专业研究的副产品。20 世纪 70-80 年代，随着旅游的社会文化影响日益加剧，旅游的社会学研究开始活跃起来，研究兴趣的主要集中在旅游者自身、旅游者与东道地社会关系、旅游系统、旅游影响四个方面。科恩、麦肯耐尔、特纳和阿什等在这一时期完成的著作如《旅游社会学》《旅游者：休闲阶层新论》《成吉思汗的马队》，影响深远，被奉为本领域的经典。旅游社会学作为社会学的一个分支开始形成。90年代以来，旅游社会学专门领域的研究不断深入。旅游学界另一耳熟能详的理论“旅游本真性”即为旅游社会学派的贡献。

## 二、虚拟旅游介入文化

有虚拟旅游体验，就有虚拟旅游介入。虚拟旅游介入是介入者通过观念或行动对虚拟旅游进行干预、影响的活动。虚拟旅游介入是介入者的活动，这里的介入者，既有发号施令的政府、提供服务的企业，也有创作旅游作品的作家、画家，编导旅游影视的编剧、导演，更有研究虚拟旅游的专家、学者。凡介入虚拟旅游的个人、团体，都是虚拟旅游介入的主体。虚拟旅游介入的对象是虚拟旅游，既包括虚拟旅游整体，也包括虚拟旅游要素。没有虚拟旅游这个对象，虚拟旅游介入也就不成其为虚拟旅游介入。旅游电子商务、网络游戏等因其对象并非虚拟旅游，所以都不是虚拟旅游介入。较之现实旅游介入，虚拟旅游介入基本上是一种纯文化现象。按介入的性质划分，虚拟旅游介入可分为概念性和操作性两小类。

### （一）概念性虚拟旅游介入

概念性虚拟旅游介入是处于心理层面的虚拟旅游介入，介入的对象是想象性虚拟旅游，对应的虚拟旅游体验是想象性虚拟旅游体验。同想象性旅游体验一样，概念性虚拟旅游介入多是作家、编导创造的，只存在于概念之中。对现实中的人来说，这种虚拟旅游介入即使来源于现实生活，也只能想象，不可感知。从介入对象的角度看，概念性虚拟旅游介入可分为幻游介入和梦游介入两个系列。

*1. 幻游介入系列*

幻游介入主要有仙幻式旅游介入、奇幻式旅游介入、科幻式旅游介入三小类。

在幻游介入中，仙幻式旅游介入出现最少，主要是食宿、交通、导游、娱乐等虚拟旅游服务。“玉女明星备洒扫，麻姑瘙痒指爪轻”（李白《西岳云台歌送丹丘子》），这是李白想象的仙游食宿服务；“乘龙车，建旌旗，以飞廉、风伯为向导，雨师、雷公为侍卫，令仙女唱歌、湘灵鼓瑟、海若跳舞”（屈原《远游》），这是屈原想象的仙游交通、仙游导游、仙游娱乐服务。仙幻式旅游介入之所以稀少，是因为这些仙人“不食五谷，吸风饮露；乘云气，御飞龙，而游乎四海之外”（《庄子·逍遥游》），已经达到“无待”（无须依赖任何介体而随心所欲）的境界了。在仙幻式旅游介入中，虚拟旅游服务全凭想象，甚至可有可无。

在奇幻式旅游介入中，较为活跃的也是虚拟旅游服务。食、住、行、游等虚拟旅游服务应有尽有，且接近现实。“便要（邀）还家，设酒杀鸡”（陶渊明，《桃花源记》），这是陶渊明想象中的虚拟食宿服务；“他说道：‘你得从别的道路、别的渡口过去，不能从这里过去。必得有一条较轻的船渡你。’我的引导者对他说：‘开隆，你不要多虑，这是上天的意志，天命所在'。"（但丁，《神曲》）这是但丁想象中的虚拟交通服务和导游服务。同仙幻式旅游介入类似，奇幻式虚拟景观开发、虚拟旅游宣传、虚拟旅游研究基本不存在。

在科幻式旅游介入中，较为活跃的同样是虚拟旅游服务。与仙幻式旅游介入类似，食、住、行、游、娱等科幻式旅游服务同样出自想象，超越现实。只是科幻式旅游介入的想象是以科学技术为支撑的，并非全凭想象。而且，其中的"行"——虚拟交通服务最有特色。科幻式旅游介入中的旅游交通工具是多种多样的，飞行的炮弹、滑翔的潜艇、飞翔的火车、腾空的飞船……不一而足。普遍提到的是能穿越时间隧道的时光机器。时光机器名称多种、形状各异，登上时光机器后，可以在瞬间到达准备前往的那个时代。时光机器源于威尔斯在 1895 年写下的那部脍炙人口的科幻小说《时光机器》。从那以后，时光机器、时光旅行就一直是科幻小说的流行主题，并引起科学界的严肃思考。

2. 梦游介入系列

梦游介入系列有原生、派生之别。原生性梦游介入主要也是虚拟旅游服务，食、宿、行、游、购、娱等一应俱全，而且贴近现实。且看陆游的梦游诗：①"久向人间隐姓名，看花儿到武昌城。一壶春色常供醉，万里烟波懒问程 。"（《梦中作》）后两句涉及旅游饮食服务和交通服务，虽未见其人，还是能感觉到作者是满意的。②"红袖引行游玉局，华灯围坐醉金绳。"（《梦至成都怅然有作》）这两句涉及导游服务，从语气上看，作者应该是非常满意。③"坐上新声犹蜀伎，道傍逆旅已秦音。"（《梦至小益》）这两句涉及旅游娱乐服务和食宿服务，其文化已然多样化了。这是古代的原生性梦游介入情况。现代的原生性梦游介入更甚于古代，食、宿、行、游、购、娱等虚拟旅游服务无所不包。和虚拟旅游服务相关的，从飞机、火车、轮船、飞船、空姐，到旅馆、美食、导游、购物、娱乐，莫不入梦。网上解梦生意由此更加红火。

派生性梦游介入不如原生性梦游介入范围广大，主要集中于虚拟旅游服务中的交通服务、饮食服务、导游服务和娱乐服务四个环节，而且多超越现实。"六丁贡策驱，四值助骠骁。七襄行銮舆，顷刻过星桥……欣赴瑶池宴，笙歌舞九韶。金卮劝玉酒，青瑟曲红绡。"这是笔名斩水刀的《梦游诗》，有六丁四值之神为之执鞭、牵马，众仙女为之进酒、歌舞，交通、饮食、娱乐，绝对是神服务。李贺的《梦天》还提到了仙女导游："玉轮轧露湿团光，鸾珮相逢桂香陌。黄尘清水三山下，更变千年如走马。"玉车相迎，讲解人间的沧桑巨变，也是神服务。

**（二）操作性虚拟旅游介入**

操作性虚拟旅游介入是处于行为层面的虚拟旅游介入，介入的对象是感知性虚拟旅游，对应的虚拟旅游体验是感知性虚拟旅游体验。从介入对象的角度看，操作性虚拟旅游介入主要有纸游介入和网游介入两个系统（列）。

1. 纸游介入系列

纸游介入系列包括为虚拟旅游者提供与旅游有关的书刊、图画、影视等。

旅游书刊是最早的纸游介质，古希腊的《大地环游记》、古中国的《山海经》等虚拟旅游作品均以纸游介质闻名于世。自古以来，旅游书刊在引导虚拟旅游者获得虚拟旅游体验方面发挥了独特作用。借助旅游书刊精彩的内容、优美的文字、灵动的图片，虚拟旅游者得以体验长江两岸的风光，聆听泸沽湖畔的涛声，欣赏吴哥窟清晨的霞光，感受冬日比利时森林的寒冷与肃穆。并从中领略深邃的人文情怀、独特的文化内涵与魅力，从而来一次心灵放飞。正因为如此，有识之士莫不重视旅游书刊的导游价值。北京万卷图书文化机构曾联合部分新闻媒体、旅游专家和旅游爱好者，于 2006 年 8 月至 2007 年 7 月，在全国范围内开展了一场“纸上旅游”活动。此次活动向广大读者推荐“50 本精品旅游图书”，在全国 100 家书城书店联合展销；还以“纸上旅游”为题有奖征集“纸游”作品，推动旅游文化向纵深发展。该活动深受广大旅游爱好者和读者的欢迎（何乐辉，让我们一起来“纸上旅游”，2006 年 8 月 23 日，光明网）。

旅游图画是继旅游书刊之后兴起的另一种纸游介质。魏晋时期，中国出现了山水画，为足不出户的卧游奠定了基础。南朝宗炳力倡“观画卧游”，旅游图画正式介入虚拟旅游。此后卧游兴盛，以至于山水画也称为卧游图，如南宋李生的山水画称为《潇湘卧游图卷》、明代沈周的山水画称为《卧游图》、清初程正揆的山水画称为《江山卧游图》。图画的直观形象能使人产生亲临其境般的体验，秦观欣赏《辋川图》的“观后感”生动说明了这一点：“恍然若与摩诘入辋川，度华子冈，经孟城坳，憩辋口庄，泊文杏馆，上斤竹岭并木兰柴，绝茱萸湾，蹑宫槐陌，窥鹿柴。返于南北宅，航欹湖，戏柳浪，濯栾家濑，酌金屑泉，过白石滩，停竹里馆，转辛夷坞，抵漆园。幅巾杖屦，棋弈茗饮，或赋诗自娱，忘其身之匏系于汝南也。”旅游图画的纸游功能迄今不衰，推崇观画卧游的文章著作比比皆是。

旅游影视是继旅游书刊之后兴起的第三种纸游介质，正式出现在 20 世纪初。1902 年法国导演梅里斯执导的《月球旅行记》，1968 年斯坦利·库布里克执导的《2001：太空漫游》，1997 年罗伯特·泽米吉斯执导的《超时空接触》，可谓旅游影视发展史上的 3 座里程碑。《月球旅行记》的编导梅里斯是舞台演员兼魔术师，他不但首次将虚拟旅游由科幻小说变成科幻片，还将大量舞台特效和叠影、淡入淡出等最新手法用于影片，大大深化了人们的纸游体验。描写太空旅行的科幻片《2001：太空漫游》，在编、导、音、像、美、效诸方面更上一层楼，获得当年最佳美术指导、最佳导演、最佳编剧等奥斯卡奖提名，并获最佳视觉效果奖及英国电影学院最佳摄影、最佳音响、最佳美工奖，观者的纸游体验再攀高峰。描写星际时间旅行的另一部科幻影片《超时空接触》，科学成分远大于幻想成分，被认为是目前好莱坞拍摄的科学含量最多的、真正意义上的科幻片。美国有 97% 的民众相信影片所述的内容，该片所引发的虚拟旅游体验可想而知。

与旅游有关的书刊、图画、影视，从想象性虚拟旅游体验的角度看是载体——记载了包括想象性虚拟旅游体验在内的虚拟和现实旅游体验，从感知性虚拟旅游体验的角度看是介体——引导虚拟旅游者进行感知性虚拟旅游体验。一旦记载虚拟旅游体验的书刊、图画、影视介入虚拟旅游，导致观赏者形成感知性虚拟旅游体验，被记载的虚拟旅游体验和观赏者的虚拟旅游体验就叠加为“双重虚拟旅游体验”。但作为虚拟旅游介入物的书刊、图画、影视，其在增进虚拟旅游体验方面的作用尚未得到足够的重视。

2. 网游介入系统

最有代表性的操作性虚拟旅游介入还数网游介入系统。网游介入系统是指为满足虚拟旅游者网上旅游的需要而开发的集食、住、行、游、购、娱于一体的模拟或超现实的虚拟体系。所介入的对象是网游（网上旅游），所对应的虚拟旅游体验是网游体验。

网游介入系统是随着网游的兴起而形成的。目前，已经陆续开发出一些网游介入系统，如桌面虚拟现实系统、沉浸式虚拟现实系统等。

桌面虚拟现实系统是一套基于普通 PC 平台的小型桌面虚拟现实系统。该系统利用中低端图形工作站及立体显示器产生虚拟场景，并配备位置跟踪器、数据手套、力反馈器、三维鼠标或其他手控输入设备，帮助参与者实现虚拟旅游。在桌面虚拟现实系统中，利用一些专业软件，参与者可以自行设计各种虚拟环境；借助立体显示器，参与者可以浏览三维立体的旅游场景并产生一定程度的投入感。桌面虚拟现实系统逼真程度较低，沉浸感较差，是初级的虚拟现实系统。尽管如此，桌面虚拟现实系统仍因成本较低而应用普遍。

沉浸式虚拟现实系统以沉浸感高而得名。该系统安装语音识别器，参与者对系统主机下达操作命令时更加方便快捷。该系统配有头部跟踪器、手部跟踪器、眼睛视向跟踪器，极大地提高了系统的实时性。常见的沉浸式系统有头盔式显示器系统和投影式虚拟现实系统两小类。头盔式显示器系统利用头盔显示器把用户的视觉、听觉封闭起来，产生虚拟视觉。同时，利用数据手套把用户的手感通道封闭起来，产生虚拟触动感。投影式虚拟现实系统是利用立体投影、视景同步、三维图形及音响、传感等技术实现虚拟旅游的系统，典型的投影式虚拟现实系统当数虚拟现实影院。虚拟现实影院由立方体环幕和投影、音响、交互设备等组成，几米高的多面（至少三面）立方体屏幕环绕在观众周围，多部投影设备共同将图像投射在立方体的平面上，置身其中的观众借助交互设备同时观赏多面图像，完全沉浸在立体音像组成的空间之中。沉浸式虚拟现实系统逼真度高、沉浸感强，令用户置身于虚拟世界之中，享受完全沉浸的体验，因而是目前较高级的网游介入系统。

网游介入系统具有以下显著特点：第一，多感知性。所谓多感知是指除了一般计算机技术所具有的视觉感知之外，还有听觉感知、力觉感知、触觉感知、运动感知，甚至包括味觉感知、嗅觉感知等。尽管由于相关技术特别是传感技术的限制，网游介入系统仍具有视觉、听觉、力觉、触觉、运动觉等多种感知功能。第二，浸没感。浸没感又称临场感，指用户感到作为主角存在于模拟环境中的真实程度。理想的模拟环境应该令用户难以分辨真假，全身心地投入到计算机创建的三维虚拟环境中。在网游介入系统中，虚拟旅游环境虽不能达到惟妙惟肖、尽善尽美，但在某种程度上还是能给人以看上去、听上去、动起来，甚至闻起来、尝起来等都是真的这样一种感觉，如同亲临其境。第三，交互性。交互性是指用户对模拟环境内物体的可操作程度和从环境得到反馈的自然程度（包括实时性）。目前的网游介入系统交互性虽然有限，但正在朝这一方向发展。用户可以用手去直接抓取模拟环境中虚拟的物体，视野中被抓的物体也能立刻随着手的移动而移动。第四，构想性。强调虚拟现实技术应具有广阔的想象空间、宽阔的人类认知范围。网游介入系统不仅可再现真实存在的环境，而且能够随意构想客观不存在的甚至是不可能存在的环境。

网游介入系统的开发利用离不开虚拟旅游网站。就目前国内的发展状况而言，虚拟旅游网站还不够成熟。通过计算机来创建的虚拟旅游环境大多集中在提供旅游景点相关知识和信息的服务层面，多为文字、图形、录像等方式，真正实现虚拟旅游的网站还没有很好地构建起来。国外的虚拟旅游网站非常成熟，虚拟瑞典以及美国的“第二人生”都拥有四五百万的注册用户，游客可以在全世界的著名景点畅游。在网络导游带领下，可以看到斯德哥尔摩市政厅、隆德大教堂，游览意大利米兰大教堂广场、法国巴黎的万神庙、瑞士的苏黎世歌剧院……除了对景点进行 360 度的欣赏，还能通过点击鼠标的方式让网络中的自己在景点前拍照留念，完全不用担心时间紧迫。

网游介入系统为人类开辟了一个新的生存和休闲空间，在其中，人们不必像在传统旅游世界那样因财富、地位、身份等不同而产生歧视和压抑，可以平等地进行游览、交流，充分地解放思想和人性。从这个意义上说，网游介入系统不只是对传统旅游文化的一种颠覆，更是一种文化创造——一种平等、宽松的文化环境的塑造。网游介入系统的出现，标志着虚拟旅游介入已经成为一种相对独立的文化现象。

## 第 3 节　旅游介入文化的心理

旅游介入文化的心理是介入者干预、影响旅游或虚拟旅游而形成的社会意识。包括旅游介入的文化心理和虚拟旅游介入的文化心理。本节重点讨论前者。

### 一、旅游介入的内在动因

旅游介入文化是在内外因素相互作用下形成的，其内在动因主要是旅游介入的文化需要和动机。旅游介入的文化需要和动机既是旅游介入文化形成的内在动因，也是旅游介入文化的重要组成部分。研究旅游介入文化，不能不研究旅游介入的文化需要和动机。

**（一）旅游介入的文化需要**

按需要的主次，旅游介入文化的具体需要包括旅游介入的根本需要和旅游介入的派生需要，前者如技能的需要、创造的需要、实现自我的需要等，是推动旅游介入的内在原因；后者如公平的需要、尊重的需要、合作的需要等，是对旅游介入的主观要求。

1. 实现自我的需要

施展才能以取得成就，实现自身价值，这是人的基本需要之一。旅游世界丰富多彩，不但旅游者可以在此施展才能，旅游介入者也可以通过介入旅游一展身手：服务者可以通过为旅游者提供服务展示自己高超的服务艺术；开发者可以通过开发优质产品，实现自己的开发理念；研究者通过研究旅游，展现自己的学术水平；旅游地居民可以通过接待旅游者，实现各自的价值。于是，自我实现的需要推动人们介入旅游，成为旅游介入的需要。“作为旅游业中的一员，应该不断加强学习专业知识和积累各方面知识，拓宽知识，为旅游业的不断强大尽心尽力尽职地工作、贡献自己的力量，实现自我价值。”这是我们经常看到的旅游从业人员的自我表白，它直接反映了旅游介入的实现自我的需要。职场中，旅游职业是一个热门儿而又流动性极强的职业。为什么热门儿？为什么流动？一个重要原因就是：员工为实现自我而来，为实现自我而去。惟其如此，旅游企业莫不以提供“实现自我”平台相标榜，努力创造实现自我的良好环境，吸引人才，留住人才。

2. 创造的需要

从人存在的社会意义上说，创造是人社会性存在、发展的需要。创造性的活动连接通着人的过去、现在与未来，使人类有着一部属于自己的、开放的、不断制作的历史。旅游世界是一个古老而崭新的世界，在这个世界里，不乏创造用的原料，唯独缺乏创造性的产品；不乏创意的消费者，唯独缺乏创新的供给者；不乏创造的空间，唯独缺乏创新的人才。旅游世界的“乏”与“不乏”，为旅游介入者创造性的发挥提供了巨大的试验场，于是，创造的需要成为旅游介入的普遍需要。谈及旅游介入的内在原因，许多旅游从业人员的回答是：寻找用武之地，一展身手。所谓“寻找用武之地”“一展身手”，反映的正是旅游介入的创造需要。也正因如此，旅游企业在承诺为应聘人员提供“实现自我”平台的同时，还承诺为他们提供广阔的创造空间，足见创造需要在旅游介入者诸多需要中的地位。

3. 技能的需要

技能包括技术和能力。技能是生存发展的必要条件，技能的高低强弱，直接决定生存发展的质量和水平。因此，对技能的需要，既是生存的需要，也是发展的需要。技能的获得，可以通过传授，也可以通过实践。旅游世界是一个复杂、多样的世界，旅游介入是一个实践过程，通过介入旅游世界，人们可以获得或强化多种技能，如服务技能、交往技能、景观开发技能。介入旅游能获得如此多的重要技能，何乐而不为！于是，技能的需要成为人们介入旅游的原因之一。“做旅游是想多结识一些新朋友”，“做旅游也是想锻炼一下自己”，这是旅游从业人员常挂在嘴边的话。这些话出自旅游介入者之口，说明了技能需要确已成为旅游介入需要的一部分。

从旅游介入的原因看，技能需要是旅游介入的根本需要——因需要技能而介入旅游；从旅游介入的要求看，技能需要又是旅游介入的派生需要——因介入旅游而需要技能。由于行业的特点，旅游企业员工一方面需要不断地提高自己的各种操作技能，以适应各种现代化设备设施的要求；另一方面需要不断地提高自身的文化素养和心理素质，以满足不同旅游者的需求。所以，管理者要注意为员工提供带薪学习、出国学习、攻读MBA、业务技能培训等学习和深造的机会，促使员工的知识更新，以适应知识经济与信息时代的要求。

4. 公平的需要

公平的需要包括公平竞争、机会平等、分配公正等需要。公平的需要是人类发展的普遍需要，公平导致和谐，不公导致动乱，除少数人外，绝大多数人都是需要和谐、不需要动乱的。介入旅游也是这样。“我们应该自豪身为世界最大产业中的一员，为了我们美好的未来，让我们联手合作，创造一个纯净、规范、公平的旅游业。”（http：//travel tom.com，2004 年 9 月 14 日）格里菲旅游集团亚太区总裁白理德先生的发言，充分反映了旅游介入者的公平需要。各地政府一再强调要为旅游业创造更公平的竞争与发展环境，实现机会平等、分配公正，有的还将其列为政府工作重点，从另一个侧面反映出旅游介入的公平需要是何等的迫切。旅游介入过程中，无论发达国家（或地区）还是发展中国家（或地区），都有公平的需要，尤其对于后者，公平需要更为强烈。所以，发达国家（或地区）在发展旅游业的方式、手段和途径上，要以维护发展中国家（或地区）人们的利益为前提，在和谐观念的指导下，求得各区域旅游业的公平发展。

5. 尊重的需要

尊重的需要指获得他人的尊敬、重视的需要。尊重的需要也是人类的普遍需要，而且是高级的需要。在旅游界，一提到尊重的需要，人们首先强调的是旅游者的尊重需要。其实，旅游从业人员的尊重需要更为强烈。在“科层制”的管理体制和“顾客是上帝”的服务理念下，旅游从业人员长期扮演主管与顾客的“公仆”角色。双重的“公仆”角色，使旅游从业人员经历了比顾客更多的不被尊重。在这种情况下，旅游从业人员的尊重需要怎能不强烈呢？旅游从业人员是职业流动最频繁的群体之一，一个重要原因就是尊重的需要十分强烈且得不到满足。有的旅游企业开始树立“以人为本”的观念，强调“员工第一、顾客第二”，同样折射出旅游从业人员尊重需要的迫切性。旅游企业要形成尊重知识、尊重人才的良好风气，旅游者要尊重旅游从业人员，只有这样，才能满足员工的尊重需要；激发他们为企业奉献、为顾客服务的热情。

6. 合作的需要

人是社会性的动物，必须结成一定的关系、相互合作，才能有所作为。所以，合作的需要也是人的基本需要之一。社会分工越细密，合作需要越强烈。旅游活动是一项综合性的活动，旅游者需要的服务是综合性的服务，介入旅游，满足旅游者的需要，这不是哪一个人、哪一个单位所能单独完成的。因此，合作的需要对旅游介入者来说尤为强烈。一方面，旅游介入者吃尽了单兵作战、恶性竞争的苦头，强烈要求区域协作，实现“资源共用、客源共享、市场共推、形象共塑、产品共建”，最后达到利益共分的双赢目标；另一方面，旅游介入者更尝到了怠慢旅游者、漠视旅游者的苦果，强烈要求密切与旅游者的关系，最大限度地迎合旅游者的需要，争取旅游者的支持，以扩大自己的市场份额。旅游介入者的合作需要由来已久，在竞争日益激烈、分工日益细密的今天，旅游介入的合作需要更加迫切、普遍了。

**（二）旅游介入的文化动机**

动机是直接推动行为的内在动力。文化的动机是旅游介入的普遍动机。不管政府、企业、学界还是旅游地居民、其他社会成员，其介入旅游都有文化动机的推动。

1. 政府介入旅游的文化动机

政府介入旅游的文化动机包括促进文化交流、提高文化素质、保持文化传承、加强宣传教育、探求旅游真相等。

促进文化交流、保持文化传承、提高文化素质，这既是旅游的功能，也是政府的职责。任何一个负责任的政府，都不会忽视旅游的上述功能。当政府采取种种措施发挥旅游上述功能时，政府介入旅游的动机便属于文化的动机了。许多政府特别是发达地区的政府鼓励出境旅游，其主要动机便是促进文化交流，提高国民的文化素质，这从政府采取这一措施时所做的说明即可看出；由政府直接组织的交流观光团互相访问目前已是普遍现象，此举“旨在推进两地文化交流”也成固定说法，可见其动机也是文化交流。2006 年中国实施全民性的提升中国公民旅游文明素质行动计划，这是政府介入旅游的重大举措。该计划开宗明义：其目的是深入学习实践社会主义荣辱观，切实加强公民思想道德教育，提高公民文明素质，塑造中国公民良好国际形象。提高公民文化素质的动机至为明显。作为政府介入旅游的文化动机，保持文化传承主要体现在政府对旅游要素之一——传统人文旅游资源的保护上。传统人文旅游资源是传统文化的载体，各地政府大多采取种种措施加以保护，很大程度上是出于文化传承的动机。政府在采取保护措施时特别强调要保护人文旅游资源的“生态环境”，在保护性开发时特别强调要“弘扬民族文化”，就说明了这一点。因为保护“生态环境”就是保护其生存空间，使之代代相传；“弘扬民族文化”就是发扬光大民族文化，使之绵延不绝。

政治宣传、政治教育既是政府介入旅游的政治动机，也是政府介入旅游的文化动机。中国目前如火如荼的“红色旅游”主要是政府介入的结果，其政治宣传、政治教育的动机十分明显。中共中央办公厅、国务院办公厅颁布的《2004~2010 年全国红色旅游发展规划纲要》指出，发展红色旅游，使人们重温党的历史，了解中国共产党领导地位的确立是中国革命发展的必然结果，从而进一步坚定党的领导，走中国特色社会主义道路和中华民族伟大复兴的信念。发展红色旅游，推动老区经济社会发展，提高人民生活水平，发展社会主义先进文化，弘扬和培育民族精神，有利于密切党群关系，保持党的先进性，巩固党的执政基础。发展红色旅游，有利于增强党驾驭市场经济，构建和谐社会的能力，提高党的领导水平和执政水平，巩固党的执政地位。政治、经济、文化三大动机并存，而政治宣传、政治教育的动机尤为突出。

2. 企业、学界、旅游地居民介入旅游的文化动机

企业介入旅游的动机主要是经济的动机，但也有文化的动机。旅游业具有经济、文化二重性，它不但要注重经济效益，还要注重社会文化效益。作为旅游主体和旅游客体的中介，它要为两者的文化交流搭建平台；作为生产营销单位，它要向旅游者宣传自己的企业文化；作为景观开发组织，它要保护并挖掘景观文化或赋予景观以文化；作为管理和服务部门，它还有提高员工和旅游者文化素质的义务。企业的上述行为固然以经济效益为中心，但其文化的动机也是显而易见的。随着旅游者文化需要越来越强烈，企业行为的文化动机也越来越突出。一些旅游企业大搞“文化战略”，大树文化品牌，就说明了这一点。

文化的动机也是学界介入旅游的主要动机。学界以探求真相、经世致用为己任，追求真理、发展文化是其探索世界的永恒动机，介入旅游也不例外。旅游是一种综合现象，学者对旅游的研究虽各有侧重，但在谈到研究意义时却有两点是相同的：揭示旅游发展规律，构建旅游学科体系。其研究旅游的文化动机已不言自明。因为不管揭示旅游发展规律，还是构建旅游学科体系，都属于文化建设范畴。旅游文化在某些学者的眼中就是旅游中的文化，这些学者对旅游文化的研究，其首要动机更非文化莫属。旅游经济研究当然离不开经济的动机，但也离不开文化动机。旅游经济研究要为经济建设服务，首先必须弄清旅游经济现象本身。要“弄清旅游经济现象本身”，没有求知动机是不可想象的，而求知动机属于文化动机。更何况旅游经济研究还有构建旅游经济学体系的任务呢！

同企业介入旅游的情况相似，旅游地居民介入旅游的动机既有经济方面的，也有文化方面的。有时，文化的动机比经济的动机还强烈。旅游地居民介入旅游的文化动机主要包括文化交流、文化保护等。旅游地居民对旅游者所带来的文化并不完全排斥，也愿意在平等自愿的前提下介入旅游活动，与旅游者进行文化交流。不少旅游地居民还设立民间的文化交流中心，专门接待来自他乡的交流观光团，其动机正如机构名称所显示的，就是为了文化交流。当然，在客源地文化大举进入目的地、对目的地文化构成严重

威胁时，异地文化就不那么受欢迎了，旅游地居民会自发地组织起来，抵制异地文化。这种抵制行为的发生，其背后的内在动机也是文化——保护本地文化免遭灭顶之灾。至于旅游地居民编撰旅游神话行为，也是出于文化的动机：有的是为了扬名，有的是为了娱乐，有的是为了传承文化。

## 二、旅游介入的心理过程

在目前的旅游心理学中，旅游介入心理过程同旅游介入动因一样，缺乏系统研究，基本没有位置。按照心理现象的一般规律，旅游介入的心理过程由认识、情感、意志三个过程所组成。本目将以此为中心，从不同侧面择要对旅游介入的心理过程进行初步的勾勒。

### （一）企业介入旅游的心理过程

1.服务人员旅游介入的心理过程

旅游服务的心理过程始于认识过程，包括服务人员对本职工作的认识、对旅游的认识等，由感知、记忆、想象、思维等环节组成。

对旅游服务的感知主要是对服务对象的感受、把握，当然也涉及对服务本身的认识。旅游服务是面对面的交往，旅游服务人员对旅游服务对象即旅游者的感知主要是通过与顾客的直接接触获得的。一般情况下，人们对他人的知觉首先是通过感官去感知对方的言谈举止、神情仪表、行为方式，然后进行深入了解、判断。所以，观察顾客的言谈举止、神情仪表、行为方式，既是感知顾客的开始，也是感知顾客的途径。当服务人员初次接触旅游者时，通过上述途径可以判断旅游者的心理、文化修养、经济状况和社会地位，进而为旅游者提供满意的服务。旅游服务人员对本职工作的认知有赖于职业培训和工作经验。通过职业培训和工作经验，旅游服务人员对本职工作的认知由浅入深。“旅游服务就是伺候旅游者的”，这是旅游服务人员对旅游服务的初始认知。“旅游服务是一门艺术，负有文化与经济双重使命”，这是旅游服务人员对旅游服务的深入认知。目前，旅游服务人员对旅游服务的认知普遍肤浅，这是旅游服务质量普遍不高的认知原因。

旅游服务人员的记忆、想象和思维是旅游服务认识过程必不可少的环节，其对象同样既涉及旅游者，也涉及旅游服务本身。旅游服务人员把留下的旅游服务感知印象在头脑中加以编码、储存、再现的心理过程就是旅游服务的记忆过程。比如，记住旅游者的姓名、民族、籍贯、职业、身份、爱好、特征，记住旅游服务的性质、流程、规范、操作、经验、教训等。旅游服务人员利用头脑中已有的知识经验对旅游服务进行设想、创造就是旅游服务的想象过程。比如，旅游服务人员对旅游服务的美好预期，对旅游活动的夸张渲染。想象使旅游服务心理丰富多彩，使旅游服务工作生动感人。旅游服务人员借助人们积累的丰富经验，通过概念、判断、推理、分析、综合、抽象、概括和比较等间接、概括地反映旅游者和旅游服务，这个心理过程就是旅游服务的思维过程。如旅游服务人员对旅游者的分析、比较，对旅游服务的总结、概括。旅游服务人员的思维过程是对旅游服务认识的深化，是对旅游服务的理性认识。

旅游服务者是有情感的人，伴随着对旅游服务的认识，必然对所从事的工作和旅游者产生某种情感。如对旅游服务及旅游者的喜、怒、哀、乐等情绪及道德、审美、理智等情感。“我喜欢做导游员”，“这些游客真可爱”，这是旅游服务者的积极情绪；“我不喜欢做客房服务员”，“有些客人真难伺候”，这是旅游服务者的消极情绪。对服务工作的性质、意义认识不同，旅游服务人员会产生某种自豪感或自卑感，如“旅游服务给游客送去春风一片，这是一项崇高的事业！”“旅游服务人员就是伺候人的，低人一等啊。”服务令客人满意，会产生成就感和愉悦感；服务令客人不满意，会产生挫败感和耻辱感。在认识旅游服务和旅游者的过程中，对工作本身和旅游者有新的发现、新的收获，每每会感到惊喜、振奋；遇到困难、挫折，往往又会感到沮丧、灰心。

旅游服务是一种情感服务，作为一种产品，情感已纳入管理过程；作为一种商品，情感已成为旅游者购买的一部分。在这种情况下，旅游服务人员的情感表达必然带有“表演成分”。一方面，不管愿意不愿意，旅游服务人员都要按照职业要求保持标准化、规范化的微笑，满足企业的工具性需要；另一方面，无论心里是多么冷漠、歧视，都要把热情、关爱尽量写在脸上，满足旅游者的情感性需要。因此，旅游服务人员表达出来的情感与他内心实际的情感是有差别的。表现于外的情感往往是虚假的，藏于内心的情感才是真实的。

在旅游服务工作中，从业人员不可避免地会遇到种种困难或障碍。因为旅游服务工作是一项复杂而繁重的劳动，与各式各样的旅游者打交道并不是一件容易的事情。面对种种困难或障碍，服务人员的心理反应是不一样的：有的决心迎难而上，有的打算知难而退，有的则是犹犹豫豫。旅游服务人员这种应对困难、障碍的心理过程就是意志过程。意志过程人人都有，但旅游服务工作的性质决定了旅游服务的意志过程较旅游体验的意志过程更为突出。毕竟，旅游体验过程是自由的休闲过程，旅游服务过程是不自由的工作过程。

2. 景观开发者旅游介入的心理过程

景观开发者是旅游从业人员的重要组成部分，其介入旅游的心理过程也要经过认识、情感、意志三个过程。

景观开发需要确立开发的原则、方法、步骤，而原则、方法、步骤的确立不是一蹴而就的，它是开发者在实践的基础上因地制宜、因时制宜、因景制宜逐步探索出来的，这一探索过程实际就是对景观开发本身的认识过程。开发景观，首先要对旅游资源进行普查、评估，而这一过程，实际就是对旅游资源的认识过程。景观开发者介入旅游的认识过程与旅游体验的心理过程不同，它主要是景观开发者运用自己的聪明才智和实践创造能力的思维过程。人类的思维活动主要有两种类型：一是逻辑性思维，即运用逻辑工具对思维内容进行抽象和演绎的思维；二是创造性思维，即人类在认识和改造世界活动中的有创新意义的思维。旅游景观开发属于复杂的社会系统设计，这种设计所依赖的思维主要是逻辑性思维。因为在设计旅游景观这个复杂系统的过程中，景观开发设计者不再依赖通过感知形成的材料，而是以概念、判断、推理等思维方式，通过分析、综合、比较、分类、抽象、概括等思维操作，认识这个复杂系统的。通过这种思维活动，复杂的景观系统变得简单了，也更清晰了。创造性思维在认识景观的过程中也十分活跃。景观内涵的选择及某项产品的转换，在很大程度上要靠景观开发者的创造性劳动；至于产品的包装、宣传，如旅游景观视觉形象的设计、旅游标志的设计、旅游宣传词的构思，都主要依赖设计者的想象、灵感、直觉、顿悟等创造性思维。

旅游景观开发者是有情感的人，面对自己的开发工作及开发对象，总不免产生某种情感。开发工作得到肯定，自然高兴；不被肯定，自然沮丧。工作进展顺利，欣慰不已；进展受阻，懊恼不迭；看到一幅幅设计蓝图在自己的手中一一变为现实，那是何等高兴；当自己的完美设计被人胡乱修改，那又是何等气愤！有的人终其一生从事景观开发，已深深地爱上了这一行；有的人中途转行，留下的恐怕只有遗憾了。景观开发者要面对景观，千姿百态的旅游景观又会使景观开发者产生类似旅游者的情感体验，如惊奇、愉悦、激动、陶醉。当然，景观开发者的情感体验不同于旅游者的情感体验，景观开发者是工作者，其对旅游景观的情感更多受理性的控制，不能随意挥洒；旅游者是观赏者，其对旅游景观的情感则较少受理性的制约，可以自由宣泄。

景观开发是一项复杂的系统工程，牵涉到政治、经济、文化和自然。如开发不慎，将招致灾难性的后果。如何处理好复杂的关系，这对开发者来说实在是一场意志的考验。所以，景观开发的心理过程中，意志过程十分突出。制定开发策略，要经过艰难的思索；落实开发策略，要克服面临的困难。最让开发者头痛的是如何处理开发与保护的关系。开发的根本目的是赢利，而保护在某种程度上又意味着限制开发；保护需要投入大量人力、物力和财力，投入多，回报慢，而为了可持续开发并减轻社会舆论的压力，又不得不实施保护。在商品经济的条件下，在时间就是金钱的时代里，对于追求利润最大化的企业来说这真是个两难选择。尽管在经济利益的驱动下，开发者大都选择了经济效益而忽略了保护，但这种选择是要下很大决心才能做出的。“下决心”正是意志过程的生动写照。

**（二）政府介入旅游的心理过程**

1. 政府介入旅游的认识过程

政府介入旅游的心理过程也是从对旅游的认识开始的。旅游现象出现后，它最初的影响仅局限于为数不多的旅游主、客体之间。随着旅游的扩大，旅游的影响逐渐波及社会各个层面。政府是社会的管理者，当旅游对社会的影响微乎其微的时候，政府是不会关注它的存在的；当旅游对社会影响日益广泛的时候，就不能不引起政府的注意了。因此，政府对旅游的认识是从旅游的影响开始的。从历史上看，政府对旅游的认识似乎始于旅游的文化影响和政治影响，政府对旅游的最初介入——“节制旅游”即是明证。中国“三代”时期，旅游在部分人中，尤其是上层统治者中开始泛滥，政府中出现了“节制旅游”的主张并付诸行动。这种主张正是着眼于旅游的文化与政治影响，所谓“古（上古）之善政者，能防民之逸游，使从其教（政教）”。唯恐旅游导致思想混乱，影响政治稳定。

随着旅游的发展，古代政府也意识到了旅游的经济、环境影响。作为旅游介入的心理过程的一部分，古代政府至少在2世纪就已经认识到了旅游的经济影响。因为从那时开始，古罗马帝国原本非营利性的仅供使者使用的官办驿站开始对游客有偿开放，3世纪后，古代中国的官办驿站也走上了营利之路。古代政府对旅游的环境影响的认识要晚得多。明朝时中国某些地方政府开始在景点内立石刊布规约，禁止旅游者踩踏花草。这表明古代政府已经认识到了旅游对环境的破坏作用。

当然，政府对旅游的全面、深刻认识还是在近现代。近现代以来，政府对旅游的经济影响一开始都极为关注，旅游的经济影响成为政府介入旅游的首要诱因；政府对旅游的政治影响的认识也不再局限于影响统治，而在于政治交往；20世纪60年代以来，各国政府，特别是西方政府对旅游影响的认识已从经济重心向文化重心转移。20世纪90年代以来，各国政府对旅游影响的认识更集中于旅游对环境的影响上。目前，各国政府对旅游功能的认识已达成共识：旅游对经济、文化、环境既有积极影响，也有消极影响，发展旅游应三大效益并重。近现代政府对旅游的全面、深刻认识还表现在对旅游性质的判断上。近现代以来，各国政府对旅游性质的判断经历了从经济到文化的变迁。20世纪80年代以前，各国政府对旅游性质的认定基本是一致的，即认为旅游的第一属性是经济性。20世纪80年代以后，各国政府陆续认识到文化性才是旅游的第一属性。

政府对旅游的认识不同于学界对旅游的认识，前者的第一目的是致用，后者的第一目的是求真，所以，在思维方式上，政府对旅游的判断基本属于价值判断，或以价值判断统摄事实判断，判断的第一标准是利害，而不是真假。受此制约，政府对旅游的认识往往不及学界来得客观、准确。但由于政府的特殊地位，政府对旅游的认识往往成为主导意识。

2. 政府介入旅游的情意过程

伴随着旅游介入的认识过程，政府介入旅游的情意过程油然而生。同政府介入旅游的认识过程一样，政府介入旅游的情意过程集中体现在政府的决策者和决策执行者身上。

政府介入旅游的情感可以说是忧喜交加。这里的情感，既包括对介入本身即过程的情感，也包括对介入对象即旅游的情感。就介入本身的情感而言，介入得当，皆大欢喜；

介入不当，忧惧生焉。政府的旅游工作总结可以说是政府介入旅游的情感实录：谈及工作成绩，充满欣慰和成就感，字里行间不时跳动着“高兴”“振奋”“鼓舞”等欢快字眼儿，就连一组组枯燥的数字也仿佛是一串串跳跃的音符；谈及不足，则充满遗憾和忧虑，情感色彩暗淡不少，连改进措施也充满了“教训”的色调。政府对介入对象——旅游的情感也是如此。旅游具有积极和消极双重作用，积极作用让政府乐观其成，消极作用让政府忧心忡忡。张家界市市长鲁平益说：“是美丽的风景明珠武陵源造就了张家界市的繁华，是旅游业托起了张家界市这座湘西新城。”（章海荣，2004）对旅游的感激之情溢于言表。威尼斯市长则说：“为了省钱，他们（旅游者）自带食物，除了废物以外，他们什么都没留下。”（马波，1998）对旅游的抱怨之情一望可知。两位市长的言论虽不乏个人色彩，但也反映了政府对旅游的矛盾情感。

旅游世界是一个充满风险的世界，政府介入旅游同样要面临很大的风险。比如，政府投资旅游，有投资的风险；政府规范旅游，有规范的风险；政府平衡旅游关系，有失衡的风险；政府控制旅游，有失控的风险。所以，介入旅游，对政府来说也是一场意志的考验，政府介入旅游的心理过程也是一个意志过程。政府介入旅游的意志过程集中表现在政府旅游决策的制定与实施过程中。制定旅游决策，需要反复论证，多套方案。而这一过程，有时议而不决，有时一锤定音。不管议而不决还是一锤定音，反映的都是旅游决策的意志过程——犹豫或果断。旅游决策的执行同样有一个意志过程。当决策执行过程中遇到困难时，如决策与实际情况不符，执行遭遇阻力，是继续执行还是半途而废？这需要艰难地选择和痛苦地决断。另外，政府旅游决策的制定与实施还有一个时机问题。把握得当，诸事顺利；把握不当，节节失利。如何把握恰当的时机，这也是一件颇费脑筋的大事，在这一环节上，意志活动显得十分活跃。

**（三）学界介入旅游的心理过程**

1. 学界介入旅游的认识过程

在旅游介入当中，对旅游认识最早、最全面、最深刻的当数学界。学者最初是通过扮演旅游者的角色认识旅游的。他们以学者之身踏上旅途，体验旅游，观察旅游，为我们留下了最初的旅游记录，如古希腊史学家希罗多德及其《历史》、夏商周时期的史官及其《尚书》，只是他们对旅游的认识还停留在表象的层面上。公元前6世纪后，学界，特别是中国学界对旅游的认识明显加深。春秋战国时期，孔子、庄子等知识分子就开始讨论“游至”“游道”等旅游核心问题。其后，对旅游的讨论范围日益扩大，而关于旅游功能的讨论尤为深入、全面，学界已经认识到了旅游具有愉悦身心、提升道德、扩大眼界、改变思想等功能。可以说，古代知识分子基本上是把旅游当作一种社会文化现象来看待的，而且主要靠经验认识旅游。

近现代以来，学界对旅游的认识开始上升到科学的高度，其深度和广度也是前所未有的。凡举旅游的含义、结构、类型、性质、形成、发展、影响等内容及经济学、文化学、社会学、人类学、心理学等方法，学界无不关注，以至于形成了一门新的学科——旅游学。回顾近现代以来学界认识旅游的轨迹，不难发现：学界对旅游的认识大致走过了从文化到经济再到文化这样一个盘旋上升的历程：近代时期，学界对旅游的认识仍重在文化，但也开始把目光投向旅游的经济层面；20 世纪 60 年代至 80 年代，学界对旅游的认识基本上完成了从文化向经济的转移，20 世纪 80 年代后，学界对旅游的认识又开始向文化回归。目前，旅游作为一种社会文化现象已得到学界的普遍承认。

如前所述，学界对旅游的认识不同于政府对旅游的认识，前者的第一目的是求真，后者的第一目的是致用，所以，在思维方式上，学界对旅游的判断基本属于事实判断，判断的第一标准是真假，而不是利害。由此决定了学界对旅游的认识要比政府对旅游的认识更客观、更准确。惟其如此，学界对旅游认识的结论往往被政府所采纳，成为政府旅游决策的重要依据。

2. 学界介入旅游的情感过程

同政府介入旅游的情感相似，学界介入旅游的情感可以说是爱恨交织。这里的爱恨，既有针对介入本身即介入过程的，也有针对介入对象即旅游的。

针对介入本身，可以说，学界是充满热情的。旅游出现不久学界投身旅游研究，而且研究队伍越来越大，研究范围越来越广，研究兴趣越来越浓，没有热情是不可想象的。目前，经济学界、文化学界、历史学界、地理学界、社会学界、管理学界、心理学界、法学界……已纷纷加入旅游研究中来，旅游研究成为学界的“新宠”，学界介入旅游研究的热情可见一斑。当然，也有学者介入旅游之后因厌恶而退出旅游研究的，但厌恶本身也是介入旅游研究的情感的一部分。目前旅游研究普遍浮躁，精品不多，许多学者感到忧虑、痛心，这种情绪也属学界介入旅游研究的情感过程。

学界对旅游的情感也是爱憎分明。一般地说，经济学界对旅游大多是持肯定态度的，认为旅游利大于弊，甚至有利无弊，对旅游爱惜有加；文化学界、社会学界则有不少学者对旅游持否定态度，认为旅游弊大于利，甚至有百害而无一利，对旅游贬损不已。两种对立的态度反映了学界对旅游的情感冲突。目前，随着旅游的快速发展，学界对旅游的情感冲突不但没有减弱的迹象，反而有加剧的趋势。

**（四）旅游地居民介入旅游的心理过程**

1. 旅游地居民对旅游的认知

旅游地居民是旅游活动的接待者，他们对旅游的认知主要是通过亲身与旅游接触而形成的，这种认知包括对旅游影响的认知和对旅游者的认知。

旅游地居民对旅游影响的认知主要是对旅游的经济、社会文化及环境效益的认知。由于旅游目的地经济、社会文化背景及旅游影响程度不同，旅游地居民对旅游影响的认知也是不相同的。在经济效益方面，旅游地居民已经认识到了旅游对当地经济有正负双重影响，深知旅游既能够给他们带来可观的旅游收入和就业机会，也提高了当地的物价。“托旅游的福，我们脱贫致富了！”“物价涨得太快了，都是旅游搞的！”这样的评价，在旅游地时常能够听得到。因此，在经济欠发达地区的旅游地居民大力发展旅游时，经济发达地区的旅游地居民已开始排斥旅游了。旅游地居民对旅游的社会文化影响同样有切肤的认识。大量的调查资料表明，有不少旅游地居民认为旅游有利于提高本地居民的文化素质，旅游对家庭和睦有重要影响，旅游使当地的犯罪率大幅提高等。这也是旅游地居民迎、拒旅游活动的重要原因。

旅游地居民对旅游者的认知主要是对旅游者心理、行为及其附属物如文化、服饰等的认知。一般情况下，旅游地居民对旅游者的知觉首先是通过感官去感知对方的言谈举止、神情仪表、行为方式，然后进行深入的了解、判断。所以，观察旅游者的言谈举止、神情仪表、行为方式，既是旅游地居民知觉旅游者的开始，也是知觉旅游者的途径。“我们应当注意，旅游者肯定不是第一批世界偏远地区的闯入者，在他们之前有征服者、官员、商人、传教士、探险家、人类学家等，这种早期的接触决定了当地人对旅游者的初始感知和态度，他们没准儿会被归到传统意义的朋友或敌人甚至外国‘士兵’之列。最初当地人会把旅游者当作客人，看作与他们有私人关系的个人，而随着旅游的普及与扩大，当地人再也不能与每一个访问者建立私人关系，于是建立一种‘种族类型’。随着旅游的进一步发展，在当地人的意识中已把大众旅游者与普通人分开，也排除了他们的‘个性与人性’，这种认识就可以使他们的掠夺行为合法化。”（尹德涛等，2006）

2. 旅游地居民对旅游的情感

旅游地居民对旅游的情感同学界对旅游的情感相似，也可以说是爱恨交织。这种矛盾情感集中体现在旅游地居民对旅游及旅游者的态度上。

有人认为，在接待地的演进周期过程中，当地居民的态度总体上会发生如下变化：探索期和起步期：主动积极，热情待客，主客彼此都十分满意。发展期：把旅游业当作创收的目的，对游客的态度趋于冷漠，主客间的接触带有了例行公事的味道。巩固期：开始抱怨旅游带来人满为患及原有生活质量的下降，态度转向恼怒。巩固期和停滞期：出现对抗态度，把旅游视为一切弊端的渊薮。衰退期：保持或者恢复前面某一时期的心态。

从上述态度变化中，旅游地居民对旅游和旅游者的情感可以说暴露无遗。

实际上，在很多情况下，旅游地居民对旅游和旅游者的情感是自相矛盾的。法国学者朗卡尔对此有深刻的观察：“每年9月底，居住在大西洋海边或地中海沿岸的西班牙村庄里的当地居民，便深深地吸一口气，如释重负地说，‘外国佬终于走了’，他们总算又‘过上安稳日子了’。但是，一到来年3月份，他们又担心起新的旅游季节是否会游客少，便眼巴巴地盼望着‘外国佬’游客的尽快到来。”（罗贝尔·朗卡尔，1995）真是爱也旅游，恨也旅游。

### （五）社会介入旅游的心理过程

社会介入旅游的心理过程集中体现在社会的旅游观念上。旅游观念是对旅游的总体看法，包括对旅游事实的看法、对旅游价值的看法、对旅游审美的看法等，集知、情、意于一体。它既是旅游者旅游经验社会化的结晶，又是一般社会价值观干预旅游的结果。“在家千般好，出门万事难”“旅游就是花钱买罪受”，这是中国社会普遍流行的旅游观念，明显源于旅游者的旅游经验；“金窝银窝不如自家草窝”“儿行千里母担忧”“父母在，不远游”，这也是中国社会普遍流行的旅游观念，明显源于一般社会价值观。

旅游观念是旅游的定向工具，对旅游活动有重要影响。旧有的旅游观念往往会压抑旅游动机，阻碍旅游行为；现代的旅游观念往往激发旅游动机，推动旅游行为。中国是一个以农业为基础的国家，传统的小农经济和小农意识，根深蒂固地制约和束缚着人们的旅游态度。因此，中国人的旅游观念相对保守。其实，何止是中国，就是先进发达的美国等国家，虽然旅游事业已高度发展，但由于受传统价值观念和信念的影响，旅游观念也不似想象的那样开放。多数美国人仍将旅游视作奢侈品甚至高级奢侈品，消费起来还不如购买家电、大衣橱等普通日需品来得自然和舒坦。

**小资料**

**国家政府介入旅游发展的动机**

不同国家的政府介入旅游发展的动机并非完全一致，并且随着时间的推移和国情的变化，国家政府支持发展旅游和旅游业的动机的重点也有可能转移。概括而言，各国政府主要出于以下几种动机支持发展旅游和旅游业：

1. 政治动机。随着现代旅游活动的国际化，不同国家的居民之间因旅游而发生的交往客观上在增进相互了解和促进友谊的发展方面发挥着不可忽视的作用。国际旅游的这种作用至今仍为包括联合国和世界旅游组织在内的许多国际旅游组织所看重。有的国家政府支持发展旅游和旅游业的初始动机就是出于政治和外交方面的考虑。如新中国成立不久，就组建了华侨旅行社（当时称华侨服务社）和中国国际旅行社，当时的主要目的就是通过发展同友好国家和国际友好人士的交往，粉碎帝国主义孤立和封锁中国的阴谋。

2. 经济动机。由于旅游者在旅游目的地的消费作为一种外来的经济注入可以起到刺激当地经济发展的作用，所以通过支持发展旅游业来促进本国经济的发展，就成为众多国家政府介入旅游业发展的重要动机。这类经济动机主要体现在以下三方面：（1）通过发展旅游业扩大外汇收入来源，从而改善本国的国际收支平衡。这种动机在发展中国家和发达国家中都很常见。（2）通过发展旅游业增加国民就业机会，从而为实现国民充分就业创造条件。（3）通过发展旅游业缩小地区差别。

3. 社会动机。旅游活动发展的实践表明，参加旅游活动不仅可以使人们恢复体力和放松身心，而且可以增加阅历，开阔视野，提高文化素养。也就是说，旅游活动的开展在有益于参加者个人的同时，也有助于提高一个国家或地区的人口素质。世界上不少国家都把推动旅游活动的开展和发展旅游业纳入本国社会经济发展的内容之中。例如，1961 年美国决定在商业部下设“美国旅游事务处”（USTS，即当时的美国国家旅游行政机构），并规定该机构的三大宗旨之一，便是尽最大可能为美国人民的健康和福利做贡献。

实际上，在大多数情况下，政府支持发展旅游和旅游业的动机不止一种，而是在以某一方面动机为主的同时，兼有其他方面的动机。

（摘自李天元《旅游学》，高等教育出版社 2011 年版）

## 第 4 节 旅游介入文化的行为

旅游介入并非全是旅游文化，但其中的文化行为无疑属于旅游介入文化。旅游介入文化的中间层次是行为文化，它是连接旅游介入文化心态层与产品层的纽带，也是旅游介入文化的创造过程之一。从文化学的角度看，旅游介入文化的行为包括行为活动和行为规范。

### 一、旅游介入的行为活动

旅游介入行为是旅游介入活动的外在标志，同旅游介入心理一样，具有经济、文化、政治等多重属性。本目将从文化学的角度对旅游介入的行为活动，特别是其中的文化行为活动做一初步分析。

#### （一）企业的旅游介入行为

企业的旅游介入行为主要有旅游服务行为、景观开发行为、旅游宣传行为、旅游推销行为等。

旅游服务行为是旅游服务的外显活动，是企业最重要的旅游介入行为，包括旅游食宿服务行为、旅游交通服务行为、游览服务行为、旅游购物服务行为等。企业的旅游服务行为是一种有偿劳动，根本目的在于营利，从这个意义上讲，旅游服务行为无疑是一种经济行为；但旅游服务又不同于一般的服务，它要求有很高的艺术性，要求有丰富的文化内涵，要求能够满足旅游者的文化需要并提高主客双方的文化素质，身负传播文化、发展文化的重要使命，所以，旅游服务行为也是文化行为。观察一下高质量的旅游交通服务吧！精心设置出具有浓郁地方特色的候车室，精心装饰出具有传统风格的交通工具，精心制作出具有民族风情的餐车小品，哪一样不需要艺术设计、妙手加工！交通服务员的行为不仅是连接旅游者和旅游目的地的桥梁和纽带，还很有可能成为旅游者直接欣赏的对象，进而演变为旅游者旅游体验的客体。旅游交通服务行为如此，旅游食宿服务、游览服务、旅游购物服务等行为也是如此。悦目的颜色、绝美的味道、精湛的造型……这是旅游食宿服务艺术行为的结果；一口清（多少重量、多少钱，货物称好，价钱也出来了）、一抓准（你要多少？几块钱的？随手一抓，准确无误）、"接一顾二招呼三"（手中接待先来者，目光照顾次来者，嘴里招呼后来者）这是旅游购物服务文化行为的体现。导游服务行为更因导游员的仪容仪表和行为举止被视为东道国社会和地区的文化符号而具有十足的文化意义。

景观开发行为是开发者施诸旅游景观的外显活动，既涉及景观的设计、建造，也涉及景观的修缮和与周边环境的协调。从开发主体的角度看，完整的景观开发行为过程大体可以分为普查评估、制订方案、开工建设、工程验收等几个阶段。普查评估是资源开发的基础工作；制订方案是景观开发的决策过程；开工建设是开发规划的实施阶段；工程验收是开发的回馈总结阶段。企业以盈利为目的，所以，企业的景观开发行为无疑是经济行为。但从开发过程来看，企业的景观开发过程也是一个文化过程：普查评估实际是对景观内涵包括文化内涵的分析、把握，制订方案实际是主体价值向旅游景观的渗透过程，开工建设实际是景观内涵和主体价值的产品化亦即开发主、客体的文化外显过程，而工程验收阶段则包括对上述文化过程的回馈总结。另外，旅游企业是经济、文化性的企业，景观开发的目的也包含了文化目的，如为旅游者提供康乐、审美、求知、交往等文化性产品。旅游需要是一种文化性的需要，旅游景观开发者只有提供高质量的文化性的产品才能满足旅游者的根本需要并达到盈利的目的。

旅游宣传行为是旅游宣传活动的外显部分，亦即旅游宣传的实践活动，与旅游宣传心理相对应。旅游宣传行为包括张贴海报、刊登广告、播放音像、散发资料、交流洽谈、会议展销等。企业的旅游宣传行为还包括服务人员的介绍、解说等。企业的旅游宣传行为一般都有专门的人员策划、实施，其最终目的是使本企业的产品为大众或旅游者所知晓，吸引旅游者前来参观游览或购买，进而实现产品的价值，提高经济效益。从这点来说，旅游宣传行为似有经济性。但旅游宣传行为不同于旅游服务和景观开发行为，其本身并不直接创造经济价值，它的产品也不是卖给旅游者的，换句话说，旅游宣传是企业免费强加给旅游者的。所以，旅游宣传行为与其说是经济行为，不如说是文化行为。更何况旅游宣传是一种艺术，旅游宣传品是一种文化产品。旅游宣传效果的好坏，除取决于其科学性外，最重要的还是取决于它的文化性，特别是它的艺术性。当然，在具体的旅游宣传过程中诚实信用也是影响宣传效果的一个重要因素。

**（二）政府的旅游介入行为**

政府的旅游介入行为多种多样，主要包括向旅游者宣传促销、为旅游者提供信息服务、调解旅游需求、控制游客流量、规范旅游行为、开发旅游资源、保护旅游环境等。

向旅游者宣传促销、为旅游者提供信息服务，这是现代政府介入旅游的主要行为之一。政府向旅游者宣传促销的形式是多样的，主要有主题宣传年、旅游节庆活动、旅游展销会、旅游博览会、旅游推介会、旅游广告等。其中，旅游主题宣传年活动是较为重要的由政府主导的旅游宣传活动，受到各国政府的高度重视。政府为旅游者提供信息服务主要通过电视广告、网站发布、报刊登载等形式。其中，网站发布是最快捷、最普遍的形式。政府主导的宣传促销和信息服务不像企业那样具有直接的功利性，除了经济目的以外，更多地具有社会公益的性质，对于地区与城市的社会发展与文明进步，作用更大。因而，政府主导的宣传促销和信息服务更多文化性。

调解旅游需求、控制游客流量、规范旅游活动也是现代政府介入旅游的主要行为。政府调节旅游需求主要通过定价方式：当旅游需求大于供给时，政府采取高定价措施压抑旅游需求；当旅游需求小于供给时，政府采取低定价措施刺激旅游需求。为了控制游客流量，政府除通过价格引导外，还通过总量控制等方式，把某地游客流量限制在一定范围之内。如果说政府调解旅游需求主要是经济行为，政府控制游客流量则更多的是文化意义，因为控制的主旨在于保护旅游地环境包括文化环境免遭破坏。政府对旅游的规范行为首先表现在各种规章、制度、法规、条例的制定上。其次表现在对各种违规行为的监督、检查与纠正上。就二者的外显性来看，人们所经常见到的是后者。旅游规范无论从哪个角度来看都是一种纯文化行为或文化形态，都属于精神文化的范畴。

现代政府介入旅游的主要行为还有开发旅游景观、保护旅游环境。政府对旅游资源的开发和旅游环境的保护包括制定政策法规、组织普查评估、进行规划设计、直接投资建设、加强监督检查等。旅游景观开发讲究投入与产出、成本与效益，无疑是一种经济行为；旅游环境保护也是为了旅游业的可持续发展，当然有经济成分；但旅游景观开发过程是主体价值的实现和旅游景观的美化过程，旅游环境保护包括保护旅游的文化环境和提高主体的环保意识，两者又都属于文化现象。所以，开发旅游景观和保护旅游环境，既是经济行为，也是文化行为。由于政府不同于企业，不能唯经济利益是图，政府介入旅游必须注重经济与文化的协调发展，由此决定了政府主导的旅游景观开发与旅游环境保护较之企业行为更具有政治、社会、文化意义。

**（三）学界的旅游介入行为**

学界介入旅游的行为主要有两类：一是旅游研究，二是旅游规划。

旅游研究主要是一种脑力劳动，绝大多数的旅游研究行为都是研究者“躲进小楼成一统”的个人的、较为私密的行为，不易为外人所察觉。如果进入旅游研究的世界，旅游研究行为就可以看得清清楚楚了：查阅资料、拟订提纲、撰写文稿、修改文字、提交发表……这都是旅游研究必不可少的外显活动。旅游研究离不开实地考察，在这种情况下，旅游研究行为的调查环节是完全暴露于外部世界的，任何关注旅游研究的人都可以看得到。旅游研究要为经济建设服务，从这个意义上讲，旅游研究行为有一定的经济性；

但旅游研究本身是一种智力和脑力活动，也要为文化建设服务，所以，旅游研究行为更是一种文化行为。比较而言，旅游研究行为的经济性远不如文化性突出，旅游研究行为是一种典型的文化行为。

旅游规划是一个地域综合体内旅游系统的发展目标和实现方式的整体部署过程。旅游规划经相关政府审批后，是该区各类部门进行旅游开发、建设的法律依据。旅游规划既是政府、企业行为，也是学界行为。实际上，政府、企业的许多旅游规划都出自学界之手。旅游规划的基本任务是：通过确定发展目标，提高吸引力，综合平衡游历体系、支持体系和保障体系的关系，拓展旅游内容的广度与深度，优化旅游产品的结构，保护旅游赖以发展的生态环境，保证旅游地获得良好的效益并促进地方社会经济的发展。可见，旅游规划既是经济行为，也是文化行为。旅游规划往往表现为一种战略的文本、一种理性的思考、一种智慧的凝聚，从这个意义上说，旅游规划主要是一种文化行为。

**（四）旅游地居民的旅游介入行为**

旅游地居民的旅游介入行为是旅游地居民对旅游的应对活动。这种应对是主动的而非被动的，是有意识的而非本能的。旅游地居民对旅游的被动的、本能的反应不属于我们所说的旅游介入。旅游介入是从旅游干预者的角度而非旅游的角度切入的，后者是旅游影响而非旅游介入。旅游地居民对旅游的介入行为主要表现为对旅游或旅游者的接纳和排拒。

旅游地居民对旅游或旅游者的接纳有多种形式，对所在地旅游景观进行开发，为旅游者的到来创造良好条件，这是接纳；为旅游者提供食、住、行、游、购、娱服务，更是接纳。旅游地居民的景观开发与旅游服务行为不同于企业的景观开发与旅游服务行为。旅游地居民的行为一般是个体行为，多样化有余，标准化不足；企业的行为一般是组织行为，标准化有余，多样化不足。当然，两者也有相同之处，即不管旅游地居民还是企业，其景观开发行为和旅游服务行为都具有经济、文化二重性。就文化性而言，旅游地居民上述行为的文化性比企业同类行为的文化性还要多。浓郁的地方性文化色彩，温馨的家庭式旅游服务，那样自然，那样本色……都是企业所不能比拟的。

旅游地居民对旅游或旅游者的排拒也有多种形式，对旅游者漠然视之，这是排拒；集会抗议旅游者，这更是排拒。至于向旅游者投掷炸弹，这已是排拒的最高形式了。旅游地居民对旅游的排拒行为也有经济、文化双重因素。有的是抗议因旅游而引起的物价上涨，有的是反对因旅游而带来的文化入侵。如果说旅游地居民接纳旅游的行为更多经济性，那么旅游地居民排拒旅游的行为则更多文化性。文化学者把旅游地居民与旅游者的冲突归结为文化冲突，本身就意味着旅游地居民排拒旅游的行为主要是一种文化性的行为。

**（五）社会的旅游介入行为**

社会的旅游介入行为是指上述主体以外的社会群体对旅游的介入行为。社会群体主要以舆论、监督、规范的形式介入旅游，因此，较之上述主体的旅游介入，社会群体的旅游介入行为最不显著，以至于在谈到社会的旅游介入时，人们常常忽略社会的旅游介入行为，而只提社会的旅游介入心理。其实，社会的旅游介入行为是大量存在的，其以各种非政府、非企业、非学界社会组织的旅游介入行为最具有代表性。绿色和平（Greenpeace）是一个国际性非政府组织，以环保工作为主，总部位于荷兰的阿姆斯特丹。它的使命是：保护地球、环境及其各种生物的安全及持续性发展，并以行动做出积极的改变。其宗旨是促进实现一个更为绿色、和平和可持续发展的未来。旅游对自然、社会、文化的消极影响已引起绿色和平组织的高度关注，世界各地的绿色和平组织越来越积极地以多种方式介入旅游活动。法国的绿色和平组织正在发起一场全国性的运动，要求对旅游严加限制，一股反旅游的浪潮迅速掀起，而且来势凶猛。当然，社会的旅游介入行为也不都是反对行为，肯定、支持旅游的行为也普遍存在。

社会的旅游介入主要采取舆论、监督、规范等文化形式，因此，社会的旅游介入行为基本上是一种文化行为。这一点从上述绿色和平组织的旅游介入行为就可以看得出来——不图利、非暴力、非政治，只为绿色、和平、可持续，这正是文化的具体体现。

## 二、旅游介入的行为规范

旅游介入的行为规范，规范的主要是介入行为而不是旅游行为，因而很少旅游介入文化成分。如前所述，从旅游介入文化整体的角度看，这些规范可以忽略不计，从旅游介入分支文化的角度看，又不能不提。本节探讨的是旅游介入文化的分支——旅游介入的行为文化，因而有必要探讨一下旅游介入的行为规范。旅游介入的行为规范既包括一般的法律、道德、习俗等规范，也包括专门的政策、法律、道德、标准等规范。本目重点讨论后者。

### （一）旅游政策

#### 1. 旅游政策内涵

旅游政策是国家和旅游行政管理部门为实现一定阶段的旅游发展目标而制定的行动准则。一个科学完整的旅游政策应具备以下要素：明确要表达的目标；分析实现目标的条件；指明完成任务实现目标的主体；指出达到目标所采用的手段和策略；指明实现目标的时间。

旅游政策体系主要包括以下几个紧密关联、互为前提、互为条件的内容：一是旅游产业结构政策，用以明确旅游业在国民经济中的地位及其内外关系；二是旅游产业地区政策，用以确定地区旅游业在地区经济和国家旅游业中的地位；三是旅游资源开发政策，用以指导对旅游资源的调查、评价、开发和保护，并且保护旅游环境；四是旅游市场开发政策，用以调节、管理市场供给和需求；五是旅游服务政策，用以指导旅游业经营者提高服务质量和提高游客的满意度；六是旅游技术政策，用以指导和促进旅游业利用现代科学技术和新兴的技术工具；七是旅游实施保障政策，用以提供方法的指导和其他保障措施；八是旅游体制保障政策，用以指导和保障旅游管理体制顺畅运作。

2. 旅游政策的类型与功能

旅游政策有多种类型。按内容划分，旅游政策可分为基本旅游政策和具体旅游政策。前者指政府旅游行政管理机构提出和实施的国家级的宏观旅游发展方针；后者指以发展旅游事业的某些部门、个别要素为目的而制定的政策。按层次划分，旅游政策可分为全国性旅游政策、地域性旅游政策和社区性旅游政策。全国性旅游政策是对全国旅游发展具有普遍效用的旅游政策；地域性旅游政策是省、市或地方旅游业发展方向的行动指南；社区性旅游政策是针对某一具体景区（点）所制定的旅游政策。

旅游政策对旅游介入具有规范功能。查尔斯·R. 格德纳等人认为，旅游政策具有以下职能：制定旅游业经营者必须遵守的“游戏规则”；制定可以接受的游客活动和行为规范；为旅游目的地中的旅游业利益相关者提供基本的方向和引导；便于人们对特定目的地的发展战略和目标达成一致意见；为公众或私人讨论旅游业在经济社会发展中的作用和贡献提供基本框架；使旅游业与社会经济中的其他部门更有效地互动。（查尔斯·R. 格德纳等，2008）在这里，旅游政策对旅游介入的规范功能已然成为旅游政策的第一功能。因为查尔斯·R. 格德纳等总结的旅游政策七大职能有四条是指向旅游业的，而“制定旅游业经营者必须遵守的‘游戏规则’”又名列旅游政策七大职能之首。可以说，查尔斯·R. 格德纳等对旅游政策功能的把握是准确的。

**（二）旅游业法规**

1. 旅游业法规的含义

旅游业法规是指由国家制定或认可，体现发展旅游业的意志，以国家强制力保证实施的旅游介入者的行为准则。

首先，旅游业法规是国家发展旅游业意志的体现。旅游业法规把国家发展旅游业的意志上升到立法的高度。例如，《美国全国旅游政策法》第一篇规定：全国旅游政策将“促使旅游业和娱乐业为繁荣经济、平衡国家的国际收支做出更大贡献”。

其次，旅游业法规是国家制定或认可的。世界上各个国家在制定旅游业法律、法规、规章文件的时候，都要根据该国宪法有关立法的规定，由一定的国家机关按照规定的立法程序进行。经过一定的法律程序加以认定，也是世界各国旅游规范性文件形成的一种形式。

再次，旅游业法规是凭借国家强制力保证实施的。旅游法规的强制性是以国家强制力为后盾的。一方面，各国的仲裁机关、检察机关和司法机关的仲裁、检察和审判活动是旅游业法规强制性得以实现的保证；另一方面，旅游、工商、财政、税务、金融等行政管理部门的业务管理活动是旅游法规业强制性得以实现的重要条件。

最后，旅游业法规是旅游介入者的行为准则。旅游业法规是用以调整旅游关系的，必然涉及旅游者，但它主要是针对旅游介入者的。旅游业法规具体、确切地规定旅游经营者和旅游管理者的行为，包括在旅游经营、管理活动中允许什么、禁止什么，哪些行为是合法的、哪些行为是违法的，违法行为应当受到怎样的制裁等。从而保证旅游业能够持续、健康、有序地发展。

2. 旅游业法规的类别与性质

旅游业法规有法律与规章之分。旅游业法律涉及的面相当广泛，既体现在由全国人大、国务院、地方政府专门制定的关于旅游管理方面的法律和法规中，也存在于宪法及其他法律规范中。旅游业规章泛指一般行政事务所规定的行政命令，其本质虽为行政命令，形式上却类似法律式条文，为避免与行政法律混淆，称行政规章。规章有许多别称，如“规则”“通则”“细则”“简章”“准则”“大纲”“纲要”“标准”“办法”“须知”“规范”“注意事项”等。

旅游业法规立法宗旨是发展旅游业，规范对象涉及旅游者，似乎是关于旅游业和旅游的综合性法规。其实，就其性质而言，主要是关于旅游介入者行为的法律规范。傅云新等人（2004）认为，旅游法规所调整的对象包括六对：旅游行政组织与旅游企业之间的指导与被指导的关系；旅游企业与旅游者之间的相互依存关系；旅游企业之间的相互配合、相互依存、相互竞争的关系；旅游者与旅游行政组织之间的服务与非服务关系；旅游行政组织之间的领导与被领导及配合关系；其他旅游关系。傅云新等人所指的旅游法规调整对象，其实也是旅游业法规的调整对象。不难看出，在上述六对关系中，绝大部分主体是旅游介入者而非旅游者。

旅游业法规具有强烈的专业性和规范性特点。旅游业法规必须反映旅游行业经营管理的业务特点，因而具有鲜明的专业性。旅游法规包括对利用和保护各种旅游资源、兴建和管理各种旅游设施、培训涉外的旅游服务和管理人才等方面的规定，具有旅游特色的众多业务内容和强烈的专业性。旅游业法规对一定时期某些旅游业务经营采取鼓励或限制的规定，用以引导旅游业的发展，这体现了旅游业法规的规范特点。任何国家在制定一部旅游法规时，都是为了更好地对旅游行业进行规范，以促使旅游业能够健康有序地发展。旅游政策、旅游业道德也有规范性，但其规范效力远不及旅游业法规。

**（三）旅游业道德**

旅游业道德又称旅游职业道德，是旅游业必须遵守的道德准则和行为规范。包括道德原则、道德情感、道德意识、道德境界、道德行为、道德规范等，核心是道德规范。由于价值观念、善恶标准等不同，旅游业道德规范也不尽相同。

国家旅游局于 1996 年 11 月 20 日制定下发了《关于加强旅游行业精神文明建设的意见》，提出了旅游业道德八大规范。

第一，爱国爱企、敬业爱岗。爱国爱企、敬业爱岗要求旅游从业人员热爱国家，热爱企业，尽职尽责，忠于职守。爱国爱企、敬业爱岗是旅游职业道德体系中最重要、最基本的规范，也是从事各个行业的人都应当共同遵守的基本道德规范。

第二，热情大度、清洁端庄、文明礼貌。这三点是对旅游从业人员在招待客人时的态度、仪表、礼貌方面的要求，旅游从业人员要以自身行为树立旅游行业良好的职业形象，一切为客人着想，一切使客人满意。

第三，耐心细致、优质服务、宾客至上。旅游从业人员要树立全心全意为旅游者服务的宗旨，在旅游工作过程中要始终把客人放在首位，竭尽全力为客人服务，这是旅游工作的出发点，也是旅游工作的归宿。

第四，遵纪守法、公私分明。旅游职业道德规范要求旅游从业人员自觉地遵守职业纪律和有关法律要求，廉洁奉公，处处为集体、国家的利益着想。反对和纠正行业不正之风，秉公办事，不假公济私。

第五，不卑不亢、一视同仁。在旅游活动过程中，旅游从业人员既要谦虚谨慎，又要不妄自菲薄；既要学习先进，又要不盲目崇洋；既要热爱祖国，又要不妄自尊大。这是民族自尊心、自信心以及国格、人格的体现，是爱国主义精神在旅游职业道德规范方面的具体展示。

第六，克勤克俭、诚实善良。克勤克俭要求本着节约的原则为旅游者提供服务。诚实善良则要求旅游从业人员讲究诚实道义、与人为善，特别是在提供旅游服务的过程中要诚实可靠，坚持信誉第一。

第七，自尊自强、好学向上。旅游业的不断发展变化要求旅游从业人员不断提高自身的素质和专业水平，这是个人发展的要求，也是职业道德规范的要求。好学向上要求旅游从业人员积极进取，努力钻研业务，不断提高职业技能，以便更好地服务于旅游者。

第八，团结服从、大局不忘。旅游职业道德规范要求旅游从业人员服从整体利益和目标，以大局为重，组合良好的工作团队。这是一种处理旅游业内部同事之间、部门之间、行业之间相互关系的道德行为准则，它是旅游业发展的可靠保证。

旅游业道德规范的制定与实施，对提升旅游从业人员的道德境界、提高旅游服务质量、净化旅游行业之风、推动旅游业健康发展、带动社会风气的好转，起到了良好的作用。旅游业是一个综合性的行业，既包括旅游企业，也包括相关的行政、教研部门，而中国的旅游业道德规范主要是规范旅游企业一线员工的，从这个角度看，中国旅游业道德对旅游介入的规范是不全面的，这势必影响旅游业道德应有功能的发挥。在旅游企业、旅游行政、旅游教研等广义旅游业存在大量道德失范行为的情况下，制定并落实全面、可行、有效的旅游介入道德规范，已经到了刻不容缓的地步。

## 第 5 节　旅游介入文化的产品

旅游介入文化有过程，有产品。什么是旅游介入文化的产品？有哪些类型？有何特点？这是本节要讨论的主要问题。

### 一、旅游介入文化产品的含义

旅游文化产品是人们对旅游的体验与介入的精神产品，旅游介入文化产品是旅游文化产品的重要组成部分。按照本书对旅游文化产品的理解，旅游介入文化产品可定义为：介入者在干预、影响旅游或虚拟旅游过程中创造的精神产品。这个定义包含三层意思：

第一，旅游介入文化产品的主体是介入者。这里的介入者，既包括旅游经营者、旅游地居民、社会成员等，也包括与虚拟旅游相关的政府、企业、作家、画家、编剧、导演等，凡是参与旅游介入文化产品创造的都是旅游介入文化产品的主体。作家、画家、编剧、导演等创造的旅游介入文化产品如果以真实的或虚构的旅游体验为主题，这些产品也就兼有旅游体验文化产品性质，而其作者，也因此兼有旅游体验文化产品的主体身份。这也是旅游介入文化与旅游体验文化的融合点之一。

第二，旅游介入文化产品产生于对旅游或虚拟旅游的干预、影响过程。作为旅游介入文化的主要产品，旅游服务艺术、旅游景观作品、旅游宣传品、旅游研究作品分别产生于旅游服务、景观开发、旅游宣传、旅游研究等旅游介入过程，这是有目共睹的；作为旅游介入文化的次要产品，虚拟旅游服务、虚拟旅游软件分别产生于概念性虚拟旅游介入和操作性虚拟旅游介入等虚拟旅游介入过程，也是不争的事实。

第三，旅游介入文化产品在性质上属于精神产品。从逻辑上讲，旅游介入文化是一种精神文化，旅游介入文化产品不能不属于精神文化。从事实上看，主要旅游介入文化产品均属于精神产品：旅游服务艺术是旅游介入文化产品的核心，是一种精神文化；旅游景观作品固然有物质成分，但其核心是“意”而不是“形”。旅游宣传品、旅游线路、法规文件、学术成果等旅游介入文化产品亦是如此。至于纸游介质、网友系统等虚拟旅游介入产品更是精神生产的结晶。

旅游介入文化产品包括旅游介入和虚拟旅游介入的文化产品，本节讨论以前者为主。

### 二、旅游介入文化产品的种类

旅游介入的文化产品种类繁多。按生产主体分类，主要有旅游服务艺术、旅游景观作品、旅游宣传品、旅游线路、科研成果等。

### （一）旅游服务艺术

如前所述，旅游服务艺术属于行为，但它又不只是生产行为。从成果的角度看，它也是产品，因为它是用来出售给旅游者的。同时，这种行为本身也会生产看得见、摸得着的有形产品：撤去客人的残羹剩饭，通过妙手摆台，狼藉的餐桌转眼变成赏心悦目的观赏品；撤去客人用过的被褥，通过迅速整理，凌乱的房间很快变成整洁温馨的卧室——这是饭店服务的产品；清冷的候车室，经过精心设置，鲜花盛开，锦鲤竞跃；一条普通的毛巾，经过巧妙折叠，瞬间变成一只可爱的宠物出现在单调的餐车窗边——这是交通服务的作品；一把普通的剪刀再加上一张普通的彩纸，三下五除二，一张惟妙惟肖的游客头像出现在游客面前；一双空无一物的手，轻轻一扬，花瓣如不尽秋叶，纷纷飘落——这是导游服务的杰作。诸如此类，不胜枚举。

旅游服务艺术不同于旅游服务技能。旅游服务技能是指从事这一行业的人员必须掌握的起码的技能，大多可以用条文形式予以规定，做到即为称职。而服务艺术则是在此基础上的锦上添花、精益求精。旅游服务人员做完一项服务工作和做好一项服务工作是两码事，所产生的效果也不一样。服务人员完成一项服务工作，一般不会给旅游者留下什么印象，因为在他们看来，这是理所当然的事情。如果服务人员超标准做好一项服务工作，比如提供一项旅游者意想不到、充满感情色彩的服务，被服务者往往印象深刻。因为对他们而言，这是意外惊喜、艺术享受。

### （二）旅游景观作品

旅游景观作品无疑是旅游景观开发的产物。旅游景观作品按其来源划分可分为依托型和脱离型两类。

依托型景观作品是以固有旅游资源为依托而开发出来的产品，所依托的旅游资源可以是人文的，也可以是自然的。前者如埃及金字塔、法国罗浮宫、中国万里长城、印度泰姬陵；后者如欧洲阿尔卑斯山、北美尼亚加拉大瀑布、中国长江三峡、韩国济州岛。不管人文的还是自然的，一经旅游开发者的加工制作，所生产的产品就都变成了文化产品。毕竟，它是旅游开发者的智慧结晶，不是天然的产物。

脱离型景观产品是指不以原有景观为依托或没有景观为依托而开发出来的产品。开发出来的景观产品有的是表现自然的，如青岛的极地海洋馆；有的是表现人文的，如深圳的锦绣中华，不管表现自然的还是表现人文的，同依托型景观产品一样，其实质都是文化产品。因为它们也是旅游开发者的智慧结晶，不是天然的产物。

旅游景观作品从形态上看大多是物质性的，但其内核却是观念的。诚如陈宗海先生所言：景观的“形”是物质的、外烁的东西，是景观文化物化的体现；景观的“意”是观念的、内在的东西，是景观直接依托和体现的文化。旅游景观作品的“意”是无形的，它是凝结在景观内的文化意识，是景观的文化内涵。没有这种无形的“意”，也就不可能有“有形”的景观的生成（陈宗海，1999）。

### （三）旅游宣传品

旅游宣传品是旅游组织和企业为获得更多游客认知、确立旅游形象、创建旅游品牌等而推出的各类宣传媒介的总称。简单地说，就是为达到旅游宣传沟通目的而制作的各种宣传媒介（王晨光，2004）。

旅游宣传品按其形态分为四大类：印刷品、音像制品、网站网络和纪念品。

印刷类旅游宣传品主要是以纸质为媒介的宣传品，又可以分为基础类宣传品、专项类宣传品、节庆类宣传品。基础类宣传品如导游图、指南、招贴画、明信片等，是旅游景区（点）最基本的宣传物品。专项类旅游宣传品是针对旅游的某一方面而专门策划的宣传品，如专门对旅游六要素“食、住、行、游、购、娱”设计的旅游宣传品，针对专项旅游策划的宣传品等。节庆类旅游宣传品是为节日、主题活动等专门制作的宣传品。如各地的旅游节、音乐节旅游文化节、开渔节、国际服装节等宣传品。

音像旅游宣传品是以音像为介质的旅游宣传品，如音乐、纪录片、广告片、风光片、电影、电视、多媒体、光盘等。此类宣传品旅游宣传中运用广泛，娱乐性较强，效果较佳。

网站网页类旅游宣传品是以多媒体为介质的旅游宣传品。随着科技的发展和网络的进一步普及，旅游网站的策划和旅游网页的设计逐渐成为旅游宣传的又一重点，进而形成新一类旅游宣传品。网络信息因其便捷、及时和广泛等特点而受到宣传主体与受众的普遍欢迎，目前世界各地几乎都有自己的旅游网站。

纪念品类旅游宣传品是以旅游地纪念品为介质的旅游宣传品。旅游地纪念品是旅游者在旅游目的地选购的代表旅游目的地形象的有形商品，这类宣传品不仅可以给旅游目的地带来经济效益，同时也能成为旅游形象宣传的一种工具，加深游客对旅游目的地的印象。

毋庸置疑，旅游宣传品是一种纯粹的旅游介入文化产品。作为旅游市场开发的重要手段，旅游宣传品制作中市场定位要清楚，内容要详尽，可操作性要强。同时，旅游宣传品的包装、设计、图片既要有现代意识，也要挖掘民族特色，充分反映出旅游目的地的文化传统和民俗特色。

### （四）旅游线路

旅游线路是旅行社或其他旅游经营部门利用交通为旅游者设计的串联若干旅游点或旅游城市的合理走向，是旅游经营者组织客源时推出的旅行游览线路，包括游程、经停点、游览观赏内容、逗留时间、交通工具、食宿标准和收费价格。旅游线路是旅行社的核心产品。

作为一种产品，旅游线路是典型的精神文化产品。首先，这里的旅游线路是指旅行社为旅游者行、食、住、游、购、娱而设计的“旅游线路图”，不是旅游者实际踏上的旅游线路实体，换言之，是“纸上”的线路，而非“地上”的线路；其次，旅游线路主要是旅行社以自己的智慧设计出来的，不是以自己的体力开辟出来的。“纸上”的旅游线路不同于“地上”的旅游线路，前者是旅行社智慧的结晶，后者是旅游者开辟的结果。

旅游线路安排是一种“设计艺术”，也是一门科学。由于旅游资源分布失衡、功能有异，加之地理位置与进入条件不同，旅游线路上往往出现热点、温点和冷点。为使热点适度、温点变热、冷点升温，充分、有效利用旅游资源和旅游服务设施，必须精心设计旅游线路。

**（五）科研成果**

科研成果是指科研人员进行科学研究所取得的具有一定学术意义或实用价值的创造性结果。按成果形式分，一般可以分为文字和实物两类研究成果；按成果性质分，科研成果可以分为基础研究成果、应用研究成果和发展研究成果三大类；按所属学科分，一般可以分为自然科学成果和人文社会科学成果两大类。

旅游科研成果指旅游科研人员在旅游研究范围内，通过实验观察、调查研究、综合分析等一系列脑力、体力劳动所取得的具有学术意义和实用价值的创造性结果。由于本书的旅游是狭义的旅游亦即旅游者的旅游活动，所以这里的旅游研究成果主要是指以旅游者为中心的研究成果。旅游学科是新兴交叉学科，旅游研究属于跨学科研究，前述科研成果分类同样适用于旅游研究成果。从成果形式看，旅游科研成果文字、实物并包而以文字研究成果为主，主要反映为论文、专著、报告、方案等；从成果性质看，旅游科研成果基础、应用、发展三者并存而以应用、发展研究成果为主，主要是探索旅游新理论、新技术用于生产的可能性及为应用研究成果转化为直接生产而进行的科学研究所取得的成果；从所属学科看，旅游科研成果自然、人文兼举而以后者为主，成果形式主要包括公开发表的论文、研究报告（含调查咨询报告）、专著、编著、译著、教材、古籍校点注释、资料集、工具书，以及不宜公开发表而确备学术价值或应用价值的文字材料等。

旅游科研成果是旅游科研工作者智慧的结晶，是知识性产品，因而也是典型的精神产品。

**（六）规范类产品**

旅游介入的行为规范也会产生相应的产品，如旅游政策文件、旅游业法规文献、旅游业道德公约等。由于这些产品主要是规范旅游介入行为的结果，而非直接介入旅游的产品，因此，旅游介入成分不高，总体上属于旅游介入文化的“逸出”部分。

## 三、旅游介入文化产品的特点

同旅游体验文化产品相比，旅游介入文化产品有以下几个特点：

### （一）商品性

这里的商品性是指旅游介入文化产品具有交换价值。旅游介入文化产品大部分是用于出售给旅游者，与旅游体验文化产品相比，商品性十足：旅游服务艺术、旅游景观作品、旅游线路是旅游介入文化的主要代表，它们是专门有偿为旅游者生产的，是典型的商品；旅游宣传品、旅游科研成果及规范类产品虽然主要不是为了售予旅游者而生产，但同样具有商品性：商店里的旅游宣传品、规范类小册子并不都是免费的，旅游科研成果特别是旅游规划书之类应用研究成果更要待价而沽。

### （二）规范性

这里的规范性有两层含义：一是旅游介入文化产品大都有规范化的标准，二是有些旅游介入文化产品具有规范行为的功能。第一层含义主要体现在旅游服务艺术、旅游景观作品、旅游宣传品、旅游线路、旅游科研成果上。旅游介入文化产品具有商品性，其生产大多是批量的，有一定的规范化标准：旅游服务艺术有服务的标准，旅游景观作品有景观的等级，旅游宣传品有宣传的要求，旅游线路有设计的程式，旅游科研成果有自己的学术规范。第二层含义主要体现在规范类产品上。旅游政策、旅游业法规、旅游业道德等规范类产品本身就是为了规范旅游介入行为而制定的，规范功能是其第一功能。旅游线路也有明显的规范功能：旅游者一旦接受旅游行社提供的旅游线路，就要按照既定的旅游线路行事，不得擅自更改。

### （三）综合性

旅游介入文化产品的综合性是指旅游介入文化产品一体多样。旅游介入文化产品种类繁多，从上述类型分析中可见一斑。但如此多的旅游介入文化产品并非一盘散沙，而是结成一体的，其中的旅游线路就是旅游介入文化产品综合性的典型。这一点与旅游体验文化产品结合不密切形成明显对比。就每类旅游介入文化产品而言，也是如此：除了已述及旅游线路，作为一体的旅游服务艺术，是食、住、行、游、购、娱服务的综合；作为一体的景观作品，是人文与自然的综合；作为一体的旅游宣传品，是印刷品、音像制品、网站网络和纪念品的综合；作为一体的旅游科研成果，是文字与实物、自然科学与人文科学、基础与应用的综合；作为一体的规范类产品，是旅游政策、旅游业法规、旅游业道德的综合。

### （四）地域性

旅游介入文化产品的地域性是指旅游介入文化产品具有地域色彩。旅游介入文化产品，无论优质周到、令人回味的旅游服务艺术，还是风格独特、景色优美的旅游景观作品，或者是亦真亦幻、撩人心思的旅游宣传品等，都是在特定地域生产或创造的，难免受所在地域的影响，打上地域的烙印。北方旅游介入文化产品与南方旅游介入文化产品不同，东方旅游介入文化产品与西方旅游介入文化产品有别，这也是人所共知的事实。旅游介入文化产品的地域性是旅游介入文化地域性的反映（详见本章第 1 节）。

### （五）依附性

旅游介入文化产品的依附性是指旅游介入文化产品多依附于相关现象之上，独立性差。任何事物都是相互关联的，关联程度并不相同。在分析旅游体验文化产品的时候，我们不难把旅游体验产品从相关现象中剥离开来，在分析旅游介入文化产品的时候，却不易把旅游介入产品从相关现象中剥离开来，因为旅游介入文化产品依附性太强：作为一种产品，旅游服务艺术与旅游服务合二而一，旅游景观作品与所依托的旅游资源难分难解；旅游宣传品与旅游宣传、旅游介入规范与规范类产品也并非泾渭分明。旅游介入文化产品的依附性是旅游介入文化产品价值分析难度较大的原因之一。

## 内容举要

旅游介入文化是介入者对旅游或虚拟旅游的干预、影响过程及其精神成果的总和。旅游介入文化不同于旅游介体文化，两者是交叉并列关系。对旅游介入文化的结构可以从心理、行为和产品三个层面来解析。心理层面在旅游介入文化结构中居于核心地位，具有动力基础和前提条件的作用。行为层面是旅游介入文化心理层面的外化和显现，在旅游介入文化结构中具有桥梁和纽带的作用。产品层面在旅游介入文化结构中居于表层地位，其对旅游介入活动的重要影响在于它最终决定着旅游介入程度与效果。旅游介入文化的特点突出地表现在导向性、功利性、地域性、民族性和规范性等方面。

旅游介入文化的主要类型有现实旅游介入文化和虚拟旅游介入文化。现实旅游介入文化是介入者直接干预、影响旅游所形成的一种文化现象，包括旅游服务文化、景观开发文化、旅游宣传文化、旅游研究文化等。旅游服务文化是基于旅游服务而形成的文化心态、服务艺术及指向旅游服务的社会舆论、相关规范等。景观开发文化是旅游景观的文化塑造及由此引起的指向自身的精神现象的总和。旅游宣传文化是以旅游宣传为核心的精神现象。旅游研究文化是以旅游研究活动为核心的精神文化。虚拟旅游介入是介入者通过观念或行动对虚拟旅游进行干预、影响的活动，按介入的性质划分，虚拟旅游介入可分为概念性和操作性两小类。前者是处于心理层面的虚拟旅游介入，后者是处于行为层面的虚拟旅游介入。

旅游介入文化的心理包括旅游介入文化的需要、动机及心理过程。旅游介入文化的需要包括技能、创造、实现自我、公平、尊重、合作等。旅游介入文化的动机多种多样，大而言之，主要有促进文化交流、保持文化传承、探求旅游真相、提高文化素质等动机。旅游介入文化的心理过程是旅游介入文化的心理活动过程，由认识、情感、意志三个过程所组成。在政府、企业、学界、旅游地居民、社会等不同旅游介入的主体中，旅游介入文化的心理过程有同有异。

旅游介入文化的行为是旅游介入文化的外在标志，包括行为活动和行为规范。企业的旅游介入行为活动主要有旅游服务行为活动、景观开发行为活动、旅游宣传行为活动、旅游推销行为活动等。政府的旅游介入行为活动主要包括向旅游者宣传促销、为旅游者提供信息服务、调节旅游需求、控制游客流量、规范旅游行为、开发旅游资源、保护旅游环境等。学界介入旅游的行为活动主要有两类：一是旅游研究；二是旅游规划。旅游地居民对旅游的介入行为主要表现为对旅游或旅游者的接纳和排拒。社会群体主要以舆论、监督、规范的形式介入旅游。虽然介入方式不同，但都具有文化性质。旅游介入的行为规范——旅游政策、旅游业法规、旅游业道德同上述旅游介入的行为活动一起构成完整的旅游介入行为文化。

旅游介入文化产品是介入者在干预、影响旅游或虚拟旅游过程中创造的精神产品，主要有旅游服务艺术、旅游景观作品、旅游宣传品、旅游线路、科研成果等。与旅游体验文化产品相比，旅游介入文化产品具有商品性、规范性、综合性、地域性、依附性等显著特点。

## 案例分析

**阅读下段材料：**

上网一搜，“恶俗”“嘈乱”“妖窟”“叫驴来吼的地方”……在网上，丽江古城新华街之夜已经有了“恶俗”之名。

新华街一间间喧闹的酒吧开张后，生意火爆，慢摇吧、演艺吧，打扮成摩梭女孩、纳西女孩的酒吧女招待在大街上拉客、唱歌，招揽生意，整条街红灯笼高挂。还有玉河走廊，在河边“一”字排开了上百张的露天火锅桌子，很多游客，光着膀子或者把脚踩在凳子上，满地残汤剩水和烟头废纸，桌边的烧烤摊子浓烟滚滚。站在玉龙桥上看过去，到处烟雾腾腾，红灯晃晃，人群喧哗，鼓声阵阵，南腔北调的电声音乐喧闹不停。玉河走廊就在古城的水源头，但街道却是油光可鉴，肮脏不堪。

有不少丽江的导游却以此为荣：大理比不上我们丽江，那里太安静了，游客们喜欢我们这里，都到这里来了。

（摘自张文凌《另类娱乐毁了丽江高品位旅游地的明天》，《中国青年报》2009-11-20）

**请分析：**

1. 这段材料涉及旅游文化哪些部分？
2. 丽江古城的旅游文化问题症结在哪里？如何解决？

## 思考与练习

1. 简述旅游介入文化的含义、结构与特点。
2. 试析现实旅游介入文化的定义与划分。

3. 试析虚拟旅游介入文化的定义与划分。

4. 试析旅游介入的需要与动机。

5. 试析旅游介入的心理过程。

6. 试析旅游介入的行为过程。

7. 试析旅游介入的文化产品类型与特点。

## 推荐文献

1. 王欣．旅游资源开发的时代演进众发展趋势浅析［J］．旅游科学，2000（2）．

2. 郑向敏．旅游服务学［M］．天津：南开大学出版社，2007.

3. 匡林．对中国旅游宣传推广工作的初步思考［J］．旅游学刊，2008（4）．

4. 谢春山，邹本涛．旅游介入文化研究［J］．旅游科学，2008（4）．

5. 谢雪梅，马耀峰，李天顺．近10年国外旅游研究发展趋势［J］．经济地理，2009（5）．

6. 邹统钎．中国旅游规划思想的演变——中国旅游规划30年回顾与反思［J］．北京第二外国语学院学报，2009（7）．

7. 石培华．中国旅游研究30年（1978~2008）［M］．北京：中国旅游出版社，2009.

8. 徐菊凤等，旅游公共服务：理论与实践［M］．北京：中国旅游出版社，2013.

9. 高舜礼．旅游宣传的薄弱与强化［J］．旅游学刊，2015（7）．

10. 张凌云，乔向杰，金洁．中国旅游学术研究评价与进展［M］．北京：旅游教育出版社，2017.

11. 夏杰长，徐金海．中国旅游业改革开放40年：回顾与展望［J］．经济与管理研究，2018（6）．

# 第 5 章 旅游文化的影响因素

**【学习目标】**

通过本章的教学，了解影响旅游文化的外部因素，掌握自然、经济、文化、社会对旅游文化的具体影响，熟悉政治对旅游文化的作用，在联系中把握旅游文化的运行机制。

**【内容结构】**

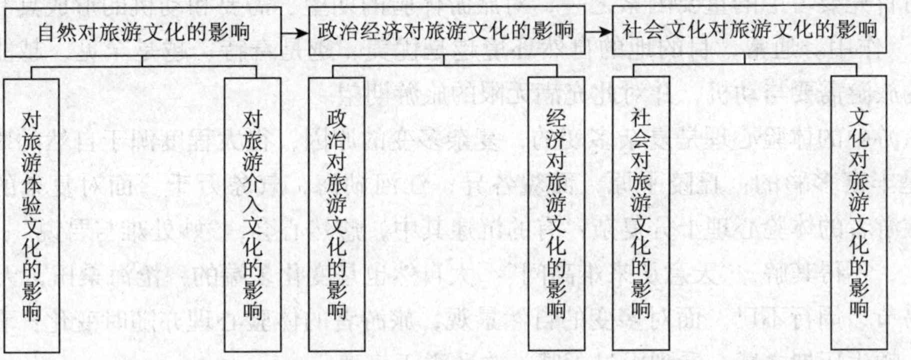


**【重要概念】**

旅游文化　自然　政治　经济　社会　文化

# 第1节　自然对旅游文化的影响

大自然（nature）是指狭义的自然界。它是与人类社会相区别的物质世界，即自然科学所研究的无机界和有机界。自然是旅游文化的物质资源和背景依托，是旅游文化的重要环境之一，无论对旅游体验文化，还是对旅游介入文化，均产生重要的影响。

## 一、自然环境对旅游体验文化的影响

自然环境对旅游体验文化具有较大的影响，这种影响可以从旅游体验心理、旅游体验行为和旅游体验产品等方面加以分析。

### （一）自然环境对旅游体验心理的影响

自然环境在旅游前、旅游中及旅游后等不同的阶段对旅游体验心理产生不同的影响。

旅游体验的期望、动机与需要是旅游前旅游体验心理的重要内容。旅游期望值是人们做出旅游决策并付诸实施时，对旅游效果的一种心理预期。旅游体验的需要和动机是旅游体验的内在动因。在旅游活动开始之前，目的地的自然环境常常是旅游者做出旅游决策时首先要考虑的重要因素之一，对旅游体验的期望、需要和动机的形成具有重要的"拉动"作用。通常，目的地的自然环境越是优美、越是奇特、越是罕见，越能激发旅游者的旅游需要与动机，并对此充满无限的旅游期望。

旅游中的体验心理是复杂多变的，复杂多变的原因，很大程度源于自然的影响。大自然是丰富多彩的：丘陵平原，面貌各异；江河湖海，气象万千。面对复杂的自然景观，旅游者的体验心理十分复杂：有的沉迷其中，悠然心会，"妙处难与君说"；有的惊奇无比，不得其解，"天意从来难高问"。大自然也是变化多端的：沧海桑田，天翻地覆；寒暑易节，周行不已。面对多变的自然景观，旅游者的体验心理亦随时变化：看到阴云密布，顿生压抑之感；看到雨过天晴，欢欣溢于言表。

在完成旅游活动之后的旅游体验阶段，旅游者会对整个活动做一个较为全面的回顾和总结。如果自然环境带给旅游者心理上的愉悦和旅游需求大部分得到了满足，那么他们将对旅游活动持肯定态度，会回忆、提及、留恋此次旅游活动，可能产生重游的心理需求，由此激发旅游的兴趣，引发出再去别的景点旅游的动机。反之，他们会对该旅游地产生厌恶，造成极不愉快的旅游心理，回去后将较长时间地回忆起此次不愉快的旅游体验，影响到下次旅游的兴趣。

### （二）自然环境对旅游体验行为的影响

旅游体验行为包括旅游交通体验行为、旅游饮食体验行为、旅游住宿体验行为、游览体验行为、旅游购物体验行为、旅游娱乐体验行为。俗话说“地灵人杰”“一方水土，养一方人”，作为自然之子的人类的旅游体验行为必然要受到自然环境的约束和影响，只不过这种影响的范围与程度因旅游体验行为所针对的具体的体验对象的不同而呈现出一定的差异性罢了。

自然环境对旅游交通体验行为的影响首先表现在自然环境制约旅游交通体验行为方式。旅游交通体验行为大致可以分为徒步和乘骑两类。徒步即凭借一双脚板旅行，乘骑则是凭借交通工具旅行方式。不管徒步还是乘骑，均受制于自然环境。就徒步而言，一条大河拦住去路，通过的方式可以是涉，可以是泳，唯独不可以攀、不可以爬；一座高山横在眼前，通过的方式可以是攀，可以是爬，唯独不可以涉、不可以泳。就乘骑而言，草原地区的特色是骑马，平原地区的特色是驾车，湖海地区的特色是驶船。这种因地而异的旅游交通行为方式，生动反映了地理环境与旅游体验行为的内在联系。

旅游饮食体验的行为方式主要是品与尝。品是品味，亦即体会、体味的意思；尝是尝试，亦即辨别、试验的意思。旅游饮食体验的行为方式同样受自然环境的影响。阳春三月，风和日丽，谁不愿邀上三五好友，寻一清幽所在，聚会野餐！由此也不难理解为什么王羲之宴客一定要到兰亭，白居易宴客一定要到浔阳江边，李白、苏轼等饮酒喜欢在月下——天赐良辰美景，不如此岂不辜负大自然的美意！设想上述风流才子饮酒正酣，忽然一阵狂风骤雨，其饮食行为又当如何？俗话说，“靠山吃山，靠海吃海”，这同样反映出自然与饮食方式的内在联系。

旅游住宿体验的行为方式主要是露宿与住店。露宿即以天地为家，投宿于洞穴、河谷、花间、树下或自带的帐篷之中；住店即以旅店为家，投宿于驿站、农舍、宾馆、饭店等住宿服务场所。露宿体验以天地为家，其体验行为受自然影响固不必论，即使是住店，其行为方式也不能不受自然的影响。为什么远道而来的西方游客常常不住进星级宾馆而钻进黄土高原的土窑洞？为什么游客住店很在乎窗户是否宽敞明亮？大自然的魅力挡都挡不住啊！

自然对游览方式的影响就更大了。因为有江河湖海，人们创造了泛舟观赏的形式；因为有高山险谷，人们创造了登高观赏的形式；因为有奇岩、激流、大漠、草原、冰雪，人们发明了攀岩、漂流、滑沙、滑草、滑冰、滑雪等参与式游览行为。

此外，自然环境对旅游法规、旅游道德、旅游习俗等旅游体验行为规范的制定、确立和形成具有一定的影响。对自然环境的保护是旅游法规、旅游道德、旅游习俗的重要内容之一。人类的旅游活动，已经造成了对地表、土壤、动植物、水体、大气、环境、景观，乃至地球生态系统的破坏，于是，恶化的自然环境向人类发出警示。正是基于自然环境恶化的警示，一些国家和地区推出了旅游资源保护法（如中国的《风景名胜区条例》）、生态旅游道德（如美国的《生态旅游十戒律》）、自然考察习俗（如各地的《登山须知》）。这些旅游法规、旅游道德、旅游习俗对各类自然旅游体验者的行为提出了基本的规范要求。

**（三）自然环境对旅游体验产品的影响**

自然环境对旅游体验产品的影响主要表现在它在一定程度上决定着旅游体验产品的类型、形式，进而影响旅游体验的效果。

第一，自然环境决定了物质性旅游体验产品的类型。旅游体验产品可分为物质性产品和观念性产品两大类。物质性产品主要来自大自然，猎物、果菜、草本、贝石、水土等特定类型的旅游体验产品的生产必须与其特定的自然环境相符合。没有自然环境与自然条件所提供的资源禀赋，任何创意绝妙的旅游体验产品也只能是充饥的画饼和空中的楼阁。

第二，自然环境决定了旅游体验产品的生产形式。如前所述，物质性产品主要来自大自然。自然环境不但决定了物质性旅游体验产品的类型，也决定了物质性产品的生产形式。当旅游者沉浸在参与性较强的捕鱼、抓泥鳅、野果采摘等旅游活动中时，这些资源的特性决定了旅游者的生产形式或分散，或集中。这种动态的参与型的旅游体验产品固然美好，但并不是所有的旅游者都能参与其中，这也与旅游产品所处的自然环境密切相关。自然环境在一定程度上决定了旅游者在旅游活动中参与的程度和水平，进而会影响到旅游体验的质量。

## 二、自然环境对旅游介入文化的影响

自然环境对旅游介入文化的影响可以从旅游服务文化、景观开发文化、旅游宣传文化、旅游研究文化等几方面来进行探讨。

**（一）自然环境对旅游服务文化的影响**

旅游服务文化包括旅游饮食服务文化、旅游起居服务文化、旅游交通服务文化、旅游导游服务文化、旅游购物服务文化和旅游娱乐服务文化。自然环境对旅游服务文化的影响不是单对某个方面的影响，而是对几个方面的综合性影响。

自然环境对旅游服务的影响首先表现在利用自然环境营造一种互动体验的氛围，提高旅游服务的质量。服务剧场理论认为，服务的成功取决于服务质量，而且与服务的氛围息息相关。这里的氛围就包括自然环境。因此，旅游服务常常因地制宜。同样是旅游食宿服务，在江南，总也挥不去水乡的韵味；在塞北，总也抹不掉大漠的风情。旅游服务的形式与内容必须建立在当地自然环境和历史文化的基础上，突出地方特色，这在业界已有共识。

**（二）自然环境对景观开发文化的影响**

一般说来，自然环境对景观开发的影响主要体现在建筑风格、材料运用、主题设计等方面。

自然环境影响着旅游景观的结构布局与建筑风格。旅游景观所在地自然环境的不同导致其在历史传统、生活习俗、经济条件、审美观念等方面亦呈现出较大的差异性，进而使各地的旅游景观在布局、样式、结构、装饰、花纹、色彩等方面各具特色。久负盛名的徽州民居，粉墙青瓦构成了江南水乡浪漫情调的白描图，封闭、凝重的黄土高原窑洞，开敞、凉快的云南民居，无不体现着不同的景观布局，也是不同自然环境的产物。

自然环境决定着旅游景观建筑材料的选择与运用。建筑材料是旅游景观的物质基础，受所在地域地质历史、发展过程和自然环境等要素的限制与制约。在景观开发中，建筑材料的就近采用，常常是不同地理区域建筑风格各异的重要原因，埃及尼罗河地区石多木少，建筑多用石体；中国中原地区森林丰富，建筑多用木材。

自然环境对旅游景观开发文化的影响还表现为旅游景观的主题必须符合并突出旅游景区自然环境的特色。任何针对旅游景观的旅游体验活动只有与景区本身拥有的自然、人文、历史资源相吻合，才能够强化游客的体验，使旅游者感受到蕴含在旅游景观之中的深厚的文化底蕴与地方文脉，增强旅游景观的吸引力。

**（三）自然环境对旅游宣传文化的影响**

自然环境对旅游宣传文化的影响主要表现在自然环境引导和制约着旅游宣传的方向与内容，影响旅游宣传设计的形式与内容。

旅游宣传是为推动和促进旅游业发展而进行的信息传递和沟通的活动，同自然环境有着极为密切的关系。随着旅游业的发展，旅游活动对自然生态环境的各种负面影响逐渐显现。当遭遇旅游景点人满为患、自然环境受到严重破坏的境遇之后，人们对现代社会的大众化旅游方式进行了反思，开始寻求既能消遣娱乐、强身健体，又不破坏自然环境的新的旅游方式。于是，强调对自然环境的保护，倡导旅游业的可持续发展正在受到各方面的普遍认同，成为旅游宣传文化的重要内容之一。以生态旅游为例，生态旅游被认为是一种旨在保护自然环境与自然资源的新的可持续发展的旅游方式，虽然我们目前还很难找到严格意义上的生态旅游的范例，但通过检索旅游研究的文献发现，关于生态旅游方面的文章常常占有相当大的比例，生态旅游更成为旅游宣传的重点，关于各地生态旅游的宣传与介绍经常见诸报端。由此可见，自然环境对旅游宣传影响巨大。

同时，自然环境也直接影响着旅游宣传设计的形式与内容。在当代大力倡导走进自然，回归自然理念的指导之下，自然环境对旅游宣传设计具有重要的影响。如果说，现代人来到作为人文景观的历史文化中去观光游历是一种寻梦之旅的话，那么，作为“自然之子”的人到作为自然景观的大自然中去则是一种“回归之旅”，是要到自然环境中去寻找心灵的港湾和精神的家园。因此，旅游宣传活动的设计只有以自然环境的原生态作为宣传的核心内容，才能满足旅游者的旅游需求。旅游宣传文化只有在突出优美的自然环境的基础上，实现旅游宣传文化的升华，才能被潜在旅游者所接受，并在其成为旅游者后得到愉悦的审美体验。

**（四）自然环境对旅游研究文化的影响**

自然环境对旅游研究文化的影响主要表现在，随着人们对自然环境在旅游活动中重要地位与作用的认识的不断深入，以自然环境为基础的旅游环境问题逐渐成为旅游研究的重要对象与内容之一。

近代旅游研究发端于旅游活动所带来的巨大的经济效益。既然旅游活动能给当地带来较为丰厚的经济回报，人们也自然认为旅游是一种经济活动或经济行为。因此，最初的旅游研究都是从经济的角度展开的。随着研究的深入，研究者逐渐认识到仅从经济的角度来研究旅游是不够的，旅游活动是一种较为复杂的社会现象，涉及经济、社会、环境等众多方面。其中，自然环境对旅游活动的影响尤其具有特殊的意义。于是，人们逐渐认识到保护自然环境、走旅游可持续发展的道路的重要性，在关注发展旅游所带来正面效益的同时，更加注意发展旅游给自然环境带来的各种负面影响，如景区内自然资源、生态环境的破坏等。因此，在近年的旅游研究中，旅游环境和旅游容量的研究受到众多学者的高度重视。

另外，研究者来自不同地域，不同地区的自然环境对研究者的思维方式、价值观念也有重要影响。西方的旅游研究者长于分析，中国的旅游研究者长于综合，地方旅游研究多由本地人承担，这与研究者所处的自然环境有密切关系。

## 第 2 节　政治、经济对旅游文化的影响

### 一、政治对旅游文化的影响

政治是上层建筑领域中各种权力主体维护自身利益的特定行为以及由此结成的特定关系，是人类历史发展到一定时期产生的一种重要社会现象。作为旅游文化的又一重要环境，政治对旅游文化具有重要影响，政治制度、政治秩序对旅游文化的形成和发展具有重要的促进或延缓的作用。

#### （一）政治制度对旅游文化的影响

政治制度是人类出于维护共同体的安全和利益，维持一定的公共秩序和分配方式的目的，对各种政治关系所做的一系列规定，包括一个国家的阶级本质、国家政权的组织形式和管理形式、国家结构形式和公民在国家生活中的地位等。不同的政治制度对旅游文化具有不同的影响和作用。

1. 专制制度对旅游文化的影响

奴隶制是人类历史上最早的政治制度，由氏族社会的管理形式演变而来，神权学说是奴隶制的理论基础。在奴隶社会时期，以消遣为目的的外出旅游集中表现为奴隶主阶级的享乐旅行。在中国古代，这种享乐旅行活动的参加者仅限于以“天子”为代表的少数奴隶主阶级，而广大百姓则被严格禁止参与此种旅行消遣活动。所谓“古之善政者，

能防民之佚游，使从其教”就集中地反映了奴隶主阶级对百姓旅游的抑制态度。上述措施使中国古代的旅游文化在普通百姓身上始终呈现出“喜静厌动”的特征。

君主制和身份等级制是封建制国家的普遍管理形式，“朕即国家”“君权神授说”是中国封建君主专制政治制度的理论基础。由于中国是一个封建制度延续历史最长的国家，因而其旅游文化的封建专制色彩也格外突出。

在旅游景观开发上，缺乏创造力和个性，提倡因循与模仿。康熙在营造承德避暑山庄时，题写了三十六景。其孙乾隆也题写了三十六景，不敢稍为逾越。宋宁宗给宋迪的潇湘八景配了诗，于是一时洛阳纸贵，天下八景泛滥成灾，以至许多州、县甚至普通乡镇都有“八景”。全国各地的孔庙和关庙在形式上大同小异，在祭祀、管理方式上亦区别不大。这种遗风至今犹存，某地搞一座仿古建筑，其他地区跟着仿效，而绝未想到另搞一套。旅游要产业化，要现代化，这种缺乏创造力的求同思维定式不改变肯定是不行的。

在旅游服务上，等级森严。在中国古代，旅游这种文化活动同其他文化活动一样，也被赋予了贵贱尊卑的特性。一个风景区，在接待皇帝、大臣和文人墨客乃至普通旅游者等人员时，其礼节，其饭菜标准，其住房安排，都有区别。帝王出游，“武夫前呵，从者塞途，供给之人，各执其物，夹道而疾驰。喜有赏，怒有刑”。（韩愈，《送李愿归盘谷序》）。地方长官出差旅行，也很少不大摆其老爷架子。服务人员稍有不周到，骂声便起，甚至拳脚交加，轻则受伤，重则丧命。世故的服务员只有低声下气，忍气吞声，以免节外生枝。但是，当来客是和自己身份差不多的平民时，他们便冷冷淡淡。他们的灵魂是被专制集权制度的代理者扭曲了的。时至今天，在旅游服务行业中依然存在着“见官怕三分”“欺软怕硬”“以貌取人”等恶劣作风（喻学才，2004）。

2. 民主制度对旅游文化的影响

民主制度对旅游文化的影响主要表现在民主制度直接导致了大众化旅游活动的产生和发展；为旅游体验文化酿造了浓郁的人文氛围；促进了跨文化旅游活动的展开和发展。

首先，现行的民主制度，不管性质如何，一般都承认平等、自由和法治等基本原则，使得旅游成为人人均可以参与的大众化活动，脱离了早期贵族享乐旅游和行商旅游的特点，使旅游的功利性动机逐渐被娱乐性动机所取代，旅游体验文化呈现出开放、进取和昂扬奋进的精神。

其次，民主制度的建立使人的个性得到尊重，潜能得到发挥，大大调动了个体的积极性，丰富了旅游文化的内容与形式。同时，在民主政治下，为提高公民的文化素质，一些国家的政府积极赞助和支持文化艺术事业，成立专门的机构负责组织和领导，并通过立法促进其群众文化的发展。这种高扬人性旗帜的文化精神，为旅游体验活动的展开创造了浓郁的氛围（丁成荣，2005）。

最后，民主制度的建立，促进了国际旅游文化的交流与合作。现代旅游需要广泛的交流，在公民享有言论自由的民主国家文化交流的阻碍较少，容易进行信息的搜集和交换。同时，决策的民主化常使民主国家间的矛盾更易通过协商机制解决，在和平共处的背景之下，世界范围内不同民族、不同国别间的旅游交流与融合，将不断丰富现代旅游文化的形式与内容。

**（二）政治秩序对旅游文化的影响**

政治秩序是用来描述政治生活的有序性、稳定性以及连续性的概念，指社会中人们依据基本的政治共识与法律制度展开政治实践的一种状态。无论动荡的政治秩序，还是相对稳定的政治秩序均对旅游文化产生重要的影响。

1. 政治动荡对旅游文化的影响

政治动荡对动荡发生地和所波及地区的旅游活动造成直接的打击，使上述地区的国内和国际旅游活动陷入停滞，影响旅游和旅游业的发展。政治动荡对旅游文化的影响主要表现在以下几个方面：

就旅游体验文化而言，政治动荡首先降低了旅游者的旅游需求。政治动荡的不确定性直接导致诸如旅游行程、旅游支出和旅游安全的不确定性，常常会造成旅游者出游意愿的减弱。同时，政治动荡还常常影响到旅游者的情绪，使一些旅游者被迫放弃或推迟旅游计划来降低旅游体验需求。其次，政治动荡直接影响着旅游者的旅游消费能力。动荡发生地所在航线的停运或改道可能导致旅游交通成本大幅上升；动荡还可能直接导致经济衰退加快、货币汇率不稳、股市动荡和商品价格的上涨，造成旅游者收入的减少和旅游支出的加大，进而降低旅游者的旅游消费能力（张栋，2003）。

就旅游介入文化而言，政治动荡首先造成了旅游服务设施的毁损，影响旅游体验活动的开展。以航空运输为例，当人们对航空系统的安全保障失去信心之后将尽可能地减少外出旅行，使旅游体验活动受到严重的制约。同时，政治动荡发生之后，政府常常会关闭机场和港口，城市的地铁、桥梁、公共场所也会因此而暂停开放，使人们无法外出旅游，从而导致旅游饭店、娱乐设施等的利用率大大下降。其次，政治动荡造成了旅游资源的破坏，导致目的地客源的流失。政治动荡常常对所在地的旅游资源造成巨大的破坏，使旅游资源因其独特性、整体性和原生性的丧失而大大降低对旅游者的吸引力。同时，政治动荡发生的时候，人们为寻求一个相对安全的地方，常常会改变他们的旅游目的地。

2. 政治稳定对旅游文化的影响

政治稳定对旅游文化具有重要的影响，它不仅造成了旅游体验文化的丰富多彩，更直接导致了旅游介入文化的繁荣与进步。

在旅游体验文化方面，政治稳定为增加闲暇时间、刺激旅游需求等创造了有利条件，进而促进了旅游文化的发展。首先，政治稳定增加了旅游体验的时间。第二次世界大战后，生产自动化程度的提高使劳动时间大大缩短，使各种带薪假期成为可能。到 20 世纪 60 年代以后，发达国家都不同程度实施了带薪假期制度。随着闲暇时间的增多，各种形式的外出旅游和休闲度假有了充足的时间保证，进而使参加旅游活动的人数迅速增加，出游的距离和在外逗留的时间也不断增加。其次，政治稳定诱发了强大的旅游体验需求。第二次世界大战后相对稳定的国家环境加速了世界范围内城市化的进程。在发达国家，绝大多数人口都居住在城市，从事单调乏味的重复性工作，身心承受着极大的压力。为了定期使疲惫的体力和紧张的神经得到放松，他们强烈地期盼重返没有城市污染和工业污染的大自然，向往能使人耳目一新的异域环境。同时，第二次世界大战后各国教育事业的繁荣和发展，特别是信息技术的广泛应用，使越来越多的人对异乡异域的风土人情产生了浓厚的兴趣，激起了他们亲历观察和感受体验的愿望。

在旅游介入文化方面，政治稳定为改进交通工具、增加住宿设施、完善娱乐设施等创造了有利条件，进而促进了旅游介入文化的进步。以中国为例，“文革”期间，社会、经济、政治、文化陷入动乱之中，中国的旅游介入文化全面衰落。“文革”结束后，中国进入改革开放时期，政治稳定，经济发展，文化繁荣，中国现代旅游介入文化也进入多样化时期：旅游服务多种多样，旅游景观开发中西结合，旅游宣传丰富多彩，旅游教研蓬勃发展。中国的旅游介入文化获得了前所未有的进步。

## 二、经济对旅游文化的影响

经济是指社会物质资料的生产和再生产过程，包括物质资料的直接生产过程以及由它决定的交换、分配和消费过程。其内容包含生产力和生产关系两个方面。作为旅游文化的重要环境，经济是旅游文化产生、发展的物质基础，对旅游文化具有决定性的影响。经济环境中的个人收入、经济形态等对旅游文化的发展具有重要的促进或延缓作用。

### （一）个人收入对旅游文化的影响

在现代社会，旅游作为一种高层次的消费活动，只有在个人的收入达到一定水平以后才会出现。旅游者个人的收入无论对旅游体验文化，还是对旅游介入文化均具有重要的影响。

#### 1. 个人收入对旅游体验文化的影响

个人收入主要通过旅游体验心理、旅游体验行为和旅游体验产品三个层面对旅游体验文化产生一定的作用和影响。

旅游体验心理是旅游者通过与体验对象接触而形成的主观反映，主要包括旅游前的旅游需求心理和旅游决策心理。旅游心理学理论认为，消费者个人的收入水平是其旅游需要赖以产生的重要因素之一，是旅游需要实现的必要条件。一般情况下，人们旅游需要的强烈程度与收入的高低呈正相关关系，收入越高，旅游需要越强烈。旅游需要是一种高层次的精神需要，只有当个人的收入达到一定水平时，这一需要才会产生。同时，旅游是一种对收入高度敏感的商品，当人们的收入增加时，首先可能增加的是对旅游的需要；而当人们的收入下降时，首先减少的也是旅游需要。

个人收入不但影响着旅游者的旅游需求，而且直接决定着旅游目的地与活动类型的选择、出游时间的长短等旅游决策行为。旅游决策行为是旅游消费行为前的一个重要的心理因素，包括意识形成（“组建”系统）、动机评估（条件评估）、最终选择等，是一个复杂的过程。现以高收入群体为例，具体分析探讨收入水平对旅游决策的影响。根据马斯洛的需求层次理论，当人们的生理需要和安全需要得到满足后，很可能产生对社交和尊重的需要。因此，高收入者的“组建”系统即产生旅游的需要会比低收入者来得强烈。“组建”系统之后，旅游者要进行条件评估，即考虑实现的主客观条件是否具备。由于经济基础较好，相对于低收入者而言，高收入群体在旅游决策条件评估时较为看重的是旅游体验的质量而不是旅游价格的高低。总之，对于高收入者而言，他们较为优越的经济条件使得他们的旅游动机更容易被激发，旅游价格的高低对他们旅游决策的影响较小。

个人收入对旅游体验行为的影响主要表现在对旅游目的地、住宿条件、旅游交通工具的选择等方面。在旅游目的地的选择方面，低收入者的旅游主要在近郊，中等收入者主要在国内，高收入者除了国内游以外，还渴望出境旅游。在住宿条件与旅游场所的选择上，低收入者对旅游过程中的基本配套设施的条件要求不高，简单干净、价格低廉、具有民族特色的民居或招待所常常是其住宿的第一选择；中等收入者虽然追求住宿环境的舒适、方便，但又不愿在这方面花费较大的支出；高收入者对自然景观与人文景观有机结合、生态环境好的文化旅游地需求大，愿意投宿于具有地方、少数民族特色的干净舒适的住所（朱湖英、许春晓，2006）。在交通工具的选择方面，低收入者出游的交通工具主要是火车，中等收入者以火车和汽车为主，而高收入者以飞机和汽车为主。随着收入的增加，大型民航客机、汽车、高速列车等现代化的交通运输工具成为中、高收入人群的首选。

个人收入对旅游体验产品的影响主要表现在对旅游体验产品的质量上。如前所述，旅游体验产品是旅游者以旅游活动为基础自己创造的产品，创造产品需有原料。旅游体验产品虽然主要不是用于出售的，但其原材料的获得往往需要付费，那可是旅游业有偿提供的体验场景的一部分。低收入者特别关注原材料的价格，往往选择低价材料，由此导致其产品的质量也不高，高收入者特别关注原材料的质量，往往选择高质材料，由此导致其产品的质量也较高。

2. 个人收入对旅游介入文化的影响

个人收入对旅游介入文化具有重要的影响，这里仅以旅游服务文化为例来加以说明。

对于旅游服务者来说，其通过提供旅游服务所获得的个人收入的高低往往直接决定着旅游服务的供给范围、服务等级与质量标准，进而影响旅游服务文化。一般说来，旅游服务者所获得的个人收入越高，其服务的态度就好，服务质量和服务水平就高，反之亦然。目前国内的旅行社都以兼职导游员为主，专职导游人数只占很小的一部分。对于兼职导游员来说，除了导游津贴以外不会从旅行社获得任何收入。更有甚者，导游员不但拿不到任何报酬，还要向旅行社支付所谓的"人头费"。这样，导游员只好想方设法捞取各种"回扣"以维持生计，自然谈不上热情周到，更不用说保证服务质量了。

**（二）经济形态对旅游文化的影响**

经济形态是人类在一定历史发展阶段上的经济基础，即一定的生产关系的总和。马克思在《政治经济学批判》手稿中曾对社会经济形态做了如下划分：第一，自然经济社会，其特征是人对人的依赖，在这种最初的社会形态下，"人的生产能力只是在狭窄的范围内和孤立的地点上发展着"；第二，商品经济社会，其特征是"以物的依赖为基础的人的独立性，是第二大形态，在这种形态下，才形成普遍的社会物质交换、全面的关系、多方面的需求以及全面的能力体系"（魏世梅，2006）。无论在自然经济社会，还是在商品经济社会，经济形态作为人类历史发展阶段中的一种客观存在，总是对建立其上的文化形态产生这样或那样的作用和影响。

1. 经济形态对旅游体验文化的影响

经济形态对旅游体验文化具有重要的影响，这种影响因其发展阶段的不同而呈现出不同的特点。

自然经济催生了与其相适应的旅游体验文化。自然经济就是自给自足的经济，其生产的目的主要是为了生产者个人或经济单位的自用，而不是为了市场交换。这样的经济形态，必然将人们的旅游体验心理和行为局限在狭小的范围之内，形成"实用中心"和"以我为主"的现实旅游体验原则。中国"三代"时期贵族阶层田猎成风，与当时畜牧渔猎经济占较高地位密切相关；东周至秦汉，中国小农经济高度发达，社会成员以家为单元、以国为中心，由此催生出"孝游""近游""比德"等主流旅游体验文化；魏晋南北朝时期，庄园经济盛行，一园之内，农林牧副渔应有尽有，大规模的自然旅游体验水到渠成。旅游的根本目的是追求自由，自然经济形态却把人们束缚在特定地域，使绝大多数人无法实现以旅游求自由的愿望。于是人们就借助于想象，创造了"梦游""幻游""纸游"等虚拟旅游体验形式，在虚拟旅游体验中放飞梦想。中国古代虚拟旅游体验十分发达，正是自然经济束缚的结果。

商品经济形态促进了现代旅游体验心理和体验行为的不断深入与完善。商品经济形态经过了农业经济社会、工业经济社会和服务经济社会三个发展阶段。在农业经济和工业经济发展的时代，居民家庭收入普遍提高，个人自由支配的闲暇时间也不断增多，旅游成为一种普遍的社会现象。人们对自由时间的支配开始由单纯的恢复体力转向异地的休闲娱乐和体验。人们摆脱了日常生活中的劳苦和忧虑，在轻松自然的过程中放松自己，体验一种自我把握的乐趣。这是一种生活追求的升华和生存方式的巨变，是现代旅游体验文化不断深入的具体表现。随着服务经济时代的到来，社会发展到一个以追求生存质量为特征的高层次阶段。从旅游动机的角度来看，“精神愉快，身体与大自然的接触，欢笑与健康，各种新的情感交往”，是人们外出旅游的主要原因。从旅游需要的角度看，获得高品位、个性化的旅游体验，寻求精神补偿和精神解脱，是人们普遍的旅游愿望和目标。这是人们对旅游体验提出的更高层次的要求，是现代旅游体验文化不断完善的具体表现。

2. 经济形态对旅游介入文化的影响

经济形态对旅游介入文化的影响主要表现在，自然经济形态为旅游介入文化奠定了基础并促使其产生，而商品经济形态为旅游介入文化的发展和壮大开辟了广阔的前景。

在自然经济社会，西方奴隶制国家的发展与繁荣，客观上为当时的旅行发展提供了便利的物质条件。罗马帝国政府在全国境内修筑了许多宽阔的大道，客观上为人们沿路旅行提供了方便。当时这种旅行一般是离开城市到沿海地区游览。据史料记载，当时意大利的“沿海地带排列着大理石雕刻、浴馆和浴场、体育馆和寺庙等这些罗马财富的瑰宝”。此外，罗马帝国时期旅店的产生，也是在沿途由政府所设驿站的基础上发展起来的。随着过往旅行者的人数不断增加，官方又沿路开办旅店，更多的私人旅店也因此发展起来。进入封建社会，旅行活动的发展更与交通条件有着密不可分的关系。秦始皇统一全国后，为巩固统一，先后分别建设了“驰道”“直道”“新道”，逐步形成了以咸阳为中心、四通八达的道路网，并进行了五次大规模的巡游。秦以后驿站制度逐渐发展起来，到清朝时，驿站已扩展到内外蒙古、新疆和西藏地区。正是社会经济的不断发展和交通条件的不断改善，为中国封建社会时期的旅行发展提供了必要的经济基础和物质条件。

进入商品经济社会，伴随着商品经济从农业经济、工业经济到服务经济的不断转变，旅游业亦从一个新兴产业转化为现代服务经济的主导力量之一。从旅游介入文化发展的历程中，我们可以清楚地看到商品经济形态对旅游介入文化的影响。随着商品经济的发展，旅游服务文化中的软件系统和个性化服务格外受到旅游者的青睐和关注。人们越来越热衷于那些能够满足旅游者个性化需求的旅游产品与服务，从旅游交通到旅游住宿，从美食餐饮到休闲娱乐，旅游服务走了一条从关注质量到注重细节再到强调个性的发展路线。

与此同时，商品经济的发展也对景观开发文化的发展提出了新的要求。随着旅游景区管理体制的改革和景区企业化经营管理进程的加快，景观开发文化的发展方向和发展重点也不断从资源开发和规划转向用企业管理的方法进行运作与管理，在开发原则上由先开发再保护转向以保护为主。因此，商品经济的不断发展丰富和拓展了景观开发文化的内容与形式。

此外，商品经济的发展促进了旅游研究的方向与内容的不断更新。在工业经济初期，旅游所带来的巨大经济效益使人们多从经济视角对旅游活动与旅游现象进行研究。随着经济的发展，特别是大众化旅游所造成的各种负面影响的逐渐显现，旨在保护旅游资源与环境，促进旅游可持续发展的生态旅游又成了研究者关注的热点问题。进入服务经济时代，追求个性化和高品位的旅游体验成为现代旅游者的需求特征。为此，旅游研究者又将研究的视角转向了对旅游者的旅游需求与旅游动机的研究，试图从中发现旅游体验心理与行为的真谛。

## 第 3 节　社会、文化对旅游文化的影响

### 一、社会对旅游文化的影响

社会是共同生活的人们通过各种社会关系联合起来的有机总体，其中最主要的社会关系包括家庭关系、共同文化以及传统习俗。微观上，社会强调同伴的意味，并且延伸到为了共同利益而形成的自愿联盟。宏观上，社会就是由长期合作的社会成员通过发展组织关系形成的团体。现代旅游活动实际上是旅游者以个人身份同社会环境发生关系的行为，不可避免地要受社会环境的影响。社会环境中的社会风气、社会群体、社会变迁等均在一定程度上促进或延缓旅游文化的形成和发展。

#### （一）社会风气对旅游文化的影响

社会风气是对在一定时期和一定范围内大量社会成员的相近或相同的思想意识、价值判断、行为意向、行为方式等的总称，或者说是社会成员的共同的行为模式。社会风气一经形成，即成为影响社会成员尤其是年青一代人生观念与行为方式的外部控制力量（刘长海、杜时忠，2006）。

1. 社会风气对旅游体验文化的影响

社会风气对旅游体验文化的影响主要表现在：

第一，在社会风气的倡导之下，旅游体验文化的内容与形式获得了丰富和发展。

以中国为例，在儒道思想的影响之下而形成的科举考试之风和纵情自然山水的社会风气对中国古代旅游体验文化的形成和发展均产生了重要的影响。

就科举考试对旅游体验文化的影响而言，科举考试为士人学子的旅游创造了新的契机。自隋代创立科举以来，士人学子为了一举高中，博得声誉，纷纷走出书房，投入自然，徜徉于山水之间，交朋结友，畅饮抒怀，借用大自然的灵气来晕染自己的笔端，让锦绣文章誉满天下。以唐朝为例，当时的文人在进京赶考之前，大多有仗剑出游的经

历，诗仙李白、诗圣杜甫在20岁的时候，都曾遍游天下。当他们阅历丰富，知识累积到一定程度的时候，就赶赴京城，准备一举夺魁，一展自己的抱负，实现自己最初的政治理想。因此，科举考试为中国古代旅游增添了一种新的形式，丰富了旅游体验文化的内容与形式。

中国古代崇尚自然山水之美的社会风气对旅游体验文化也产生了较为显著的影响。从旅游体验心理的角度来看，追求个性的解放以及对自然美的崇尚与向往是古代文人出游的基本动力之一。儒道思想以“自然”“本性”为中心，强调“因任自然之性”，对士人学子的外出旅游影响较大，他们试图通过游览去发掘大自然的美好，在灵山秀水间放松身心。因此，为了自然山水之美而出游，为了愉悦身心而出游成为古代日常生活中必备的内容之一。崇尚自然山水之美的社会风气为中国古代山水旅游的发展创造了必要的条件，同时也大大丰富了旅游体验文化的内容。

第二，不同的社会风气造就了不同内容与形式的旅游体验文化。

任何人和任何民族，都生活在特定的社会风气之中，不同的社会风气赋予了不同地区和民族的人以不同的旅游体验文化。日本的社会风气复杂而多变，人称“菊花与剑”，既有谨慎保守的一面，又有博采和外倾扩张的特点。在这种社会风气的影响之下，日本人的旅游体验心理呈现向外探寻和进取与内敛稳健相交织的特征。较之于同处东方的中华民族，日本民族更多地具有海外旅行和旅游的倾向，早在唐朝时，日本遣唐使和留学生就频繁地游历中国。同时，由于身处儒学文化圈中，受中国传统文化的辐射和影响较大，其旅游体验心理亦具有中国稳健内敛的特征。而西方特殊的海洋环境，则塑造了他们开放、进取、冒险勇进和不畏艰难的外倾性社会风气。在此背景之下，西方人的旅游体验行为与其社会风气相一致，他们往往喜欢攀岩爬壁、驾船冲浪，或空中跳伞，或纵身蹦极，拳击、赛车更是其乐此不疲的观赏对象，由此造就了西方多彩多姿的旅游体验行为与方式。

2. 社会风气对旅游介入文化的影响

社会风气直接影响着旅游介入文化的发展速度、发展规模和介入旅游活动的方式。社会风气的改变常常促使旅游介入文化在内容与形式上进行适当的变化与调整，以适应新的社会风气的需要。通过对20世纪以来中国旅游发展历程的考察，我们可以明确地得出上述结论。

20世纪初，虽然整个中国仍处在外侵内乱的境地，但上海由于发达的经济和便利的交通却成为当时中国与外部世界联系和交往最多的城市，社会奢靡之风渐渐兴起。在此背景之下，中国的旅游业开始步履蹒跚地发展起来。1923年上海商业储蓄银行旅行部设立是中国设立旅行社的开始，后来更名为中国旅行社。除了旅行社外，也曾有人或机构在庐山、北戴河、莫干山、鸡公山等地开辟和建设过避暑度假区。受西方举办博览会风气的影响，除了参展芝加哥博览会和伦敦博览会之外，中国还曾于20世纪30年代分别在上海和杭州举办过具有相当规模的国货博览会和西湖博览会（李天元，2019）。

1949 年至 1978 年中国社会进入了一个特殊的历史时期，一方面，低下的生产力和落后的经济制约了国人旅游需求的发展；另一方面，旅游业被视为政治性的接待工作而非经济性的经营活动。在这种社会风气的影响之下，出于巩固新生政权、扩大统一战线和贯彻侨务政策的需要，华侨服务社作为新中国成立后成立的第一家国营旅行社正式诞生。随着来华公务和旅游的外国宾客的逐渐增多，而原“中国旅行社”又不能胜任当时特别要求的政治性接待任务，中国国际旅行社便应运而生，并在上海、天津、杭州等地成立了 14 个分社。同时，中国旅行和游览事业管理局作为国务院直属机构亦正式成立，以加强对旅游工作的领导和管理，宣传社会主义建设成就，促进各国友好往来。虽然此时政治性扭曲的社会风气在一定程度上限制了人们的旅游需求，但在旅行社的扩大经营、行政介入等方面促进了旅游介入文化的发展。

改革开放以来，随着中国社会经济的发展和人民生活水平的不断提高，社会风气呈现出生机勃勃、欣欣向荣的发展态势，对旅游介入文化的发展产生了深刻的影响。80 年代国家提出旅游适度超前的发展战略，明确了旅游业的产业地位并加大了对旅游的政策支持；90 年代提出旅游是“支柱产业”激起了各地建设旅游景点和设施的狂潮；如今，在旅游热潮过后人们开始反思旅游的发展，倡导生态旅游对旅游资源的保护，坚持走旅游可持续发展的道路，使旅游介入文化增添了新的内容与形式。

总之，随着社会风气的改变，旅游介入文化时刻处在发展与变化的过程之中。我们只有对旅游服务文化、景观开发文化、旅游宣传文化、旅游研究文化等进行多视角、多层面的研究探讨才能认识和把握旅游介入文化的发展规律，并采取相应的对策与措施促进其持续健康地发展。

**（二）社会群体对旅游文化的影响**

每一种社会群体都有自身的结构，在具有一定结构的群体中，不同成员所占的地位与具有的身份是不同的。角色作为社会系统中最小的单位，其担当者是一定的个人，不同角色的设立和扮演，实质上是组成群体的个人之间的社会分工。处于同一社会的各个群体之间相互作用、相互影响，使得成功的、强势的群体往往成为其他同类群体效法的榜样（郭湛，2001），社会群体对旅游文化的影响可以从家庭、阶层等方面来进行分析。

1. 家庭对旅游文化的影响

一般认为，家庭对旅游消费行为具有普遍意义并有着重大影响的因素是家庭文化。在家庭的消费观念、生活目标和家庭准则等家庭文化因素的共同作用下，处在不同发展阶段或不同类型的家庭对旅游文化有不同的影响。

未婚期（年轻单身家庭）阶段，家庭成员自身的学习、娱乐、交友、健身、求新、求奇等心理需求与动机较为突出，其旅游体验行为具有时尚的特征，一些新型的旅游项目，如探险、攀岩、蹦极和自助游等最适合年轻人的需要。

满巢期Ⅰ（年轻夫妇有一个6岁以下儿童的家庭）阶段，家庭的主要消费集中在满足儿童吃、用、玩等需要方面，举家远途出游的情况较为少见，多在家庭附近的公园、动物园进行休闲娱乐，且频率较高。从这个意义上来说，满巢期Ⅰ的家庭是旅游体验文化的潜在主体，是未来旅游体验行为的发生者。满巢期Ⅰ的家庭对旅游介入文化的影响表现在，它要求旅游企业能对其展开有针对性的宣传促销，激发其旅游体验的需求与动机，并能提供特殊的旅游服务。同时，旅游研究者也要对这一部分群体进行深入的研究与探讨，促使这部分潜在的旅游主体转变为现实的旅游者。

满巢期Ⅱ（年轻夫妇有一个6岁以上儿童的家庭）阶段，旅游作为对孩子进行教育、扩大孩子视野的一种重要形式，受到家长们的普遍重视，多在假期有意识地带孩子外出旅游，参观游览博物馆、纪念地、历史文化名城等人文景观。满巢期Ⅱ的家庭的旅游体验需求与动机较为强烈，易于转变为旅游体验行为。旅游结束后，若旅游体验期望值与实际心理预期相差不大，旅游体验回顾和旅游体验总结的效果较佳，常常会激发这类旅游群体的下次旅游需求。满巢期Ⅱ的家庭对旅游介入文化的影响表现在：由于这类家庭对旅游服务质量和景观开发层次的要求较高，将促进旅游企业不断地提高经营与管理水平，完善自我，以满足游客的需要。同时，这类群体善于用旅游政策与法规来维护自己的合法权益的特点将使行政介入型文化发挥越来越大的作用。

满巢期Ⅲ（年龄较大的夫妇与自立的孩子组成的家庭）阶段，因受中国传统先攒钱后花费、父母应帮孩子“成家立业”等观念的影响，虽然家庭成员外出旅游的潜力很大，但旅游行为的产生尚需一个过程。这一群体因经济基础较为雄厚，生活阅历较多，特别注重旅游体验的设计，要求以顾客体验为基础，开发新产品、新活动以满足其高质量的旅游体验需求。这类家庭对旅游介入文化的影响表现在其喜欢旅游企业从旅游交通到旅游住宿，从旅游游览到旅游服务，从旅游饮食到旅游娱乐等提供一整套服务的特点要求旅游企业不断灵活地、富有弹性地完善、发展自己。同时，旅游企业及旅游宣传部门只有加强与这类群体的沟通，改变其消费观念，触动其内在的需要和情感才能使潜在的旅游消费需要变为现实的旅游消费行为。

空巢期（老年夫妇家庭）阶段，旅游作为“有闲+有钱”的阶层人士的活动，是最适合老年人活动的项目之一。旅游体验行为为老年人提供了众多的休闲旅游与健康娱乐的契机，使不少人乐此不疲。对旅游介入文化来说，老年旅游市场前景广阔，极具开发潜力。因此，旅游企业要积极开发适合老年人参加的旅游体验产品，进行有针对性的宣传促销活动，提供热情周到的旅游服务，以满足老年人的旅游需求（贾静，2003）。

2. 阶层对旅游文化的影响

社会阶层对旅游文化的影响主要表现在不同的阶层在旅游文化产生与发展的过程中具有不同的作用。从历史的角度来看，特权阶级的旅游活动对旅游文化的形成具有一定意义上的决定作用；从现实的角度来看，新兴的中产阶级正在成为中国重要的旅游主体，对旅游文化的发展具有重要的影响。

从历史的角度来看，特权阶层凭借政治特权，掌握着全社会的财富，过着悠闲自得的生活。人类享乐的天性与现实所拥有的权力，加之受过良好的教育，具有较高的文化素养，对多彩多姿生活的向往与对异地异质文化的渴求以及善用一种审美的眼光来看待生活的思维方式使得特权阶层常常成为当时社会最早的旅游者群体。通过旅游寻求生活的乐趣，获得精神的满足不仅是特权阶层的心理需要，更成为当时社会的生活时尚，这对旅游文化的产生具有决定意义。总之，由于社会结构的巨大变化，社会上出现了一个有条件进行旅游的社会阶层，这样旅游体验活动的主体——旅游者，作为一个社会群体就出现了，而旅游者群体的出现，才导致了旅游文化形成和发展起来（魏向东，2002）。

从现实的角度看，中产阶层的形成与壮大，推动了中国国内旅游文化的迅猛发展。中产阶层代表着现代社会主导价值所推崇的生活方式、消费模式、消费习惯及审美情趣等，注重生活的品质与个人综合素质的提高。作为整个社会旅游体验文化的代表，中产阶层关注自我、崇尚个性、崇尚自主的价值取向对其他阶层的旅游体验心理与行为具有一定的引导作用。中产阶层追求相对高层次的旅游享受与个性突出的旅游方式，对旅游介入文化具有重要的影响。为满足中产阶层个性化的旅游需求，旅游企业必须精心设计、开发各种商务游、休闲游、健身游、白领假期游等形式多样、内容新颖的自助型旅游系列产品。同时，以中产阶层为主要消费群体，追求享受、舒适的发展型旅游消费的兴起更对传统的观光旅游提出了挑战。在追求旅游的个性化与自由化，注重旅游活动的参与性与知识性等思想观念的指导之下，中产阶层常常成为引领旅游消费时尚的主要群体。时尚、高雅、冒险性的旅游产品备受中、青年旅游者的青睐，而画展、博览会等以文艺为主的旅游常受到讲求品位、时尚的中产阶层的欢迎（许彩国，2005）。因此，针对中产阶层的旅游消费的特点，无论旅游服务文化，还是景观开发文化，都必须抓住其消费心理，投其所好，这样才能更好地介入旅游者的旅游活动，满足其旅游需求，促进旅游的发展。

**（三）社会变迁对旅游文化的影响**

社会变迁是指一切社会现象发生、变化的动态过程及其结果，包括自然环境引起的人口的变迁、经济变迁、社会结构的变迁、社会价值观念和生活方式的变迁、科学技术的变迁、文化的变迁等。社会变迁既是自然环境、物质需要、经济发展、人口状况、社会制度、社会观念、社会心理、文化传播等多种因素互相作用的结果，同时也对社会关系的基本制度、基本结构、基本面貌等产生重要的影响。

社会变迁对旅游文化的影响主要表现在：旅游文化在不同的历史阶段呈现出不同的特征；重大社会变革在一定程度上直接导致旅游文化内容与形式的变化与创新。

1. 社会变化对旅游文化的影响

从发展进程来看，旅游文化大致可以分成 18 世纪中叶之前的古代旅游文化、18 世纪中叶至第二次世界大战后的近代旅游文化、20世纪50年代后兴起的现代旅游文化三个阶段。伴随着古代—近代—现代的历史演变与社会变化，旅游文化亦经历了一个不断进步和发展变化的过程。受各种经济和社会因素的影响，旅游文化在不同的历史发展阶段体现出不同的特征。古代旅游文化中一些超功利性的认识构成了旅游体验文化的基础，近代旅游交通、旅游企业、旅游住宿、旅游娱乐等设施的不断完善为旅游介入文化的形成提供了条件，而现代旅游的发展使人们不再单纯地看重旅游介入文化对旅游发展的作用，而是着力寻求更加愉悦的旅游体验文化（郝长海，1996）。

以中国为例，在古代虽然交通不便、环境恶劣、条件有限、安全隐患较多，但在物质欲求与经济利益的刺激之下，商业活动仍然十分活跃。随着各种商业旅行和商业考察活动的展开，古代旅游文化便因此产生和发展起来，但具有明显的物质需求特征。此后兴起的各种求知、求学、求仕旅游与宗教旅游亦不能摆脱某些或强或弱的功利色彩。与此不同的是，一些达官贵人与文人士子则常常将山林江海视为政治上受挫和失意落魄的避难场，试图畅游山水以娱情冶性，消除烦恼。在此种社会风气的影响之下，许多人热衷于发现并赏鉴山水自然中的诗情画意、高情雅致，以山水媚道、以自然印证人文。这种超功利性的旅游行为，不但推动了古代旅游审美文化和旅游文学的发展，而且对近现代的旅游体验文化具有一定的启迪作用。

进入近代社会，随着经济的发展和社会变迁的加快，人们对旅游活动的认识有了很大的改变。交通工具的改进使旅游不再是少数社会上层垄断的奢侈活动，旅游主体的人数不断增多，旅游的地域空间不断扩大。为了适应新兴起的旅游高潮，满足旅游者的旅游需求，旅游业开始产生并发展起来，各种旅游设备与设施不断完善。1841年托马斯·库克为参加禁酒大会而采用包租火车的方式组织的团体旅游被视为近代旅游业产生的标志。世界上许多著名的旅游胜地竞相建设各种先进娱乐设施并提供优质的旅游服务，大大促进了休闲、娱乐、旅游的普及与传播。总体来说，在近代阶段，随着社会的发展和变迁，旅游文化的发展主要体现在旅游介入文化在内容与形式上的进步与发展。

第二次世界大战后相对缓和的国际环境为世界经济和社会的发展创造了雄厚的物质基础与社会环境，现代大众化旅游亦因此产生和发展起来。环境的改变与社会的变迁，使现代旅游文化的内容与形式发生了较大的变化。从旅游主体的角度来说，生活节奏的加快、工作压力的加大、都市环境的恶化等使相当多的“城里人”越来越不满意都市的生活而渴望到那些经济发展相对缓慢、环境优美、自然人文景观独特的旅游目的地去放飞心情，寻求愉悦。因此，在现代社会中，对那种全新的旅游体验的追求成为现代旅游文化的核心。从旅游介体的角度来说，在各国政府和旅游企业的共同努力之下，虽然在世界范围内旅游业获得了较大的发展，旅游供给与旅游服务亦越来越丰富与完善，但相对于旅游者的旅游体验来说，这些介体毕竟是因旅游活动而产生的第二位因素，必须服从并服务于旅游者的旅游体验活动。同时，随着旅游者旅游体验活动的不断丰富和发展，旅游介入文化也必须不断改变内容并变换形式。因此，在现代阶段，虽然人们在一定程度上较为重视旅游介入文化，但更为关注的却是旅游体验文化所带来的惬意与曼妙。

2. 社会变革对旅游文化的影响

以重要历史事件为代表的重大社会变革对旅游文化具有重要的影响，它们不但影响着旅游文化的发展进程，更在一定意义上直接决定着旅游文化的内容与形式。

从世界范围来看，工业革命的产生及其发展，特别是工业革命所带来的巨大社会变革不但极大地影响了人类社会的发展进程和发展速度，更推动和促进了旅游文化的进步与发展。就旅游体验文化而言，工业革命加快了世界城市化进程，在紧张的城市生活节奏和拥挤嘈杂的城市环境的重压之下，人们身心俱疲，迫切希望返回自由、宁静的大自然中去，以寻求身体的舒适和精神的放松。在此背景之下，人们强烈要求各种形式的观光娱乐与休闲度假旅游，以从中获得喘息和调整的机会。工业革命所带来的巨大物质财富和社会进步使人们的旅游活动也越来越超越各种实用的功利目的，而且更加注重超功利性的世俗与审美愉悦功能。在工业革命的影响之下，现代旅游活动已经成为人们愉悦身心与放飞心情的必不可少的精神文化活动之一。就旅游介入文化而言，工业革命所带来的技术进步，特别是蒸汽机技术在交通运输中的应用，大大改变了人们外出的技术条件，使大规模的人员流动成为可能。各种新的交通工具的出现不但因旅行费用的降低导致外出旅行和旅游人数的不断增加，更因铁路运营地域和运营网络的扩大，使人们外出旅游活动的区域得以扩大；而旅行速度的提高所导致的旅途时间的缩短更为人们各种形式的短时外出旅游提供了可能（李天元，2019）。因此，工业革命大大促进了各种形式的旅游介入文化的繁荣与发展，为现代旅游业的发展奠定了坚实的基础。

从国内的情况来看，改革开放以前中国低下的生产力发展水平和落后的经济状况严重制约了人们旅游需求的发展，使国内的旅游业步履维艰。“文化大革命”的冲击又使中国的旅游业雪上加霜，几乎陷入瘫痪。党的十一届三中全会以后，全国工作重点向经济建设的转移和改革开放政策的实施，不但使中国的旅游业的发展开始步入正轨，走上了持续健康的发展道路，更为中国旅游文化的发展创造了难得的机遇，促进了旅游文化的繁荣与进步。在旅游体验文化方面，随着生活水平的提高，旅游经历的丰富，对异地生活方式的向往与异地旅游体验的期盼越来越成为现代旅游者强烈的心理需求。随着改革开放的深入，旅游体验文化也经历了一个由初级到高级，不断发展、不断完善的发展历程。在表层体验时期，旅游者只是走马观花地参观自然和人文景观，很少接触目的地居民、地方风俗与文化，只能被动地接受旅游体验对象而不能对其产生影响。进入中度体验时期，旅游者通过直接参与景区活动，从视觉、触觉、味觉等多方面品味景区特色、体验目的地居民的生活方式，这种亲身的接触和交流在一定程度上创造出独特的体验。在深度体验时期，旅游者几乎完全融入旅游产品中，与旅游景区和当地居民的零距离接触所创造的是对景区特色和文化的深刻体验（黄鹂，2004）。因此，没有中国的改革开放，便没有中国旅游业的蓬勃发展和旅游体验文化的丰富多彩。在旅游介入文化方面，改革开放以来，随着高速铁路、高速公路和水、陆、空交通网络的发展和完善，旅游者可以随时随地地享受到舒适、方便、快捷、安全的旅游交通服务。以旅游饭店为代表的现代旅游住宿设施亦越来越重视为旅游者提供个性化服务，绿色饭店、绿色消费、绿色管理等在一定意义上代表着现代旅游住宿设施的发展方向。在景观开发上，各种忽视旅游者的旅游体验与可持续发展观念的盲目开发已经被既要为游客创造快乐体验，又要保护地方资源与环境并促进社区长期发展的生态性与文化性开发所替代。随着经济和社会的发展，旅游研究也由最初的只注重旅游经济效益的研究发展到目前多学科、多视角的综合性、跨学科性的研究，随着环境学、社会学、心理学等众多学科的介入，旅游研究正焕发着勃勃生机，使旅游研究的内容不断丰富，研究方法不断完善，研究水平不断提高。

## 二、文化对旅游文化的影响

广义文化是指人类的创造过程及其物质、精神产品的总和，与自然相对应；狭义文化仅指其中的精神文化，与政治、经济相对应。作为旅游文化的重要环境，文化也是旅游文化的重要影响因素，它是旅游文化产生和发展的文化基础和文化渊源。作为文化的核心，文化环境中的价值观念、思维方式、审美情趣等对旅游文化的形成和发展起着重要的促进或延缓的作用。

### （一）价值观念对旅游文化的影响

价值是指作为客体的人、人类社会、物质世界对作为主体的人或者人类社会的有用性。所谓价值观即人们对价值的总评价和总看法，是社会成员用来评价行为、事物以及从各种可能的目标中选择自己合意的目标的准则。

作为一种内心尺度，价值观支配着人的行为、态度、信念、理解等，支配着人认识世界、确定事物对自己的意义和自我了解、自我定向、自我设计等，也为人自认为正当的行为提供充足的理由。

价值观是人们对社会存在的反映，涉及社会生活的各个领域，自然对旅游文化的形成和发展具有重要的影响。

1. 价值观念对旅游体验文化的影响

价值观念对旅游体验文化的影响主要表现在三个方面，即价值观念是影响跨文化旅游体验的重要因素、不同的价值观念形成不同的旅游体验、价值观念的改变创造新的旅游体验。

第一，价值观念是影响跨文化旅游体验的重要因素。

旅游活动实际上一种跨区域、跨国界的文化交流活动，受双方不同的价值观念的强烈影响。因为，“跨文化交际差异现象背后的本质是价值观。在同质文化的人际交流中，大多数成员以规范的价值标准去衡量对方的言行，并用以维持该文化群体的规范价值标准。然而，在跨文化交流中，不同的文化有着各自的规范价值观念，不具备维系或加强统一的价值观的作用”（林红梅，2005）。由于双方价值观念的不同，双方在旅游交流的过程中对诸如什么行为是社会所期望的，什么行为是社会所唾弃的；应该爱什么，恨什么；什么是美的、好的，什么是丑的、坏的；什么是可接受的，什么是不可接受的；什么是正义的，什么是非正义的等具体问题产生较大的差异，并由此可能产生激烈的矛盾、纠纷，甚至冲突，进而直接影响旅游体验的进程和质量。因此，在跨文化旅游中坚持“求同存异”“宽容理解”的原则显得尤为重要。

第二，不同的价值观念形成不同的旅游体验。

作为对社会存在的一种反映，价值观因人而异。由于每个人的先天条件和后天环境各不相同，人生经历各具特点，人们的价值观念也不尽相同。不同的价值观念对旅游体验文化具有不同的影响（林永匡，2005）：

“察世”价值取向的旅游者试图通过旅游体验活动观察世象与山川风物，察知历史舞台信息，以增添人生与奋斗的激情，并体验异域、异地、异种风情，通过“参数”鉴赏现实、历史的异同，以增长见识与生活阅历。

“审美”价值观念的旅游者则力图通过旅游体验活动感知新奇景观与时空，丰富人生感性知识，以调理心性、美化情操，并品酒、品茶、品味人生，发现生活与世界中美的“亮点”，感悟宇宙苍穹美的“真谛”，以提升审美鉴别力与品评力。

“增技”价值取向的旅游者旨在通过旅游体验活动，感悟各种文化，获取新的生存发展空间，以提升增强生活、生存技能的紧迫感，并鉴别技能与需求的真伪，收集现实生活信息，以强化生存技能、优化技能活力。

“强体”价值取向的旅游者的兴趣在于通过旅游体验活动，探险竞技，感悟人生之极限，强身健体，陶冶心性，以使身心沐浴大自然的阳光和灵气，并在实现自身价值的同时，提升强身健体的技能与艺能，为生命的延续和传承，为生存与生活提供更加广阔的发展空间。

“娱乐”价值取向的旅游者较为看中的是通过旅游体验活动愉悦身心，强身健体，使心性在娱乐中达到一种更高的境界，以消除一时的烦恼和疲惫，并置身此氛围与环境之中，同娱共乐，参与者在娱乐之中能更好地享受生活，感知人间的美好，以培养乐观向上的精神与豁达开朗的人生态度，强化积极进取的生活理念。

第三，价值观念的改变创造新的旅游体验。

虽说价值观具有相对的稳定性，但随着环境的改变、经验的积累和知识的增长，人们的价值观会发生一定的变化。价值观念的改变将为旅游者创造新的旅游需求，形成一种新的旅游体验。知识经济时代，科学技术广泛渗透在经济、社会等各个领域，使人们在体力负担大大减轻的同时，精神上的疲劳却在日益加重。于是，人们对旅游的价值有了深入的认识，试图在旅游中通过对出乎意料和不可预见的新奇事物的追求寻求刺激、消除紧张。随着价值观念的变化，人们日益注重追求精神享受和生活质量的提高，不断产生新的旅游需求，如探险、蹦极、滑雪、冲浪等，从而为旅游者的旅游体验创造了新的契机。

2. 价值观念对旅游介入文化的影响

价值观念对旅游介入文化的影响主要表现在，价值观念是旅游介入文化产生的基础；价值观念影响旅游介入文化发展的规模与水平；价值观念影响旅游介入文化发展的方向。

第一，价值观念是旅游介入文化产生的基础。

旅游介入文化是指因介入旅游者的旅游活动而产生的一种精神文化，无论旅游服务文化、景观开发文化，还是旅游宣传文化、旅游研究文化，它们的形成都受制于特定的价值观念。没有对人的尊严的肯定，就不会有"顾客是上帝"的服务理念；没有对"天人合一"的认同，就不会有中国式的景观开发理念；没有对个性的推崇，就不会有现代的旅游宣传文化；传统中国倡导孝道，"孝游"伦理观由是发生；西方人的功利价值观，决定了西方旅游研究的实用主义基调。就旅游介入文化的内容来说，一般都包括所谓的文化理念，这种理念实际上也是一般文化理念在旅游介入文化中的特殊表现。没有一般的社会价值观念，也就没有旅游介入文化。

第二，价值观念影响旅游介入文化发展的规模和水平。

旅游介入文化主体对价值的认识是不同的，有的是发自内心的自觉而深刻的认识，有的只是表面被动的理解和接受。价值观念内化的程度不同，其对旅游介入文化发展的影响也不相同。以旅游服务文化为例，在企业服务导向价值观念的影响下，员工越认同企业的价值观念和目标、越具有服务导向的意识，就越可能爱岗敬业，并在实际服务中表现出不计报酬、勤劳工作的精神。反之，如果员工根本不认同旅游企业的价值观念，只是迫于生计不得不接受，就很难在内心形成自觉，各种敷衍了事、消极怠工的现象就不可避免。此时的旅游介入文化因自身发展中的困境，也就难以对旅游者的旅游活动产生积极而有利的影响。价值观念的形成是一个被动服从、观念认同、自觉内化的过程，只有将国家利益和民族利益、员工利益和企业利益有机地协调统一起来，才能促进旅游介入文化持续健康地发展。

第三，价值观念影响着旅游介入文化发展的方向。

价值观念虽具有相对稳定性，但不是永恒的，随着环境的变化和人们认知能力的发展而不断地发生变化，这种变化往往导致旅游介入文化发展的重点和方向发生改变。在工业化时代，"标准"备受推崇，标准化成为这个时代的特征之一。受此影响，旅游服务很快转入"标准"轨道。为了保证每个人都能享受同样水平与档次的服务，服务的提供者们纷纷制定出各种服务标准，甚至连饭店住宿的房间也被称为“标准间”。在此情形之下，无论旅游宣传文化，还是旅游研究文化亦都对各种所谓的“标准”表现出极大的兴趣。随着信息时代的到来，“个性”备受推崇，个性化开始大行其道，并对旅游介入文化的发展造成新的影响：旅游服务中强调“个性”，尊重旅游者个人的兴趣与癖好，“个性化服务”又成了旅游服务的新观念，甚至出现了所谓的“癖好服务”。随着可持续发展观念的盛行，生态旅游开发也成为旅游介入文化的一个热点，旅游介入文化各主体纷纷将发展的目光投向原始古朴的自然区域、原汁原味的特色文化，开发各种符合生态旅游原则的旅游业产品与服务。

**（二）思维方式对旅游文化的影响**

思维是人脑对客观事物的本质属性或规律性的一种间接、概括的反映，通过概念、推理和判断，从而揭示不能直接感知的事物的本质和规律。通俗地讲，就是遇到问题后应从哪些方面去思考，会有哪些可能的答案，经过检验和论证之后，从暂时、相对的角度来看哪个是更为可取的答案，从而使问题得到较为圆满的解决。

思维方式是人们大脑活动的内在程式，主要由后天环境的影响所致，特别同一个民族特有的文化密不可分。思维方式一旦形成，人们就会用这种他所惯用的方式去思维，并去指导其行为。因此，思维方式对人们的言行举止起着决定性的作用，自然亦对旅游文化的形成和发展产生重要的影响。

1. 思维方式对旅游体验文化的影响

思维方式对旅游体验文化的影响主要表现在思维方式的不同直接导致旅游体验文化的内容与形式呈现出较大的差异性。同时，旅游体验文化也时刻随着人们思维方式的改变而改变。

以中国为例，在中国古代注重旅游伦理，讲究游必有道，提倡适度旅游的思维方式的影响之下，虽然旅游者恪守“父母在不远游”“孝子不登高，不临渊”等封建伦理，将审美判断让位于道德判断，对美的欣赏受到礼仪的束缚，却使中国旅游者特别注重文化人格和爱祖国、爱家乡的道德情感的培养。同时，中国古代注重内心的体验与感受，不注重对外物的观察与思考的方式，虽使中国旅游者未能用客观和科学的眼光打量世界，像西方那样通过旅游建立一种科学的世界观，却使中国旅游者特别重视主体与客体的交融，注重自然对象与人心之间的对应与联系，丰富了游览方法和观光艺术，造就了中国旅游文化的辉煌（谢贵安，1999）。

进入现代社会以后，原来保守稳重的思维方式被当今求新求异的思维方式所取代，直接导致循规蹈矩、墨守成规型旅游体验产品被个性化、特色化的旅游体验产品所取代。目前，特色旅游体验产品备受旅游者的青睐，特色旅游体验正在成为现代旅游的一个新的亮点。特色旅游借助民俗来开展旅游项目，让旅游者认知、感受浓郁的异地他域的民族风情以获得美的享受和精神愉悦，满足了旅游者“求新、求异、求乐、求知”的旅游心理需求。

随着知识时代的到来，信息技术的飞速发展从根本上改变了人们的思维方式，使旅游体验文化又增添了新的形式和内容。人们不出家门就能在互联网上掌握各种旅游资讯，随时查看旅游景点信息、随时预订到适意的酒店。这使得旅游体验的心理预期大大提高，进而对旅游体验行为和旅游体验产品提出了更高层次的要求。

2. 思维方式对旅游介入文化的影响

思维方式对旅游介入文化的影响可以从中西宏观的思维方式和各学科微观的思维方式两个方面来探讨。

中西宏观思维方式的不同直接导致双方在旅游介入文化的理念、行为和产品形态等方面呈现出较大的差别。以景观开发文化为例，在西方，受“事物由于数而显得美”“美是因形态悦目，形态因比例悦目，比例则因数而悦目”“美的整一、比例、明晰三要素”等以数为和谐的传统思维方式的影响，其逻辑思维方式表现出对理性美学的强烈追求。为此，西方人多用符合几何理性并有严格的“数”的比例关系的造型元素来进行景观建筑的营造，重视建筑物外观造型的整体和谐，讲究建筑物的对称、比例、均衡、统一等形式美。自古希腊以来，这种倡导和谐美、形式美的建筑风格几乎在景观建筑中得到了淋漓尽致的发挥和运用。虽有罗马建筑的盛气凌人、哥特式的飞扬跋扈、拜占庭式的突兀逼仄，但在和谐这一时代审美理想下，那种暂时的情绪躁动、感情压抑和矛盾冲突，经过瞬间的心灵激荡、飞升与净化之后，很快又趋于平静，达到了内心的和谐。所以，尽管西方古代建筑在某些形式方面时有夸张、怪异的表现，但总没有超出和谐的审美理想（刘月，2004）。

而中国的旅游景观开发则表现出对非理性美的高度认同。以代数为主流的古代数学、重经验与实用的哲学思维、至高无上的皇权和家长制的政治体制都促使了中国人整体性思维方式的形成，进而使中国美学发展向另一个方向——重实用和意境，以“感受”为美学判断的主要标准。因此，中国的景观建筑多用感性的造型元素，而且造型元素之间并无严格的“数”的比例关系。在这种思维方式之下，作为皇权的象征和礼制的标志，宫殿、都城、坛庙、陵寝等不同功能的建筑都要求有不同的体量，认为只有用巨大的有等级的体量，才能象征皇权的威严和礼制的森严。因此，体量成为中国传统建筑之美的一个重要品质。儒家所崇尚的“大状”之美，正是这一思维方式的反映。受此影响，中国古代社会虽然朝代更替，京都几迁，但建筑的尚“大”之风，却一脉相承（欧阳虹彬，2004）。思维方式对景观开发文化的影响由此可见一斑。

各学科具体的微观思维方式的不同常常使得人们在旅游介入文化的内容与形式的认识上呈现出较大的不同。以旅游研究文化为例，人们对旅游认识、理解不一致，主要源于思维方式的不同。学者们运用经济学、文化学和哲学等不同的思维方式与方法研究旅游，使得旅游研究文化呈现出分散性的特点，同时也使得人们对旅游的定义至今尚存在较大的争议。经济学家定义旅游常常强调其经济功能，认为旅游是外国或外地人进入非定居地并在其中逗留和移动所引起的经济关系的综合；文化学者则强调旅游是人们为寻求文化差异所进行的一种暂时性文化空间跨越的行为和过程；哲学家强调旅游的灵魂和本质是消遣与审美体验，认为到日常生活之外的地方旅行和逗留是一种短期异地休闲方式和跨文化交流活动。由此看来，旅游学科体系的完善，学科地位的确立，在很大程度上有赖于旅游研究思维方式的统一和在此基础上基础理论的建立与应用。

### （三）审美情趣对旅游文化的影响

作为人的审美意识的组成部分，审美情趣是人们在审美活动中对审美对象所产生的主观倾向，是审美情感、审美态度、审美理想、审美能力的综合表现。

审美情趣因每个人所处的生活状况、所进行的社会实践以及自身的审美素养、审美观点、审美理想等的不同呈现出较大的差异。人们根据自己的审美观点，对自然界和社会生活的各种现象和事物以及艺术作品的审美价值所做的富有情感的审美评价和所持的审美态度，主要通过个人主观爱好的形式表现出来，进而反映人们一定的审美选择的倾向性。

审美情趣本质上是一种对象化的自我享受，所欣赏并为之感到愉快的不是客观的对象，而是自我的情感，其特点在于以美感人、以情动人。因此，审美情趣对旅游体验文化和旅游介入文化具有一定的影响。

#### 1. 审美情趣对旅游体验文化的影响

审美情趣对旅游体验文化的影响主要表现在审美情趣制约着旅游体验对象的选择与旅游体验质量的高低。

审美情趣作为一种主观倾向直接影响着旅游体验对象的选择。人们的审美情趣具有较大差异性，有的人陶醉于自然美，有的人痴迷于人文美，还有的人则对艺术美情有独钟。当人们对特定的美的客体或美的载体产生兴趣，进而萌生出一定的情感的时候，才会高度关注并沉醉其中，寻求一种美的体验。对于旅游主体来说，其之所以外出旅游从根本上来说就是为了追求一种心理上的满足和精神上的愉悦，换句话说是为了追求一种新奇、独特的旅游体验，而要达到这一目的，审美情趣则在其中发挥着不可或缺的作用。以中西对比为例，中国传统文化中“天人合一”的思想要求人不但要懂得欣赏自然、融入自然，还要懂得用欣赏的眼光去了解、探究和享受人类社会的文明，以达到开阔视野、陶冶情操、健全心智的目的，在旅游中获得审美的最高境界——人与自然、社会和自身的和谐。而西方“主客二分”的观念则把外在世界作为人的对象，当主体站在自然之外去冷静、客观地观察、思考的时候，必然就会在艺术和审美文化方面模仿自然，从而对自然的审美呈现出畏惧或者征服两种截然不同的心理体验。上述审美情趣的不同，使得东方旅游者在旅游体验对象的选择方面常常注重观赏性，如观光、浏览、参观、欣赏等，而西方旅游者在旅游体验对象的选择方面则多注重参与性，如登山、漂流、露营、滑雪、冲浪、探险等。

审美情趣对旅游体验的质量具有一定的影响。人们外出旅游因为感兴趣、有感情，才会将某一旅游客体选择为旅游体验的对象，但旅游体验活动到此还远未结束。旅游体验活动从总体上来说是一种愉快的审美活动，其质量的高低，往往受审美情趣的制约。当旅游者对某一旅游客体的审美情趣较高，其审美体验的期望值较大，旅游体验的满意度就较高。反之，旅游者对某一旅游客体的审美情趣较低，审美体验的期望值较小，旅游体验的满意度就较低。因此，审美情趣在一定程度上直接制约着旅游体验的质量，从而对旅游体验文化产生一定的影响。

2. 审美情趣对旅游介入文化的影响

审美情趣作为一种主观倾向，反映出人们对特定事物的审美评价和审美态度，常常影响着旅游介入文化介入旅游活动的范围和程度。

就旅游服务文化而言，旅游的本质是通过审美而带来心理愉悦，是人类在异地对自己不熟悉的事物的欣赏过程。每个游客的文化背景、社会地位、价值体系和生活阅历各不相同，因而决定了他们的审美意识也不尽相同。作为旅游从业人员，必须在长期的服务实践中不断丰富、发展、完善自身的审美情感，才能成为美的因素之一，才能为游客创造一种美的境界，帮助游客完成最后一个旅游体验产品——旅游者最美好的回忆（罗蜀渝，2005）。旅游服务者越是对旅游服务工作拥有强烈的审美情趣，越是会提供热情、周到、细致的旅游服务，旅游者的满意度就越高，旅游服务文化介入旅游活动的范围就越大，介入的程度就越深，对旅游活动的影响就越大。

就景观开发文化而言，旅游资源开发要研究旅游审美情趣以助于科学、合理地满足旅游审美主体的旅游需求，从而提高旅游资源的效益，保护旅游资源；旅游设施的建造要更多地考虑旅游主体的社会文化、历史、民族背景以及它们对旅游审美的影响，从而促进旅游者在旅游设施中获得较好的审美效果（周其楼等，2005）。景观开发者的审美情趣越强，其所开发建造的旅游景观的美的含量就越高，就越能吸引旅游者，对旅游活动的影响就越大。

此外，审美情趣对旅游宣传文化、旅游研究文化也具有一定的影响。旅游宣传文化、旅游研究文化都有审美成分蕴含其中，这些审美成分的形成与社会的审美情趣有直接关系。

## 内容举要

大自然是与人类社会相区别的物质世界。自然是旅游文化的物质资源和背景依托，是旅游文化的重要环境之一。自然环境对旅游文化的影响一方面表现为，由于地表自然条件的差异，各地区自然环境要素的不同组合，构成了千变万化的景象和环境。大自然的鬼斧神工为人们提供了神、奇、美的意境和新鲜的生活空间，吸引人们前来考察、观光、旅游、度假，使该自然环境的人类文化内涵愈加丰富多彩；另一方面表现为，不同的自然环境塑造了不同的民族旅游性格，进而直接影响着旅游文化的内容与形式。

政治是上层建筑领域中各种权力主体维护自身利益的特定行为以及由此结成的特定关系，经济是指社会物质资料的生产和再生产过程。作为旅游文化的又一重要环境，政治、经济对旅游文化具有重要影响：稳定、良好的政治环境常常推动和促进旅游文化的发展，而动荡、恶劣的政治环境常常对旅游文化的发展和繁荣产生较大的延缓和阻碍作用；经济是旅游文化产生、发展的物质基础，离开了旅游经济的支撑与依托，旅游文化便丧失了存在的基础和条件。

社会是共同生活的人们通过各种社会关系联合起来的有机总体，文化是指人类的创造过程及其物质、精神产品的总和。作为旅游文化的重要环境，社会、文化也是旅游文化的重要影响因素。没有这些社会环境因素和条件的保障与支撑作用，旅游活动便无从产生和发展；两个文化区内涵的不同所导致的空间差异和文化环境的不同常常促使人们离开自己惯常生活的环境去体验和领略异国情调，观赏异地风光。

## 案例分析

**阅读下段材料：**

中国的士人漫游兴盛于魏晋南北朝时期。当时国内动荡不安，道教、佛教盛行，一些士大夫产生了消极遁世思想，他们寄情于山水之间，谈玄说虚，往往竟日不归。嵇康、阮籍、陶渊明、谢灵运是其代表。谢灵运出身东晋官宦之家，二十多岁时担任军队中的文职官员，随军游遍江苏、安徽、江西、湖北等地。后来担任秘书监、太守时，也不问政事，常常在各地游山玩水。再后来干脆辞官隐居，完全寄情于山水之间。

18 世纪中叶，在欧洲第一次出现了有明确目标和自我意识的自然观光旅游活动。当时正值资本主义社会初期，自然观光蔚然成风。卢梭、歌德、海涅等浪漫主义代表力倡“回归自然”，瑞士、阿尔卑斯山等自然风景一时成为旅游胜地。越来越多的人把观赏壮丽的自然景色视为发展民族文化的源泉。这种酷爱自然、崇尚自然、回归自然的浪漫主义时代精神，成为近代旅游发展的思想基础。1802 年，伦敦有 2 万人乘帆船去马盖特高原观光旅游，1830 年，伦敦有 10 万人乘汽船去马盖特高原旅游。

（摘自石强《旅游概论》第二章，机械工业出版社，2005 年版）

**请分析：**

1. 上述材料涉及了哪些影响旅游文化的因素？

2. 根据材料的提示，你认为哪些影响因素是根本的？

## 思考与练习

1. 试析自然对旅游文化的影响。

2. 试析政治对旅游文化的影响。

3. 试析经济对旅游文化的影响。

4. 试析社会对旅游文化的影响。

5. 试析文化对旅游文化的影响。

## 推荐文献

1. 玛丽亚·杨森－弗比克等，孙业红译．旅游文化资源：格局、过程与政策．北京：中国环境科学出版社，2010.

2. 沈祖祥．旅游与中国文化［M］．北京：旅游教育出版社，2006.

3. 胡洁．场域理论下外国人来华旅游文化冲突与调适模式［J］．社会科学家，2015（11）．

4. 北京巅峰智业旅游文化创意股份有限公司课题组．旅游文化创意与规划［M］．北京：旅游教育出版社，2017.

5. 玛丽·路易斯·普拉特，方杰、方宸译．帝国之眼：旅行书写与文化互化［M］．南京：译林出版社，2017.

6. 亨利·戴维·梭罗．仲泽译．瓦尔登湖［M］．南京：译林出版社，2020.

7. 苏勤等．旅游区域社会文化影响的理论与实践［M］．北京：科学出版社，2020.

8. 杰克·凯鲁亚克．王永年译．在路上［M］．上海：上海译文出版社，2020.

# 第 6 章 旅游文化的演进

【学习目标】

通过本章学习，掌握旅游文化史的内涵及分期，了解旅游文化演进的大体脉络，熟悉旅游文化演变的阶段性特点与原因，从纵的方向、历史的角度把握旅游文化发生、发展的基本规律。

【内容结构】

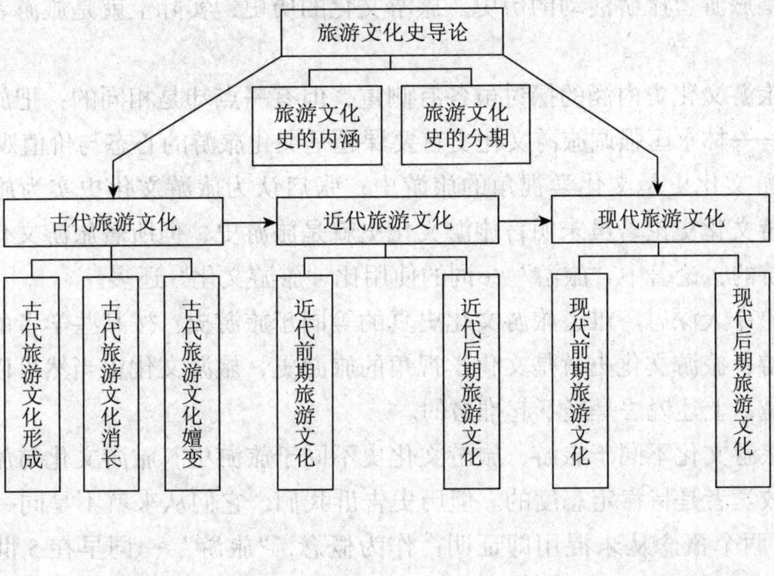


【重要概念】

旅游文化　旅游文化史　古代旅游文化　近代旅游文化　现代旅游文化

# 第1节　旅游文化史导论

旅游文化史是旅游文化的纵向发展过程。在不同学者的眼里，旅游文化史有不同的内涵，其发展阶段也是见仁见智。旅游文化史的内涵究竟是什么？旅游文化史应该怎样分期？这是本节要探讨的主要问题。

## 一、旅游文化史的内涵

### （一）旅游文化史内涵研究述评

旅游文化史的论著目前已有很多，对旅游文化史内涵的探讨却不多见。

林永匡先生着眼于中国旅游文化史，认为心态与价值观念是旅游文化活动（实为文化旅游）的“核心”与“灵魂”，是旅游文化史的首要课题（林永匡，2005）。

马勇先生则从文化学的角度提出：旅游文化不是旅游的某一方面或独立于旅游之外的另一事物，它是旅游的另一种表述；旅游文化史就是文化学视角的旅游史（马勇，2007）。

张启先生立足于旅游主体，认为：旅游文化史内容丰富，包罗万象，最为光辉灿烂的部分，则是旅游者旅游活动的历史。旅游文化的历史，实际上就是旅游者的历史（张启，2010）。

诸家对旅游文化史内涵的探讨虽各有侧重，但有一点却是相同的：把旅游文化史混同于旅游史——林永匡强调旅游文化史首要课题是文化旅游的心态与价值观念的发展史；马勇强调旅游文化史是文化学视角的旅游史；张启认为旅游文化史实为旅游者的旅游史。有的旅游文化史论著虽未明言旅游文化史就是旅游史，但所著旅游文化史却实实在在是指向旅游的，论著中“旅游”一词的使用比“旅游文化”还多。

这种现象令人深思。难道旅游文化史真的等同于旅游史？按某些学者的说法，旅游文化就是旅游，旅游文化史就是文化学视角的旅游史，旅游文化史当然可以等同于旅游史。遗憾的是，上述说法是经不起推敲的。

第一，旅游文化不同于旅游，旅游文化史不同于旅游史。旅游文化与旅游是不是同一现象？少数学者是持肯定态度的。但历史告诉我们，它们从来就不是同一现象，20世纪90年代前两个概念从未混用即证明：作为概念，“旅游”一词早在5世纪初即已出现，泛指人的暂时性异地流动，是与“家居”相对应的。在诸多与之混用的概念中，有“游”“观”“游览”，唯独没有“旅游文化”；“旅游文化”一词出现于20世纪70年代，泛指与旅游有关的文化，是与“旅游经济”相对应的。在诸多与之混用的概念中，有“旅游者文化（tourist culture）”“游览文化（touring culture）”“旅行文化（travel culture）”，唯独没有“旅游”。20 世纪 90 年代，个别学者提出“旅游就是旅游文化”，两种独立的现象开始混为一谈。旅游文化与旅游有联系，更有区别，双方在主体、客体、性质上各不相同。旅游文化不同于旅游，这在逻辑上决定了旅游文化史必然不同于旅游史。

第二，研究视角无法改变历史内容，文化学视角的旅游史依然是旅游史，不是旅游文化史。就本话题而言，研究视角和历史这两者是研究方法与研究对象的关系。研究视角是研究者选择的，只能发现对象，不能改变对象。研究旅游史，可以用文化学视角，但旅游史并不因此而变成旅游文化史。正如我们用社会学、经济学、地理学等视角研究旅游史，旅游史并不因此而变成旅游社会史、旅游经济史、旅游地理史一样。作为研究对象，历史是客观存在的，是不以研究者的意识为转移的。旅游史可能因研究视角的不同而“横看成岭侧成峰”，但这只是旅游史的不同侧面，不是旅游文化史的“峰”和“岭”。毕竟，此岭非彼岭，此峰非彼峰。

**（二）基于“体验与介入”定义的旅游文化史内涵**

既然旅游文化史不是旅游史，那么，旅游文化史本来的内涵是什么？旅游文化史是旅游文化的纵向展开，欲弄清旅游文化史的内涵，首先必须明确旅游文化的定义。

笔者认为：旅游文化不同于旅游，也不同于一般文化，更不同于旅游资源，它是“人们对旅游的体验与介入过程及其精神产品的总和”，旅游体验文化和旅游介入文化是旅游文化的两大主干。基于“体验与介入”的旅游文化定义，旅游文化史的内涵可以这样界定：旅游文化史就是旅游体验与介入文化的发展史。其内涵主要包括以下两个方面：

1. 旅游文化史是旅游体验文化的发展史

旅游体验文化包括现实旅游体验、虚拟旅游体验及相关的体验规范，旅游体验文化史必然包括现实旅游体验史、虚拟旅游体验史及相关的体验规范史。

现实旅游体验史可以从不同角度来撰写。从体验对象的角度，现实旅游体验史可以是自然体验文化（如对自然景观的体验）和社会体验文化（如对人文景观的体验、对旅游服务的体验）的发展史；从文化时代的角度，现实旅游体验文化史可以是古代旅游体验文化、近代旅游体验文化、现代旅游体验文化的发展史；从文化地域的角度，旅游体验文化史可以是中国旅游体验文化、外国旅游体验文化的发展史；从文化主体的角度，旅游体验文化史可以是上层旅游体验文化、中层旅游体验文化、下层旅游体验文化的发展史。从体验的内容角度，现实旅游体验史主要是旅游康乐体验、旅游审美体验、旅游求知体验、旅游交往体验等发展史。

虚拟旅游体验文化史也是如此。从起主导作用的心理因素角度，虚拟旅游体验史主要包括以想象为主的想象性虚拟旅游体验史和以感知为主的感知性虚拟旅游体验史两大部分。前者如以梦境为主题的梦游体验史，以尊神仙人、社会文化和科学技术为主题的幻游体验史；后者如以纸质为主要介质的“纸游体验（纸上旅游体验）”史、以网络为主要介质的“网游体验（网上旅游体验）”史。

相应体验规范史主要包括旅游习俗史、旅游道德史、旅游法规史等。无规矩不成方圆。随着旅游体验的形成，旅游体验的规范亦随之出现。这些规范是如何形成的？怎样变迁的？在旅游体验文化中处于何等地位？其发展有何规律和趋势？这些都是旅游体验规范史研究的重要内容。

2. 旅游文化史是旅游介入文化的发展史

旅游介入文化包括现实旅游介入文化、虚拟旅游介入文化，旅游介入文化史必然包括现实旅游介入文化史和虚拟旅游介入文化史。

现实旅游介入文化按介入内容可分为旅游服务文化、景观开发文化、旅游宣传文化、旅游研究文化等；按介入主体可分为企业介入型（如企业的旅游服务、景观开发、旅游宣传等文化）、行政介入型（如政府的旅游法规、旅游政策、旅游规划等文化）、学界介入型（如学者旅游研究、旅游评论等文化）、旅游地居民介入型（如旅游地居民的旅游服务、旅游传说、旅游观念、旅游思想等文化）、社会介入型（如社会的旅游观念、旅游思想等文化）。与此相应，现实旅游介入文化史既可以是旅游服务文化史、景观开发文化史、旅游宣传文化史、旅游研究文化史等的总和，也可以是企业旅游介入史、行政旅游介入史、学界旅游介入史、旅游地居民旅游介入史、社会旅游介入史的总和。

虚拟旅游介入文化也是随着旅游体验文化的产生而产生的，所涉及的虚拟旅游介入主要有虚拟导游服务、虚拟食宿服务、虚拟交通服务、虚拟景观开发等。最初的虚拟旅游介入是从虚拟旅游的角度提出来的，没有形成独立现象。在虚拟旅游的最高层次——“仙游”中，上述虚拟旅游介入更是可有可无。现代以后，随着网游的兴起，网游介入文化兴盛起来，目前已经陆续开发出一些网游介入系统。网游介入文化的兴盛，标志着虚拟旅游介入文化已成为一种相对独立的现象。

## 二、旅游文化史的分期

研究旅游文化史，绕不开旅游文化史的分期。这既是旅游文化史研究的基础，也是旅游文化史研究的方法。本书在分析已有研究成果的基础上，重点探讨旅游文化史的分期标准和具体分期。

### （一）学界对旅游文化史分期的认识

关于旅游文化史的分期，学界已取得不少成果。

郝长海等（1996）认为：纵观旅游文化史的发展行程，大体上可以分为三个阶段：一是19世纪初叶之前的古代旅游文化，具有功利性、求知性、宗教性、审美性等特征；二是19世纪初叶至第二次世界大战后的近代旅游文化，具有驳杂性、制度性、娱乐性、跨文化性等特征；三是20世纪50年代初期兴起的现代旅游文化，经济与科技因素大增，消遣娱乐需求高涨，负面价值增多。这一说法出现较早，影响较大。

谢贵安等（1999）认为：世界旅游文化史可以分为起源与发展（上古 ~15 世纪）、突变与扩展（15~18 世纪）、交流与整合（18 世纪至今）三个阶段。在第一阶段的上古时期，中西两大旅游文化系统分别在欧亚大陆的两端发生并成型；中古时期，中国旅游文化有了长足的进步和发展，西方民族冒险勇进的旅游性格也借教士、骑士和商人的旅游活动顽强地表现出来。在第二阶段，紧跟中国人之后进军海洋的是西方探险家，他们掀起了第二次跨越海洋的历史巨浪，并一浪高过一浪地将跨越海洋和联结文化圈的事业继续了下去。在第三阶段，东西两大文化民族的旅游风尚开始接触，并发生冲突。加上其他因素的作用，最终导致环球旅游文化的交流和融合，形成世界性的旅游文化系统。这一分期着眼于文化流变，为多家引用。

喻学才等（2010）认为：欧洲的旅游文化主要经历了四个发展阶段。在第一阶段（前 8~ 前 3 世纪），唱主角的是古希腊人。古希腊人经过多个世纪的探险旅游，地理观念从原来熟悉的地中海周围扩张到印度和非洲。在第二阶段（前 3~3 世纪），唱主角的是罗马人。本阶段欧洲的旅游文化主要体现在探险旅游上，罗马的探险集中在西欧陆地和不列颠岛。在第三阶段（3~15 世纪），传教士唱主角。中世纪的欧洲旅游文化有极浓的宗教色彩。在第四阶段（16 世纪至今），欧洲旅游文化发生前所未有的变局。旅游中介机构的出现以及随之而起的旅游产业使旅游文化打上一系列迥异于此前的痕迹。喻学才等还把中国的旅游文化分为神话传说和信史两个时期。其中信史时期又分为夏商周、秦汉、六朝、唐宋、元明清、晚清民国等若干阶段。喻学才等的欧洲旅游文化分期着眼于旅游文化主体的变化，很有特色；中国旅游文化分期则以朝代更替为标志，很有代表性。

沈祖祥（1999）、马勇（2008）则分别对中国旅游文化史分期做了探讨。沈祖祥认为：中国旅游文化史可分为形成（先秦秦汉）、勃兴（魏晋南北朝）、鼎盛（隋唐宋）、发展（元明清）、转型（近现代）五个时期；马勇认为：根据对旅游文化的主体、客体和媒体以及旅游观念等发展变迁的综合考察，可将中国旅游文化的发展历程划分为滥觞（先秦秦汉）、勃兴（魏晋南北朝）、隆盛（隋唐）、新变（宋元）、穴结（明清）和转型（近代）六个时期。沈、马二人的中国旅游文化史分期着眼于旅游的自身发展，兼顾朝代的更替，在学界亦有影响。

### （二）旅游文化史分期之我见

1. 分期标准与分期对象

如前所述，上述各家的旅游文化史分期影响较大，但差异也是显而易见的。造成差异的原因很多，最重要的是分期标准和分期对象不同。

从分期标准看，目前的旅游文化史分期标准实际上有两种：一是按社会发展史的不同阶段，把旅游文化史相应分割若干个时期，如以朝代命名的旅游文化史阶段；二是按旅游文化史的阶段性，把旅游文化分为若干时期，如以“起源与发展”“突变与扩展”“交流与整合”命名的旅游文化史阶段。分期标准不同，分期阶段必不相同。

再从分期对象看，目前的旅游文化史分期对象也有两种：一是旅游史，二是旅游文化史。大部分学者认为旅游史就是旅游文化史，所做的旅游文化史分期，对象当然是旅游史了（奇怪的是，其中大部分人又认为旅游不同于旅游文化）；小部分学者认为：旅游史不同于旅游文化史，所做的旅游文化史分期，对象自然锁定旅游文化史了（遗憾的是，持此观点的学者多未能坚持到底，他们笔下的旅游文化史仍多是旅游史）。分期对象不同，分期阶段也不相同。

可见，欲统一旅游文化史的分期，必先统一分期标准和分期对象。

笔者认为：旅游文化史分期标准还是以第二标准——旅游文化史的阶段性较为科学。进行历史分期，不仅仅为了方便学习历史，更是为了方便把握历史——把握历史的阶段特征与发展规律。旅游文化史也不例外。用社会史的分期标准处理旅游文化史的分期固然简便易行，却容易忽略旅游文化史的特殊性，有生搬硬套之弊。

至于分期对象，无疑应统一到旅游文化史上来。旅游史不是旅游文化史，也不能代替旅游文化史。为旅游文化史分期却以旅游史为替身，显然是找错了对象。目前已有的旅游文化史分期几乎全是旅游史分期，这正是进行历史分期时弄错对象的结果。

综上所述，按旅游文化的阶段性亦即旅游体验文化与旅游介入文化的发展阶段进行分期，才是明智的选择。

旅游文化史是旅游体验文化与旅游介入文化的发展史，旅游体验文化与旅游介入文化的发展有时是不同步的。旅游文化的形成是多元的，各地的旅游文化发展是不平衡的。在这种情况下，旅游文化史分期的界标如何确定？笔者主张：旅游体验文化与旅游介入文化发展不同步时，界标的确定以旅游体验文化为重心；各地旅游文化的发展不平衡时，界标的确定以旅游文化相对发达者为重心。这是由于旅游体验文化是旅游文化的核心，旅游文化相对发达者是区域旅游文化的代表。

2. 宏观分期与中观分期

（1）宏观分期。

按照上述分期原则，从宏观的角度，整个旅游文化史可分为古代、近代、现代 3 个大的历史阶段，起讫时间分别为公元前 31 世纪、18 世纪中叶、20 世纪中叶、现在。

公元前 31 世纪是人类旅游文化史的起点。旅游文化是在旅游的基础上形成的，旅游从哪里开始，旅游文化就从哪里开始。一般认为，人类旅游与旅游文化始于原始社会末期、人类文明初期。具体时间是什么？笔者认为：具体时间是公元前 31 世纪。埃及阿拜多斯曾出土一块刻有古埃及第一王朝第 2 任或者第 3 任法老哲尔名字的象牙板，上面隐约记载了哲尔巡游三角洲地区布托和舍易斯的情景，距今已有 5000 多年。这应是人类旅游体验之始，也是人类旅游文化的开端。至于旅游文化起源于数万年前的说法，根本就是将迁徙与旅游混为一谈。

18 世纪中叶是世界旅游文化史古代与近代的分界点。

近代的旅游文化，其主流无疑是资本主义。资本主义的旅游文化早在 14 世纪工商业发达的欧洲既已出现，只是那时还不是主流。经过 400 多年的积累，资本主义的旅游文化终于在 18 世纪中叶实现了从亚文化向主文化的华丽转身。其标志性事件有两个，一是大规模自然旅游体验的出现，二是传统求知旅游体验的质变。

在西方，18 世纪前已出现零星的自然旅游体验，其资本主义因素虽较中国为多，但仍属非主流。18 世纪中叶，欧洲首次出现了有明确目标和自我意识的大规模自然旅游体验活动，酷爱自然、崇尚自然、回归自然成为该体验活动的主旋律。由于它与工业革命密切相连，又以资产阶级的浪漫主义精神为指导，加之规模巨大，其资本主义性质和主导地位一举奠定。

求知旅游体验古已有之，欧洲 17 世纪兴起的教育旅游（又称大旅游）及由此引发的求知旅游体验堪称规模空前：贵族子弟几乎都要做一次全欧游学，贵族游学体验成为社会旅游体验的大宗。18 世纪中叶起，游学文化的主体和内容开始发生质的变化：主体由传统的贵族子弟转变为新兴的资产阶级，内容由学习贵族文化转变为享受生活乐趣（彼得・李伯庚，2012）。长达百年的贵族游学文化就这样摇身一变成为资产阶级的游乐文化。显而易见，欧洲 18 世纪中叶的旅游体验文化已经驶入近代的轨道。

欧洲的近代旅游介入文化也是从 18 世纪中叶开始逐渐形成的：1760 年，近代大饭店服务文化出现；40 年后，近代交通服务文化出现；又 40 年后，近代旅行社服务文化出现。

18 世纪中叶，中国正处于康乾盛世晚期，中国旅游文化虽然也达到古史最高潮——帝王巡游文化空前绝后，士人漫游文化华章毕现，饭店服务文化尽显旅游色彩，景观开发文化进入全盛时代。但其主流仍属封建性质，其在旅游文化史上的界标意义，首先是古代旅游文化的由盛转衰，然后才是近代旅游文化的化蛹成蝶。因为中国古代旅游文化直到 19 世纪中叶才宣告终结。

资本主义旅游文化由亚文化向主文化的华丽转身，昭示着世界旅游文化正在告别古代，迈向近代。而发生这一历史转折的 18 世纪中叶，也就理所当然地成为世界古、近代旅游文化的最佳分界线。以 19 世纪中叶近代旅行社开端为古、近代旅游文化分界线的流行说法，无视此前百年主流旅游文化的近代属性，独重旅行社服务文化，真正是喧宾夺主、本末倒置。

20 世纪中叶是世界旅游文化史近、现代的分界点。

第一，20 世纪中叶是世界近代旅游文化史的终点。近代旅游体验文化的主体是资产阶级，较之古代旅游体验文化的主体，也算是“大众”了，但较之现代旅游体验文化的主体，仍然是“小众”；近代旅游介入文化的主干是中、上层文化，较之古代旅游介入文化，更多平民色彩，但较之现代旅游介入文化，仍然是贵族文化。如果发生近代旅游文化从“小众”向“大众”、从贵族化向平民化的转变，就意味着近代旅游文化走向衰落。事实上，这种转变在20世纪初就开始发生了：1889年，第4届巴黎世界博览会参观者2512万人；1900年，第5届巴黎世界博览会参观者已达5000万人。1908年前，饭店服务文化仍然是大饭店的贵族服务文化；1908年后，饭店服务文化开始向商业饭店的平民服务文化转变。1914年后，近代旅游文化加速衰亡：1914~1920年第一次世界大战和全球大流感，让衰变中的近代旅游文化伤痕累累；1929~1933年经济大萧条，让伤痕累累的近代旅游文化奄奄一息；1939~1945年第二次世界大战，让奄奄一息的近代旅游文化走向尽头。

第二，20世纪中叶是世界现代旅游文化史的开端。现代旅游文化有两大特征：一是旅游文化大众化，二是旅游文化一体化。旅游文化大众化是指旅游文化主体来源广泛，数量众多；旅游文化产品大众制造，全民共享。旅游文化一体化是指旅游文化由点到面，由区域性到世界性。旅游文化的大众化在19世纪中叶已见端倪，但真正的大众化是从20世纪中叶开始的：1950年，全球的国际旅游人次为0.25亿；1960年，全球的国际旅游人次为0.72亿；1970年，全球的国际旅游人次为1.58亿。国际、国内旅游人次按1∶9的比例推算，1950~1970年全球国际、国内旅游人次由2.5亿增至15.8亿。20年间国际国内旅游人次增长6倍多，包含了各个阶层。这还仅是旅游体验文化主体，旅游介入文化主体尚未计算在内。随着旅游文化主体的大众化，旅游文化产品也趋于大众化：旅游体验文化产品由雅而俗，旅游介入文化产品由贵族化而平民化。旅游文化的一体化也是从20世纪中叶开始的：20世纪50~60年代，探险、文化、生态等旅游体验流行于欧美个别地区，现在已遍及全球，随着国际旅游者的增多和网络媒体的发达，这些旅游体验文化已由一时一地变为世界共享，其体验模式也因相互效仿而越来越趋同化进而国际化。这是现代旅游体验文化而且是主流体验文化的一体化。20世纪50年代前后，旅游介入文化也呈现出快速一体化的趋势：1947年，世界旅游组织前身官方旅游组织国际联盟成立；1949年，世界旅行社协会成立；1951年，国际旅游科学专家协会成立。上述世界性旅游组织分别是旅游行政、旅游企业、旅游学术等方面的代表，它们的成立，是旅游介入文化一体化的缩影。现代旅游文化的两大特征始于20世纪中叶，具体说是20世纪50年代前后，因此，20世纪中叶（或者说20世纪50年代）也就理所当然地成了近、现代旅游文化的分界点。

“现在”是旅游文化史第四个最重要的时间点。意大利史学家克罗齐有句名言：一切历史都是当代史。旅游文化史也不例外。它形成于“过去”，壮大于“现在”，发展于“将来”。但“将来”的历史还未发生，它的休止符只能暂时停留在“现在”，“现在”也就成了既有旅游文化史的最后一个时间点。

（2）中观分期。

从中观的角度看，古代、近代、现代旅游文化亦可各自细分为若干小的历史时期。

古代旅游文化可分为形成、消长、嬗变 3 个时期。

古代旅游文化的形成阶段从公元前 31 世纪开始，到 2 世纪、3 世纪之交结束。古代的旅游文化是多源发生的，埃及、西亚、欧洲、中国等都是旅游文化的发源地。其中，最重要的旅游文化区无疑是欧洲和中国。古欧洲旅游文化迭经古希腊、古罗马人的积累、创造，兼容地中海周边的旅游文化，至 2 世纪罗马兴盛时期，大体具备了贪图享乐、偏爱冒险、讲究科学、张扬个性等基本特征。兴盛时期的罗马旅游文化是欧洲旅游文化的主要源头，上述特征的具备，意味着欧洲旅游文化的形成。中国古代旅游文化以怡情、修身、观道、恤民为基本特征，这些特征在春秋战国时期即已具备，秦汉时期更加突出。这意味着中国古代旅游文化最迟在 2 世纪业已形成。东西两大旅游文化在 2 世纪最终形成，由此决定了 2 世纪、3 世纪之交必然是旅游文化史重要的分界点。

古代旅游文化的消长阶段始于 2 世纪、3 世纪之交，结束于 14 世纪中叶。本阶段旅游文化的显著态势是此（西）消彼（东）长，故名。2 世纪、3 世纪之交成为古代旅游文化史的重要分界点，除了因为古代旅游文化形成于此前，还因为它开启了一个新的历史阶段——古代旅游文化的消长阶段：2 世纪末，罗马安敦尼王朝灭亡，罗马帝国陷入最混乱的时期。随着罗马帝国的衰落，西方严格意义的旅游不绝如缕，旅游文化一蹶不振。与此同时，中国的东汉王朝名存实亡，中国也陷入分裂割据的混乱局面，大批知识分子走向山林，开启了旅游文化史上首次自觉、大规模的自然旅游体验。古代旅游文化消长阶段如此开端，奠定了本阶段旅游文化西衰东盛的发展格局：欧洲旅游文化一“眠”千年，阿拉伯旅游文化辉煌灿烂，中国旅游文化领先世界。14 世纪中叶后，中、西旅游文化变局频现，阿拉伯旅游文化风光不再，世界古代旅游文化进入新的阶段——嬗变阶段。

所谓“嬗变”，是指古代旅游文化高度发达，酝酿质变。这个阶段始于 14 世纪中叶，止于 18 世纪中叶。在西方，欧洲旅游文化历经持续的鼠疫和连绵的战争，开始复兴：传统的“温泉旅游”体验再现辉煌，旅游审美体验开始崭露头角，旅游求知体验、旅游探险体验更是高潮迭起，虚拟旅游体验以《格列佛游记》（Jonathan Swift，1726）为标志达到前所未有的水平。人们的旅游观念由保守而趋于开放，旅游服务文化承前启后，景观开发文化继往开来。欧洲 14 世纪中叶 ~18 世纪中叶的旅游文化，既有传统的强大的封建主义基因，也有新兴的壮大的资本主义因素；既有本土的特质，也有外来的养分。各种成分交织在一起，汇成一股壮观的洪流，新旧裹挟，呼啸着穿越中世纪的寒夜，向着近代的黎明奔腾而来。在东方，中国正从明朝建立走向康乾盛世，中国古代旅游文化也经历着最后的辉煌：旅游行为方式雅俗竞胜，旅游心理取向内外并行，传统旅游进入全面反思阶段，旅游服务文化丰富多彩，古典景观设计进入集成时代。同西方旅游文化一样，此时的中国旅游文化虽然以传统为主，但也有一些开新的因素，如探险旅游体验盛行、科考旅游体验大兴等。正是这些开新的因素，为近代旅游文化的到来做了铺垫。只是较之西方，开新不足而集成有余，以至于18世纪中叶，西方旅游文化率先迈入近代的门槛，中国旅游文化还停留在古代。领先世界1000多年的中国旅游文化，就在这短短的400年间，被西方迎头赶上并最终超越。

近代旅游文化以19世纪中叶为界，分为前后两个时期。近代旅游文化史除了上限18世纪中叶和下限20世纪中叶外，恐怕没有哪个年代像19世纪中叶那样重要了——许多重大旅游文化事件都集中在这个年代：1840年，中国迈入近代社会，中国旅游文化打开了通往近代的大门；1845年，托马斯·库克创建世界首家旅行社，近代旅游服务文化的核心从此形成；1851年，首届万国博览会在伦敦举行，参观者600多万，开旅游文化大众化的先声；1852~1858年，世界级旅行家、俄国作家冈察洛夫环游欧亚，完成了旅游文化史里程碑式的巨著《冈察洛夫环球游记》；1863~1869年，“科幻之父”、法国作家儒勒·凡尔纳先后出版了《气球上的五星期》《地心游记》《从月球到地球》《格兰特船长的女儿》《海底两万里》等系列科幻小说，开辟了幻游文化的新时代。这一系列重要事件使19世纪中叶成为近代旅游文化前、后期的当然分界线，以此为界，近代旅游文化前后期呈现出不同的面貌：在前期，西方旅游文化率先迈入近代的门槛，北美旅游文化区也开始形成；在后期，中国旅游文化充满忧患意识并与西方接轨，北美旅游文化区完全形成并与欧洲旅游文化区交相辉映。

现代旅游文化以20世纪90年代为界，分为前后两个时期。同19世纪中叶一样，20世纪90年代也是重大旅游文化事件集中的年代：1990年，首届中国旅游文化研讨会在北京召开，旅游文化从学术外围走向学术中心；1991年，苏联解体，苏联旅游文化模式全面转型；1992年，旅游业成为世界第一大产业，旅游介入文化的发展获得了无比丰厚的基础；1997年，全球联网主机近2000万台，上网人数突破1亿，旅游文化进入网游时代；1999年，美国安德森太空冒险旅行公司和俄罗斯空间联盟公司合作开发“太空旅游项目”并于20个月后完成自费旅游者丹尼斯·托蒂的太空“非常之旅”，太空旅游的体验与介入首次由虚拟变为现实。重要的年代，必然是重要的界标。以20世纪90年代为中界的现代旅游文化，前、后期确有重大量的变化：在旅游体验文化方面，20世纪90年代前，旅游体验文化的主流是普通化；20世纪90年代后，旅游体验文化个性化的脚步明显加快。在旅游介入文化方面，20世纪90年代前，旅游介入文化盛行标准化；20世纪90年代后，旅游介入文化凸显个性化。

## 第2节　古代旅游文化

在历史的大潮中，古代旅游文化只是涓涓小溪。但它同其他文化一样，也经历了形成、消长和嬗变三个阶段。

## 一、多源发生：古代旅游文化的形成（前 31~2 世纪）

古代的旅游文化是多元发生的，埃及、西亚、欧洲、中国等都是旅游文化的发源地。至 2 世纪，中国和欧洲等地的旅游文化基本形成。

### （一）古埃及、古西亚旅游文化的发生

1. 古埃及旅游文化的发生

五千年前的地中海旅游世界，最初是从埃及形成的。早在第 1 王朝时期（前 3100~前 2890），埃及法老即不时到各地巡游。公元前 27 世纪，埃及法老开始大规模兴建金字塔和神庙，吸引了大批游客前来观光游览。

古埃及旅游的出现，使尼罗河流域成为世界旅游文化的最早发源地之一，巡游、观光等旅游体验形式就是古埃及人最早创造的。阿拜多斯出土了一块刻有第 1 王朝第 2 任法老哲尔名字的象牙板，其上隐约记载了哲尔巡游三角洲地区布托和舍易斯的情景；出土于古埃及贵族内巴蒙陵墓的《捕禽图》，画于新王国时期（约前 1567~ 前 1085），生动再现了墓主和妻子、儿女一起在长满莎纸草的河上行船、观光、渔猎的场面。古埃及不但产生了历史上最早的旅游体验形式——巡游、观光，也开创了旅游体验记录的先例：“哈德纳赫特与其兄弟帕纳克迪踏上孟菲斯西岸，到此一游”之类的涂鸦，在古埃及旅行目的地随处可见（彭顺生，2017）。古埃及的旅游文化虽因历史久远而模糊不清，炫耀游历、纪念游踪等旅游文化现象，确实从古埃及就已经发生了。

2. 古西亚旅游文化的出现

古西亚人非常喜欢旅游，狩猎、求知、观光等旅游较为发达。亚述帝国贵族猎狮成风，在古代旅游中别具一格；示巴女王为了领略所罗门的智慧，便巡游以色列，开创了帝王求知旅游的先例；腓尼基学者昂蒂帕克为了游览名胜古迹，曾漫游地中海沿岸，是世界级的观光旅游者。较为发达的旅游，使西亚成为旅游文化的又一发生地。

古西亚的旅游体验文化我们可以从片段的原始记载中窥见一斑。亚述帝国首都尼尼微出土了一批公元前 10 世纪至前 7 世纪帝国贵族猎狮浮雕，人喊马嘶、箭飞狮吼的场景细致入微，惊心动魄，显示亚述帝国猎狮体验文化高度成熟;《圣经 · 旧约》则记载了前 10 世纪示巴女王的旅游求知体验:“示巴女王听见所罗门因耶和华之名所得的名声，就来要用难解的话试问所罗门。……所罗门王将她所问的都答上了，没有一句不明白、不能答的。”示巴女王领略了所罗门的智慧，观看了所罗门的宫室珍馐、君臣威仪，“诧异得神不守舍”。(《旧约 · 列王记上》）昂蒂帕克曾先后游历过古埃及金字塔、亚历山大灯塔、古希腊奥林匹斯山的宙斯神像、罗得岛的太阳神像、古巴比伦的空中花园、摩索拉斯陵墓和阿尔忒弥斯神庙，深为这些独特、壮观、宏大的人文景观惊奇不已，称之为“世界七大奇迹”。

**（二）古欧洲旅游文化的形成**

西方旅游文化的源头是古希腊、罗马。公元前 7 世纪起，希腊开始成为地中海旅游活动中心。公元前 2 世纪，希腊亡于罗马。旅游活动中心由希腊转向罗马。古希腊、罗马旅游活动的兴盛，为欧洲古代旅游文化的形成奠定了基础。

1. 城邦时代的古希腊：欧洲旅游文化的发轫

古希腊对欧洲旅游文化的形成主要有两大贡献：一是创造了较古埃及人、古西亚人更为丰富的旅游体验文化，二是开创了影响深远的新的旅游文化——奥林匹亚旅游文化。

城邦时代，古希腊人的旅游体验已较古埃及人、古西亚人大为丰富。数学家毕达哥拉斯（约前 580~ 前 500）生于商业城市萨摩斯，勤奋好学，曾在各地旅游 30 年，阿拉伯、叙利亚、腓尼基、迦勒底、印度和高卢，到处都有他的足迹。广泛的游历，换来了宝贵的旅游心得。其中一条是：到外邦旅行不要带着本国的成见，即要入乡随俗。这一心得流传至今，已成为告诫旅游者的金玉良言。古希腊史学家希罗多德（前 484~ 前 425），曾遍访埃及、西亚、希腊本土、黑海沿岸及意大利等地，探寻名胜古迹，考察民俗风情，搜集传说旧闻，著成《历史》一书。希罗多德对各地的风俗进行了比较，得出这样的结论：“风俗，天地之王，既主宰着众生，也引导着神灵。”体验之深刻，深深影响了包括柏拉图（前 427~ 前 347）在内的大批学者。

古希腊人酷爱运动，崇拜奥林匹斯山诸神，遂于公元前 776 年首创奥林匹亚运动会。奥林匹亚运动会不仅是一次体育盛会，也是一个最具魅力的旅游吸引物和超大集市与娱乐场所：数以万计的观光客蜂拥而来，为观光客服务的帐幕、摊位随处可见，成千上万的商人、卖艺者和魔术师为观众提供各种服务。一种新的旅游文化现象——奥林匹亚旅游文化由此形成。如此盛大的旅游文化现象延绵不绝长达千年之久，不能不令人叹为观止。

西方人的冒险性格在古希腊的旅游文化中已经显现。公元前 325 年，亚历山大时代的天文学家、航海家毕塞亚斯最早进入北极圈，进行有目的的考察，测量了纬度和地磁偏差。

2. 兴盛时期的古罗马：欧洲旅游文化的形成

欧洲旅游文化是一体多元的文化，其源头除古希腊外，还有埃及、西亚等，将这些源头汇为一体的则是古罗马。

古罗马兴盛时期，上层社会已把游历和观光作为财富、地位和教养的象征，达官显贵常常乘着轿子到附近观光，或在夏季离开城市沿着宽阔的大道前往沿海地区游览。许多贵族喜欢乘坐豪华游艇，到江河湖海上领略湖光山色、旭日和风，享受妙曼歌舞、绝世盛宴。除游山玩水外，贵族还喜欢去有温泉的地方度假疗养，在那里体验洗浴、聚会、社交所带来的欢乐。同古埃及人一样，古罗马人也喜欢将自己的名字刻写在寺院或景观的碑石、廊柱上，一些富有者还远行到埃及金字塔去刻他们的名字。在上流社会的旅游文化中，帝王巡游文化独树一帜。皇帝盖尤斯（37~41 年在位，绰号小靴子）和尼禄（54~68 年在位），残暴怪异，游逸无度。为表现海上游玩的气派，盖尤斯建造了一艘寻欢作乐的游船，船上有柱廊、客厅、浴室、花园、果树及宝石镶嵌的船尾。尼禄则自称艺术家，经常以歌唱家、竖琴演奏家、演员及运动员的身份到帝国各地旅行并献艺或参赛。有"好皇帝"之称的奥古斯都和哈得良也是罗马帝王巡游文化的主要创造者。前者过着哲学家一般简单的生活，唯一嗜好是暂时抛开国事，驾驶游艇徜徉于坎帕尼亚的海岸，欣赏自然的风光。后者喜欢巡游世界，巡游罗马帝国的时间（121~134）比他待在宫里的时间还要长。各地的生活、艺术、服装、信仰他都感兴趣，对希腊的文艺特别向往。

兴盛时期的古罗马人对未知世界和事物有浓厚的兴趣，科学家和学者都善于游历和考察，这又使得西方旅游文化充满了科学和冒险精神。史学家波里比阿（前 201~ 前 120）为获得资料、文件和地理上的真实性，遍游高卢、拜占庭、阿尔卑斯山及地中海其他地区，写出了 40 卷的《历史大全》，被称为"史学家中的史学家"；史学家普鲁塔克（前 46~ 前 120）生于中希腊的克罗地亚，早年游学雅典，后周游各地，游历了小亚细亚、埃及和意大利等地，博学多闻，写就历史人物传记多种，树立了史学传记的典范；旅行家、地理学家斯特拉波游历过欧、亚、非三洲的广大地区，强调用自然和科学的方法研究地理，写成了《地理学》等传世名著；老普林尼（23~79）足迹遍及罗马帝国，宇宙、地理、人类、动物、植物、医药、矿物等无不研究，完成了百科全书式的科学名著《自然史》，引用他人的观点也在书中标明出处。

古罗马兴盛时期的旅游服务文化与旅游体验文化交相辉映。叙拉古虽遭到威勒斯的劫掠，但其雄伟的建筑、精美的雕塑以及众多的名胜古迹，仍旧吸引了大批游客，并催生出许多职业的导游人员。这些职业导游人员凭借一技之长为游客提供向导和讲解服务，有的还因此发迹起来。亚历山大城不但是一个商业、经济、文化中心，同时也是当时的一个旅游中心。城内有许多旅馆、导游和翻译人员，为前来游览底比斯金字塔及帝王陵寝的旅游者服务。兴盛时期古罗马的旅店有不同档次，以适合不同消费需求。如客舍（hospiteums）是一种层次较高的旅店，专供贵族行旅和富贾商贩居住。寓舍（caupona）是一种大众化的客店，这里只提供铺位，不供饮食，各种各样的行旅都可下榻过夜。罗马帝国还有一种专供酒菜的店铺，称为酒肆（tabema）。酒肆外堆放着酒坛，屋檐下挂着成串的灌肠，墙壁涂成五颜六色，直到今天意大利人仍保持着这种传统。酒肆除提供酒水饭菜外，还开设赌局，留客宿娼。古罗马人开食店餐馆，有陪吃的习惯，不过陪吃的是老板自己，边吃边与客人聊天，并指挥伙计服务。

**（三）中国古代旅游文化的形成**

中国是古代旅游活动的又一发源地。早期的旅游活动主要有帝王巡游、文人观光游、学者考察游、民众节日游等。随着旅游活动的出现，中国古代的旅游文化开始形成。

1. 中国古代旅游体验文化的形成

中国古代的旅游体验行为早在原始社会末期即已出现。据《风俗通》载，原始部落首领共工的儿子脩“好远游，舟车所至，足迹所达，靡不穷览”。夏以后，旅游体验行为自上而下，逐步扩大。首先，统治者滥用权力，本为政治活动的帝王巡狩逐渐游乐化。商朝诸君常借巡狩之机，竟日游猎；周穆王“西巡狩，乐而忘归”（《史记·秦本记》），堪称古代巡狩旅游的大家。秦汉时期秦始皇五次巡游，周览全国；汉武帝十三次东巡，游遍东南，都是巡狩带游览，更为后世的帝王巡狩旅游树立了榜样。其次，先秦秦汉时期，使者、文人借工作旅行之便，沿途游览，旅游体验行为不断增多。早在三四千年前，已有使者借公出之便考察游览，史称“观光”；春秋时，孔子率弟子周游列国，且学且游，史称“游学”。其后观光、游学，游乐成分有增无减。春秋时吴国公子季札出访鲁国，聘问之余，赏周乐，观民俗，察时政，是观光行为，同时是游览行为；庄子、惠施“游于濠梁之上”，争论“知鱼之乐”，是游学行为，更是游览行为；西汉史学家司马迁游历今江、浙、皖、湘、鄂等省，前后十八年，是工作旅行，也是考察旅游。

旅游体验行为的扩大，标志着旅游体验心理的自觉。先秦秦汉时期，旅游求知、旅游娱乐、旅游审美、旅游交往等体验心理不时见诸记载。“不登高山，不知天之高也；不临深溪，不知地之厚也。”（《荀子·劝学》）这是荀子对旅游求知的感性认识：天地间奥秘无穷，通过旅游登临，可以知天高地厚。“驰骋田猎，令人心发狂。”（《道德经·十二章》）这是老子对统治者游猎体验而且是高峰体验的心理描述：犬吠马嘶，兽仆鸟坠，令猎手如痴如醉，兴奋欲狂。“山林欤，皋壤欤，使我欣欣然而乐欤！”（《庄子·知北游》）这是庄子眼中的低层次旅游审美感受：山林啊，岸边啊，让我心情愉快。“登东山而小鲁，登泰山而小天下。”（《史记·殷本纪》）这是孔子的旅游审美感受，已经达到最高层次了：登上东山，顿觉鲁国太小；登上泰山，顿觉天下不大。“感生平之游处，若埙篪之相须。何今日之两绝，若胡越之异区。”（祢衡《鹦鹉赋》）这是东汉祢衡的旅游交往情感：生平交游，形影不离；今日分别，天各一方。感慨何可胜之！

中国古代旅游体验文化的形成不仅表现为当时的旅游体验异彩纷呈，还表现为时人对梦游和幻游等虚拟旅游体验的向往。梦游是依托梦境所做的精神之游。据《列子·周穆王》记载：西极之国有化人来，王敬之若神。化人谒王同游，腾而上者，中天乃止。暨及化人之宫，耳目所观听，鼻口所纳尝，皆非人间之有。王自以居数十年，不思其国。既归，竟是游前一刻。问化人何故？化人曰：“吾与王神游也，形奚动哉？”原来是梦游体验。幻游是以现实为基础幻想出来的旅游。屈原在《远游》中把自己想象成神仙，在仙人的指点下，自由自在地遨游于天上，充分享受摆脱束缚后的喜悦：“下峥嵘而无地兮，上寥廓而无天。视倏忽而无见兮，听惝恍而无闻。超无为以至清兮，与泰初而为邻。”束缚的灵魂得到解放，迷茫的人生找到归宿。属于先秦幻游作品的还有《穆天子传》和《山海经》。前者主要记载周穆王从宗周出发，越过漳水，经由河宗、阳纡之山，到群玉山与西王母宴饮酬酢的神话故事，被称为小说鼻祖；后者主要记载民间传说中的地理知识，包括山川、道里、民族、物产、药物、祭祀、巫医等，被称为旅行指南。两书均为早期幻游作品的经典。

2. 中国古代旅游介入文化的形成

这一时期，中国的旅游介入文化也开始形成。

由于休闲性旅游在部分人中，尤其是上层统治者中开始泛滥，造成统治阶级恣意游乐，妨碍了江山的巩固和社会的稳定，于是社会机体开始滋衍出一种限制旅游的观念。《尚书·皋陶谟》中舜将丹朱的“漫游”作为反面教材警示君臣。《五子之歌》篇认为，夏王太康失国完全是盘游无度、十旬不返的缘故。《无逸》篇进而提出了针对休闲性旅游的告诫：“无淫于观、于逸、于游、于田。”《尚书·大禹谟》中，禹的大臣益把限制游乐与加强法制、任贤去邪等主张并提，提出了“罔失法度，罔游于逸，罔淫于乐”的主张。

春秋战国时期，中国社会的旅游观念有了新的发展，提出了游的最高境界“游至”和游的艺术方法“游道”等重要命题。其核心内涵，相当于我们今天讲的旅游体验及虚拟旅游体验的最高境界和艺术方法。孔子主张“仁者乐山，知者乐水”和“父母在，不远游，游必有方”(《论语》)，认为山水有仁智之德，仁人志士游山玩水，乐在得仁得智。旅游时只要用心体察山水，就会获得仁智之乐；父母健在，做子女的不应远游，以防父母有事，子女来不及照料，未尽孝道。旅游要有确切目标和具体计划，随时报知父母，以免父母担心。庄子则主张“游于道”(《庄子》)，认为世俗之人的山林游、岸边游固然能获得一时之乐，但乐尽悲来，不是最好的旅游；最好的旅游应像至人、真人那样，把游与道结合起来，通过以道导游、以游体道，获得至真之乐，达到“与道合一”的绝对自由的目的。列子说：“人之游也，观其所见；我之游也，观其所变。游乎游乎，未有能辨其游者。”自以为颇得旅游之道并达到最高境界。壶丘子不以为然：“观其所变”虽然比“观其所见”境界略高，但同属“求备于物(追求客体刺激)”，其方法同属“外游”，均不是最佳的，最佳的是“取足于身(追求主体领悟)”的境界和“内观”的方法(《列子》)。秦汉时期，人们对旅游的认识更为全面。在旅游的表述方面，出现了旅游的专用词汇——游观；在旅游效应的认识方面，明确提出：旅游不但可以观风察政、修身养性、格物致知，还可以“澡溉胸中，洒练五脏”，“分决狐疑，发皇耳目”(枚乘《七发》)，即排忧解难，清心醒目。《汉书·五行志》有“去贵近逸游不正之臣”之语，仍把过度旅游当作制约的对象，但对旅游的批评，已不像先秦那样高调了。

随着旅游的发展，中国出现了与旅游相关的旅行食宿服务和规范。先秦秦汉时期的旅行食宿服务有两大系统，一是官办的宾馆亭驿，二是民办的逆旅食店。宾馆亭驿接待国内外公务旅行者，不对私务旅行者开放，旅游文化的色彩并不浓厚。逆旅食店主要接待私务旅行者，较多旅游文化成分。逆旅食店规模小，设施简陋，分工明确——逆旅提供住宿，食店提供酒食。为了吸引顾客，逆旅食店经营者十分注重职业道德和服务技术。据《韩非子·外储说右上》记载，宋国有家酒店幌子高悬，酿造精美，计量公平，待客谨慎，这家酒店的服务，也称得上优秀了。又据《后汉书·周防传》记载：周防之父扬，"少孤微，尝修逆旅以供过客而不受其报"，这家逆旅连宿费都免了。虽然逆旅食店的服务对象主要也不是旅游者，但其"宾至如归"的服务理念后来成为中国旅游服务的灵魂，一直影响到今天。

中国古代旅游介入文化的形成还表现在旅游景观的设计上。古代景观设计由来已久且内容广泛，但服务于旅游的景观设计却出现较晚，且集中表现为园林设计。一般认为，中国造园之事始于西周。最初的园林称"囿"，是为帝王、贵族们举行游猎和祭祀活动而设计的。囿内草木繁盛，鸟兽众多，池塘高台错落其间。春秋战国时期，园林设计增添了成组的风景，有山水亭台、禽兽草木，自然山水越来越人工化，园林的组成要素大体具备。到了秦汉时期，园林设计进一步发展，出现了以宫室为主的宫苑。其中最有代表性的是皇家宫苑，如上林苑、建章宫等，不但规模大，而且其中景物无奇不有，园林设计开始模式化。

## 二、西衰东盛：古代旅游文化的消长（3~14 世纪中叶）

3~14 世纪中叶，欧洲旅游文化停滞不前，中国旅游文化一枝独秀，东方成了世界旅游文化的中心。

### （一）3~14 世纪中叶的外国旅游文化

1. 古代欧洲旅游文化的衰微

192 年，罗马安顿尼王朝灭亡，罗马帝国陷入最混乱时期。395 年罗马帝国分裂为东、西两部，更加衰弱。476 年，西罗马帝国灭亡，欧洲进入了黑暗的中世纪。随着罗马帝国的衰落，西方严格意义的旅游在 3~12 世纪不绝如缕，这一时期的旅游文化也一蹶不振。

从 12 世纪开始，欧洲工商业城市普遍兴起，旅游活动有所恢复，古代欧洲的旅游文化出现复苏的迹象。1160~1173 年，西班牙犹太旅行家本杰明为了考察欧亚各地犹太人的经济社会情况，遍游地中海沿岸历史文化名城，所著游记被翻译成几种欧洲语言，可视为欧洲旅游文化复苏的第一声春雷；1271 年，未满十八岁的意大利人马可·波罗随叔父离开威尼斯，经两河流域、伊朗，越帕米尔高原，抵达中国上都。其后在华居留十七年，足迹遍及长城内外、大江南北，他们还到过缅甸、越南、爪哇和苏门答腊。回国后，口述完成《马可·波罗行纪》一书，进一步推动了欧洲旅游文化的复苏。14 世纪初，意大利诗人但丁完成了欧洲文学史上具有划时代意义的巨著《神曲》。《神曲》采用中世纪文学特有的幻游形式，以自己为主人公，叙述了自己在古罗马诗人维吉尔和他的情人俾德丽采的引导下游历地狱、炼狱、天堂的奇异经过。但丁的“三界”幻游及作品《神曲》标志着欧洲旅游文化复苏的完成。这一时期，欧洲的旅游服务文化也开始复苏，有的公路旁边，客栈从最初数量稀少、服务简陋逐渐发展至近者相距 5 英里，大者客房十几间的规模。除了为人、马提供基本的歇脚、食宿服务外，也自酿酒水，售与客人。14 世纪中叶，一场突如其来的黑死病（鼠疫）横扫欧洲，消灭了 1/3 的欧洲人口，复苏的旅游文化几乎再次进入“冬眠”状态。只有“文艺复兴巨匠”彼特拉克和薄伽丘的旅游审美体验和求知体验在料峭的倒春寒中一息尚存。

2. 古代阿拉伯旅游文化的兴起

在欧洲古代旅游文化走向衰落的时候，7 世纪，阿拉伯帝国开始崛起，到 8 世纪，疆域横跨亚、非、欧三洲，处于顶峰时期。10 世纪后，阿拉伯帝国一分为三，但其文化依旧繁荣。繁荣的阿拉伯文化吸引了大批学者云集圣地麦加，游学极为盛行。阿拉伯帝国遂成为外国的旅游活动中心。

阿拉伯帝国以伊斯兰教为国教，鼓励考察探险旅游。穆罕默德曾教导信徒：“学问虽远在中国亦当求之。”受此鼓励，阿拉伯产生了多位世界级的旅行家。9~14 世纪中叶，阿拉伯著名的旅行家有苏莱曼（9 世纪）、马苏第（？ ~956）和伊本·白图泰（1304~1377）。苏莱曼曾到中国、印度等地经商兼旅游，851 年由无名氏记述其东游见闻，写成《苏莱曼游记》一书。马苏第曾游历埃及、巴勒斯坦、印度、中国等地，著有《黄金草原》一书。伊本·白图泰一生中三次离家远游，历时八年，行程 12 万公里，足迹遍及印度、中国、西班牙、钦察汗国、东非、马尔代夫和苏门答腊，是阿拉伯旅行家中旅游者角色扮演得最充分的一位。14 世纪中叶完成的《伊本·白图泰游记》，内容涉及所游地区的政治、经济、文化、历史、地理、风土人情、生活习俗等方面，堪称阿拉伯旅游文化的经典之作，为盛极一时的阿拉伯旅游文化书写了完美的最后一章。

**（二）古代中国旅游文化的繁盛**

3~14 世纪中叶，中国进入三国 ~ 宋元时代，是为中古时期。其时中国封建社会由发展而趋于成熟，中国的旅游也有了长足的进步。士人漫游成为旅游活动的主流，宗教旅游也开展得有声有色。随着封建社会的成熟和古代旅游的进步，中古时期的中国旅游文化又迈上新的台阶。

1. 旅游体验的扩大与升华

中古时期，中国人的旅游体验，无论在广度上还是在高度上，都大大地超越了先秦秦汉时期。

就旅游体验的广度而言，这一时期的旅游体验继续由社会领域向自然领域延伸，自然体验成为旅游体验的主流。

上古时期，继社会文化之后，大自然开始进入旅游体验的范围。魏晋南北朝时期，玄、道、佛思潮甚嚣尘上，社会政治动荡不安，大自然遂成为心灵慰藉的天堂，世界旅游文化史上首次出现了普遍性的自然旅游体验现象。如文人阮籍“登临山水，竟日忘返”；嵇康“游山泽，会其得意，忽焉忘返”；王羲之“与东土人士尽山水之游，弋钓为娱”；羊祜“乐山水，每风景，必造岘山”；孙绰“游放山水，十有余年”（《晋书》本传）；宗炳“好山水，爱远游”；谢灵运、惠连、何长渝、荀雍、羊璿之“以文章赏会，共为山泽之游”（《宋书》本传）；陶渊明“少无适俗韵，性本爱丘山”（《归园田居》）；僧人于法兰“性好山泉，多处岩壑”；于道邃“性好山泽，在东多游履名山”（《高僧传》卷二十二），道士陶弘景“性爱山水，每经涧谷，必坐卧其间”（《南史·陶弘景传》），都把自然作为超脱尘俗的人生归宿与逍遥自怡的精神家园。

唐宋元时期，经济发达，文化繁荣，宗教隆盛，文人学士游览名山大川、体验自然的现象更加普遍。王维的“肇自然之性，成造化之功”（王维《山水诀》），李白的“一生好入名山游”（李白《庐山谣寄卢侍御虚舟》），杜甫的“我生性放诞，雅欲逃自然”（杜甫《寄题江外草堂》），白居易的“及为山水游，弥得纵疏顽”（白居易《游悟真寺诗》），韩愈的“当流赤足踏涧石，水声激激风吹衣”（韩愈《山石》），范宽的“师诸造化”（汤垕《古今画鉴》），欧阳修的“醉翁之意不在酒，在乎山水之间”（欧阳修《醉翁亭记》），苏轼的“风云百变，足娱老人”（苏轼《东坡全集》），王安石的“一水护田将绿绕，两山排闼送青来”（王安石《书湖阴先生壁》），陆游的“天下多名山，何处无芒屩”（陆游《二爱》）……皆是明证。他们寄情山水，触景生情，著之于文字，再现于书画，将自然旅游体验文化推上了历史高峰，在整个社会文化中产生了巨大影响。

就旅游体验的高度而言，这一时期的旅游体验趋于艺术化、哲理化，无论行为还是成果都前所未有的精致。

第一，时人注重风度，讲究技法，创造了游谈、游咏、游啸等多种颇具艺术色彩的旅游行为方式，对自然的旅游审美感受也上升到艺术层面。旅游体验趋于艺术化。

游谈是魏晋贵族子弟在游山玩水中彰显风度、展示才华、交流心得的一种生活方式。魏晋时期，贵族子弟经常三五成群，一边旅游一边清谈。据《世说新语·言语》记载：晋时“诸名士共至洛水戏”，裴頠“谈名理，混混有雅致”；张华“论《史》《汉》，靡靡可听”；王衍“说延陵、子房，亦超超悬箸”；王济与孙楚“各言其土地人物之美”，分别以“其地坦而平，其水淡而清，其人廉而贞”和“其山崔巍以嵯峨，其水泱渫而扬波，其人磊砢而英多”作答，各不相让。魏晋式的游谈虽成绝响，但其遗孑至今犹存。

游咏，即旅游过程中吟诗作赋，抒发情感。游咏发端于先秦时期，盛行于魏晋以后。晋穆帝永和九年（353）三月初三，“初渡浙江有终焉之志”的王羲之在会稽山阴的兰亭（今绍兴城外的兰渚山下），邀司徒谢安、辞赋家孙绰、矜豪傲物的谢万、高僧支道林和自己的子侄献之、凝之、涣之、玄之等四十二人，举行风雅集会。这些名流高士，一边观赏风景，一边饮酒赋诗，有十一人各成诗两首，十五人成诗各一首，十六人作不出诗各罚酒三杯。作为一种高雅的旅游体验行为，游咏在中国已成为一种经久不衰的传统。

游啸，即旅游过程中昂首长啸，宣泄情绪。魏晋贵族崇信自然，不拘礼数，旅游途中，性之所至，则啸鸣不已。阮籍在游苏门山时，“嘤然长啸，韵响嘹亮”。结果引起了苏门真人的回应：“喟然高啸，有如凤音”。隐士陶潜也曾“登东皋以舒啸”。晋人成公绥曾作啸赋，详尽铺陈和描写了当时贵族们游啸的情况：“发妙声于丹唇，激哀音于皓齿”，“喟仰抃而抗首，嘈长引而嘹亮”，“舒蓄思之悱愤，奋久结之缠绵，心涤荡而无累，志离俗而飘然”（《晋书·文苑列传》）。唐宋以后，游啸几成绝响，但余音不绝。

旅游体验艺术化还表现在对自然的旅游审美感受已上升到艺术层面。“膏腴贵游，咸以文学相尚”（《南史·王承传》）。在山水游审美精神的驱动下，在山水游实践活动的触发下，魏晋文人以热爱自然之心观照自然，从游赏山水走向摹写山水，借游览山水伸一己之志，借摹写山水述一世情怀。不有佳作，何伸雅怀？这是魏晋文人的共识。于是，由游而文，以文纪游；由游而画，以画卧游。从此，中国文学史上产生了山水诗，中国绘画史上诞生了山水画。唐宋元时期，山水诗、山水画进入全面发展阶段，诗有田园、边塞诸家，画有南北诸派，名家辈出，名作不胜枚举。山水诗、山水画的出现与发展，表明风景审美由经验层面上升到艺术层面，自然旅游体验开始了新的纪元。山水借翰墨以显，翰墨亦凭山水以传，由“游”而“文”而“画”，以“文”以“画”写“游”，三者达成完美结合，在自然与人文的生命共构中传达出主体独特的审美感受与情怀。

第二，这一时期的旅游体验呈现出明显的哲理化的趋向。

古代旅游体验主体主要是文人。文人受过良好的教育，好学深思，加之前一阶段旅游文化的积累，魏晋时期的旅游体验明显出现哲理化的倾向。王羲之游览兰亭，由旅游之乐想到人生悲欢，提出“一死生为虚诞，齐彭殇为妄作。后之视今，亦犹今之视昔”（王羲之《兰亭集序》），隽永洗练，发人深省；鲍照游览长江，震惊长江的壮阔之余，思绪万千：“创古迄今，舳舻相接。思尽波涛，悲满潭壑，烟归八表，终为野尘。而是注集，修灵浩荡，知其何故哉？”（鲍照《登大雷岸与妹书》）“人事有尽，自然无穷”的哲理跃然纸上。隋唐时期，触景生情、由情入理的魏晋旅游体验传统得以传承，从骆宾王的“古今代谢，方深川上之悲；少长同游，且尽山阴之乐”（骆宾王《圣泉诗序》），到李白的“夫天地者，万物之逆旅也，光阴者，百代之过客也”（李白《春夜宴诸从弟桃李园序》）；从杜甫的“会当凌绝顶，一览众山小”（杜甫《望岳》），到李商隐的“夕阳无限好，只是近黄昏”（李商隐《乐游原》），走的都是这一路数，只是更为自然、更为深沉了。

宋元时代，中国旅游体验进一步哲理化。王安石游褒禅山，探险未尽，大发感慨："夫夷以近，则游者众；险以远，则至者少；而世之奇伟瑰怪非常之观，常在于险远而人之所罕至焉，故非有志者不能至也。"（王安石《游褒禅山记》）由旅游联系到立志，引人思考。他的旅游诗句"不畏浮云遮望眼，只缘身在最高层"，寓意深刻，早已成为至理名言。苏轼夜游赤壁的体验，更是旅游体验哲理化的典范。中秋之夜，苏轼与友人泛舟赤壁之下，风清月白，烟波浩渺，飘飘然有羽化登仙之感。一想到曹操显赫一时，大江依旧东流，不由发出人生有尽，长江无穷的感叹。由旅游之乐到"人事有尽，自然无穷"，这本是前人旅游体验哲理化已达到的最高程度，但苏轼的旅游体验并未止于此："盖将自其变者而观之，而天地曾不能一瞬；自其不变者而观之，则物与我皆无尽也。"（苏轼《赤壁赋》）关于"有尽"和"无穷"的思考进一步提升到辩证的高度了。两宋时期，理学昌盛，理学家朱熹、程颢、陆九渊等高倡德行、心性，强调旅游的修身功能，旅游体验每每与道德、性命相联系，这也使得两宋旅游体验的哲理化达到了前所未有的高度。

2. 虚拟旅游体验的丰富与瑰丽

这一时期的虚拟旅游体验也得到了前所未有的发展，幻游、梦游、卧游体验十分发达，曹植等笔下的仙幻之游，陶渊明等笔下的奇幻之游，李白等笔下的梦游，宗炳等笔下的卧游，均瑰丽多彩，辉耀古今。

受到屈原《远游》的影响，三国以降，特别是魏晋时期，中国诗坛出现了一大批描述仙游的作品，其著名者，如曹植的《升天行》《仙人篇》《游仙》《五游咏》《桂之树行》《飞龙篇》《远游篇》，嵇康的《游仙诗》，成公绥的《游仙诗》，郭璞的《游仙诗》，庾信的《游仙》，等等，皆各领风骚。这些游仙诗均以仙幻的形式，假想自己优游仙境的状态，并竭力刻画出一种超然的感受，格式大同小异，体验深浅不同。"人生不满百，戚戚少欢娱。意欲奋六翮，排雾陵紫虚。蝉蜕同松乔，翻迹登鼎湖。翱翔九天上，骋辔远行游。东观扶桑曜，西临弱水流，北极玄天渚，南翔陟丹丘。"这是曹植《游仙诗》，有感于人生苦短，遂向往神仙之游。在这幻想的天国世界里，诗人不但暂时摆脱了一切束缚，而且将在无限的时空中永享自由。

魏晋南北朝时期，奇幻之游体验大放异彩，诞生了《桃花源记》这样的伟大作品。《桃花源记》为陶渊明所著，记录了一个渔人误入桃花源中游历时的所见所闻：桃花源"土地平旷，屋舍俨然。有良田、美池、桑竹之属。阡陌交通，鸡犬相闻。其中往来种作。男女衣着，悉如外人。黄发垂髫，并怡然自乐"。他们自秦时迁入桃花源中，代代和睦相处，繁衍生息，"不知有汉，无论魏晋"。其人热情好客，听说外人来访，"各复延至其家，皆出酒食"。作者想象之丰富、描绘之细腻，亦真亦幻，亦虚亦实，让人真假莫辨。渔人所见的桃花源与纷争迭起、动乱不已的现实社会形成强烈对比，桃花源也成为中国人追求美好未来、批判严酷现实的文化符号。

梦游体验始于先秦，《列子·黄帝》就有“黄帝昼寝，梦游华胥国”的记载。其后梦游体验史不绝书，而尤以唐宋为多。李白、李贺、元稹、白居易、李纲、李清照、陆游等均有梦游诗文以记其事，李白《梦游天姥吟留别》最为有名。诗人借梦游一夜飞度，天亮时抵达天姥山麓。观海日，听天鸡，迷鲜花，赏奇石，不觉暮色降临。突然，熊咆龙吟，云谲波诡，电闪雷鸣，丘峦崩摧。诗人惊魂未定，仙门大开，向往已久的神仙世界呈现在眼前：“青冥浩荡不见底，日月照耀金银台。霓为衣兮风为马，云之君兮纷纷而来下。虎鼓瑟兮鸾回车，仙之人兮列如麻。”正当畅游达到高潮，猛然一梦醒来。诗人惆怅若失，决意归隐山林：“且放白鹿青崖间，须行即骑访名山。”并斩钉截铁地宣称：“安能摧眉折腰事权贵，使我不得开心颜！”其对自由的向往和对官场的厌恶表露无遗。

卧游最初的意思是通过欣赏山水画体验旅游。南北朝至宋元，卧游普遍流行开来：南朝的宗炳、宋代的苏东坡、黄山谷、王诜，元代的倪瓒……莫不推崇卧游。不过，卧游名气最大的还应数南朝宗炳。《宋书·隐逸》记载：宗炳“好山水，爱远游。西涉荆巫，南登衡岳，结宇衡山，欲怀尚平之志。有疾还江陵，叹曰：老疾俱至，名山恐难遍睹，唯当澄怀观道，卧以游之。凡所游履，皆图之于室。”如何卧游？宗炳在他的《画山水序》中对“卧游”有细腻的描述：“于是闲居理气，拂觞鸣琴，披图幽对，坐究四荒，不违天励之藂，独应无人之野。峰岫峣嶷，云林森眇。圣贤暎于绝代，万趣融其神思。余复何为哉，畅神而已。”简直比亲临其境的旅游还畅爽啊！

3. 旅游服务文化的发展

如前所述，中国古代旅行者下榻的旅店主要分为两种：一是官方开办的宾馆、驿站；二是私人开办的逆旅、食店。上古时期，宾馆、驿站接待政府官员及外宾，只有逆旅、食店接待因私旅行者，分别提供住宿和饮食服务。从魏晋开始，此风大变。不但逆旅食店兼营食宿服务，馆驿也开始向私务旅行者开放，旅游服务文化的色彩日益浓厚。

魏晋南北朝的逆旅也称“店”或“旅馆”，食店也称“肆”或“酒家”。据《世说新语·假谲》记载：“晋明帝……阴察军形势，未至十余里，有一客姥居店买食。”客姥即旅店老板娘，她“居店买食”，说明晋代旅店已开始向旅客提供饮食服务。这一时期，食店也开始提供住宿服务。据《太平御览》卷八二八记载，晋朝有“坐庐使者皆不得宿肆上”的规定，可见当时的酒肆不但提供酒食，也提供住宿，而且服务质量很高，连使者也弃馆驿而住酒肆了。到了唐代，旅行食住服务更加一体化，逆旅食店既提供住宿服务又提供饮食服务的现象更加普遍。魏晋隋唐的逆旅食店服务周到，“冬有温庐，夏有凉荫，刍秣成行，器用取给”，“客舍洒扫以待，征旅择家而息”(《晋书·潘岳传》)，极大地便利了旅客。一些西域女子开办的酒店，更以独特的异域风情吸引顾客频繁光顾。李白曾以这样的诗句描绘长安胡人酒家的服务：“胡姬貌如花，当垆笑春风”。服务魅力简直难以抗拒。

宋元的逆旅食店更为发达。宋时，上至贵族，下至平民，竞相经营旅馆食店。连寺院的僧侣也“多建接庵，以供往来淄徒投宿”（《异坚乙志》）。至元代，私营旅馆酒店遍布城乡，“饭店”一词正式登上历史舞台。有些寺庙拥有数以百计的旅店酒馆，接待旅客，谋取利润。与此相应，宋元逆旅食店的服务也很到位。为了招徕顾客，逆旅酒店或装饰彩门，或张挂名画，或运用歌舞，甚至利用妓女，“勾引观者，流连食客”。往往一有客来，即派人迎接。旅客进店后，马上有热茶、汤水供应。逗留期间，服务人员还主动邀请客人游览附近的名胜。有客人病倒在旅店里，服务人员也会悉心照料（《夷坚志补》。有的旅店还提供洗浴服务：“高堂延客夜不扃，本来污垢洗更轻。”（苏东坡《宿会海寺》）

这一时期，官方开办的宾馆驿站依然存在。与此前不同的是，从魏晋开始，官办馆驿除接待公务旅行者外，也接待私务旅行者。《晋书·苻坚载记》记载，苻坚统治时期，“二十里一亭，四十里一驿，旅行者取给于途，工商贸贩于道”。说明旅行者和工商业者也可以食宿于官办的馆驿之中了。另据唐人小说《集异论》：“安阳城南五里有一亭，过客辄死。有一士人不信，宿其中。”说明唐朝馆驿也对非公务旅行者开放。唐朝馆驿有的十分豪华，形式很壮观。当时有人撰文描述唐兴县的客馆说：“崇高广大，逾越传舍……回廊南注，又为复廊”（《唐兴县客馆记》）。盛唐著名诗人高适则以“丰屋美食”来形容他曾住过的陈留上源驿。

与唐代相似，宋元的馆驿，也分为国家和地方两级。国家级的迎宾馆，负责招待来自四邻的国家使节。地方一级的政府招待所则对公、私旅行者开放。宋元的馆驿内部设备应有尽有，简直使旅客乐而忘返。宋朝大文学家苏东坡的《凤鸣驿记》，就是这样描绘宋代凤鸣驿的：“视客所居与其凡所资用，如官府，如庙观，如数世富人之宅，四方之至者如归其家，皆乐而忘去。”马可·波罗在自己的游记中，以十分钦羡的笔调描述元代交通食宿服务：从汗八里城到各省，有四通八达的道路。按照市镇坐落的位置，大路每隔40公里或50公里便设有驿站、旅馆，接待过往商旅住宿。这些建筑物宏伟壮丽，有陈设华丽的房间，挂着绸缎的窗帘和门帘。即使王侯在这样馆驿下榻，也不会有失体面。

魏晋宋元时期的旅行服务文化，其主流仍不是旅游服务文化，因为这一时期的旅行服务对象主要还不是旅游者。但其旅游服务文化的成分明显比上古时期多得多，本目关于旅行服务的材料多出自旅游者自述即是明证。“饭店”“旅馆”概念的出现及旅行食宿服务的一体化，也开了近现代食宿服务文化的先声。惟其如此，这一时期的旅行服务文化在中国古代旅游文化史上占有极其重要的地位。

4. 古典旅游景观设计的成熟

魏晋南北朝时期是中国园林发展中的转折点。这一时期，佛教及老庄哲学流行，山水审美上升到艺术高度。受此影响，园林设计转向“范山模水”，私家园林逐渐增加。“永嘉之变”以后，北方内乱外患，西晋残留势力在江南建立东晋王朝。当时文人士大夫和皇室到了江南，发现这里的自然山水美不胜收，于是就以人工建设，表现自然，形成了以山水为主题的园林形态。谢玄的始宁墅就是典型的代表。隋唐时期，园林设计开始由纯粹模仿自然向讲究园林艺术转变。在山水、田园文学及山水画的推动下，隋唐园林设计尤重诗情画意，形成了文人写意的山水园林特色。当时既有自然山水园（如王维的辋川别业），也有城市园林（如李德裕的平泉别墅）。晚唐至南宋，造园之风大盛，园林设计注重神韵。北宋的园林大小无数，南宋的园林“神理兼备”。到了元代，园林设计更以追求“神韵”相尚。

## 三、新旧交替：古代旅游文化的嬗变（14 世纪中叶 ~18 世纪中叶）

14 世纪中叶至 18 世纪中叶，西方旅游文化迎头赶上，中国旅游文化也达到古史最高峰。世界旅游文化进入新旧交替的历史阶段。

### （一）14 世纪中叶 ~18 世纪中叶的西方旅游文化

从 14 世纪开始，随着工商资本主义的兴起，欧洲以意大利为中心掀起了一场名为恢复古典文化而实为解放思想的文艺复兴运动，要求以人而不是以神为中心看待事物。文艺复兴运动正进行得如火如荼，欧洲殖民主义者的船队便从大西洋西岸陆续出发了，他们穿越大西洋，进入印度洋和太平洋，攻城略地，抢夺财宝，开辟了所谓航海大探险或地理大发现时代。与此同时，欧洲古代旅游也由恢复阶段进入鼎盛阶段，温泉旅游方兴未艾，求知旅游、探险旅游生机勃勃。文艺复兴、航海探险及旅游的发展对欧洲的旅游文化产生了深远的影响，欧洲的旅游文化从此进入新旧交替时期。

1. 新旧交替的旅游体验文化

欧洲传统的“温泉旅游”体验此时有了新的发展。16 世纪中叶，英国一位名叫威廉·特纳的医生出版了一本描述天然温泉能有效治疗各种体痛病症的著作，该书一出版，随即在西欧引起轰动，已有的温泉顷刻间闻名全国，新开辟的温泉也不断问世。18 世纪，矿泉疗养地加快发展，温泉旅游在欧洲上流社会广为流行。当时欧洲有不少温泉旅游度假胜地，它们被称为内陆的“海滨浴场”。《欧洲风化史》作者爱德华·博克斯写道：“在文艺复兴时代，洗澡几乎是唯一可能成为娱乐极致的一种娱乐，于是疗养地顺理成章地成了当时社交生活的中心。”

欧洲的旅游审美体验也开始崭露头角。随着文艺复兴运动的深入，欧洲专注于旅游审美的旅游者越来越多，教皇庇护二世、文人蒙田、艾迪生等是其佼佼者。庇护二世（1405~1464）在成为教皇之前就领略了意大利雄伟壮丽的风景，并成为“第一个热情地对它描写入微的人”。做了教皇以后，依然游兴不减，“爱好主要是在领略自然之美、访求古迹和欣赏朴素而宏伟的建筑上”。（雅各布·布克哈特，1979）蒙田（1533~1592）曾遍游西欧，赞美法国的自由与美好，赞叹罗马的文明与伟大。他的旅游文学充满了哲理和诗情。艾迪生（1672~1719）毕业于牛津大学，年轻时即游历欧洲各国，审美观念深受理性主义影响。他认为："尽管有些野外景色比人为的景物更能引起欣赏，我们仍然觉得，大自然的作品越是肖似艺术作品就越能使人愉悦。"（蒋孔阳、伍蠡甫，1997）14~17世纪的旅游审美体验在当时虽然还不是主流，但它开了18世纪中叶欧洲群体性自然旅游体验的先河。

这一时期旅游体验的主流当数求知体验。文艺复兴的主旨是艺术和科学的创新。如何创新？文艺复兴的倡导者告诉我们：回归古人，回归自然，即向古典学习，向自然学习。在"两个回归"的引导下，一批又一批的文人学者走向古典中心，走向大自然，开始了振奋人心的求知之旅。荷兰哲学家伊拉斯谟（1467~1536）早年在修道院里生活，30岁后求学于巴黎大学，游历西欧。丰富的阅历和学识经验，使他成为北欧人文主义者的领袖。他提出的"一无所知，幸福莫大焉"的命题虽与薄伽丘的"智慧是快乐的源泉"完全相反，但同样是旅游求知体验的结晶。弗郎索瓦·拉伯雷（1495~1553）早年受僧侣教育，后来到法国各地游学，写成了最具有人文主义倾向的虚拟游记——《巨人传》。拉伯雷提出了一个包罗万象的学习范围，正得力于他的旅游求知体验。

文艺复兴开启的旅游求知之旅尚在延伸，青年学生的教育之旅又接踵而至。17世纪，两大旅游完全合流，形成了以教育旅游为主体的长达两个世纪的更大规模的旅游，史称"大旅游"。青年学生是"大旅游"的主力。为了将来求职的方便，贵族子弟往往到国外的著名大学去求学，并趁机做全欧旅游。学习时间一般是三年，且学且游。艺术家是"大旅游"一翼。与青年学生不同，他们不是去上大学，而是到艺术学院或著名艺术家的工作室去见习，同时也去观赏外国的艺术作品。大旅游让旅行者眼界大开。它使人们领略了欧洲大陆的艺术、建筑和礼仪，使许多年轻人变得更有教养，也提高了他们的地位和身份。18世纪的一位旅游者这样说道："一个没有去过意大利的人，总会感觉比他人低下，因为他没有看见一个人所应看到的东西。"（彭顺生，2017）可见，"看见一个人所应看到的东西"已成为当时旅游者普遍追求的目标。多数旅游者达到这一目标了，他们的旅游求知体验以旅行日记等形式保存至今。但是，从这些旅行日记中也可以看出，多数旅行者对其他欧洲国家或地区的文化，以及那些国家的积极贡献还是所知甚少的。在许多旅行者眼中，他们旅行所到的社会，大都没有多少可取之处。多样的外国习俗、不同的行为准则，往往让他们觉得稀奇古怪，不成体统。欧洲的南方人看北方人是这样，北方人看南方人也是这样。

欧洲人文主义者对古希腊、罗马探求外部世界的精神十分推崇。他们提倡冒险，甘冒生命危险探索未知之境。受此鼓励，再加上传统的影响，旅游探险在中世纪晚期再度活跃，旅游探险体验不时见诸记载。有的旅游探险者随殖民者的船队来到非洲，深入丛林、部落，考察当地的自然环境、风俗民情，如15世纪的欧洲人萨达·莫斯托、阿奥·菲尔南德斯；有的沿着商人、传教士的足迹，结伴来到遥远的南亚次大陆，寻找心仪已久的印度文明，如17世纪的法国人伯埃尼、德凡洛特；有的弃海路，走陆路，从印度经中亚来到中国，证实欧洲人所说的“契丹”究竟是不是中国，如 17 世纪初的欧洲探险家鄂本笃；有的深入西亚穆斯林地区，探究两河流域文化的兴衰，如 17 世纪意大利探险家比特罗·德拉·瓦勒。这些旅游探险者既不同于贩运四方的商人、往来异域的使者，也不同于跨洲越洋的殖民者、跋山涉水的传教士，他们旅行的主要目的不是积聚财富、合纵连横、拓展疆土、传播福音，而是探奇求知，满足好奇心、求知欲。因此，他们的旅游探险体验充满了惊奇、兴奋、疑惑、沮丧，更不乏信心、理解与同情，而很少商人的贪婪、使者的机敏、殖民者的狂妄、传教士的自负。当然，两者在冒险取向上还是基本一致的。

这一时期，欧洲的虚拟旅游体验也有新的发展，幻游等体验丰富起来。14 世纪中叶，欧洲出现了一本叫《曼德维尔游记》的奇书，描述作者从英国出发，经过中亚、印度、中国，最后来到传说中的祭司王约翰的国土，并由约翰国东海外的伊甸园回到欧洲的经过。全书通篇记载圣地道路、奇闻逸事，成为中世纪晚期最著名的旅游指南。在其后数个世纪中，该书畅销不衰，手抄本有 250 多种。其实，作者并未真正到过亚洲，所记多非事实，全书内容大抵由想象而成，是名副其实的幻游作品。1726 年，一本强烈反映现实的虚拟游记《格列佛游记》问世，作者是英国作家乔纳森·斯威夫特（1667~1745）。游记以里梅尔·格列佛船长的口吻叙述周游小人国、大人国、飞岛国、慧骃四国的经历。游记中把格列佛的冒险、机智、坦率、求真，小人国政党的钩心斗角，大人国国王对英国制度的不屑，飞岛国的荒诞科学，慧骃国的人马颠倒，莫不做细致的描绘，使人有身临其境之感。作者以特有的讽刺和幻想写出了荒诞而离奇的情节，以此影射、批判英国社会现实。该书也因此成为虚拟游记的经典。

2. 要不要旅行：不同旅游观的碰撞

从 16 世纪起，欧洲旅游的人显然增多了。随着大旅游的出现，旅游的利和弊比以往暴露得更加充分。于是在欧洲掀起了要不要旅行的跨世纪大讨论。

早在 16 世纪初，伊拉斯谟便已指出到国外学习的好处。佛兰德斯人文学者李普修斯（1547~1606）步其后尘，在《一百封信》中极力鼓吹学术旅行的重要性。他强调：意大利是文明的摇篮，旅行能增加知识、增进人们对事物的了解，旅游对文化素养的形成是必不可少的。英国著述家威廉·波恩也是一位旅行倡导者。1578 年，他撰写了《旅行怀宝——包括海陆旅行必备知识》一书，其中写道：“到其他国家旅行显然对双方都有极大好处。”“如果不旅行，我们将会渐渐变成野蛮人。”英国哲学家培根（1561~1626）更是旅行的支持者。他在《论游历》一文中写道：“游历在年轻人是教育的一部分；在年长的人是经验的一部分。”建议年轻人学好外语，出国游历；年长者也不要放弃游历的机会。

当然，也有人持否定的观点。持这种观点的人主要是旅游者的父母和教育家，他们认为年轻人到了意大利，无非吃喝玩乐，有的还去寻花问柳，弄不好，既伤财，又伤身。1671 年，一位英国人约翰·郝尔写了一本小册子《你往哪里去·对旅行的非难》，指出：英国贵族子弟到欧洲大陆，尤其到法国、意大利去旅行，只能学坏；对社会、对本人没有好处。在德国，一位新教牧师约翰·托玛修在其《论旅行利弊 42 点》一书中提出：由于各国间已有书籍流通，旅行实无必要，旅行会把外国的坏思想带进德国。他最担心德国新教徒青年因到法国、意大利旅行而受罗马天主教会的影响。

还有一些人持折中观点。英国哲学家兼教育家约翰·洛克（1632~1704）并不十分信服"大旅游"的教育功效，认为一个人应在成年之后，有了自己的思想再出国，这样将能得益更多。著名的瑞典生物学家林奈（1707~1778）也批评许多瑞典青年对本国所知很少，就热衷出国，他主张青年应该先到本国的边远地区，取得经验，然后再到外国去。他还现身说法，不无自豪地谈起自己年轻时就参加过瑞典的格陵兰科学考察团，希望学生效法。

这场跨世纪的大讨论虽是关于旅行的，但重心却是旅游。讨论的结果，"肯定派"占了上风，人们的旅游观念为之一变，越来越多的人参加到旅游者的行列中来，"大旅游"也开始发生质的转变。

3. 承前启后的旅游服务文化

14 世纪中叶至 18 世纪中叶的欧洲，旅游者的行、食、住条件有了很大改善，旅游服务文化承前启后。

据史学家考证，"所有中世纪的旅行，不是步行，便是乘马或乘驴"。（汤普逊，1984）这当然是指陆路旅行，而且是一般情况。14 世纪中叶至 18 世纪中叶，欧洲交通服务有了很大进步，帆船、驴、马或马车成为这一时期主要旅游交通工具。帆船是水路旅行的主要工具，服务于各类旅行者。帆船速度很慢，从巴塞罗那城到热那亚城泛舟需 14 天才能抵达。驴子是普通人家旅行使用的，马或马车是富有人家旅行使用的。一开始，马车只有两轮且速度中等。15 世纪，匈牙利人发明了四轮大马车，在指定的路线上提供服务，大大地方便了游客。到了 17~18 世纪，英、法等国流行客运公共马车，多为四轮双层、搭乘 8~16 名乘客。这种四轮公共马车在票价、速度、卫生、舒适等方面虽不尽如人意，但它几乎承担了欧洲所有的陆路长途客运任务，不失为当时欧洲先进交通服务文化的代表。

14 世纪中叶后，旅游食宿仍依靠客栈。至 15 世纪中叶，客栈有所增多，但大小不一，不太清洁，又相当嘈杂，旅客几乎无法舒服地过夜。开设于农村的客栈，档次较低。小的客店往往只提供简单饮食，供往来旅客充饥解渴，不是熟客，概不留宿。大一点的客店也没几间客房，如果招待大队人马，店主一家就得睡在长凳上。开在城市的客栈，档次稍高，有的旅馆可容 200 位客人、200 匹马。食宿服务还算周到，只是价格多不便宜，也不太方便。（威尔·杜兰，1999）15 世纪中叶以后，西欧住宿业有了较快发展，经营规模不断扩大，服务项目不断增加。许多客栈拥有 20~30 个房间，不但配备酒窖、食品间、厨房等较为先进的餐饮设施，还有带壁炉的宴会厅、舞厅及花园草坪等娱乐、交际、观赏场所。据有关资料记载，1577 年英格兰和威尔士就有 1600 家这样的客栈。到 18 世纪，欧洲许多地方的客栈已不仅仅是过路人寄宿的地方，还是当时社会、政治与商业活动的中心。这样的客栈，已明显具有近代饭店的雏形了。

4. 继往开来的景观开发文化

欧洲园林是世界三大园林体系之一。其早期为规则式园林，以中轴对称或规则式建筑布局为特色，以大理石、花岗岩等石材的堆砌雕刻和桧柏、赤松等花木的整形排行为主要风格。15 世纪后，欧洲先后涌现出意大利台地式园林、法国古典园林和英国风景式园林等新式园林，为近代欧洲园林的形成奠定了基础。意大利台地式园林形成于 16 世纪中叶，依山势辟成多个台层，林划布局严谨，有明确的中轴线贯穿全园，各台层上往往以多种水体造型与雕像结合作为局部中心。代表作有罗马附近的埃斯特别墅、朗特别墅等。法国古典园林形成于 17 世纪中叶，花园多采取几何对称的布局，有明确的贯穿整座园林的轴线与对称关系。水池、广场、树木、雕塑、建筑、道路等都在中轴上依次排列，在轴线高处的起点上常布置着体量高大、严谨对称的建筑物。代表作有安德烈·勒诺特尔设计修建的凡尔赛宫、枫丹白露宫等，“勒诺特尔式”也因此成为法国古典园林的别名。英国风景式园林形成于 18 世纪初，这种景观抛弃几何形状和对称的布局，代之以弯曲的道路、自然式的树丛和草地、蜿蜒的河流，讲究借景和园外的自然环境的融合。代表作有 18 世纪初改建的查兹沃斯花园及同时代兴建的丘吉尔庄园。

这一时期，欧洲还出现了一批园林艺术理论家如意大利的阿尔贝蒂、法国的雅克·布瓦索、英国的威廉·肯特等。阿尔贝蒂 1485 年出版的《论建筑》一书中详细阐述了他对理想庭园的构想。他所提出的以绿篱围绕草地（称为植坛）的做法，成为文艺复兴时期意大利园林以及后来的规则式园林中常用的手法，本人被誉为“真正系统论述园林”的理论家；雅克·布瓦索在 1638 年出版的《依据自然和艺术的原则造园》中论述了造园法则和要素、林木及其栽培养护、花园的构图与装饰等，为后来的古典主义园林艺术奠定了理论基础。威廉·肯特宣称“自然嫌弃直线”，主张以绘画的方式真实地复制自然，开辟了近代风景园林艺术的经典之路，被誉为“风景园林设计之父”。

**（二）14 世纪中叶 ~18 世纪中叶的中国旅游文化**

14 世纪中叶至 18 世纪中叶，中国正从明朝建立进入康乾盛世。明清帝国的崛起，巩固了中国的强国地位，也改变了中国的社会面貌，中国封建社会从此进入衰落时期。这一时期，文人旅游空前发达，自然旅游、社会旅游并驾齐驱，科考旅游、探险旅游蔚然成风；帝王巡游再掀高潮，康熙、乾隆六下江南，规模之大，次数之多，几可与秦皇汉武媲美，而其游乐性质又有过而无不及。在上述背景下，中国古代旅游文化也经历了最后的辉煌。

1. 异彩纷呈：多样的旅游行为方式

文人旅游自有文人的行为方式。明清文人重友、好奇、善学、求雅，因而，在旅游行为方式上，交游、考察、冒险倾向格外突出，旅游行为方式高度艺术化。

交游本非明清文人的发明，但作为旅游行为方式，明清文人较前代更是偏爱有加，“自制一舟，载琴书樽杓，邀良朋数人，泛泛水上”（袁中道《珂雪斋集》卷二四），已成明清文人最理想的旅游行为方式。龚鹏程认为，明朝文人“特饶友朋游赏之趣，极为强调朋友交游之乐”（龚鹏程，2001）。考诸史实，信哉斯言。明季盛行山林结社、以文会友，常有志趣相投之人，约期招游，或十日一会，或月一寻盟，每借湖山胜地，诗酒唱酬，其情其境，仿佛魏晋士人再现。清康乾时期，交游之风稍逊明朝，但也不亚于唐宋。诗人王士祯一生喜交游，游踪遍布南北；朱彝尊一生交游无数，游遍大江南北。诸如此类，不胜枚举。约期交游，既得朋友相契的喜悦，又有砥砺学问的效用。它满足了文人寻求群体认同的需要，也实现了惬意山水、适怡性灵的目的。

考察是常见的文人旅游行为方式，明清文人尤为突出。考察的主要目的是求知，把旅游和考察结合起来古已有之，但把旅游求知和读书求知相提并论，却是在明清时代。明代董其昌修正宋代陆游的“纸上得来终觉浅，绝知此事要躬行”，首倡“读万卷书，行万里路”，认为读书与旅游都是求知的重要途径，不应厚此薄彼。此语一出，响应者影从。也有人认为“读万卷书不如行万里路”。受此影响，明清时期，旅游与科研的结合空前密切，科考旅行蔚然成风。较之前代，文人们纯粹的娱乐旅游已不多见，大多数的文人旅游都带有考察性质，而且是考察自然与考察社会同时并举。王士性、田汝成、徐霞客、李时珍、顾祖禹、顾炎武等是其代表。中国古代的考察旅游在明清时期达到顶峰，这既是历史发展的必然结果，也是明清旅游的显著特征。

与西方比较，中国人不尚冒险，探险作为一种旅游行为方式，中国人用之者寡。但与前朝比较，又不能不说，明清时期确是中国古代旅游史上最具冒险精神的时期。明清文人的冒险精神远远地超过了前代，探险已成为明清文人普遍尝试的一种旅游行为方式。台湾学者张嘉昕指出：明代文人旅游，喜欢向险处走，向远处去，攀高峰，下深谷，穿岩洞，涉险滩，栉风沐雨，覆霜踏雪，不畏劳苦，不怕艰险，豁出生命也在所不惜，表现出一种高昂的探险精神和乐观主义（张嘉昕，2000）。其实，清代文人也是一样。清初学者叶燮“性喜山水，纵游宇内名胜几遍”。年七十六，犹以未游会稽为憾。“复裹粮往，归遂疾，逾年卒。”（《清史稿·叶燮传》）可谓以身殉游；王士祯专门雪天登黄山：“朝骑秃尾驴，来寻雪中道。石壁引孤松，长空没飞鸟。”（王士祯《雪中登黄山》）真是唯恐不险。

说到考察、探险的旅游行为方式，中国古代最著名的莫过于明代徐霞客了。他自小便对问奇于名山大川的生活十分向往，二十二岁时放弃科举道路，东渡普陀，北至盘山、五台山和恒山，南到福建和广东，西北到华山，西南远涉云南和贵州边境，游踪遍及当时 14 省，足迹所至，常为前人未及之地。攀危崖，登绝壁，渡险滩，穿激流，遇猛兽、遭强盗，风餐露宿，断食绝粮，历尽艰险，九死一生。三十多年近乎职业化的旅游生涯，铸就了几十万字的旅行日记——《徐霞客游记》，为后人留下了一部对于地理学、旅游文学极其重要的经典之作。徐霞客及其游记是中国古代考察、探险旅游达到顶峰的绝对标志。

帝王巡游则有帝王的行为方式。行则华盖，食则珍馐，衣则锦绣，居则深宅，览则名胜。所到之处，观风问俗，演武习兵，课考官吏，祭祀神明，前拥后呼，唤奴使婢，尽显皇家气派。帝王巡游的主旨是政治而非旅游，但其游乐性质有增无减。特别是清朝康熙、乾隆六下江南（乾隆的后两次东巡、南下在 18 世纪末，是帝王巡游文化的尾声，暂不论），其游乐性质之强，足以使康熙、乾隆跻身旅游名家之列。从旅游文化的角度看，康、乾巡游中的旅游行为方式可以说集历代帝王之大成，旅游中的衣、食、住、行姑且不谈，仅游览一项，观光、考察、狩猎、疗养、题诗、刊石……无所不有，超过秦汉。游承德，避暑、行猎，属于疗养、狩猎，秦皇、汉武无法比拟；游山东，封禅、祭孔，兼有观光与考察，封禅不及秦皇、汉武，祭孔则超越二帝；游江南，观光、览胜、题诗、刊石……其形式之多样，内容之丰富，为前朝历代帝王所不及。

2. 内外并行：两极的旅游心理取向

中国古代的旅游心理是多种多样的，从心理倾向的角度看，一直存在着“回归心灵”与“面向社会”两种心理取向。前者指向内心世界，关注个人心性，更多佛道色彩；后者指向外部社会，关注天下苍生，更多儒家情怀。明清时期，修禅论道与经世致用并行不悖，受此影响，中国古代“回归心灵”与“面向社会”的旅游心理取向达于极致。

魏晋以来，“回归心灵”的旅游心理取向一直在士人中占主流。同前朝一样，明清文人大都喜爱山水，只是更强调山水的适情悦意功能。明人旅游，“每见秋澄碧落，境界愈高，天心愈杳，愈觉矜喜”。袁中道说：“山水之乐，能濯俗肠”，“醉墨淋漓于湖山，闲情寄托于花月，借声歌以写心，取文酒以自适”。金幼孜也说：“有烟霞泉石，可以供啸傲，所以适其性情，快其耳目者。”吴怀贤自言：“唯以草木为耳目之娱，溪山为心身之适。”（张嘉昕，2000）明人是这样，清人也是这样。清初的潘耒在《徐霞客游记》的序中说：“无出尘之胸襟，不能赏会山水；近游不广，浅游不奇，便游不畅，群游不久。自非置身物外、弃绝百事而孤行其意，虽游犹弗游也。”旅游讲究置身物外，弃绝百事，追求广见、奇异、畅爽，这与明人旅游追求适情悦意是一脉相承的。

从南宋开始，士人旅游在关注心灵的同时，由内而外，也较多关注社会。明清时期，“面向社会”的心理取向更加突出，已同“回归心灵”取向一起，成为士人旅游心理取向的主流。表现有二：一是访古旅游骤然增多。明代文人宋濂、刘基、李梦阳、康海、王世贞、李攀龙、袁宏道、王思任等，清代文人顾炎武、归庄、魏禧、屈大君、陈维崧、朱彝尊、王士祯等，既是山水的爱好者，也是古迹的爱好者。游踪所至，先贤祠庙、古代战场、宫殿遗址、名人遗迹，仔细探寻，凭吊良久。较之前代，明清文人凭吊古迹，个人哀怨色彩减少，社会观照成分增多。往往通过追忆汉唐盛世，借古喻今。二是科考旅游蔚然成风。明清科考旅游已如前所述，这里要强调的是，明清科考旅游固然有个人兴趣因素，更多还是出于经世致用的目的。田汝成仔细考察家乡名胜西湖，著成《西湖游览志》及《西湖游览余志》，为了使西湖名扬天下；李时珍遍游江、浙、皖、赣，写成《本草纲目》一书，为了救济苍生；顾炎武“九州历其七，五岳游其四”，将考察结果写成《天下郡国利病书》等名著，为了学以致用。

明清时期“回归心灵”与“面向社会”的旅游心理取向，为近代文人旅游者“心灵”派与“社会”派的形成奠定了心理基础。

3.“游，未易言也”：明清文人对传统旅游的反思

旅游在发展，也在不断地被反思。明清时期是传统旅游全面反思阶段，这个阶段开始的标志是明初《永乐大典》的编撰。《永乐大典》第八千八百四十四至四十五卷辑录先秦至明初各种游事、游论两百余条，引书百余种，将“游”分为远游、近游、内游、外游、宦游、天游、佚游、漫游、卧游、行游、倦游、息游、神游、梦游、同游、共游、圣人游、采真游等四十余类。虽然分类不尽合理，也未有评论，但以旅游为主要对象，搜罗之广，用功之勤，全面总结旅游的意图昭然若揭。仅此一点，前无古人。此后，文人达士多喜言游，提出了许多有价值的旅游观点。

明代谭元春认为：“纵观费目，分观费心，参差观则心神俱费。费必将有所遭。”“善游岳者先望，善望岳者，逐步所移而望之。”“善辞岳者亦逐步回首而望之。”要领略山水的特色，五官和四肢应移步换形，不断地调整观察角度（谭元春《游玄岳记》）。其实，这就是今天旅游美学所讲的动态观赏法，弥足珍贵。明代周忱在他的《小西天游记》中提出：“天下山川之胜，好之者未必能至，能至者未必能言，能言者未必能文。”认为喜好山水而不能登临，能登临而不能品评，能品评而不能写作，都不是善游者，善游者应该“能至”“能言”“能文”。从而对旅游者提出了更高的要求。明末王思任对传统官、士、富、穷、老、稚等二十三种旅游一一点评，分析利弊，提出：“予之所谓游，则酌衷于数者之间，避其忌而趋所吉，择其回而增其美。游道如海，又庶几乎蠡之测矣。”（王思任《游唤·记游》）认为调节折中、掌握分寸、有所选择、有所规避，才是游的正确方法。清人罗天尺在《五山志林》中发展了魏晋时期的“胜情”“胜具”说，提出：旅行不但要有“胜情”“胜具”，还要有“胜事”“胜境”，极大地丰富了前人的旅游条件理论。董其昌提出的“读万卷书，行万里路”，潘耒提出的“以性灵游，以躯命游”，更是对前人考察旅游、探险旅游进行理论加工的结晶，从观念上开中国近代旅游求知、旅游探险之先声，具有明显的承前启后的意义。

4. 丰富多彩的旅游服务文化

明清时期，交通工具比以前更加多样化，主要是车、船、轿、马、骡、驴。车有

辇、马车、驴车、骡车、大鞍车、小鞍车、敞车、冰车等；船有龙舟、海船、航船、埠船、香船、游船、搭便船、篷船、方舟、竹舟、木排等；轿有舆、明轿、暖轿、官轿、平轿、花轿、素轿、滑竿等。马、骡、驴或用于拉车，或用于骑乘。达官贵人出游，自然是车、船、轿、马；一般文人和百姓出游，有的骑骡骑驴，甚至步行。

明清时期，驿站普遍衰落，旅馆饭店却更加繁荣。早在明初，太祖朱元璋下令在首都应天（今南京）城内建造十座大酒楼，以方便商旅、娱乐官宦、粉饰太平。明中叶时，“千乘之国，以及十室之邑，无处不有酒肆”。（胡侍《珍珠船》卷六）明代都市里的高级酒楼如福禄楼、会仙楼、泰和楼、丰乐楼等，都悬挂着名人题写的匾额。酒楼门前有衣冠鲜丽的堂倌招呼客人。酒楼内备有美酒佳肴、歌伎舞女，还设有专供文人墨客饮酒题诗的诗牌。中小型酒店的经营也各有特色，有的酒肴经济实惠，有的小吃风味独特。那些远离城镇偏处一隅的小店虽不及都市酒店豪华、舒适，却有一种贴近自然、淳朴轻松的雅逸之趣，因而它们往往更能引得文化人的钟情和雅兴。

清代酒店的发展，超过以往任何时代。“九衢处处酒帘飘，涞雪凝香贯九霄。万国衣冠咸列坐，不妨晨夕恋黄娇。”（清·赵骏烈《燕城灯市竹枝词·北京风俗杂咏》）这首描述清帝国盛世北京餐饮业繁华兴盛的竹枝词，堪称形象而深刻的历史实录：早春时节，日朗气清，暖意可人。京师主要干道，酒店相属，酒香诱人。店员开门延客，殷勤备至。酒店中落座买饮的，不仅有无数的本国人，而且有大量来自异邦的食客。语言不同、服饰各异的饮啖者终日聚坐在各式风格、各种档次的酒店中，享受春天美景和饮食服务，那情景的确是既繁华，又惬意。北京以外的其他各地也有无数酒楼歌馆，南京城“大小酒楼有六七百座”，夜幕降临时，“两边酒楼上明角灯，每条街上足有数千盏，照耀如同白昼”（《儒林外史》第二十四回），繁华、惬意，不亚于北京。

5. 古典景观设计的集成时代

值得一提的是，这一时期，旅游资源得到一定程度的开发。一些地方官有意识地保护、修饰本地的名胜古迹，园林建设达于极盛。北京、承德等地的皇家园林，苏州、上海、海宁、泰州等地的私家园林，大部分是明清时期兴建的。

明清时期，造园艺术进入集成时代。无论江南的私家园林，还是北方的帝王宫苑，在设计和建造上都达到了炉火纯青的境界，并形成了北雄南秀的艺术风格。明清时期不少文人、画家同时也是造园家，造园匠师也多能诗善画。他们构思、建造的咫尺山林，呈现的是一种重含蓄、贵神韵、小中见大的景观效果；园林的布局则通过空间艺术的变化，营造出了平中求趣、拙间取华的效果。现代保存下来的园林大多属于明清时代，这些园林充分表现了中国古代园林的独特风格和高超的造园艺术。频繁的造园实践，催生了成熟的造园理论。明代园艺家计成著《园冶》一书，首次对中国园林艺术做了最系统、最精到的总结，为世界园林史贡献了一部不可多得的园艺名著。

### 小资料

#### 古代西方旅行的真实情况

现代人要旅行，习惯于找旅行社安排一切习惯于快速的交通工具；很难想象在19世纪之前，人们旅行有多么艰苦。旅行者是怎样应对他们的困难的呢？一次旅行或者需要在外几个月，甚至几年，旅行者当然需要进行充分的准备，为此要读各种旅行记和旅行须知，尽量多了解要去的地方的各种情况，尤其不可少的是每个地方人们通常吃些什么，旅客到那里怎么解决吃住的问题。

准备旅行的人还要从家人、朋友、老师、同事或其他认识的人那里打听，到了所要去的目的地，哪些人应当拜访，当地有什么名人、著名学者、收集古董的收藏家，哪些艺术家的工作室可以参观之类。

当时马车所走的驿路只是一般土路，即便是有钱的旅客，也难免一路颠簸。而一般旅客，没有自备马车，只能搭乘驿车，有的地区之间，或许有船只通航。穷学生、穷艺术家和朝圣香客一样，通常只有自己步行。从1561年在瑞士巴塞尔出版的《两本有用的书，为乘马、步行、搭舟，或坐两轮四轮马车都同样有用》一书中，可以知道，当时许多旅行者出门并没有固定的旅行工具，只能根据自己有多少钱，碰上机会就搭乘一段车马，否则就步行。

当时的城镇街道，通常是晚间漆黑，没有路灯的。马车和小船通常也发有灯笼。为了安全，一般都是日间旅行。因此，通常旅客要起得很早，以便天黑以前到达下一个城镇或村落，赶紧找过夜的地方。

一些旅店往往雇用一些孩子，大声叫嚷，某个旅店如何如何方便价廉。旅客跟着前往而受骗上当是常有的事，往往一张床上要睡两三位旅客，宿费还昂贵得令穷学生、穷艺术家付不起。旅客在这样的小店过夜，根本得不到任何休息。伊拉斯谟的书中，便曾抱怨过德国的小旅店又昂贵又令人无法休息。但是，每天都不得不找这样的小店过夜。如果坐驿车，每天可能走50公里，步行则无论如何也不可能。

旅客们总是东张西望的。他们有什么可看的呢？到底又看见了什么呢？这方面的细节，现在已很难了解。从事远途旅行的人，上路之前已经看过介绍前人旅行经历的小书，多少总有一点思想准备。但是，到达目的地以后，他们还是被导游牵着鼻子走。有些导游就是专门陪伴贵族公子哥儿旅游的。穷一点的游客则只有凭着手里的导游手册，自己到处去闯了。

（摘自彼德·李伯庚《欧洲文化史》，上海社会科学院出版社2012年版）

# 第 3 节　近代旅游文化

18 世纪中叶，西方旅游文化率先迈入近代的门槛。世界近代旅游文化的主流是西方旅游文化，在西方的引领下，世界旅游文化开始了缓慢的近代化过程，直至 20 世纪 50 年代旅游文化大众化时代的到来。

## 一、近代前期的旅游文化（18 世纪中叶 ~19 世纪中叶）

从 18 世纪下半叶开始，世界各地政治、经济、文化等方面经历了一系列大变革、大变动。在政治上，资本主义制度相继在美、法、俄、日、德、意等国正式确立；在经济上，工业革命首先在主要资本主义国家相继完成；在思想文化领域，张扬个性、崇尚自由、鼓吹冒险、讲究科学之风迅速蔓延。与此同时，西方的旅游也迈入近代的门槛：资产阶级取代少数贵族成为最重要的旅游主体，服务大众的旅游业由此形成。近代社会环境，产生了近代的旅游文化。

### （一）近代前期欧洲的旅游文化

1. 近代前期欧洲的旅游体验文化

（1）浪漫的情调：近代前期欧洲的自然观光体验。

18 世纪以来，欧洲各国的经济模式在国家的基础上经过了全面的改造，快速发展的物质文明，引发了人与自然、人与社会关系的剧烈变化，自然风光受到普遍重视，社会生活得到重新审视。于是，从 18 世纪中叶开始，在欧洲第一次出现了有明确目标和自我意识的大规模自然观光旅游活动。卢梭（1712~1788）、歌德（1749~1832）、海涅（1797~1856）等浪漫主义的代表力倡“回归自然”，阿尔卑斯山等自然景区一时成为旅游胜地。这种酷爱自然、崇尚自然、回归自然的浪漫主义精神，成为近代旅游发展的思想基础。此后，自然观光旅游风靡全欧且日益大众化。

浪漫主义情调下的自然观光体验是各种各样的，人、家、山、水、林、沙、星、空，成了自然观光体验的不朽主题。

卢梭是法国最早对大自然表示深沉热爱的作家。他到一处住下，就关心窗外是否有“一片田野的绿色”；逢到景色美丽的黎明，就赶快跑到野外去观看日出。他为了到洛桑去欣赏美丽的湖水，不惜绕道而行，即使旅费短缺。他也是最善于徒步感受大自然之美的鉴赏家。他宣称：“天气晴朗时，步行在路上，周围是秀丽的景色，前方是惬意的目的地。这就是我最喜欢的生活方式”（卢梭《忏悔录》）。法国大文豪维克多·雨果（1802~1885）一生游历广泛、酷爱自然，早在 19 世纪 30~40 年代就写下了《莱茵河》《阿尔卑斯山和比利牛斯山之游》《法国和比利时游记》等大量游记。在这些游记中，雨果描山绘水，写景状物，谈古论今，思考深邃，将自然的体验同人类的命运紧密地联系在一起。

“你以尚未探索过的胸怀 / 秘密而公开地 / 矗立在惊奇的世界之上。/ 你在云端眺望 / 在你身旁 / 从你兄弟们的血脉里 / 灌溉世上的丰饶和壮丽。”（歌德《冬日游哈尔茨山》）这是德国诗人歌德冬日游哈尔茨山的体验：神秘、高峻、慷慨、伟大，敬畏之情溢于言表。同样的旅游审美对象，在海涅的眼里，则充满田园之美，它给人带来的是无限欢欣：“我要登上高山去，那里有朴素的人家。在那里，胸怀自由地敞开，有自由的微风吹拂。我要登上高山去，那里高高的枞树阴森。溪水淙淙，百鸟欢歌，飘荡着孤傲的浮云。”（海涅《哈尔茨游记插曲》）

英国湖畔派的华兹华斯（1770~1850）则在山水游中体验到了自然的美丽、宁静与无常。他在《丁登寺》中写道：“我又听见这些水声，发于山泉，在内陆的溪流中柔声低语。我又看到这些山崖峻峭巍峨，在荒野的景色中引人沉思，山水呀，与天空的寂静融为一体。”英国作家拜伦（1788~1824）遍游欧洲，感悟着自然的魅力，把自然视为家园和朋友：“那高耸入云的群山是他的朋友；那波涛起伏的海洋是他的家园……沙漠、森林、洞穴，大海的激浪，都是他的朋友，他们说着共同的语言，比书本更为清晰。”（刘炳善，1993）

北美大陆在18世纪以前被欧洲视为蛮荒之地。美国独立后，它的新制度同北美的自然风光一样引起欧洲文人的兴趣，他们开始到这个陌生而又充满活力的国度旅行、观光，并留下独特的体验。法国作家夏多布里昂（1768~1848）在北美各处的旅行中，将其对自然的感悟与基督教的神秘主义联系在一起：“在我们文明人的营地里，要让想象力延伸是徒劳的，所有的叙述只与定居生活的人有关；灵魂只有在深入森林的海洋之中，翱翔在大瀑布的飞流之上，沉思于河流湖泊之畔，也就是完全单独地面对上帝之时，才感到无比的欢欣。”（夏多布里昂《在新世界蛮荒之地一个夜晚的美丽景致》）这种神秘主义的自然观同稍后的美国文人爱默生、梭罗的自然体验一脉相承。就在夏多布里昂去世的前6年，英国作家狄更斯（1812~1870）来到美洲游历了6个月，并将此行写成《美洲札记》一书。其中既有对奴隶制的批判，也有对大自然的赞美，是一部脍炙人口的经典游记。

（2）时髦的享受：近代前期欧洲的度假旅游体验。

18世纪后，中产阶级收入普遍增加，加之游轮、火车等新式交通工具的出现和假日的增多，假日旅游遂成为中产阶级的时髦风尚和不可缺少的生活方式。

矿泉因为其医疗的价值很早就成为上流社会度假旅游的对象。18世纪时，英国南方的巴斯和北方的斯卡伯勒，以拥有优良的矿泉水、完备的娱乐设施、一流的疗养服务而声名卓著，一跃而成为英国上流社会休息和交际的理想场所。到巴斯旅游，既可以观赏典雅豪华的罗马浴池，也可以在罗马建筑风格的露天泳池中戏水畅游，还可以品尝该城特有的“泉水咖啡”，泉水来自巴斯最古老的罗马泵房，甘甜清冽。

海滨度假旅游作为一种重要的旅游方式仍为大众所喜爱。1752 年，英国的卢梭博士（Dr Russell）发表了《关于海水的用途》的论文，提倡到海滨旅游，尽量多地用海水沐浴来保持身体健康。卢梭还把这种旅游形式称为“保健疗养旅游”。卢梭的文章引发了以海水疗养为目的的海滨旅游潮，冷海水浴成为新的时尚。继英国之后，法国于 18 世纪 80 年代，德国于 18 世纪 90 年代，西班牙于 19 世纪 30 年代均出现了海水洗浴文化。人们在体验海水浴的同时，也尽情享受阳光、沙滩带来的愉悦。

18 世纪中叶以后，“大旅游”仍在继续，但其性质却迥然不同了。从前，贵族阶层子弟出国是为学习欧洲上层公民的言行举止，现在出国旅游则是为了享乐，为了领略异国风光，附带得到一点足以提高社会身份的文化经验。从前以学习为宗旨的“大旅游”求知体验，开始让位于追求享受的康乐性旅游体验了。

（3）绝地的探索：近代前期欧洲人的探险与考察旅游体验。

近代世界是资本主义的世界。作为这个世界的统治者，资产阶级雄心勃勃、精力过剩。他们要踏遍一切未知之境，揭破一切未知之谜。于是，大洋孤岛、东西内陆，迎来了一批又一批西方探索者，前所未有的探险、考察旅游大潮出现了，形成了惊心动魄的另类旅游体验文化。

1768 年 4 月，英国探险家布鲁斯带着少数的部属和珍贵的四分仪深入埃塞俄比亚高原，开始了寻找尼罗河源头之旅。经过两年半的艰苦探索，终于找到了青尼罗河源头——盖休神泉。这是欧洲人非洲内陆探险的重要开端，布鲁斯的《尼罗河源头探行记》也成为此类体验文化的开篇之作。1768 ~1779 年，英国航海家、探险家詹姆斯 · 库克三次率船队环球航行，沿途考察，绘制地图。第一次，他来到了澳大利亚，发现了神奇的跳跃动物——袋鼠；第二次是为了“探索前人从未到过的最南方”，一度接近南极附近；第三次，他发现了夏威夷岛，在那里以身殉游。所著《库克船长日记》，成为航海探险体验的宝贵遗产。1799 年 6 月 5 日，德国生物学家洪堡德和他的朋友朋卜兰德毅然投身于南美的科学探险。前者将他的观察和发现写成长达三十卷的游记《新大陆热带地区旅行记》，开创了视自然为生命之网的先河；后者则发现了 3500 种新植物，开辟了科考体验的新天地。1831 年秋天，年仅二十二岁的神学院学生查理 · 达尔文带着洪堡德的游记，登上了英国军舰“贝格尔”号，开始了长达五年的科学探险。他在美洲深入考察并写下了《“贝格尔”号科学考察记》，为创立伟大的进化论学说奠定了基础。1825 年，英国人阿特金逊以冒险家的东方情怀，从圣彼得堡出发，开始了他的欧亚之旅。到 1833 年，西起科克汗，东到贝加尔湖，南到中国新疆，到处都留下了阿特金逊的足迹，所著《欧亚纪行》一书，翔实记录了他的旅游探险体验，是世界旅游文化史上不可多得的名著。

上述探险家与欧洲殖民者不同，他们考察探险，主要不是为了黄金或从事奴隶买卖，或者将上帝的福音传播给信奉“邪教”的土著，而是为了亲自解开世界上众多的未解之谜。除了强烈的好奇心之外，大多数的探险家还想借此出名，返回家乡后出出风头。因此，他们的探险考察有更多科学意义和旅游色彩。西方近代探险家的旅游体验，集中反映在他们留下的旅行游记里。大多数旅行游记，无论文学性质还是学术性质，都认为其他文明是停滞不前，甚至是倒退的，欧洲文明高于世界其他文明，欧洲人对世界其他人类负有教化的使命。只有少数游记认为，欧洲和欧洲以外的文化表面不同，实质上不分高下，甚至基本上是一样的。

2. 近代前期欧洲的旅游介入文化

（1）交通服务文化：从传统到现代。

18 世纪中叶后，匈牙利人发明的四轮大马车仍在指定的线路上提供定期服务。19 世纪初，驿站马车开始普及。马车服务拉力有限，速度较慢，里程较短，不能持久，但仍较骑马、徒步等“自助服务”方便、舒适，故而到 19 世纪下半叶轮船、火车等现代交通服务普及前，这种传统的交通服务文化一直流行不衰。

汽船服务是近代主要交通服务之一，出现于 19 世纪初。1807 年，美国人富尔顿制造的第一艘汽船“克莱蒙梭”号试航成功，从此开辟了近代水上交通服务的新时代。1815 年，英国人制造的汽船开始在克莱德河、艾冯河和泰晤士河上接送乘客。随后，汽船巡游业用大幅广告宣传画招揽游客，汽船航程延伸至大西洋两岸。

近代交通服务的真正代表是火车服务。1814 年，施蒂芬逊制成第一台蒸汽机车，陆路交通服务进入火车时代。火车的出现是近代交通服务的第一次革命。由于火车运输服务比马车费用低、速度快、运量大、里程远、安全性高、受自然条件影响较小，火车运输服务遂取代马车服务，成为陆路交通服务的主力军。1870 年，全世界已有 20 万公里的铁路提供火车运输服务。

（2）饭店服务文化：从客栈到大饭店。

18 世纪下半叶，欧洲饭店服务文化的主流仍是客栈服务文化，规模小，档次低，环境嘈杂，乡土味重。1760 年，英国贵族在伦敦兴建了一座叫“hotel”（饭店）的月牙形豪华大饭店，此后西方各国纷纷效仿，连“hotel”一词也成为饭店的国际标准写法。18 世纪末，西方饭店业普遍由客栈时期进入大饭店时期。为迎合特权阶层地位和声望的需要，大饭店在服务上极力营造“贵族享受”的氛围。英国的大饭店非常重视“绅士式的服务”，服务人员训练有素，对礼貌、礼节有着不同寻常的高要求；法国的大饭店以其得天独厚的饮食文化为依托，提供匠心独具的宫廷饮食和优雅规范的供膳服务。大饭店服务文化是近代旅游服务文化标志之一。

（3）景观开发文化：继承与创新。

近代旅游的发展和科技的进步，极大地推动了旅游景观的开发。一批又一批的温泉、海滨度假疗养地相继建成；城市公园越建越大；湮没千年的历史遗迹也被挖掘出来，开发成旅游景观。

温泉疗养和海滨旅游推动了欧洲旅游度假地的建设。英国是旅游度假地开发的表率。18 世纪时英国已经建成巴斯、斯卡伯勒以及伦敦三大旅游度假中心。18 世纪中期~19 世纪初，英国南部海岸的布莱顿与内陆西南部的切尔藤纳姆和莱明顿等著名温泉度假地相继建成。19 世纪后，法国、意大利、西班牙等地的众多的海滨也被开发出来。18~19 世纪，欧洲的旅游度假地开发经历了由温泉度假地向滨海度假地的转变。

园林是旅游景观的重要组成部分。在近代前期，主题公园如雨后春笋般地涌现出来：其著名者如英国的摄政公园、伦敦动物园，法国的波阿德·布罗尼公园、比乌特·匈蒙公园，丹麦的蒂沃利主题公园，都是在这一时期建造的。这一时期，风景式园林有普及的趋势，但总体看来古典园林仍居主要地位。西方古典主义园林强调驾驭自然、改造自然，强迫自然接受匀称的法则，造园艺术突出纯粹的几何结构和数学关系，基本特点是整齐划一、均衡对称，具有明确的轴线引导，讲究几何图形，甚至连花草树木都修剪得方圆规矩。这是西方传统文化在旅游景观开发中的必然反映。

西方近代各类度假景观和园林景观的不断开发，虽然在很大程度上弥补了旅游景观因旅游需求的增加而显现的不足，但仍然不能满足旅游人数不断扩大的需要。于是，欧洲旅游景观开发者把历史遗迹也纳入开发范围，掀起了一场开发历史遗迹的热潮，意大利庞贝古城、古罗马斗兽场、希腊雅典神庙、法国巴黎圣母院等历史遗迹就是在这一时期被相继开发出来，成为世界闻名的旅游景观。历史遗迹景观的开发，反映了人们的怀古心理，满足了人们求知、求美、求新、求异的需要。

（4）文化取向的旅游研究。

近代旅游的兴旺发达，也引起学者的高度关注。英国学者哈兹里特（1778~1830）撰写《论出游》一文，分析了旅游的魅力、目的、情感、动因，论述了旅游与求知、旅游与日常生活的关系，提出了“出游的魅力在于它的自由自在”“出游的目的就是摆脱一切牵挂和不安，摆脱旧日的自我，更重要的是不受他人干扰”“（旅游）情感与我们日常生活中的习惯相去甚远”“人类浪迹天涯的浪漫个性是驯化不了的”“旷野作书房，自然为书本”，旅游与日常生活“两者永远不能融为一体”等观点。虽不乏经验色彩，但其理论高度和思考深度远胜于培根的《论游历》，至今仍被一些学者奉为圭臬，并作为立论的基础。同前人一样，哈兹里特的旅游研究仍是以文化为取向的。

### （二）近代前期中国、北美的旅游文化

#### 1. 中国旅游文化的衰落

18 世纪下半叶，欧洲旅游文化已驶入资本主义的快车道，中国旅游文化仍凭借惯性滑行在封建社会里。在通往东北、江南的大路上，乾隆皇帝的巡游队伍缓缓前行，把传统帝王巡游文化演绎得有声有色。这是年迈的乾隆皇帝最后两次东巡与南巡；在东南，袁枚（1716~1798）、洪亮吉（1746~1809）等一班文人继续游山玩水，吟风咏月，传统

士人漫游文化似乎有光大之势；在北京、承德、扬州、苏州，皇家园林和私家园林不时依样修建、扩建，天人合一的设计理念仍旧是不变的法则。

19 世纪上半叶，由于国力衰弱、财力匮乏等原因，嘉庆、道光不再远游，帝王巡游文化几成绝响；焦循（1763~1820）、梁章钜（1775~1849）等文官旅游者虽不乏其人，但袁枚那样的重量级文人旅游者已难寻觅，大规模的园林开发也难以为继了。这一时期旅游文化的亮点只有以《镜花缘》（李汝珍，1763~1830）为代表的幻游体验了：该书前半部分描写了唐敖、多九公等人乘船在海外游历的故事，包括他们在女儿国、君子国、无肠国等国的经历；后半部写了武则天科举选才女，由百花仙子托生的唐小山及其他各花仙子托生的一百位才女考中，并在朝中有所作为的故事。其神幻诙谐的创作手法引人入胜，对丑恶现象的批判引人深思。

不难看出，18 世纪中叶即乾隆前、后期之交，中国古代旅游文化已从高潮走向低谷。而整个近代前期，当西方旅游文化全面进入资本主义的时候，中国的旅游文化还停留在封建社会。这种状况一直维持到鸦片战争前。

2. 北美旅游文化的兴起

早在 4 万多年前，亚洲人迁徙美洲大陆，并在那里定居下来，他们的后裔就是现在的印第安人。15 世纪，印第安人正处在奴隶制时代，本地旅游文化尚处于萌芽状态，欧洲旅游文化就随着欧洲殖民传播到美洲。1776 年，美国独立，北美旅游文化开始兴起。

（1）近代前期北美的旅游体验文化。

受英国和欧洲大陆的影响，近代早期北美旅游者对自然景观的兴趣越来越浓。这在美国早期旅游者的作品中已反映出来。威廉姆·巴特姆 1770 年对科罗拉多的野外环境表达了欢喜和惊奇，杰米·贝尔克莱姆则于 1792 年赞扬了白山之美。这些先驱者普及了浪漫主义的社会风气：画家开始以自然风光为主题，文学界以体验自然景观为时髦。19 世纪 30 年代后，美国人的野外观念有了新的维度，野外景观不仅是北美人的一种荣誉，而且是国家文化身份的象征。到 19 世纪中叶，萨拉托加温泉、瑞奇菲文德温泉、伊利运河、哈得逊河、尼亚加拉大瀑布、康涅迪克湖、俄亥俄峡谷、波克夏山、白色硫黄温泉、阿迪达科山等野外景观先后被发现并成为美国人野外自然体验的胜地（吴承忠，2010）。

如果说近代早期的美国国内旅游体验主要是在繁忙的移民、扩张、工业化、城市化之余领略自然风光，同期的出国旅游体验则主要是到欧洲学习文化。早在殖民地时期，富裕的殖民者和他们的子女便已经常搭船回访旧大陆，主要是到英国，让子女接受教育。到 18 世纪末，英国已经不被信任，代之而起的是法国。曾几何时，法国的知识界被认为是“开明的”，巴黎被认为是世界文明的首都，谁要想在美洲做一番事业，巴黎是非可不去的。进入 19 世纪，美国中产阶级兴起，富裕家庭也要把子弟送到欧洲，包括去意大利旅行，这样才算完成了学业。对来自欧洲的美国移民及其子孙来说，欧洲代表了他们的过去，也是他们的文化之源。一方面对过去有许多痛苦的回忆，另一方面却总想回访欧洲（彼得·李伯庚，2012）。

在近代早期的美国旅游者当中，文人占了很大比重，其著名者有华盛顿·欧文（1783~1859）、爱默生（1803~1882）、梭罗（1817~1862）等人。

华盛顿·欧文是美国第一位赢得国际声誉的文学家，被誉为“美国文学之父”，他一生曾三度赴欧，在英、法、德、西等国生活 17 年。在此期间他访问名胜古迹，了解风土人情，收集民间传说，积累了丰富的创作素材，写下了《见闻札记》《欧美见闻录》《布雷斯布里奇庄园》和《阿尔罕伯拉》等大量域外游记。华盛顿·欧文也利用回国期间畅游祖国河山，留下了《大草原之旅》等国内游记。从欧文的游记中，读者既能看到浩瀚无比的蓝色海洋，感受其汹涌澎湃；又能看到充满诗情画意的田园风光，感受其纯朴恬静。还有那一望无际的草原、茂盛浓密的森林、蜿蜒曲折的溪水、形形色色的野生动物，给人一种不可抗拒的原始美和野性美。除优美的景色外，我们还能读到不少充满情趣的故事。

美国文艺复兴时期的先验主义作家爱默生是位自然的崇拜者，他游历广泛，早在 19 世纪 30 年代即形成了系统的自然观。他认为世界是由自然和灵魂组成的，自然就是灵魂的外化。在意识到工业革命使人失去个性和精神家园后，爱默生提出人们应该回到自然、亲近自然，在自然中找到自我的价值。爱默生在《论自然》（1836）中写道：“站在赤裸的大地上——我的头沐浴在欢愉的空气中，我仰望无尽的长天——所有的狭隘的自私都烟消云散。我变成了一只透明的眼球；我其他什么也不是；我可以看到一切；那无限存在的流环绕着我；我是上帝的一部分或他的粒子。”个人完全融入大自然之中了。

美国文艺复兴时期的先验主义作家梭罗同爱默生一样，也是一位自然的崇拜者。他游览欧美，主张回归自然、亲近自然、在自然中找到自我的价值。他曾在瓦尔登湖畔隐居两年，并将在这里的所见、所闻和所思写成《瓦尔登湖》（1854）一书，大至四季交替造成的景色变化，小到两只蚂蚁的争斗，无不栩栩如生地再现于此书之中，崇尚简朴、热爱自然的主旨跃然纸上。

（2）近代前期北美的旅游介入文化。

美国交通比较发达。1807 年，美国人富尔顿制造的第一艘汽船“克莱蒙梭”号试航成功，从此开辟了近代水上交通服务的新时代。火车出现后，美国各地迅速建起了铁路网。比起英国来，美国各地之间的距离远得多，而普通人的出行机会也多得多。运输公司为了节约成本，加大了每一节车厢的客容量。旅行者为了到达目的地甘愿忍受一切不便的精神，也促使人们更加接近，消弭歧视。这就是所谓的“火车带来的自由”。火车带来的旅行自由，已被认为是人的新的基本权利（王永忠，2004）。

美国独立后，酒店业获得了巨大的发展。1794 年，纽约建造了城市酒店，这被认为是美国历史上第一座真正意义上的大酒店。19 世纪 20~30 年代，大酒店开始在美国的其他城市（如波士顿、费城、巴尔的摩等）大量出现。1829年在波士顿落成的特里蒙特饭店被称为第一座五星级的现代化酒店，它在酒店服务的许多方面有所创新：170间客房，有许多是单间客房并带有卫生设备；前厅、房间传呼服务、门童及服务员训练有素。所有这些都为后来的酒店树立了榜样。

美国有优越的温泉和滨海旅游资源，早在1639年，北美殖民主义者就开发了罗得岛新港等滨海旅游度假地。美国独立后，很快成为北美旅游度假地开发的领头羊。弗吉尼亚的白色硫黄温泉、纽约的萨拉托加温泉等，都是近代前期美国开发的著名旅游度假地。此时的温泉度假地开发理念仍然追随欧洲，以满足温泉治疗为导向。为了迎合上流社会的需要，各种高档的住宿设施、娱乐设施和服务设施如戏剧院、歌剧院、舞厅、图书馆、娱乐场、赛马场、野营地以及供休闲散步的公园急剧增加。温泉休闲度假区的功能也由温泉治疗演化成为集治疗和休闲娱乐功能于一体。

在近代前期，北美旅游文化的欧洲色彩十分浓厚。无论旅游体验文化还是旅游介入文化，都有欧洲文化的印迹。尽管如此，以美国为中心的北美旅游文化，其内部系统已隐约可见，外部特征也不难察觉。不管是欧洲人还是美国人，都已感觉到了北美旅游文化的不同。一个新的旅游文化区——北美旅游文化区开始形成。

## 二、近代后期的旅游文化（19世纪中叶~20世纪中叶）

### （一）近代后期欧洲的旅游文化

1. 近代后期欧洲的旅游体验文化

（1）自上而下：近代后期欧洲的自然观光体验。

近代后期，自然旅游体验自上而下，继续发展。随着城市环境的恶化，有钱的人们对自然山林的态度改变了。过去，农村山林被看为荒原，其中隐藏着各种危险；现在则认为，只有到这些地方才还能得到真正的生活。有的人更加浪漫和富于艺术性，设计出徒步旅行。对大众来说，即使每年只有几天可以离开拥挤的大城市呼吸点新鲜空气，也是好的。越来越多的人在休假时离开城市，到山林和海滨去。在这股自然旅游大潮中，文人仍然是主力军。

法国著名历史学家、作家儒勒·米什莱（1798~1874）是一位自然旅游爱好者，晚年留下了大量自然体验记录。在米什莱笔下，山川、森林、海洋、禽鸟、昆虫，一草一木，无不包含着深沉的诗意。他在游记《枫丹白露森林》里写道："这里处处是毫无生命痕迹的僵硬的砂岩，尤其是今天，它给你看到的是刚刚栽种的松树，树荫下什么也不生长。要寻觅那些隐藏在地下的东西，必须有一根堪比榛木棒探源涌泉的神器，用它一指，准能如愿。它是什么呢？我说，是广泛研究或一分爱、一分激情，只有它才足以照亮这个内部世界"。法国著名哲学家、作家阿兰（1868~1951）笔下的大自然一样灵气跃动，他的自然旅游体验同样冷静深邃，发人深思："各种线条、外表、地势、阳光与黑暗的转换，无时无刻不在产生新的变化，其结果使这座山与另外一座山迥然相异。如果说艺术有它自己的语汇，大自然就美感而言，尚未形成自己的语汇……为了了解这一切，不仅需要作家的笔，而且需要地质学家的锤子。”（阿兰《瑞士印象》）

英国著名作家罗伯特·斯蒂文森（1850~1894）一生到处游历，足迹远至欧美太平洋。他不喜欢名都大邑，对穷乡僻壤情有独钟；不喜欢公共交通工具，宁愿自己骑驴驾舟，因而形成了独特的自然旅游体验。“寓居室内者，在四壁包围的帏帐中憋闷至极，觉得夜似乎是短暂的死亡；露宿野外者，则弛然而卧，进入轻松恬适、充满生机的梦境。他能彻夜听见大自然深沉酣畅的呼吸。大自然即便在休憩之际，也会回首绽开笑靥。更有那家居者未曾经历的忙碌的时刻，大地从睡梦中苏醒，所有的生灵都直起身。”这是他在《夜宿松林》中的独白。对自然的体验真是魂牵梦萦、细致入微。英国作家理查德·杰弗理（1848~1887）的自然旅游体验则充满宗教式的审美情感：“我躺在草上，开始从灵魂深处与大地、阳光、空气以及那渺不可见的远海慢慢絮语。我抬起头来仰对着顶上的蓝天，凝视着它的深邃，吸吮着它的绝妙的色泽和芳馥。天上的那些采撷不到的花里的浓郁蔚蓝把我的灵魂也吸引了去，使它在那里得到安息……我的灵魂体验到了一种完全不可言诠的感情。”“这一切无可言喻的美简直给我带来一种至乐与狂喜，一种飘飘然的感觉……”（杰弗理《夏日芳草》）这种体验已经达到沉醉的状态了。

（2）从疗养娱乐到游乐度假：近代后期欧洲的度假旅游体验。

19 世纪中叶，海滨旅游进入疗养娱乐阶段，滨海旅游体验也由疗养向娱乐延伸。在英国，传统海滨度假胜地布兰克浦、布赖顿和萨斯安德人满为患，一些新的旅游度假地，如布恩矛斯、布罗德斯泰斯、克莱克顿、克尔文湾等游人如织。游人除获得海水、阳光、沙滩等传统的疗养体验外，也开始尝试滑水、摩托艇、空中跳伞等全新的娱乐体验。英国的海滨被游人占领完毕，上流社会和中产阶级就把欧洲大陆的海滨作为新的旅游目的地。于是，法国、意大利、西班牙等地众多的海滨旅游胜地也发展起来了。赌城蒙地卡罗既有优美的海滩，又有丰富的夜生活，很快成为逃避本国道德约束的英国“绅士”们寻欢作乐的场所。20 世纪初，滨海旅游进入游乐度假阶段，滨海旅游体验遂以游乐为主要内容了。法国尼斯以其温和的气候、灿烂的阳光、悠长的海滩及裸晒的美女而著名，第二次世界大战之前，这里已成欧洲贵族的最爱，历史悠久的尼斯嘉年华狂欢节更给这个海滨旅游度假地增添了无穷的魅力。节日期间，街头表演、烛光晚会、花车游行、化装舞会，争奇斗艳，数日不衰。游人同市民一起沉浸在欢乐的气氛中。

（3）从腹地到极地：近代后期欧洲人的探险与考察旅游体验。

19 世纪中叶以来，欧洲人的探险与考察有增无减，探险与考察旅游体验不断向内陆腹地和南北两极延伸。1841~1873 年，英国探险家利文斯顿三次来到非洲探险考察。第一次，他首先发现了恩加米湖，还组织了一次东非探险，成为横穿非洲的第一位欧洲人。回国后写成《南非考察与传教旅行》，畅销一时。第二次，他与另外 6 人再次赴非洲赞比西河探险，回国后写成《赞比西河及其支流探险记》。第三次，他前往坦噶尼喀湖探险，最后病逝于非洲。第一次探险后，利文斯通认为地理探险比传教有更大的使命感，从此便不再传教而专事探险了。同一时期，另一位英国探险家理查德·伯顿（1821~1890）游历了巴基斯坦、北印度、沙特阿拉伯、叙利亚、非洲、美洲，写下了《走向圣城》《中非湖区探险记》《巴西高原》等10余部探险游记，成为欧洲人探险旅游的又一典范。地球上冰雪覆盖的南北两极也不断遭到西方探险家的挑战。1895年，挪威探险家南森一行13人乘“弗腊姆”号船漂流到北纬85°57′的海域，这是有史以来人类第一次到达北冰洋中心区，北冰洋神秘的面纱终于被揭开。就在南森到达北冰洋中心区的那一年，挪威人鲍克格瑞温第一个从维多利亚地踏上了南极这块陌生而神秘的大陆。1911年12月14日，挪威人阿蒙森率领探险队经过50多天的极地跋涉，到达南极极点，成为人类历史上首次征服南极点的人。南森和阿蒙森分别撰写的游记《极北之旅》《南极》早已成为极地探险体验的经典之作。

这一时期，欧洲以考察为主的全球旅游体验大放异彩。其贡献卓著的世界级旅行家有俄国作家伊凡·亚历山大罗维奇·冈察洛夫（1812~1891）、英国女作家伊莎贝拉·博德（1831~1904）、法国作家安德烈·纪德（1869~1951）和英国作家罗伯特·拜伦（1905~1941）等。1852年，冈察洛夫随俄国舰队从喀琅施塔得出发，出波罗的海，下大西洋，转印度洋，入太平洋，最后在鄂霍次克海阿扬港登陆，横越西伯利亚，于1855年初回到彼得堡。冈察洛夫沿途考察了英国、葡萄牙、佛得角、南非、东南亚、中国、日本、朝鲜、俄国诸地的社会和自然状况，并将此次旅行所见所闻写成《环球游记》一书。该书对欧、亚、非各洲不同文化的理智反思和自然环境的细腻观察，深刻而全面；对旅行本身更有独到的理解：“旅行好比一本书，你需仔细阅读的只是那些引你入胜的地方，其余部分一目十行、不失梗概就可以了”。书出后备受称赞，连续再版达6次之多。1854年，伊莎贝拉·博德依照医嘱赴北美地区旅行。其后五十年间遍游澳洲、夏威夷、亚洲、北非等偏远地区，完成了《山旅书札》《日本僻径》《金色的半岛居民》《波斯及库尔德斯坦之旅》《在西藏人中》《朝鲜及其邻邦》和《深入扬子江河谷》等多部游记，为殖民色彩浓厚的近代西方旅游体验注入了一股清新的气息。纪德足迹遍及欧洲、非洲和亚洲，留下了《刚果之行》《乍得归来》和《访苏归来》著名游记，真正做到了“读万卷书，行万里路”；拜伦先后访问过意大利、匈牙利、希腊、俄罗斯、中国、伊拉克、阿富汗，留下了《驿站》《穿越内陆亚洲》等著名游记，为世界文旅体验史书写了厚重的一章。

（4）从奇幻到科幻：近代后期欧洲的虚拟旅游体验。

19世纪中叶到20世纪初，欧洲的幻游体验高峰连绵，儒勒·凡尔纳（1828~1905）、赫伯特·乔治·威尔斯（1866~1946）、乔治·梅里斯（1861~1938）就是站在高峰上的3个巨人。

儒勒·凡尔纳是法国著名作家，一生频繁出国旅游。常年的游历经验和丰富的科学知识，加之非凡的文学天赋，成就了一代科幻大师。19 世纪中叶 ~20 世纪初，他先后出版了《气球上的五星期》《地心游记》《从月球到地球》《格兰特船长的儿女》《海底两万里》《八十天环游地球》《神秘岛》等系列科幻小说，其中大部分属于科幻旅游体验。在凡尔纳的幻游体验作品中，复杂、曲折而又有趣的故事在科学畅想的框架内，情节惊险，高潮迭起，充满浓重的浪漫主义色彩。加之凡尔纳文笔流畅，叙述轻快，其科幻作品深受读者的喜爱。科幻小说并非始于凡尔纳，但在幻想的规模上，特别是在科学的语言性上，凡尔纳大大超过了前人。凡尔纳的科学幻想在 20 世纪几乎全都成为现实。因此，他与赫伯特·乔治·威尔斯一道，被称作"科幻小说之父"。

赫伯·乔治·威尔斯，英国著名小说家，尤以科幻小说创作闻名于世。1895 年出版《时间机器》一举成名。小说描述一位时间旅行者通过时间机器来到公元 802701 年的故事。时间旅行者历经重重艰险夺回了时间机器，却来到了更加遥远的未来，见证了末日的景象：那时的人类分为埃洛伊人和莫洛克人两大类，皆身材矮小。埃洛伊人生活在地面上，体质虚弱、情感麻木、懒惰怕黑；他们不劳而食，智商仅相当于现实世界的五岁孩童。莫洛克人生活在地下，容貌丑陋、性格粗野、人品低下；他们为埃洛伊人提供日常生活用品，却在夜晚猎而食之。时间旅行者乘坐时间机器回到现实后又回到过去，不知所终。威尔斯所描写的退化现象正好与达尔文的进化论相吻合，对未来世界进行的颠覆性描写，呈现出人类衰落的悲哀和世界末日的凄凉。

乔治·梅里斯，法国魔术师以及电影制片人，在早期电影的技术和讲述方法上做出了卓越的贡献，被称为法国电影第一人。他最著名的两部电影为《月球旅行记》（1902）和《太空旅行记》（1904）。前者表现了一群天文学家乘坐炮弹到月球探险的情景，包括"科学大会""制造炮弹""月球登陆""探险者之梦""与月球人搏斗""海底遇险"和"凯旋"等段落。后者表现了一群宇宙地理科学家乘坐一辆飞翔的火车到太阳上探险的活动：先是落到太阳嘴里，险些融化；后来侥幸躲入冰山，又被冻成冰块。解冻之后，他们乘坐一艘配有降落伞的潜水艇返回地球。两部电影光怪陆离，超越现实，近乎梦幻，颇有儒勒·凡尔纳之风，但作品把幻游从文字变为影像，又超越了儒勒·凡尔纳，极大地丰富了人们的幻游体验。

2. 近代后期欧洲的旅游介入文化

（1）日益现代化的交通服务文化。

1850 年至 1900 年，英国的冠达、英曼和白星邮轮公司垄断了大西洋航线。三家邮轮公司均提供食、宿、游、娱等服务，分别以速度、安全、舒适见长。

19 世纪中叶后，火车服务在欧洲普遍开来并不断改善。19 世纪初末 20 世纪初，德国等相继成功研制内燃机车和电力机车并投入运营，提高了火车的速度、安全性及舒适性，开辟了内燃机车和电力机车新纪元。当时的火车除个别皇室豪华专列外，服务水平不尽如人意。尽管如此，欧洲大陆的火车运输一直保持着繁荣状态，直到20世纪20年代汽车的普及，其在客运服务中的地位才开始下降。

汽车的出现是继火车之后近代交通的第二次革命。早在19世纪末，欧洲就已经研制出了三轮（卡尔·本茨首创）、四轮的蒸汽汽车和汽油汽车，并出现了汽车公司。欧洲汽车设计的最初理念主要是为了满足有钱人出行、娱乐、身份需要，所以，研制的汽车以轿车为主，且多为豪华型轿车，销售市场很小。为与美国竞争，20世纪始，欧洲大量研制中低档轿车如“甲壳虫”，成功抢占了美国等汽车市场。汽车是19世纪末最重要的发明之一，它同19世纪初出现的火车一样，再次改变了人们陆上旅行的方式。

20世纪初，欧洲开始尝试飞机航班服务。1919年8月，第一条由英国伦敦到法国巴黎的民用航线通航，所用的DH-16双翼机可载四名旅客。1929年的德国容克公司研制成功G-38型全翼机。G-38是当时最大的陆基飞机，绰号“飞行旅馆”，可供34名旅客在机上享受豪华的生活。客机服务的出现，拉开了现代空中旅行的大幕。

（2）饭店服务文化：从贵族化到平民化。

19世纪下半叶，欧洲酒店服务文化仍以大酒店的贵族化服务为主流。20世纪初，酒店业进入商业酒店时期（20世纪初~20世纪50年代）。商业酒店大都秉承“薄利多销”的经营思想和“顾客第一”的服务理念，在控制成本上下功夫，力求为客人提供高质量的设施和服务，酒店服务文化遂由贵族化转向平民化。

与此同时，一种更受年轻人欢迎的旅馆服务模式也出现了，这就是国际青年旅舍的服务模式。国际青年旅舍始建于1912年的德国，推崇回归自然的生活方式，倡导三个著名的理念：一是提倡自助，自己的事情自己做；二是提倡环保，使用太阳能热水器，不提倡一次性洗漱用品；三是提倡相互尊重的团队精神，在青年旅舍居住的人必须学会与人相处。一年后，青年旅舍在欧洲迅速发展起来。国际青年旅舍的出现和扩大，使酒店服务更加平民化。

（3）旅行社服务文化：近代旅游服务文化的标志。

古代的旅游服务文化与近现代的旅游服务文化有本质的区别。如果非要找出说明这种区别的事例，那便是近代旅行社服务的出现。1845年，托马斯·库克在英格兰的莱斯特创办了世界上第一家商业性旅行社。旅行社奉行“为一切旅游公众服务”的宗旨，为潜在旅游者提供有关旅游点、客运班次、旅游公司产品及旅游目的地情况的咨询服务；代客预订交通、食宿及游览和娱乐门票等；售、发旅行票据和证件；配备导游，提供讲解、向导服务；陈列并散发有关旅游企业的旅游宣传品；向有关旅游企业反映顾客意见。如1845年为组织从莱斯特到利物浦的团体旅游，托马斯·库克进行了线路考察，预先确定了旅游内容和食宿安排，亲自担任旅游团的陪同和导游，还编写了旅游指南《利物浦之行手册》。旅行社服务的出现，大大便利了旅游者的旅游，也彻底改变了人们旅游的经历。

（4）景观开发文化：实践的转型与观念的超越。

19 世纪后，随着温泉旅游向滨海旅游的转变，欧洲景观开发由内陆转向山海。继英国之后，法国、意大利、西班牙等地的山海也被开发出来，形成了众多的假期、疗养胜地。“这种假期、疗养胜地，在 19 世纪第三个 25 年蓬勃发展。英国多位于海边，欧洲大陆则多集中于山上。”（霍布斯鲍姆，1999）19 世纪末叶，英国海滨胜地已增加到 200 多个，形成大型海滨休闲城市、中等海滨休闲胜地和小型海滨小镇的海滨休闲城镇网络。

19 世纪中叶 ~20 世纪中叶，西方旅游景观开发观念也开始了由传统向现代的飞跃，西方现代景观设计的探索与应用发端于这一阶段就说明了这一点。19 世纪中叶 ~20 世纪 20 年代初，一般认为是西方现代景观设计的探索时期。在这一时期，资本主义大工业革命诱发出现代景观的科学和艺术两条线索。前者以 19 世纪中叶奥姆斯特德提出的“保护自然景观、保持园区草地、选用当地树木、道路循环、全园分区”的设计理念及 19 世纪后半叶出现的“城市公园、公园大道与城市中心一整体化”的系统思想为代表；后者以 20 世纪初西方新艺术运动维也纳分离派的“弃写实、趋抽象”设计理念及现代主义浪潮设计师埃瑞克安的“吸收立体主义构图思想”设计观念为代表。20 世纪 20 年代中期 ~60 年代中期，一般认为是西方现代景观设计的应用时期。在这一时期，虽然现代景观在各国表现不尽相同，但是它们具有较统一的“现代主义”思想：对由工业社会、场所和内容所创造的整体环境的理性探求，反对模仿传统的模式，追求的是空间而不是图案和式样。代表性设计理念有 19 世纪 30 年代英国人唐纳德提出的“功能、移情和美学”、美国设计师埃克博等人的“人的需要、自然环境及两者相结合”的功能主义理论（王向荣，2002）。

（5）旅游宣传文化：近代旅游介入文化的亮点。

随着近代旅游的兴旺发达，西方各国加大了旅游宣传的力度，旅游宣传成为西方旅游介入文化的一大亮点。开展旅游宣传的除旅游企业外，还有各国的旅游行政机构和旅游行业组织。

法国于 20 世纪 20 年代增设专管旅游事务的国务次长，每年在预算中列支国际旅游宣传经费 120 万美元。意大利政府于 20 世纪 20 年代设立了国家观光局，该局经常举办旅游摄影竞赛、旅游博览会、游历演讲会和旅游商品展，并发行旅游专刊，开办旅游图书馆，促进旅游设施的美化和装饰，以吸引和招徕旅游者。瑞士设有国立观光局，由国家财政和旅馆协会、铁路及商会提供经费，仅宣传费用就高达 250 万美元。德国国有铁路与地方铁路联合设有游历局和旅行咨询局，提供旅游信息、发行旅游宣传品，鼓励游客去德国旅游。英国全国旅游协会也通过发起“来英旅游运动”，大力招徕国际旅游者（谢贵安等，1999）。

随着摄影技术的进步和旅游目的地宣传的需要，导游手册大量出现。欧洲各国的旅游信息（准确的和不准确的）大都通过导游手册为旅游者所了解，没有一个去海外的旅游者不带着一本手册。早在1839年就出现的“贝代克”手册逐渐在19世纪末成为权威的旅游信息发布书籍，并为各国旅游者所喜爱。

（6）旅游研究文化：从文化向经济的转移。

近代前期欧洲的旅游研究依然是文化取向。近代旅游业出现后，西方旅游研究的取向发生了根本性的转变。1899年意大利政府统计局的鲍迪奥发表了《在意大利的外国人的移动及其消费的金钱》一文，首开旅游研究经济取向的先河。此后，经济学的方法成为旅游研究的主要方法。1927年，罗马大学讲师马里奥蒂出版《旅游经济讲义》一书，从经济学角度对旅游活动的形态、结构和活动要素进行了剖析和论证，认为旅游活动是属于经济性质的一种社会现象。这种观点在相当长的时期内占据主流地位，直到60年代，还很少有人对此表示怀疑。

在这股潮流当中，只有少数学者持不同意见。1932年，柏林大学的葛留克斯曼教授出版了《旅游总论》一书，系统地论证了旅游活动的发生、基础、性质和社会影响，认为旅游活动是“在旅居地短时间旅居的人与当地人之间各种关系的总和”。1942年，瑞士学者汉泽克尔与克拉普夫在其《旅游总论概要》一书中提出了与葛留克斯曼接近的学术观点。与葛留克斯曼的遭遇几乎相同，他们的观点在当时的西方学术界也未能形成应有的影响。

**（二）近代后期中国、北美的旅游文化**

1. 中国旅游文化的转型

鸦片战争爆发后，中国开始由独立的封建社会逐步演变为半殖民地半封建社会，封建专制走到了尽头，大地主、大资产阶级的专制粉墨登场，封建主义、资本主义、社会主义思潮此消彼长。考察、求学、观光、探险等旅游风靡一时，近代旅游业开始形成。在这样的历史背景下，中国近代的旅游文化开始了艰难的发展历程。

（1）近代后期中国的旅游体验文化。

鸦片战争后，中国被迫与外国列强签订一系列不平等条约，为探索国家强盛之路，国人纷纷走出国门，考察、求学、观光、探险，翻开了中国旅游体验文化的新篇章。19世纪下半叶是中国近代域外考察与求学旅游体验的发轫时代。这一时期，科学技术成为中国人域外考察与求学旅游体验的重心。林鍼、李圭、黄庆澄、容闳等是这个时代的奠基人。从19世纪末开始，中国近代域外考察与求学旅游体验由重科学技术转向重制度文化。康有为、梁启超、瞿秋白、陶行知等旅游体验成果宏富，对旅游体验文化的建树贡献良多。在域外观光、探险旅游体验方面，王韬是中国近代以名士身份观光东、西两洋的先驱，著有《漫游随录》和《扶桑游记》两书。陈尚英、潘德明则为环球考察与探险的佼佼者，两人分别花费七八年的时间，徒步周游世界，完成了中国人的环球壮举。

鸦片战争后，中国国内旅游活动也有所发展，考察观光较为流行，参加者多为学者、文人和学生。国内旅游体验也因此大大深化。开中国近代国内观光考察新风的当数魏源（1794~1857）。魏源批评时人“但知游山乐，不知游山学”，强调旅游应与考察山川形势、民风民俗密切结合。19 世纪后叶，中国继续向半殖民地半封建社会沉沦，封建统治腐败不堪，大好河山被列强瓜分。浓烈的忧患意识黑云压城般地弥漫于各个角落，忧愤、激越成为这一时期国内旅游体验文化的主色调。20 世纪前叶，中国累经内战外患，中华民族已经到了生死存亡的关头，心灵的煎熬和社会的苦难也达到了极点。在新的历史条件下，旅游体验文化中回归心灵与面向社会的传统得到进一步弘扬，并呈现出两极分化的趋势。

（2）近代后期中国的旅游介入文化。

随着中国近代旅游活动的兴起，中国近代旅游业开始出现，中国近代的旅游介入文化也逐渐形成并与西方接轨。

在交通服务文化方面，轮船、铁路、公路、民航等新式交通陆续出现，数量少、质量差、里程有限、服务比较落后，轿子、黄包车、马车、帆船等旧式交通依然存在。

在酒店服务文化方面，新式服务与传统服务同时并存。新式旅馆更注重服务质量，服务项目齐全、服务规范，基本能满足住店旅客的各种需要。旧式旅馆质次价高，服务不够规范，客人的需要很难得到满足。

在旅行社服务文化方面，1923 年，主持上海商业储蓄银行的银行家陈光甫等人在该行内部率先设立“旅行部”，专门为中国人办理出国手续和代订车、船票，组织国内和出国旅游活动。1927 年春，“旅行部”更名为“中国旅行社”。“中旅社”的建立，标志着中国近代旅游服务文化的正式形成。

在景观开发文化方面，旅游景观开发进展缓慢，西方文化色彩越来越浓。开发理念既有中国的“天人合一”思想，又有西方的“征服自然”精神；“淡妆”与“浓抹”并行不悖，“本土”与“外来”杂错其间。

在旅游宣传文化方面，与西方相比，中国近代旅游宣传开展得不够。各级政府对旅游宣传普遍不重视，旅游宣传形式单一，主要是编印宣传刊物。

在旅游研究文化方面，研究者突破了旅游“使人愉悦、开阔视野、提升道德、获得自由”的传统认识，将视野扩大到人类层面。这同当时西方旅游研究重经济、轻文化形成明显对比。1944 年，佘贵棠的《游览事业之理论与实际》出版，填补了国内旅游学专著的空白。

2. 北美旅游文化的发展

（1）近代后期北美的旅游体验文化。

19 世纪中叶以后，北美的自然旅游体验依旧盛行。其深度和广度明显增强。美国诗人惠特曼（1819~1892）曾沿密西西比河乘船上行，在国内进行了长途漫游。他访问了芝加哥城，游览了五大湖区，观赏了雄伟壮观的尼亚加拉大瀑布，留下了大量赞美自然、开创新风的诗文。惠特曼写道：“在清新的空气中，我独自一人在这儿和大自然相对——这个空旷显敞、寂无声息、神秘莫测、邈然幽远、然而却又摸之可以触及、听之又有放言阔论的大自然。那时候，宁静之气和滋育之物好像真正从天而降，精妙细微渗到我身体之内。在这十全十美的一天，我自己和景地融而为一了。”（斯人，1996）对自然的旅游体验已达到最高境界了。美国早期环保运动领袖约翰·缪尔（1838~1914）一生酷爱自然，不但用身心体验自然，更用笔纸重塑自然。他遍游美国名山大川，曾将自己绑在树梢体验狂风暴雨，感受自然野性；他创建了美国最重要的环保组织塞拉俱乐部，成功保护了约塞米蒂山谷等荒原。他的大自然文字，包括随笔、专著如《夏日山间》《加州群山》《国家公园》《墨西哥湾千里徒步行》等，再现纯原始的荒野之美，视野之宽、意境之深，已然超过前人。在美国西部，自然旅游体验探险色彩较为浓厚。

与自然旅游体验高度相关的是温泉旅游体验。19世纪下半叶，温泉度假旅游进一步发展，利用假期全家外出，到某个温泉疗养地度假疗养，已成为许多美国人最重要的旅游方式。弗吉尼亚的白色硫黄温泉、纽约的萨拉托加温泉等，以其优质的泉水、良好的服务成为人们度假旅游的主要体验对象。那时的温泉浴场主要有疗养、保健两种功能，来访者除体验温泉外，还享受打高尔夫、狩猎、垂钓、荡舟或观赏戏剧、影视的乐趣。与自然旅游体验高度相关的还有滨海旅游体验。“十九世纪末，美国富有家庭都去东部游览，参观许多这样的旅游胜地，比如夏天去新港，冬天去棕榈滩。”（查尔斯·R·戈尔德奈等，2003）加入其中的工人阶级也多了起来。

城市观光旅游也发展起来，纽约、费城、波士顿、华盛顿是当时最主要的城市旅游体验目的地。1630年建城的波士顿不仅有风光优美的港口和高质量的剧院，还有哈佛大学、麻省理工学院等著名学府，求知旅游者趋之若鹜；1682年建城的费城是美国《独立宣言》的起草和签署地，独立战争历史遗迹和相对先进的城市规划成功地吸引了观光客的眼球；1624年建城的纽约，最初主要旅游吸引物是哈德逊河风光，19世纪末大都会艺术博物馆、布鲁克林桥和自由女神像落成后，这些人造景观很快成了造访者的最爱；华盛顿建成于1800年，既有国会大厦、华盛顿纪念碑这样的雄伟建筑，又有国会图书馆、华盛顿大学这样的一流文化机构，更有优质的交通、酒店、商店等服务设施，每天都会吸引数以万计的游客，来这里欣赏风景、品尝美食、购买纪念品、享受饭店服务。

19世纪下半叶始，美国出国旅游也在增加。到欧洲旅游，接受欧洲古老文明的熏陶，是美国有钱有闲阶级必修的一门功课。美国的艺术家和建筑学家们一如既往的涌向巴黎、罗马和佛罗伦萨的美术学校进修观摩，新富的家眷们也要去古老的欧洲提升自己的文化品位，身体欠佳的美国人则要去那里养生，有些美国人甚至一去不复返。在巴黎，美国女游客是时装店的主顾；在罗马，每个游客都奢望自己能踏着月色去参观大竞技场和古罗马广场遗址。除欧洲外，非洲、亚洲、拉丁美洲、澳洲乃至北极也有众多美国人的游踪，“目光所致我为君”的气概随处可见。美国作家马克·吐温（1835

年 ~1910 年）足迹遍及欧美、中东、印度、夏威夷、新西兰、澳大利亚等地，一生出版《傻瓜出国记》《国外浪游记》《赤道环游记》等多部域外游记。其游记在成分上虚实相间，有不少是虚拟游记，对虚拟旅游体验贡献较多，幽默讽刺贯穿始终。美国探险家皮里（1856~1920）坚信：地球上任何地方人类都可以到达。他矢志征服北极，经过 3 次艰苦卓绝的努力，于 1909 年 4 月 6 日到达北极极点，成为人类历史上第一个踏上北极点的人。所著《征服北极点》一书，成为极地探险又一部经典之作。前总统西奥多·罗斯福（1858~1919）放言：我的行为任人评说，我只在乎自我评价。他于 20 世纪初率领庞大探险考察团队，先深入东非稀树草原，狩猎 500 余次，捕获了包括昆虫、大象在内的 11397 种动物；后深入亚马孙河热带雨林，制作了大量动物标本，勘探了困惑河源头。并以此为素材，撰写了《非洲游踪》和《穿越巴西野林》两部著名游记。大文豪海明威（1899~1961）遍游欧、亚、非、美诸洲，酷爱斗牛、狩猎、捕鱼，写下了《非洲的青山》等游记，不但是“文坛硬汉”，更是“旅游硬汉”。

（2）近代后期北美的旅游介入文化。

19 世纪中叶起，北美旅游介入文化进入新时代。

第一，交通服务多样化。铁路早在 19 世纪 40 年代就开始提供多样化的旅游服务，如在尼亚加拉瀑布等主要景区增开时速为 32.2~64.4 公里（20~40 英里）的旅游专线，让旅行者在从容欣赏车窗外景色的同时，获得休闲的舒适感。1865 年，美国更推出了为大众服务的豪华旅游列车——普尔曼“先驱者号”。普尔曼列车开创了多项列车服务的先河，如卧铺车厢、餐车等。普尔曼的火车卧铺车厢装潢精致，餐车配有专门的厨师和多种面包、菜肴、饮料、水果。“先驱者号”的高度和宽度后来也成了美国铁路统一的标准尺寸，并成功打入欧洲市场。交通服务多样化还表现在轮船、汽车服务的改进和航空服务的出现。1893 年和 1901 年，美国公司重金收购了英国的英曼和白星两家邮轮公司。一时间，美国航运竞争能力大大增强，邮轮服务水平大为提升，成为世界顶级邮轮服务业的样板。1908 年，亨利·福特推出以自己的名字命名的 T 型汽车，结束了汽车是少数富人奢侈品的历史，被誉为“世界汽车工业史上具有划时代意义的伟大创举”。1903 年美国莱特兄弟设计制造的飞机首次实现史上重于空气航空器有动力、可操纵的飞行。1914 年 1 月，美国在佛罗里达州开辟了飞越海湾直到坦帕的国内旅游航线，这是固定翼飞机定期商业航班的开端。

第二，饭店服务大众化。19 世纪下半叶，同欧洲一样，北美饭店服务文化仍以大饭店的贵族化服务为主流。这些饭店崇尚豪华和气派，布置高档的家具摆设，供应精美的食物，在服务上很注意保护客人的隐私。20 世纪初，北美饭店业进入商业饭店时期，其标志就是 1908 年美国水牛城斯塔特勒饭店的开业。斯塔特勒饭店首次提出“提供普通民众能付得起费用的世界第一流的服务”，首次在每套客房内设置浴室和消毒马桶坐圈，首次在门把手上配置钥匙孔，首次在房门边安置开关，首次提供通宵洗衣、自动冰水、送报上门等服务。该饭店在服务方面的多项创新被整个20世纪的饭店业奉为标准，业主斯塔特勒也因此被称为“现代饭店之父”。到1927年，斯塔特勒酒店已扩大到克利夫兰、底特律、圣路易斯、纽约等城市。在纽约市，斯塔特勒的宾夕法尼亚酒店拥有2002间客房，是当时最大的酒店。

第三，旅行社服务现代化。就在托马斯·库克公司问世的第五个年头，在大西洋的另一端，美国运通公司成立。运通公司最开始只是从事运输文件、包裹等业务，在与银行和邮局的合作中受到启发开始发行自己企业内部的汇票，随着业务量的增大，在19世纪末涉足旅游行业。美国的运通公司直接介入旅游服务市场，推出了适合旅游者的金融服务，即通过发行旅行支票便利人们携带小额的钱去陌生的地方花费。该公司也举办全程代理的旅行，去什么城市、住什么旅馆，公司方面都有具体周到的安排，旅游者用不着事先了解情况，也不必有旅游经验。他们的服务使得中产阶级能按照预先准确核算的费用出国旅游。运通公司于1919年10月举办战后第一次赴欧旅行，三年后又举办第一次环球水陆游乐旅行，很快就成为20世纪全球著名的旅游中介服务公司。

第四，景观开发的创新。美国在景观开发上是个后起之秀，但创新意识极强，国家公园的创立及景观设计的改革就说明了这一点。美国是世界上最早建立国家公园的国家，1872~1940年，美国已建立了数十个国家公园，号称“美国十大国家公园”的大烟山、大峡谷、约塞米蒂、黄石、落基山、奥林匹克、大提顿、锡安山、阿卡迪亚、死谷等国家公园全都是在这一时期建立起来的。美国政府把境内独特的公共陆地或水体辟为国家公园，在旅游资源的利用与保护方面提供了范例。在景观设计领域，奥姆斯特德是美国景观规划设计事业的创始人。20世纪初，他的自然主义理想和“巴黎美术学院派”的正统课程占据了美国景观规划设计行业的主导地位。这时美国的景观设计师斯蒂里将欧洲的现代景观设计思想介绍到了美国，一定程度上推动了美国景观领域的现代主义进程。

第五，旅游宣传的兴起。随着旅游的发展，美国的旅游宣传也开始兴起。19世纪70年代，纽约中央铁路开始发行名为《四轨系列》的杂志，在社会上收获了广泛的人气。其后内容不断丰富，成为包含火车时刻表、铁路官员名单、火车路线注解、旅游者贴士、广告和笑话的火车月刊。1906年杂志更名为《旅行》(*Travel*)，致力于服务旅游者和鼓励旅游活动，影响越来越大。旅游海报也是当时的主要宣传载体。旅游海报内容十分广泛，出国旅游、探险旅游、城市观光、滨海旅游、度假旅游……无所不包。凸显土著文明古老神秘的《墨西哥，历久弥新的狂欢》、再现自然伟力鬼斧神工的《大峡谷》、渲染现代都市繁华夜景的《华盛顿》、特写阳光海滨多彩惬意的《迈阿密》等旅游海报名动一时。旅游海报的艺术性和实用性无论对当时还是后世都产生了巨大影响。

随着美国旅游文化的发展，其主体的文化自信越来越强。马克·吐温游记中的美国游客对欧洲大陆沾沾自喜的文化优越感，已表现出百分之百的轻慢不恭，甚至不屑一顾；

惠特曼宣称："所有州的美国人，无论何时何地，可能都有最完全的诗性。美国自己就是最伟大的诗"；斯塔特勒承诺：向客人"提供世界任何饭店未能提供的服务、舒适和一块属于他的小天地"；普尔曼坚信：普尔曼卧车会颠覆所有铁路公司的陈旧想法，让他们在铁路沿线和车站两旁留出更多净空。从当时的实际情况看，美国旅游文化确已后来居上。以美国为中心的北美旅游文化区至此正式形成。

## 第 4 节 现代旅游文化

第二次世界大战结束后，世界政治、经济、文化发生了深刻的变化，和平与发展成为世界两大主题，科技文化日新月异。旅游进入大众化时代，旅游业逐渐成为世界第一大产业。在新的历史背景下，旅游文化进一步突破地域限制，呈现出大众化、一体化的发展态势。

### 一、现代前期的旅游文化（20 世纪 50 年代 ~20 世纪 90 年代）

#### （一）现代前期的旅游体验文化

第二次世界大战后，工业革命的第二次浪潮快速向发展中国家推进。托夫勒认为，第二次浪潮时代的社会结构有六条互相联系的准则：标准化——生产、管理、文化、生活都按一定标准进行；专业化——劳动分工精益求精、越分越细；同步化——生产、生活各环节密切配合、同步一致；集中化——能源、人力、劳动高度集中；好大狂——"大"成了"有效率"的同义语，"大"就是美；中央集权化——经济管理和政府制度权力越来越集中。（托夫勒《第三次浪潮》）当"五化一狂"成为全社会共同准则的时候，它实际上变成了"一化"——普通化。无情的普通化把千差万别的东西统统拉平了。受此影响，第二次世界大战后的 40 年，普通化成为旅游体验文化的主流。与此同时，现代的旅游体验规范和虚拟旅游体验也快速发展起来。

1. 普通化的旅游体验行为方式

旅游体验的行为方式包括食、住、行、游、购、娱等，其中最重要的是行与游，行与游的普通化是旅游体验行为普通化的集中反映。

在行的方面，现代的主要交通方式是乘坐火车、轮船、汽车、飞机外出旅游。火车、轮船是近代的产物，营运伊始，只有少数人才享受得起，不出几十年，很快成为一般大众普遍选择的普通旅游方式。乘坐火车、轮船旅游至今仍是旅游者最常用、最普通的旅行方式。汽车、飞机是近代末期的产物，同火车、轮船一样，运营伊始，也只有少数人才享受得起，不出几十年，也很快成为一般大众的普通旅游工具。1986 年，英、德、意、美国内度假旅游者使用私人汽车的比例分别为 60%、80%、72% 和 85%；

1994 年，来华旅游的外国人中，乘飞机入境的占 51.1%。

在游的方面，传统游览方式有观光游、海滨游、乡村游、体育游、文化游等。第二次世界大战前，这些旅游体验形式主要为少数贵族和富人所有，对多数人来讲，还是一种可望而不可即的奢侈行为；第二次世界大战后，则成为一般大众的普通行为了。现代以来，“急行军”式的观光游不但没有拖垮旅游者，反而成了一般大众最易接受、最为普通的旅游方式；海滨游虽然受到冲击，但仍不失为大众的主要旅游方式；乡村游一经贵族开其端，广大市民便群起效仿，大众旅游又添新的种类；体育旅游，如奥运游、高尔夫游，原本也是少数人的享受，20 世纪 70 年代以来，也成为大众喜爱的普通选择之一。至于文化旅游，仅奥地利的音乐旅游，每年就有数百万游客参加。“旧时王谢堂前燕，飞入寻常百姓家。”第二次世界大战后，传统的贵族旅游方式大都普及开来，成为大众旅游普遍选择的方式了。

2. 普通化的旅游体验心理倾向

旅游体验的心理倾向包括旅游体验的需要、动机、兴趣、态度等。旅游体验的心理倾向趋于普通化，主要表现为在第二次世界大战后相当长的一段时间里，追求和谐、熟悉、稳定、可预见性的单一性旅游需要成为主流。典型的例子是团体包价的盛行和旅游观念的俗化。

20 世纪 90 年代前，团体包价是世界旅游方式的主导模式。在这种模式下，旅游者、从出发到返回的一切旅行活动都由旅行社统一组织和安排，包括旅行的时间、地点、线路、活动内容乃至旅行过程中的食、住、游、购、娱等。即使是非团体的散客，也可以通过旅行社的小包价实现自己的旅游计划。包价旅游的缺点是人所共知的：不自由、不自主、体验浅，还要面临旅行社欺诈的风险。但它的优点也是显而易见的：它能比散客自助旅游提供更多的可预见性。选择团体包价就是倾向普通或常规，回避特殊或无常。多数人旅游选择团体包价，意味着旅游体验的心理倾向趋于普通化。

旅游观念的俗化也意味着旅游体验的心理倾向趋于普通化。20 世纪 90 年代前，贵族的皮肤是白皙的，农民的皮肤是黝黑的，这是雅、俗阶层的外部标志。所以，有钱人到法国南部以及意大利休假，要带防晒油、遮阳墨镜、遮阳帽、遮阳伞等，以便保护他们的高雅标识。但是现在，西北欧的有钱人，有的把皮肤晒成棕色，表明他（她）到南欧去休假过。普通人的肤色，又成为有钱人新的身份标志。（彼得·李伯庚，2012）追求“与众不同”的“高雅”旅游观念终于与大众的、普通化的旅游观念接轨了。

3. 现代旅游体验规范的建立

随着现代旅游体验的普通化，现代旅游体验规范也形成了。

现代世界关于旅游者的法律法规早在第二次世界大战前就已经产生了，如日本在第二次世界大战前制定的古神社寺庙保护法、国宝保护法、国立公园法，以及历史古迹、名胜、天然纪念物保护法，都有关于旅游者保护旅游资源的规定。第二次世界大战后，随着大众旅游的出现，各国纷纷制定旅游法律法规，对旅游者的行为进行规范，如法国、比利时、日本、韩国、英国、美国、巴西、墨西哥等国家的旅游基本法中，都有关于旅游者权利与义务的规定；民主德国、联邦德国、南斯拉夫等国在民法的契约部分（续编）中补充了有关旅游契约的条文，其中有保护旅游者权益的内容。中国旅游法规也有类似的规定。

世界各国的旅游组织还出台了旅游道德规范，其中也有针对旅游者行为的内容。1985 年世界旅游组织第六次一般性全体大会通过了《旅游权利法案和旅游者守则》，在赋予旅游者诸多权利的同时，也对旅游者行为做出道德约束：旅游者必须尊重过境地和逗留地在政治、社会、道义和宗教方面已确立的秩序，并遵守所实行的条法和规定；对东道国的习俗、信仰和行为显示出最大的理解，并对其自然和文化遗产显示出最大的尊重；不过分强调存在于旅游者和当地人之间的经济、社会和文化差异；对东道国的文化应持接受的态度；不能从事娼妓活动而剥削他人；不能买卖、携带和使用麻醉品和其他被禁毒品。

4. 现代科幻式旅游体验的繁荣

现代前期的虚拟旅游体验有了快速的发展。1968 年，英籍科幻大师克拉克发表了具有里程碑意义的科幻式虚拟旅游巨著《2001：太空漫游》，它的续集《2010：太空漫游》《2061：太空漫游》《3001：太空漫游》也分别于 1981 年、1987 年、1997 年相继问世。同期，小说被搬上银幕。在众多的科幻式虚拟旅游电影中，美国导演斯坦利·库布里克执导的《2001：太空漫游》最为有名。影片里，为了调查神秘的石柱，一艘太空船前往木星。途中，太空船上的智能电脑哈尔发生错乱，杀死其他宇航员，剩下鲍曼船长只身向木星进发。穿越瑰丽壮观的星门，鲍曼仿佛来到一个奇特的时空，那里有人类无尽的生死轮回和宇宙的终极知识，还有神秘的黑石。鲍曼来到木星巴洛克式的古典房间，在那里迅速衰老并进化成一名“星孩儿”，凝视太空。影片对人与工具及与外星人关系的文化反思提升到新的高度。

20 世纪 80 年代，网游体验开始兴起，虚拟旅游体验即将进入网游时代。

**（二）现代前期的旅游介入文化**

第二次世界大战后，工业革命即第二次浪潮快速向发展中国家推进，标准化（生产、管理、文化、生活都按一定标准进行）成为首要社会准则。受此影响，第二次世界大战后的 40 年，标准化成为旅游介入文化的主流。

1. 现代前期的旅游服务文化

战后旅游交通服务的最大革命来自航空业。20 世纪 50 年代，欧美出现了许多民用航空公司。这些航空公司先是经营跨大西洋的旅游航线，随后在世界各地为游客提供航空运输服务。航空服务迅捷、安全、温馨、舒适，已成为交通服务的楷模。受航空旅游服务的冲击，常规海运旅游服务如同 20 世纪的马车一样渐渐衰落。到 20 世纪 80 年代，常规海运服务接待量已微不足道，海运公司只得转向少数富人旅游市场，开辟海上豪华巡游服务项目。火车服务也受到航空旅游服务的冲击。为了扭转火车客运的颓势，20 世纪 60 年代以后，许多国家都对发展火车交通给予了相当大的重视，开展了以提高火车运行速度为中心的改革，致力于发展高速铁路和高速列车。为满足汽车旅游者的需要，战后各国政府交通部门还推出了多种汽车交通服务，如长途特快汽车服务、长途包价旅游车服务、城乡之间的旅游专线车服务、机场出租车和机场大巴服务、城市和乡村的观光车服务。

作为旅游业三大支柱产业的饭店业，第二次世界大战后也取得了巨大的发展，服务质量标准化程度越来越高。从 20 世纪 50~60 年代开始，国际上推出了星级饭店的评定，即按照饭店的建筑设备、饭店规模、服务质量、管理水平，把旅游饭店的等级定为若干等（或 3 等，如日本旅馆分为高级饭店、简易饭店和国民宿舍三大类；或 4 等，如罗马尼亚分为特级、一级、二级、三级共 4 个等级；通常为 5 等，以星的数量表示）。与此同时，一些住宿业组织也越来越重视在国际上建立服务质量信誉，不断推出服务质量标准化的举措，丽思・卡尔顿、万豪、拉・玛利德饭店集团等，率先制定了旨在推进服务质量标准化的迎宾基本准则。通过这些服务质量标准化措施的不断推出，现代饭店服务质量有了显著的提升（彭顺生，2017）。1987 年，我国首次制定《旅游涉外饭店的星级划分和评定》，国家层面的饭店服务质量标准化工作就此展开。

作为标志性的旅游服务文化，旅行社服务文化在第二次世界大战后得到了迅速的发展，正式形成于 20 世纪 20 年代的旅行社综合服务产品——团体包价旅游，第二次世界大战后已成为一种规范化的占支配地位的旅行社产品，饭店客房、一日三餐、市内游览车、翻译导游、交通集散地接送、行李运输、游览场所门票、文娱活动入场券和全程陪同、往返交通客票等服务应有尽有。旅游者参团一次性预付旅费后，就可以在旅行社的组织和安排下，按照预定的时间、线路和活动内容，有计划地完成全程旅游活动。规范意味着标准，到 20 世纪 80 年代，这种规范化的旅行社产品已成为一种标准化的旅游服务文化。美国休闲学家杰弗瑞・戈比在 20 世纪末评论道：全球的旅游业绝大多数仍是“流水作业的旅游业”，全程由旅行社、旅馆、标准化的旅行“套装”、住宿和串联其中的交通往返构成。在这种过程中，旅游所遇到的不确定性降到了最低，旅游者却无法走出自己的“文化圈子”（杰弗瑞・戈比，2000）。另外，一些旅行社还在这种产品的基础上推出了诸如观看世界杯和奥运会等体育比赛、公司企业奖励旅游、迪士尼乐园等主题公园旅游、交流修学旅游、会议公务旅游等多种新的旅行社产品。

2. 现代前期的景观开发文化

第二次世界大战后，旅游的发展和科技的进步，极大地推动了旅游景观的开发。

除了传统旅游景观得到进一步开发外，新的旅游景观也源源不断地被开发出来，如农业旅游景观、名人旅游景观、生态旅游景观等。

农业旅游景观开发始于农业观光旅游的兴起。最初还是小规模的开发，产品主要是观光果园形式。后来发展到观光农业园区、观光农业带，统一规划，集观光、休闲、娱乐、教育于一体。农业景观的开发改变了传统农业仅专注于土地本身的大耕作农业的单一经营思想，把发展思路拓展到“人地共生”的旅游业与农业结合的理想模式，迎合了世界生态旅游发展的大趋势。

名人遗迹游作为一种文化旅游方式，自古就已存在，但把名人遗迹作为旅游景观有组织地进行开发，主要还是在现代。为了更好地满足旅游者的需要，许多国家和地区都将与名人有关的地点开发成旅游景点。普希金的故居、梭罗在美国瓦尔登湖的小木屋、歌德在德国魏玛的庄园、海明威在古巴哈瓦那写作《老人与海》时常去的酒馆、智利诗人聂鲁达在黑岛的故居，以及伏尔泰、雨果等人在法国巴黎的墓地等，都已被成功地开发出来。

在新的旅游景观开发中，发展势头最好、最有前景的是生态旅游景观的开发。生态旅游景观开发缘于生态旅游的兴起，最初局限于自然生态的开发，后来延伸至人文生态，与乡村、农业、民俗等旅游景观开发互相渗透。其目的是让游客在良好的生态环境中，或休憩，或疗养，或饱览民俗风光，或观赏奇珍物种，或进行健身活动，同时在此过程中增强环保意识。

新的旅游景观还包括各种新的人造旅游景观，如微缩景观、仿古景观、主题公园等。

旅游景观的开发实践推动了景观设计理论迅速发展。20 世纪 50~60 年代，在欧美的城市、交通、住宅等诸多建设领域中，反对模仿传统、追求空间而非图案和式样、强调为人使用、构图原则多样化、建筑和景观融合的现代主义景观理论流行一时。现代主义景观经历了产生、发展和壮大的过程，经过第一、第二代设计师结合传统和现实的设计，形成了不同的流派和风格。20 世纪 60 年代末 70 年代初，经济繁荣下的社会畸形发展，引发了人们对生存环境和文化价值危机的思考，现代主义景观理论进入了一个现代主义之后的多元发展时期。这一时期，传统价值观重新回到社会，环境保护和历史保护成为普遍的意识，对人类环境和现代主义的反思形成生态主义潮流，后现代主义、生态主义、解构主义等景观开发理论大行其道。20 世纪 80 年代，西方的景观开发理论再次叩开中国的大门，深深地影响了中国旅游景观的开发。

旅游景观开发所引起的一个最大问题就是景观破坏，因此，现代旅游景观开发大都将“保护”列为开发的第一原则。1978 年，联合国通过了《保护世界文化与自然遗产公约》（以下简称《公约》），将国际上公认的、对人类生存及发展有特殊价值的文化和自然遗迹列为世界遗产，予以保护。《公约》的主旨是保护而非开发，遗憾的是，一些文化和自然遗迹一经认定为“世界遗产”，便会立即成为旅游开发商争相开发的对象，安全系数不升反降。如何处理旅游景观开发与保护的关系，至今仍是一个令人头痛的难题。

3. 现代前期的旅游宣传文化

现代旅游业的发展离不开旅游宣传，这一点已成共识。所以，世界上旅游发达国家和地区，都很重视旅游宣传。旅游宣传已成为现代旅游介入文化发展最快的一支。现代旅游宣传的形式五花八门、日新月异，在前期，最基本的有以下几种：

（1）图书形式。这种宣传形式主要通过图片或书籍来进行，包括游览图、旅游交通图、旅游照片、明信片、说明书、宣传画、导游手册、旅游评论、游记等。现代旅游宣传的图书形式既有历史的传承，更有时代的创新，一般均设计精心，形式美观，色彩鲜艳，内容简明，具有灵活、多样、便于携带等特点，不需要借助其他媒介即可发挥作用。

（2）传媒形式。这种宣传形式主要借助报纸、杂志、广播、电视等传媒工具进行。现代旅游宣传的传媒形式也有传统的因素，但主要是现代科技的结晶。传媒不同，宣传效果各有千秋。传媒形式的特点是宣传面广、影响较大、应变力强，能灵活地适应市场需求，是现代旅游宣传比较普遍采用的一种形式。

（3）声像形式。这是运用现代化手段进行旅游宣传的一种很好的形式，它主要包括电影、录像带和幻灯片。声像形式有声有色、生动具体，往往给人留下深刻的印象，能起到很好的宣传效果。

（4）展销形式。这是一种让产品“现身说法”的宣传形式，常借助于世界博览会、交易会、展览会等进行。展销是一种传统的旅游宣传形式，在旅游业竞争激烈的现代，展销已演变成现代旅游宣传形式的大比拼，几乎所有现代宣传形式如宣传印刷品、工艺品、图片、声像、广播、录像带、电影、文艺队等都在这里集中亮相，此外还有各项实物展览。

除以上所列各种宣传形式外，还有派出专门人员或让驻外机构、人员在主要旅游客源国做巡回宣传；邀请外国旅行社、航空公司、旅游批发公司、旅游零售商来考察、旅游；导游宣传；户外广告宣传等。现代旅游宣传花样之多、攻势之猛，已经到了让旅游者眼花缭乱、爱恨交加的地步。早在20世纪80年代，欧洲国家颁布了《旅游与休闲通用语言：旅游与休闲跨专业词汇》《旅游与休闲通用语言：语法结构原则》《旅游与休闲通用语言：数据的基本要求》3个旅游语言标准化文件，对旅游与休闲通用语言进行规范，这应是国家层面的旅游宣传标准化的开端。

4. 现代前期的旅游研究文化

20世纪60年代前，西方旅游研究一直是在十分功利性的观念指导下进行的，因此表现出非常明显的依赖经济学方法的时代特征。60年代后，西方旅游研究开始发生根本性的变化，经济学、社会学、心理学、地理学、环境科学、生态学、管理学、符号学、政治学、史学、美学等学科的理论和方法甚至一些概念，都在旅游研究中找到了用武之地，并产生了丰硕的成果。旅游研究的多学科性，使综合性的旅游研究成为可能。西方旅游研究的根本性变化源于大众旅游的兴起。直到现在，全球性的大众旅游广泛兴起，旅游对旅游接待地的影响也日益复杂化。这样，旅游研究就很自然地介入与旅游活动相关的各个领域，从而形成了空前规模的多学科共同研究旅游现象及其相关问题的局面。

然而，旅游研究的真正综合并未实现。西方旅游学界大都习惯于根据学术兴趣选定研究课题，并根据自己的专业知识以及对旅游现象的理解与认识从事研究工作，重应用、轻理论的现象十分突出。这种状况不仅反映在英语国家出版的旅游研究刊物（如美国的《旅游研究年刊》、英国的《旅游管理》等）中，而且反映在旅游研究的博士论文中。在各种旅游研究刊物中，占有较大比例的是案例研究，以及对相关学科成型理论的嫁接应用。从申葆嘉先生对历年国外博士论文的检索结果来看，在 1951~1987 年英语国家 199 篇与旅游题材有关的博士学位论文中，与基础理论有关的题材仅有 9 篇，占全部论文的 4.52%，这充分地反映了在旅游研究中广泛存在的应用导向的研究思路［申葆嘉. 国外旅游研究进展［J］. 旅游学刊，1996（1~5）］。这一研究思路至今仍左右着西方的旅游研究，并对世界其他地区的旅游研究产生了深刻的影响。目前，中国的旅游研究虽然仍保留着重理论的传统，但坚持的已经不多了。

现代标准化运动也影响到了旅游研究文化。前述欧洲国家颁布的《旅游与休闲通用语言：旅游与休闲跨专业词汇》《旅游与休闲通用语言：语法结构原则》《旅游与休闲通用语言：数据的基本要求》3 个语言标准化文件，对旅游与休闲通用语言进行规范，旅游研究不能视而不见。当然，旅游研究的标准化主要还是表现为旅游研究规范的建立。早在 20 世纪 70 年代，托马斯·库恩（Kuhn，1970）在《科学革命的结构》中就提出学术标准问题，并将学术共同奉为标准的一系列普遍性规则、方法、概念及理论称为“范式”。在西方，已经初步形成了经验研究，特别是定量研究的普遍性方法论范式。一般来说，西方规范的旅游经验研究和定量研究范式可以分为问题、文献（理论）、假设、数据、测量、方法、发现和结论八大部分，有人称为“洋八股”。我国旅游研究恢复得晚，同期普遍缺少学术规范，被认为处在库恩所说的“前范式”阶段。这一时期，不管是东方还是西方，旅游研究质量评价标准普遍存在着“以刊代文”的现象，文章的质量等级几乎等于刊载该文的期刊的质量等级。这种情况一直延续到现在。

5. 现代前期的虚拟旅游介入

现代前期的虚拟旅游介入仍以纸游介入为主，旅游图书、影视在虚拟旅游体验中继续发挥重要作用。介入虚拟旅游的旅游图书包括游览图、旅游交通图、旅游照片、明信片、说明书、宣传画、导游手册、旅游评论、游记等。它们既是旅游宣传品，更是纸游介质，那些完整详细记载现实或虚拟旅游的纸游介质如游记、小说，极易引起虚拟旅游者的虚拟旅游。因此，有关部门积极介入。英籍科幻大师克拉克继 1968 年发表了具有里程碑意义的科幻式虚拟旅游巨著《2001：太空漫游》后，又先后于 1981 年、1987 年、

1997年相继发表了它的续篇《2010：太空漫游》《2061：太空漫游》《3001：太空漫游》，引起轰动。介入虚拟旅游的旅游影视包括与旅游有关的电影、电视、录像带和幻灯片。旅游影视有声有色、生动具体，介入效果更佳。英籍科幻大师克拉克的4部科幻式虚拟旅游巨著先后被搬上银幕，观者如潮。

20世纪80年代，网游体验开始兴起，网游介入开始出现，虚拟旅游介入文化即将进入网游介入时代。

小资料

**后现代旅游文化的特征**

所谓“后现代旅游”并不是一种知识性和学理性的探究，它更多的是对现代旅游在休闲、交往和审美中表现出来的工具理性和功利主义的嘲弄。它的实质是以一种开放的、随心所欲的、游戏的心态对待旅游中的多元文明、多种选择和多条路径，消解现代旅游文化的公共性，将旅游转化为当下的私人事件，重建休闲、交往与审美的经验论本质，在对他种人生不可预知的尝试中体验全新生命的激荡，最终重建人的想象力和创造性。

在形式与内容上，中国与西方的后现代旅游都在跨越文化边界、跨越时空限制的范围内进行着大量的文化吸收，即将古今中外的旅游经验都作为旅游文化新创造的符码和工具，在跨文化和跨时空想象中创造性地加以利用。然而，就其方法而言，西方的后现代旅游更多地表现为，以各种已被传统认定为粗俗、混乱、颠倒、不知所措、矫揉造作或者无厘头的方式进行旅游，感性地张扬多元化的可能性；而中国的后现代旅游则大量表现为，随意抽取、破碎和连缀古代旅游文化中的解构精神、实用主义和世俗倾向，以浪漫主义的手法消解现代旅游所设立的概念对立和不平等。

在价值和内涵上，无论中国还是西方的后现代旅游都在进行没有深度的平面尝试，既不再追求或消解旅游背后的形上意蕴，也不再关注于稳重的文化深度。当宗教不再成为人们心中的信仰，伦理不再统治人们当下实践的时候，宗教及宗法文化背景下的那些具有超功利指向的旅游文化行为，就失去了其超越性的文化内涵，只剩下技术性的外壳；当科学求知与社会交往已被现代旅游业抽干了内涵，日益商业化、表面化与科层化的时候，现代性背景下那些具有文化资本价值的旅游文化行为也失去了其文化意识形态下的魅力，只剩下工艺性的外壳；旅游的形上意蕴与文化深度已经全面失守。但是，丧失了原有价值与内涵的旅游的技术与工艺，却依然可以被旅游者拿来演绎他们的理念。在当代，一段新闻或者一部影视剧就能引起一阵旅游的热潮，而这些热潮除了表明旅游者具有“选择流动、亲历现场的自由”，很难发掘出太多的深度。

在功能和意义上，中国和西方的后现代旅游都是一种消解了深度模式的个性张扬和没有统一标准的休闲、交往与审美的尝试。如果说现代旅游借助科学理性打破了宗教的和宗法的遮蔽，创造了符合人类的“类性”旅游，那么后现代旅游则是通过更真切地逼近旅游者个人的感性欲求，来实现对现代旅游日常生活的抵御与反驳。后现代旅游者既不承认古代旅游的文化深度，又反对现代旅游的工具理性。他们在消解深度模式、实践价值多元的旗帜下，以简单直接的方式将自己的感性欲求与旅游行为对接，使后现代旅游呈现出实用、世俗乃至粗俗的气息。后现代旅游者坦荡从容，甚至极尽张扬地表现着他们简单而又感性的愿望，他们的行为削平了各种旅游文化模式之间的价值差异：一切都是碎片，一切都是游戏，一切都不再有既定的价值；什么都可以干，怎么干都行；一切胆大妄为、荒诞滑稽都可以流行，却又都昙花一现，宛如“生命中不能承受之轻”，而这就是后现代旅游放浪的意义。

从古代的高尚、现代的理性到后现代意义的丧失、价值的断裂和心灵的虚无，旅游文化旅行了一周只剩下一片文化废墟。在废墟的原野上，我们见识了过去，却不知道未来，只能盼望着旅游者们在这个危险与自由并存、充满未定性的文化“空场”中，自由地面向自然，面向他人，面向自我，重建人的诗意安居。

（摘自梅毅《试析中国旅游的历时性特征》，《江西社会科学》2006 年第 1 期）

## 二、现代后期的旅游文化（20 世纪 90 年代至今）

### （一）现代后期的旅游体验文化

从 20 世纪 90 年代开始，世界步入了大众旅游的黄金时代。在这个时代里，“游”者越来越追求个性化，旅游体验文化的个性化趋势越来越明显，主要表现有 3 点：一是普通旅游体验个性化，二是个性旅游体验扩大化，三是虚拟旅游体验普及化、定制化。

1. 普通旅游体验个性化

教育旅游是一种非常普通的旅游体验方式。在欧洲，教育旅游可以追溯到大旅游时代。那时，为了出国游学，要先学习外语。现代以来，特别是 20 世纪 90 年代以来，语言学习旅游逐渐成为教育旅游的一个分支。旅游者，尤其是学生旅游者，已将语言学习旅游看作自我实现、自我表达、自我更新的一种方式。在欧盟范围内，这种旅游方式受到文化教育部门的鼓励，也受到学生和家长的欢迎。在美国、加拿大和澳大利亚等国，短期的语言学习旅游作为开阔视野、增长见闻的一种补充教育方式，已经纳入了许多大学的正式教学计划。

乘坐火车、游船旅游也是一种非常普通的旅游体验方式。现代以来，这种方式已传统得既让人厌倦，又让人难舍。于是，20 世纪 90 年代后，世界上不少旅游者纷纷尝试乘坐豪华列车、豪华邮轮的旅游方式。目前，豪华列车旅游在欧洲、美国、东南亚等国家发展较快，豪华邮轮旅游则在地中海、加勒比海有稳定市场，经营豪华列车、邮轮旅游的公司已经将其建设成为一个相对独立的品牌。在欧美一些发达国家，豪华旅游方式已不足以显示其个性，更具个性的超豪华旅游方式出现了。这种为极少数旅游者享用的旅游方式又称为“极品旅游”，其特点是：花费特别高、可以自己安排线路和住宿地点、所有消费都追求最高级的品牌和等级、可以自由参加各种娱乐活动、配有专用服务员。

2. 个性旅游体验扩大化

在普通旅游体验个性化的同时，一些生来就具有较多个性色彩的传统旅游体验方式也发展起来，其中最典型的是探险旅游、自驾车旅游和背包旅游。登山探险、极地探险虽古已有之，但作为一种旅游方式在世界范围内流行起来，还是 20 世纪 90 年代的事。如今，登山探险、极地探险不仅在西方盛行，在中国也有方兴未艾之势。自驾车旅游的出现要比探险旅游的出现晚得多，20 世纪 90 年代后，自驾车旅游发展速度惊人，每当假期来临，驾驶自家汽车的美国人、英国人、法国人……就会一窝蜂地涌向度假胜地和野营地，造成严重的交通堵塞。目前，自驾车旅游在中国等发展中国家和地区已然成为一种时髦的旅游方式。背包旅游产生于 20 世纪 60~70 年代，是欧美年轻人追求个性的结果和表现。20 世纪 90 年代后，背包旅游已流行世界各地。从欧美到非洲，从亚洲到大洋洲，到处都能看到这样一些年轻人：手执一张地图，身背一个大双肩包，全身便装，脚踏旅游鞋，步行穿梭在城乡山水之间。

3. 虚拟旅游体验普及化、定制化

如前所述，网游体验兴起于 20 世纪 80 年代，是一种充满个性的虚拟旅游体验。20 世纪 90 年代以来，越来越多的人加入网游体验行列中来。“一项新的研究发现，45% 的成年美国互联网用户利用了能够使他们虚拟地到其他地方旅游的功能。尽管大多数网络活动都是年轻人的天下，但年龄稍大些的用户更喜欢参加虚拟旅游活动……城市和受教育程度较高的互联网用户也更喜欢参加虚拟旅游。”（刘彦青，2005）有些网游者连这样充满个性的体验也不满足，进一步要求定制具有特殊纪念意义的虚拟旅游产品，如独特的“旅游线路”、全套的“旅游证明”。

科幻式旅游体验也快速普及开来，而且科技含量越来越高，1997 年上映的科幻片《超时空接触》(《接触未来》) 就是例证。影片主角艾莉·爱罗薇从小就对外太空感兴趣，并用无线电接收其他地域和空间的信号。长大后，她成了一名从事外太空生命搜索的专家。终于有一天，爱罗薇破译了来自太空的密码，并制造出穿越太空的时空机器。爱罗薇的座舱被慢慢放入时空机器时，不可思议的事情出现了：座舱变得透明，时空机器载着爱罗薇穿越光怪陆离的隧道，来到了一个星球的沙滩上，而欢迎她的竟是过世多年的父亲！18 个小时后，爱罗薇只用几秒钟的时间便返回地球，意味深长地说：“我们并不孤独！”《超时空接触》是目前好莱坞所拍摄的科学含量最高的真正意义上的科幻片之一，调查表明，美国有 97% 的民众相信影片所述的内容。该片系当今好莱坞一群超级精英制作，剧情饱满，表演精湛，视听效果上乘，全球票房高达 1.66 亿美元。

4. 现代后期的旅游行为规范

现代后期，随着旅游的发展，旅游行为规范也越来越完善。2013 年，《中华人民共和国旅游法》颁布，第二章即为“旅游者”，旅游者在该法中占据首要地位。有些国家的地方政府或旅游景区还制定了针对旅游者的专门法规。在意大利，威尼斯旅游主管部门规定：赤膊散步者和在圣马可广场上野餐的游客要缴纳 250 欧元罚款，这笔钱足以吃一顿丰盛的大餐；温泉疗养胜地蒙特卡蒂尼规定：在公园长椅上睡觉者可处以高达 500 欧元的罚款，相当于高级酒店里一夜的费用；海滨城市卡布拉斯则禁止游客在风光最优美的海滩上吸烟，在其他海滩乱扔一枚烟蒂也要被处以 325 欧元的罚款（意大利重罚不文明游客［N］. 参考消息，2005 年 8 月 9 日第 6 版）。

与旅游法规相伴的还有旅游道德。世界旅游组织第十三届大会 1999 年 10 月 1 日在智利首都圣地亚哥通过了《全球旅游伦理规范》，对旅游道德做了原则性的规定。《全球旅游伦理规范》的通过，标志着全球旅游道德的初步形成。2006 年 10 月，中国颁布了《中国公民国内旅游文明行为公约》和《中国公民出境旅游文明行为指南》，提出了国内旅游时维护环境卫生、遵守公共秩序、保护生态环境、保护文物古迹、爱惜公共设施、尊重别人权利、讲究以礼待人、提倡健康娱乐等八条文明公约和出国旅游时神情仪表、举止言行等方面的具体指南。

目前，关于旅游者的专门的旅游道德、法律规范并不多见，现代旅游习俗也正在形成中，所以，针对旅游者的旅游行为规范还不能说是一种成熟的旅游文化。

**（二）现代后期的旅游介入文化**

旅游介入文化的标准化对推进服务质量目标化、服务方法规范化、服务过程程序化、服务质量优质化具有重要意义，但整齐划一的标准很难满足灵活多变的旅游需要，因此，随着个性化旅游体验的发展，旅游介入文化在标准化的基础上也日益突出个性化。

1. 个性化的旅游服务文化

20 世纪 90 年代，国外饭店业首先提出个性化服务的理念，即以规范化服务为前提和基础，在满足一般游客的一般要求的基础上，进一步发现与满足不同客人的个性需求，其后流行全球。威斯汀集团推出“2000 威斯汀客房”的全新概念：客房因客人而异，设有商务、休闲、奖励旅游、会议、度蜜月等主题，充分满足不同客人的需要。另外，在卫生间、客房内灯光和温度调节、服务方式（如“默默无声的服务员”的服务设计以及使饭店员工尽可能避开客房，以免打扰客人）等方面，旅游饭店也有革命性的个性化创新。

新时期旅游交通服务同样也充满个性化色彩。在航空服务方面，出现了一种新的航空业经营理念——任何一位对于交通工具选择没有偏好的顾客都有可能成为本企业的消费者。这种新的理念代替了以前忽视服务的观念，对铁路及机场的经营有很大影响。在轮船服务方面，20 世纪 80 年代后，海运公司开辟海上豪华巡游服务项目，满足游客的个性化服务需要。在铁路服务方面，许多国家都在改善火车服务条件、提高服务质量方面狠下功夫。其中最为重要的举措是开辟观光列车和专项旅游列车服务项目。在汽车服务方面，面对铁路、航空领域的激烈竞争，从 20 世纪 80 年代起，欧美长途客运开辟了更加舒适的直达特快客运线路，并提供盥洗室及各种在途服务。

旅行社也不断调整服务战略，推出更多个性化服务产品，如小包价旅游产品、组合式旅游产品等。小包价旅游产品由非选择部分和可选择部分构成。非选择部分包括接送服务、住房、早餐、国内城市间交通费和手续费，旅游费用由旅游者在旅游前预付；可选择部分包括导游、风味餐、节目欣赏和参观游览等，费用既可预付，也可现付。组合式旅游产品是一种介于团体旅游和散客旅游之间旅行社产品。客人通过旅行商预订之后，三三两两地从不同的地方出发，前往同一目的地，抵达后就地成团，由当地旅行社接待。两种产品灵活性强，更加尊重客人选择和活动的机会，因而颇受旅游者尤其是青年人和家庭式旅游者的欢迎。在中国，全国各大旅行社也纷纷推出有特色的定制服务，无论是市内游、国内游，还是出境游，游客都将享受到更加个性化、人性化的服务。

2. 个性化的景观开发文化

为适应大众旅游从普通化向个性化的转变，欧美一些主要的海滨旅游地采取了新的开发策略，如开发新景点、提高接待质量、挖掘资源潜力、完善通信设施、改进环境质量、扩大市场营销活动和开展调查研究等。传统的山地旅游地也正在尝试各种新的开发理念，以适应个性化旅游方式。国际旅游学者拉夫蒙特（1995）认为，国际旅游业的日益增长，要求每一个地方或每个国家都具有自己的个性。为了实现在国际旅游业中的竞争优势，每个国家都需要注重创新性及优越性。根据这个规则，每个地方、每个国家都在生产、声明和标注当地民族的特征以吸引国际游客。事实上，为了吸引游客，国家可以利用当地的资源开发出大量具有民族个性的景观产品，如虚拟景观、生态景观、历史景观、传统社会的文化遗产和工艺技艺。这些产品不仅吸引外国游客，也吸引了本国的游客。

传统的旅游规划只注重地方经济发展、就业增长以及收入的增加，忽略环境、社会文化的影响，旅游的负面作用日益突出。于是，可持续旅游发展纳入议程。可持续旅游发展是一个全新的概念，它关心自然生态的保护，也注重改善目的地社区的社会经济发展，强调社区的发展不应以牺牲环境为代价，各种社会经济和环境指标是人们要考察的。同时，人们保护环境的意识和概念也不可或缺。所以，自 20 世纪 90 年代开始，在旅游目的地规划中，如何保护环境、消除社会和文化的不利影响、最大化可持续的经济收入以及最小化负面的影响，成为研究者关心的核心问题。

3. 现代后期的旅游宣传

20 世纪 90 年代后，世界各国加大了旅游宣传的投入。1991 年，43 个主要旅游国家共投入 5.559 亿美元用于对外宣传促销，1992 年，这个数字增长到了 6.245 亿美元（增长 12.3%），1993 年又达到 6.769 亿美元（增长 8.4%）。分地区来看，同期增长率最高的依次是非洲（1992 年增长 15.1%，1993 年增 20.6%）、东亚（增长分别为 13.4% 和 43.6%），中东（增长分别为 23.9% 和 12.1%）。按国别分，当时作为世界第三大旅游目的地的西班牙 1992 年促销预算高达 85105 万美元，1993 年投入了 7769 万美元。紧随其后的是当时世界第一大旅游目的地法国，1992 年投入了 7179 万美元，1993 年投入了 6925 万美元（胡克红，1996）。

现代后期的旅游宣传除传统的图书、传媒、声像、展销等形式外，又多了一种手段——网络。目前网络已成为旅游城市、旅游企业宣传的重要窗口，国内外有很多省区市、旅游景区都有了自己的旅游专业网站，如美国的 Priceline.com、Tripadvisor.com（中文名：猫途鹰网）、Expedia.com、HomeAway、Booking.com（中文名：缤客网）、Agoda.com（中文名：安可达网）、Hotel.com（中文名：好订网），以及印度的 MakeMyTrip.com、巴西的 HotelUrbano.com、中国的“携程”等。作为一种新兴的媒体，网络媒体以其具有的即时性、广域性、互动性、经济性等特性，有利于及时发布旅游资讯，有利于广泛发布旅游信息，有利于促进旅游消费决策，有利于节约旅游宣传成本，所以近年来获得了迅猛的发展和广泛的应用，日益成为旅游宣传的良好平台。网络媒体既是旅游宣传的良好平台，也是旅游炒作的天然推手。当前，在旅游恶性炒作呈愈演愈烈之势的背景下，如何规范旅游宣传是传媒业和旅游业在新的历史阶段共同面临的重要课题。

4. 现代后期的旅游研究

20 世纪 90 年代后，西方的旅游研究发生许多变化，学者宋海岩、张朝枝、谢雪梅等均有论述。

谢雪梅等以《旅游研究纪事》（Annalsof Tourism Research）《旅游管理》（Tourism Management）和《旅游研究杂志》（Journal of Travel Research）上发表的 1500 多篇文献为研究样本，运用聚类方法，将 1998~2007 年的西方旅游研究分为 1998~1999 年、2000~2006 年和 2007 年三个阶段。再以 1998 年、2003 年和 2007 年为样本年份，就研究内容、研究方法、关注区域和文献来源等方面进行比较分析，了解国外旅游研究近 10 年的发展变化趋势。结果显示：旅游者行为、旅游业、基础理论研究、旅游管理和目的地研究一直是国外研究的重点内容；国外旅游研究文献主要来自旅游业发达国家和地区，发展中国家较少；研究关注的区域依次是北美洲、欧洲、亚洲和大洋洲等；研究方法主要集中在因子分析、相关分析、回归分析、聚类分析和经济模型分析等方面（谢雪梅等，2009）。

宋海岩、张朝枝等则从研究角度、研究范式、研究导向三方面分析了本阶段西方旅游研究的发展趋势。在研究角度上，由于旅游现象和旅游有其独特的含义和特点，加之旅游专业背景的研究队伍的壮大，旅游研究视角正由传统学科转向旅游本身（宋海岩，2009）。在研究范式上，世界经济社会现象日益多元化，本体论发生变化，学术研究向"表演性范式"（performative paradigm）转向。在研究导向上，全球的时间与空间关系快速变化，社会流动性增强与人类的身份迷失、人类的认识论发生变化，传统的理论适用性受到挑战，学界呼吁新旅游、希望旅游。同时，学界呼吁批判旅游转型和道德转向，希望旅游更多地关注道德与伦理责任，并以此作为研究的本质价值导向。

20 世纪 90 年代以来，中国旅游研究经历了问题提出、理论引进、技术模仿 3 个阶段，研究范式逐步与西方接轨。"狭窄的实证研究"的盛行，其代价往往就是理论构建与概念思辨的缺失（张朝枝，2014）。

5. 个性化的虚拟旅游介入

随着网游的兴起，网游介入文化兴盛起来。目前已经陆续开发出一些网游介入系统，如桌面虚拟现实系统——主要通过计算机显示器来显示虚拟世界；座舱式虚拟现实系统——主要通过置身于特制的转动座舱，从不同的角度观看虚拟世界；沉浸式虚拟现实系统——用户通过头盔式显示器或全方位监视器自由环顾虚拟空间（详见第 4 章第 2 节）。网游介入系统为人类开辟了一个新的生存和休闲空间，它的出现标志着虚拟旅游介入文化的正式形成。

受网游体验个性化的影响，网游介入文化也日益个性化。1995 年 3 月，卡内基·梅隆大学的罗伯特·阿姆斯特朗（Robert Armstrong）等人在美国人工智能协会上提出了个性化导航系统（Web Watcher）；斯坦福大学的马尔科·巴拉巴诺维奇（Marko Balabanovic）等人在同一次会议上推出了个性化推荐系统 LIRA；8 月，麻省理工学院的亨利·利伯曼（Henry Lieberman）在国际人工智能联合大会（IJCAI）上提出个性化导航智能体 Litizia。这三个系统被公认为个性化服务发展初期最为经典的系统，标志着个性化服务的开始（曾芬芳，1997），也标志着网游介入文化个性化的开始。其后，极具个性的定制化虚拟旅游介入也流行开来。一些网站应网游者制定虚拟旅游产品的特殊要求，已接受虚拟旅游产品的定制业务。这些虚拟旅游产品包括独特的"旅游线路"，甚至全套的"旅游证明"。如在俄罗斯珀修斯旅行社网站，只要支付 300~500 美元，"游客"就能得到全套证明其出国旅游的材料，包括机票、登机卡、纪念品以及用电脑制作的留念照片。不仅如此，旅行社还会为顾客写好"旅行线路"，编好"旅行故事"，包括他们曾在哪里停留、遇到过什么人、在哪家饭店就餐以及参观了什么景点等，可谓细致入微（赵卓昀．"好梦一日游"办到俄罗斯 小旅社廉价卖虚荣［EB/OL］．新华网，2006 年 4 月 30 日．）。

## 内容举要

旅游文化史研究成果丰富，但其基础理论研究却十分薄弱：旅游文化史内涵缺乏专门探讨，与旅游史内涵混淆不清；旅游文化史分期多套用社会史分期，自身特殊性湮没不彰。旅游文化史不同于旅游史，它是旅游体验与介入文化的发展史；旅游文化史分期不应随社会史亦步亦趋，应根据自身的阶段性特征另辟蹊径。旅游体验文化与旅游介入文化发展不同步时，界标的确定应以旅游体验文化为重心；各地旅游文化的发展不平衡时，界标的确定应以旅游文化相对发达者为重心。按此原则，从宏观的角度看，整个旅游文化史可分为古代、近代、现代三个大的历史阶段，起讫时间分别为公元前 31 世纪、18 世纪中叶、20 世纪中叶、现在；从中观的角度看，古代旅游文化可分为形成、消长、嬗变三个时期，分界线分别是 2、3 世纪之交和 14 世纪中叶；近代旅游文化和现代旅游文化则分别以 19 世纪中叶和 20 世纪 90 年代为界，各自分为前后两个时期。

古代的旅游文化是多元发生的，埃及、西亚、欧洲、中国等都是旅游文化的发源地。至 2 世纪，古罗马的旅游文化以古希腊旅游文化为基础，兼容地中海周边的旅游文化，大体具备了贪图享乐、追求刺激、张扬个性、讲究科学、偏爱冒险等基本特征。而中国先秦及秦汉时期则形成了以怡情、修身、观道、恤民为基本特征的政治—伦理型旅游文化。192 年，罗马安顿尼王朝灭亡，罗马帝国陷入最混乱时期。随着罗马帝国的衰落，西方严格意义的旅游在 3~12 世纪不绝如缕，这一时期的旅游文化也一蹶不振。从 12 世纪开始，欧洲工商业城市普遍兴起，欧洲的旅游活动有所恢复，古代欧洲的旅游文化出现复苏的迹象。随着封建社会的成熟和古代旅游的进步，3~14 世纪中叶的中国旅游文化又迈上新的台阶，无论旅游观念、旅游体验，还是旅游服务、旅游景观设计，都超越了先秦及秦汉时期，旅游文化在总体水平上遥遥领先于世界。14 世纪 ~18 世纪中叶，西方旅游文化迎头赶上，中国旅游文化也达到古史最高峰，世界旅游文化进入新旧交替的历史阶段。

18 世纪中叶，西方旅游文化率先迈入近代的门槛。在西方的引领下，世界旅游文化开始了缓慢的近代化过程，直至 20 世纪 50 年代旅游文化大众化时代的到来。在前期，西方旅游文化率先迈入近代的门槛。自然观光成为旅游大宗，人、家、山、水、林、沙、星、云成为自然旅游体验的永恒主题；假日旅游风靡一时，温泉旅游体验和海滨旅游体验成为中产阶级的时髦风尚和不可缺少的生活方式；前所未有的探险、考察旅游大潮出现了，形成了惊心动魄的另类旅游体验文化；大饭店服务文化、轮船服务文化、火车服务文化相继出现，近代旅游介入文化开始形成；随着美国的独立，北美旅游文化区也开始形成。在后期，世界近代旅游文化出现新的局面：北美自然观光体验沛然兴起，西方温泉度假疗养旅游进一步发展，海滨旅游进入疗养娱乐阶段，探险、考察体验在世界各地广泛普及开来，科幻旅游体验达到新的高峰；交通服务文化从传统转向现代，饭店服务文化从贵族化转向平民化，旅行社服务文化成为近代旅游服务文化的标志，旅游宣传成为近代旅游介入文化的亮点，有组织的旅游景观开发开始兴起，旅游研究从文化向经济转移。中国旅游文化充满忧患意识并与西方接轨，北美旅游文化区完全形成并与欧洲旅游文化区交相辉映。

第二次世界大战结束后，旅游文化进一步突破地域的限制，呈现出全球化、一体化的发展态势。在旅游体验文化方面，20 世纪 90 年代前，旅游体验的行为方式和心理倾向均趋于普通化，普通化成为旅游体验文化的主流；20 世纪 90 年代后，普通化旅游体验个性化，个性化旅游体验扩大化，虚拟旅游体验普及化、定制化。个性化旅游体验的脚步明显加快。在旅游介入文化方面，20 世纪 90 年代前，旅游介入文化盛行标准化：一是旅游介入文化的行为标准化，二是旅游介入文化的产品标准化；20 世纪 90 年代后，旅游介入文化凸显个性化：旅游服务文化上，20 世纪 90 年代国外饭店业首先提出个性化服务的理念，其后流行全球；在景观开发文化上，为适应大众旅游从普通化向个性化的转变，欧美一些主要的海滨、山地旅游地采取了新的开发策略；在虚拟旅游介入文化上，随着网游体验日益个性化，网游介入文化也日益个性化。

## 案例分析

**阅读下面材料：**

在人类生活的早期，旅游属于劳作性质的旅行活动。生活在原始生态环境中的先民，在其周围的资源不足取用时，便开始向大自然的纵深处前进。这样，采集、渔猎、游牧、交换、迁徙等原始的旅游活动便产生了，远行和登临这些旅游的基本的空间逾越方式也随之出现。以劳作为主的旅行使先民突破了聚居的生活定式，自然引发了休闲性的旅游行为。为了向旅游者提供服务，早期的旅游中介体应运而生，为了规范旅游行为，旅游制度和法规也同时形成。于是旅游文化各个环节及层面的诸多事象便一一发生了。旅游文化的发展历程，反映了人类在旅游活动中的创造过程，也反映了旅游主体在旅游中的人格塑造过程。上古时期，中国旅游文化和西方旅游文化系统分别在欧亚大陆的东、西两端发生并成型。由于地理环境和社会土壤的差异，两大地区形成了具有各自特色的旅游文化体系。中国的旅游文化重在向内修身和怡情，西方旅游文化重在向外探求和征服；前者以向善寻美为目的，后者以求真逐利为宗旨。

（摘自谢贵安《旅游文化学》，高等教育出版社 1999 年版）

**请分析：**

1. 依照作者的观点，旅游文化、旅游、旅行实际上是什么关系？
2. 按照这样的观点，旅游文化史将变成一部怎样的历史？
3. 你认为旅游文化史、旅游史、旅行史是否应有区别？

## 思考与练习

1. 试析旅游文化史的内涵与分期。

2. 试析古代旅游文化的特点。

3. 试析近代旅游文化的特点。

4. 试析现代旅游文化的特点。

5. 试用图表形式整理旅游文化演进的基本线索（包括时间、空间、旅游体验文化、旅游介入文化等要素）。

## 推荐文献

1. 王永忠 . 西方旅游史［M］. 南京：东南大学出版社，2004.

2. 彭顺生 . 世界旅游发展史（第 2 版）［M］. 北京：中国旅游出版社，2017.

3. 冯天喻等 . 中华文化史（第 3 版）［M］. 上海：上海人民出版社，2010.

4. 彼得 · 李伯庚 . 欧洲文化史（第 2 版）［M］. 上海：上海社会科学院出版社，2012.

5. 庄锡昌 . 世界文化史（第 2 版）［M］. 南京：江苏人民出版社，2006.

6. 梅新林等 . 中国游记文学史［M］. 上海：学林出版社，2004.

7. 喻学才 . 中国旅游文化传统（增订本）［M］. 南京：东南大学出版社，2016.

8. 王淑良 . 中国旅游史（第 2 版）［M］. 北京：旅游教育出版社，2009.

9. 陈峰 . 游旅篇［M］. 西安：三秦出版社，1998.

10. 谢贵安，谢盛 . 中国旅游史［M］. 武汉：武汉大学出版社，2012.

11. 让 · 韦尔东 . 中世纪的旅行［M］. 北京：中国人民大学出版社，2007.

12. 马勇等 . 中国旅游文化史纲［M］. 北京：中国旅游出版社，2008.

13. 邹本涛，曲玉镜 . 旅游文化史：内涵与分期的再探讨［J］. 旅游学刊，2015（12）.

14. 章必功 . 中国旅游通史［M］. 北京：商务印书馆，2016.

15. 埃里克 · 朱洛 . 现代旅游史［M］. 北京：商务印书馆，2021.

16. 马克 · 布瓦耶 . 西方旅游史［M］. 桂林：广西师大出版社，2022.

# 第 7 章　现代旅游文化的建设

【学习目标】

通过本章的学习，了解旅游文化建设的意义，掌握旅游文化建设的原则及旅游体验文化与介入文化建设的方法，为建设旅游文化提供指导。

【内容结构】

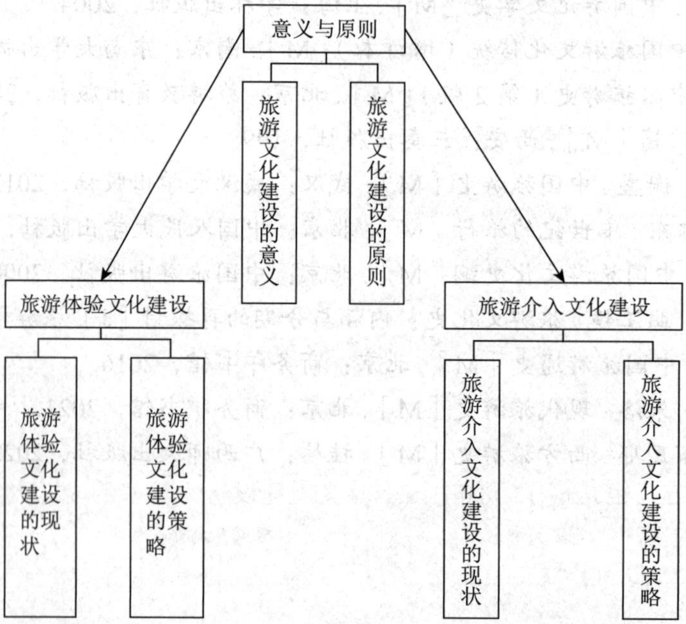


【重要概念】

旅游文化建设　旅游体验文化建设　旅游介入文化建设

## 第 1 节　现代旅游文化建设的意义与原则

### 一、现代旅游文化建设的意义

建设的基本含义是“创立新事业”“增加新设施”。现代旅游文化建设就是在原有成就的基础上，对旅游文化进行更新、升级，使之朝着正确的方向发展、壮大，成为适应现代社会的文化。

旅游文化具有改塑自然、发展文化、推动社会、繁荣经济、陶冶情操等独特功能。旅游文化是旅游的核心和旅游矛盾调节器，是旅游业的灵魂和旅游经济的新增长点，是文化的一支和文化发展的推动力。（详见本书第 2 章）旅游文化功能的发挥和地位的高低，在很大程度上取决于旅游文化建设的好坏。所以，旅游文化建设不仅关系到旅游文化本身的命运，也关系到自然、社会、经济、文化、旅游、旅游业的发展。具体说来，旅游文化建设具有以下几方面意义。

#### （一）推动旅游文化的发展

旅游文化的发展是自发的，也是自觉的。自发的旅游文化是文化规律自动运行的结果，往往带有盲目性。自觉的旅游文化则是文化规律和社会调控的结果，具有明确的目标。所谓社会调控，包括了人们对旅游文化有计划的建设。旅游文化是否经过有计划的建设，其发展进程是不一样的。

古代的旅游文化基本是自发的，近五千年的旅游文化轨迹可以说是断断续续、飘忽不定，发展速度极其缓慢的。在这期间，政治清明、经济繁荣、文化昌盛的时代也是有的，但旅游文化的发展总体上落后于良好的环境，罗马帝国鼎盛时期是如此，阿拉伯帝国鼎盛时期是如此，中国的汉唐盛世、康乾盛世也是如此，以致旅游文化史家找不到足够的史料来书写该时代的旅游文化史，只好抓住几个旅游文化史人物大写特写，甚至拉一些商人、使者、殖民者、迁徙者前来充数。落后的原因是多方面的，其中之一就是忽略旅游文化建设。那时只有自发的建设行为，没有清晰的建设意识。中国古代旅游文化总体水平高于西方，也是借了古代中国旅游文化建设行为较多的光。古中国对旅游文化的引导、规制胜于西方，这是显而易见的。事实俱在本书第 6 章，不再赘述。

近代以来（从 18 世纪中叶算起），旅游文化的发展只有两百多年的历史，但无论在规模还是质量上都远远超过此前五千年的总和。这固然得力于社会、经济、政治、文化的发展，旅游文化建设由自发进入自觉阶段也是一个重要原因。在近代，旅游文化建设仍处在自发阶段，但旅游文化建设的活动明显增多了，一些国家或地区开始投入大量的人力、物力、财力，用于旅游服务、景观开发、旅游宣传和旅游研究，一些涉及旅游行为的法律规范也开始制定。与此相应，旅游文化也得到了空前发展。现代以来，旅游文化建设的意识大大增强，旅游文化建设进入自觉阶段，旅游文化也迎来了大发展时期。20 世纪 80 年代末，中国学者已明确提出旅游文化建设的概念及构想，30 多年来，中国旅游文化建设硕果累累，旅游文化发展也进入历史最好时期。

旅游文化建设是旅游文化发展的动力，过去如此，现在如此，将来也是如此。

**（二）增强旅游者的文化素养，提高旅游体验的质量和水平**

从本质上看，旅游活动实际上是以获得心理快感为目的的审美过程和自娱过程，是人类社会发展到一定阶段时人类最基本的活动之一（谢彦君，2004）。根据亚伯拉罕·马斯洛的需求层次理论，旅游动机的产生缘于人们温饱之后对更高层次的享受。而旅游者外出旅游所获得的精神上的享受和心理上的满足，正是旅游体验的魅力之所在。据专家调查，英、美、日、德、法、澳等国的旅游者无一例外地把“与当地人交往、了解当地文化和生活方式”当作出境旅游的三大动机之一。各国去欧洲的旅游者中，65% 的人是进行文化旅游（孙玉波，1995）。在这种跨文化的旅游活动中，人们通过旅游文化来识别外来文化与自身文化的区别和联系，享受外来文化的精髓，进而重新认识自身文化，提高自身的文化素质。

旅游文化建设包括旅游体验文化建设和旅游介入文化建设。旅游体验文化建设的重点有二：一是旅游体验文化主体——旅游者，二是旅游体验文化过程——旅游体验。其目的正在于增强旅游者的文化素养，提高旅游体验的质量和水平。实践证明，旅游体验文化建设搞得好的时期或地区，旅游者的文化素质明显增强，旅游体验的质量和水平明显提高。反之则相反。以中国为例，“文革”时期，旅游体验文化建设同其他文化建设一样惨遭破坏，国内旅游者文化素质明显下降，旅游体验的质量和水平大大降低；改革开放以后，旅游体验文化建设开始恢复，国内旅游者文化素质随之上升，旅游体验的质量和水平也不断提高。旅游者文化素质的高低、旅游体验质量与水平的升降固然不完全取决于旅游体验文化建设，但两者之间的正比关系却告诉我们：旅游体验文化建设的好坏确实对旅游者的文化素质与旅游体验的质量有直接影响。旅游介入文化的建设重点虽不全在旅游者和旅游体验的质量上，但同样对旅游者和旅游体验的质量有重要影响。毕竟，旅游介入文化的介入对象是旅游，而旅游介入文化建设是指向旅游介入文化的。

在当今的国际旅游活动中，随着科学技术的进步和文化教育的普及，人们的文化素质不断提高，消费观念也日益更新，对旅游体验的质量要求更高。人们不再满足于观光、休憩、消遣和娱乐等简单的需求，而是希望在旅游活动中体会更多的文化内容，寻求深层次的文化欣赏，感悟不同文化的深厚底蕴。从这个层面上讲，加强旅游文化建设刻不容缓。

**（三）强化旅游介体的文化经营，促进旅游业的持续健康发展**

现代旅游文化建设对于旅游业保持自身特色、增强经济实力、提升从业人员素质、提高国际竞争力，进而实现旅游业持续健康的发展等方面具有重要的作用。

第一，旅游文化建设是一个国家旅游业保持自身特色的重要途径。旅游业的特色在于其文化的民族性。人们常说“民族的东西是独特的，文化的流传是久远的”。世界上的一切物质都可以模仿，但唯独文化很难模仿。民族的旅游文化是旅游业的特色和灵魂，一个国家的旅游业若缺少了本民族旅游文化的底蕴，便失去了特色，失去了灵魂，同时也失去了强大的吸引力。旅游文化建设包括旅游介入文化建设，旅游介入文化既是旅游业文化的重心，也是旅游文化建设的主要对象，而保持民族性又是旅游文化建设的重要原则，因此，保持旅游业的自身特色离不开旅游文化建设。一些旅游企业大打旅游文化品牌，实施旅游文化战略，已经在保持企业特色方面收到了良好的效果。

第二，旅游文化建设促进旅游业经济实力的增长。文化蕴藏着巨大的经济价值，旅游文化建设则是这种经济价值实现的转换器。有人说，“旅游是以一国一民族独特的文化招徕旅客赚取外汇的文化经济”（李刚，1990）。为此，世界上许多旅游业发达的国家先后实行了“文化经济”新战略。美国洛杉矶文化旅游负责人罗伯特·巴雷说：“文化旅游大概是美国增长速度最快的旅游项目。因为各个城市发展文化旅游可以获得相当可观的收入。”（玉东，1997）意大利对文化遗产投入和产出经过全面系统的计算，得出的结论是，国家每年对文化性参观旅游业征收的增值税收入是保护费用的 27.5 倍，并能提供就业岗位，带动建筑、商业和交通运输，促进科学文化的发展。于是决定自 1985 年开始实行全国“文化经济”新战略（游天，1994），以达到保护文化、宣传自己、经济受益一箭三雕的目的。韩国也积极采取多种措施大力发展文化旅游业，“意欲将文化、旅游培育成 21 世纪的国家战略产业”（秦玲，1999）。从中国旅游业发展的实践来看，“文化搭台、经济唱戏”，已成为发展旅游业的一大特色和主要经验之一。最初的文化旅游是旅游者创造的，是旅游体验方式之一，属于旅游体验文化；一经政府和旅游企业的介入，它就转变成旅游介入的产品之一，成为旅游介入文化。而所谓的“文化经济战略”又是在此基础上提出来的，这正是我们讲的旅游介入文化建设。旅游介入文化建设就这样将文化的经济价值转化成旅游企业的经济实力。

第三，旅游文化建设是提高从业人员素质、提高管理水平的有效途径。旅游业的管理者及其从业人员文化素质的优劣、经营管理水平的高低，直接影响旅游者能否获得良好的审美享受和精神满足，直接关系到旅游资源能否得到合理的开发和利用，进而影响到旅游业的发展。而未来的旅游业的竞争主要是文化方面的竞争，人们对旅游资源、旅游服务的需求更趋向于文化性、科技性和参与性。因此，旅游业管理者和从业人员的文化素质和经营管理水平必须相应提高，才能与国际接轨，适应时代的要求。提高从业人员的素质，提高管理水平，途径有多种，其中，加强旅游文化建设是极其重要的途径。如前所述，旅游文化建设包括旅游介入文化建设。旅游从业人员是旅游介入文化的主体之一，当然也是旅游介入文化建设的主要对象。旅游介入文化建设能够增强旅游者的文化素养，提高旅游体验的质量和水平，更能提高旅游从业人员素质和管理水平，实践已经证明了这一点。

**（四）丰富旅游资源的文化内涵，增强旅游客体的旅游吸引力**

从旅游活动的客体的角度来看，无论自然旅游资源，还是人文旅游资源，要吸引旅游者，激发起旅游者的旅游动机，就必须具有魅力无穷、独具特色的民族、地方文化内涵，满足人们对科学、史学、文学、艺术和社会学等方面的不同需求。“山不在高，有仙则名，水不在深，有龙则灵”“天下名山僧占多”，这是文化对自然旅游资源具有重大甚至是决定性影响的真实写照，自不待言；文化在人文旅游资源中的核心地位，更是不争的事实。实践表明，举凡旅游业昌盛之国，莫不以文化取胜：奥地利的旅游，几乎都与施特劳斯等奥地利音乐大师紧密关联；巴黎街道的命名，每每蕴含着法兰西民族的历史掌故。

旅游文化建设包括旅游景观开发文化的建设，景观开发文化建设的根本目的就是要丰富旅游资源的文化内涵，增强旅游客体的旅游吸引力。

自然客体是天然形成的，本无文化可言，正是它的天然禀赋，使自然客体拥有人文客体所不具备的独特魅力。从这个意义讲，自然性是自然客体独特魅力的根本所在，削弱它的自然性，也就意味着削弱它的独特吸引力，我们似乎不应给它施加任何文化色彩。但是，作为旅游对象，自然客体的吸引力程度又不完全取决于客体本身，还要受到人们审美情趣的影响，自然客体越符合人的审美情趣，其吸引力也就越强。因此要想增强自然客体的吸引力，又不能不通过赋予文化意味，使之更加符合人的审美情趣。北戴河在中国久负盛名，而与其一桥之隔的南戴河，有蜿蜒 175 千米的海岸，沙软潮平，滩宽水清，海水透明度春秋时可达 9 米，沙滩宽 100~200 米不等。这样一个适合度假的胜地由于未经开发，鲜为人知，沉睡多年。80 年代后经过开发，建造了“水上乐园”“西游记宫”“环游世界宫”等人文景观以及大量接待设施，无与伦比的自然美景和别具一格的文化氛围相辅相成，旅游吸引力顿时大增，仅每年 7 月、8 月两个月就接待二三百万人，成为继北戴河后又一著名的北方旅游胜地。

人文客体是人类文明的载体，它的文化内涵与生俱来。人文客体的文化内涵是其吸引力的根本所在，但由于种种原因，有的湮没不彰，默默无闻；有的利用未尽，错遗明珠。一经旅游开发，注入文化活力，情况可就不一样了：有的容光焕发，有的锦上添花。维也纳是华尔兹的故乡，也是欧洲许多著名音乐作品的诞生地，享有世界音乐之都的盛誉。为了充分发掘维也纳音乐文化的内涵，增强文化底蕴，维也纳人按照“珍惜、挖掘、展现、渲染”的思路，刻意创造并形成了音乐专题旅游整体环境：在音乐家的诞生地、故居、逝世地，开发者建起了纪念馆，大量收集并陈列这些音乐家的手稿、乐器和生前用过的物品；在维也纳市区，开发者建成了“音乐家公园”，大量雕建音乐家塑像，如“冥思创作”的莫扎特、“怀着希望凝视远方”的贝多芬、“为人类的命运沉思”

的勃拉姆斯、“思索着他那未完成的交响曲”的舒伯特、“拉琴演奏《蓝色多瑙河》”的施特劳斯。维也纳市内许多街道、礼堂、会议大厅都以音乐家的名字命名，甚至连城西部、南部丘陵地带上的密林也以施特劳斯的圆舞曲《维也纳森林的故事》命名。各式各样的剧院、音乐厅更是遍布全城。正是这浓厚的音乐文化氛围，强烈地吸引着世界各地成千上万的游客来到维也纳，感受音乐之都的文化底蕴。

此外，旅游文化建设关涉自然、社会、经济、文化，加强旅游文化建设对上述诸方面也有积极意义。旅游文化建设强调旅游文化与自然、社会、经济、文化协调发展，势必对自然、社会、经济、文化的发展产生积极影响。

## 二、现代旅游文化建设的原则

旅游文化建设的原则是旅游文化建设的指导思想。各国国情不同，旅游文化建设的原则自不相同。结合中国的历史和现实，旅游文化建设应坚持以下原则：

### （一）以商品经济为基础

经济基础决定上层建筑，现代旅游文化建设必须建立在市场经济基础之上，以市场为导向，实行市场化运作。虽然从长期和宏观的视角来看，文化和经济的发展有各自相对独立的规律，但文化和经济之间是一种互相依赖、相辅相成的关系。经济为文化的发展提供物质基础，决定着文化发展的程度和水平；文化为经济发展提供智力支持并为经济的发展开辟新的领域。文化介入市场经济，市场经济容纳文化，是社会经济、文化发展的必然结果。市场经济如果没有文化融进去，市场经济的水平就会很低，而文化也就会更进一步衰退，进一步沙漠化（易俊，2004）。

经济与文化的一体化是当代社会发展的一大趋势，一定的经济土壤必然生长与之相适应的文化，反之一定形态的文化必须以特定阶段的经济基础相适应，才能顺利成长和发展。古代以自给自足的自然经济为主体的经济基础决定了古代旅游文化只能建立在产品经济基础之上；现代经济（包括旅游经济）是一种商品经济，要求现代旅游文化建设必须以市场经济为基础。在中国，建设现代旅游文化实质上是建设有中国特色的社会主义旅游文化。在大力发展社会主义市场经济的背景之下，建设以市场为导向的现代旅游文化，尤其具有重要意义。

以市场经济为基础的现代旅游文化建设必须立足于当地现有的区位条件、资源状况和经济基础，遵循市场经济规律，在认真做好市场调查和市场营销的基础上制定旅游文化发展的战略和具体策略。只有这样，旅游文化建设才具有规范性、科学性，才能减少或避免旅游发展中的盲目性，将资源优势转化为市场优势，在资源和市场相互促进的过程中，促进旅游文化的持续健康发展。

中国拥有丰富的旅游资源，但资源优势在很多地方并没有转化成为市场优势，大多数旅游资源还缺乏纵深和多样化市场开发。当地居民更是缺乏商品化的意识，常常是

“捧着金饭碗讨饭吃”。例如甘肃省历来以拥有丰富、多元的文化旅游资源优势而自豪。举世闻名的丝绸之路，世界级艺术宝库敦煌，四大石窟独占其二，文物储藏居全国第二，积淀深厚的文化底蕴，聚居着众多的民族，汇集着千姿百态的山川河岳，扭结着历史与现代，伏羲文化、彩陶文化、长城文化、丝路文化、黄河文化、宗教文化、现代文化等辉煌灿烂，但由于缺乏市场观念和有计划、有组织的深层次的开发，旅游业的发展明显后劲不足。在此情景之下，只有在市场经济的条件下去思考，让甘肃的旅游发展和旅游文化建设主动走入市场经济中去，一方面运用市场经济发展文化，另一方面让文化成为市场经济运行的深层的内在的因素，让文化与市场经济有机地融合，才可能实现甘肃旅游业的蓬勃发展。

随着旅游市场国际化竞争的日趋激烈，中国的旅游文化建设只有从自身的特色出发，积极参与到国际旅游市场的竞争中去，充分发挥比较优势，将中国丰富的旅游资源转化为巨大的经济效益，才能进一步提高中国旅游产品的综合竞争能力，使其在国际旅游市场竞争中立于不败之地。

**（二）大众化原则**

一种文化只有根植于大众之中，方能拥有永久强大的生命力，现代旅游文化尤其如此。第二次世界大战以后，在缓和与发展的国际环境的促动之下，自 20 世纪 60 年代起，现代大众化的旅游活动在全世界范围内迅速兴起。旅游再也不是古代那种只有少数群体参与的、只为少数特权阶级所独享的奢侈行为，而是普及大众的，成为人们现代生活不可缺少的重要组成部分。大众既是旅游文化的主要创造者，也是旅游文化的主要消费者。因此，现代旅游文化建设必须坚持和贯彻大众化的原则。

对于旅游经营者来说，旅游文化建设的大众化原则要求旅游服务、旅游景观开发等旅游介入主体在进行旅游文化建设的时候必须以普通大众的旅游需求为指南，提供令游客满意的旅游服务和旅游景观。现代旅游活动实际上是一种旨在满足旅游者精神追求和精神需要的文化消费活动，这就要求以旅游业为代表的各旅游介入主体在充分了解旅游者文化背景和文化需求的前提下，结合自己的文化经营活动，寻求既符合现代社会发展的需要，又符合大众旅游者文化旨趣的文化产品。虽然在现代大众旅游中人们开始注意到个性突出的问题，但在旅游经营活动中二者并不矛盾。大众性是个性发展的基础，个性是大众性质量提升的关键。旅游经营者要为旅游者提供满意的旅游服务必须在确保大众性服务质量的基础上围绕个性做文章，绝不能为了突出个性而过度地渲染文化，不切实际地抬高自己所提供的产品与服务的文化品位。否则，必然是“曲高和寡”，当失去“大众”的时候，“个性”的价值也就难以彰显。因此，无论旅游服务的提供，还是旅游景观或旅游业产品的开发设计，都必须坚持大众化的原则，以普通大众的旅游需求为出发点和归宿。

对于普通大众和全社会来说，旅游文化建设的大众化原则要求调动社会各界的力量，发动全民共同营造和谐的旅游文化氛围。要把旅游形象融入当地居民的风气、生活、教育中，让游人在无形的旅游交往中感受到旅游地形象的魅力。要动员全体当地居民的力量与智慧，广泛、深入地参与到旅游文化建设中来，通过对当地居民的旅游教育，强化其旅游意识，使人人参与旅游、人人热爱旅游，每个人都成为旅游活动中的一道亮丽的风景线，促进现代大众旅游的持续健康发展。

**（三）民族化原则**

“民族的东西是独特的，文化的流传是久远的”。从旅游客体的角度来看，一个民族的传统文化往往保留着形成该民族文化的原生状态文化因子以及民族特有的生活方式、思维方式等许多有价值的东西，因此，民族文化是一笔宝贵的活态财富（李巍，2006），是旅游吸引力的渊薮。旅游的本质是文化，任何旅游吸引物，不管其内容和形式如何，其之所以吸引和感动旅游者，根本的原因在于其丰富的民族文化底蕴与文化内涵，并且在一定的范围之内，民族文化之间的差异越大，引起旅游行为的内驱力就越大。

从旅游主体的角度来看，旅游需求多样化、世界文化趋同化的发展趋势使得人们越来越重视具有地方特色、民族特色的文化，那些来自异质文化的异域旅游者，总是希望到一个与自己的母体文化相异的地方来体验异质文化的风采和魅力。旅游实践证明，最富于民族文化特色的旅游项目，往往是最受欢迎的，如泰国的风光、民族文化和人妖表演在南亚是吸引世界各国游客的主要旅游资源；巴西的“狂欢节”桑巴舞，也是南美区域最具吸引力的旅游资源和品牌。

旅游业发展的关键在于突出民族文化特色，突出景区特征，强化旅游地与客源地之间的文化差异。旅游文化建设的民族性原则要求旅游活动介入主体必须从自身的民族特色出发，提供具有民族特色的旅游服务产品，开发具有深厚民族文化内涵的旅游景观，只有这样才能在吸引旅游者前来参观游览的同时促进自身的持续健康发展。换句话说，外国人到中国来旅游，在其眼里，中国必须是一个与他自己的祖国不一样的特殊的国度，而这特殊之处，便在于中国的民族文化特色。

同时，旅游文化建设的民族性还意味着要保护民族文化的多样性，独特的民族文化为“文化多样性”提供充满生命力与创造力的“文化因子”，是实现旅游可持续发展的前提。中国拥有 56 个民族，他们生活方式不同，语言文字各异，有着彼此有别的宗教信仰，绵延着各具风情的民俗习惯，在不同的气候条件和地理环境中形成了特色鲜明的民族文化，每个民族的文化都有其各自不同的发展历程和特点，由此形成多姿多彩的民族文化大观。只有使每个民族的传统文化得到充分的发掘和弘扬，才能使中国的旅游文化异彩纷呈、魅力四射，使中国的旅游业永葆青春和朝气。

当前，在经济全球化和文化标准化思潮的冲击下，少数民族文化传统的断裂、衰退和消失随时都在发生，民族文化在旅游开发、建设、发展中逐渐被同化、商品化和庸俗化，传统的价值观念开始发生蜕变。在这样的背景之下，在旅游文化建设中坚持民族化原则无疑具有重要的现实意义。只有将民族文化的保护和旅游文化建设有机地结合起来，使其和谐发展，旅游和旅游业才能实现持续健康的发展。

**（四）借鉴、继承、创新原则**

文化的发展离不开借鉴、继承和创新，这既是文化发展的客观规律，也是旅游文化建设应该坚持的重要原则。

历史实践证明，不同文化之间的相互学习和借鉴，往往是推动文化进步与社会发展的重要力量。中华文化之所以灿烂辉煌，绵延数千年而不绝，一个很重要的因素就是善于吸收和借鉴外来文化的优秀成果，而改革开放以来中国经济和社会的飞速发展雄辩地证明了只有吸收和借鉴国际上先进的理念与技术才能实现国家的繁荣富强。旅游文化本身是个开放系统，任何一个民族、一个地区的旅游文化，既要有外来旅游文化的成分，又要有传统旅游文化的血统，更要有时代精神。这就需要在推进旅游文化建设的过程中，充分吸收和借鉴世界各个国家和民族在旅游发展中所创造的一切优秀成果，学习并发展旅游文化的先进经验。当然，在吸收和借鉴国外旅游文化的过程中，应当根据我们国家的实际情况，有选择地借鉴、有批判地继承、科学地创新，绝不能不分良莠、不管是否适宜，全面照搬。

任何文化的发展都是建立在传统文化的基础之上的，都是一个对传统文化的反复筛选、批判继承的过程。旅游文化的发展同样如此，在旅游文化建设过程中我们必须继承和弘扬中华民族优秀的传统文化。一个民族的旅游文化之所以吸引游人，感动旅游者，一个重要原因就在于其民族和地方特色的展现。因此，在旅游文化建设过程中只有不断汲取本民族的优秀文化成果，充分展示其民族风格、民族气派和民族精神，才能凸显旅游文化的民族特色，增强其吸引力和魅力。

从旅游文化的发展前景和态势来看，旅游文化发展的动力在于创新，而创新的基础在于继承。中国旅游文化建设只有建立在中华优秀传统文化的基础之上，不断继承和弘扬传统文化的精华，才能不断推陈出新，永葆生机。旅游者旅游需求的日益多样化和旅游市场竞争的日趋激烈，决定了在旅游文化建设中必须坚持创新的原则。随着旅游和旅游业的发展，人们的旅游经历不断丰富，对旅游的需求日益呈现出多样化的趋势，各种新颖、差异、奇特的旅游吸引物常常对旅游者具有强烈的吸引力。迪士尼乐园之所以风靡全球、持久不衰、老少皆宜，成为世界著名的旅游品牌，关键在于它能根据游客的需要及时调整和创新旅游业产品。旅游市场激烈的竞争，使那些传统的旅游业产品和旅游项目逐渐被淘汰，呼唤各种新形式、新内容的旅游业产品的出现，这在相当程度上也要求旅游文化的创新。因此，旅游发展的主动权来自创新，只有使旅游文化达到新的高度、新的自觉，完善创新机制，认真营造创新氛围和空间，才能不断解决旅游实践中出现的新问题、新情况，促进旅游业的持续发展。当然，旅游文化创新，不是简单地为创新而创新，也不是随意地标新立异，而是建立在当代中国旅游业发展的现状和旅游文化建设实践的基础之上理念、形式、内容和产品的创新，只有这样，才能真正将旅游文化建设落到实处，丰富和发展旅游文化。

## 第 2 节　现代旅游体验文化的建设

旅游体验文化建设就是在原有成就的基础上对旅游体验文化进行内容与形式上的更新、升级与完善。旅游体验文化建设需要在认真分析其建设现状的基础上，分析探讨相应的建设策略。

### 一、旅游体验文化建设的现状

#### （一）成就

1. 旅游体验全方位展开

20 世纪 80 年代中期后，我国现代旅游体验全方位展开：从感悟自然到关注社会，从观赏景观到享受服务，从近郊漫步到极地探索，从身心娱乐到生命追寻……传统与现代，一样不少；中式与西式，一应俱全。其中，最具时代特征的是文化体验、生态体验和探险体验。

20 世纪 80 年代，中国大地掀起一股强大的文化反思热潮，并由此推动文化旅游的兴起。许多旅游者已经不再满足于追求一般的社会审美时尚，而是以稳健的姿态、深沉的基调漫步于历史文化的长河之中，感受文化的律动。进入 21 世纪，借助于“文旅融合”和“智慧旅游”，文化旅游体验质量大幅提升。

我国的生态旅游是从 20 世纪 90 年代兴起的，游客的追求正由浅层次的悦耳悦目向深层次的返璞归真转变。越来越多的中国旅游者已不再满足于对生态景观的审美、求知与猎奇，而是进一步以生态环境为体验场，体察宇宙万物的关联，领悟天人合一的境界。新兴的“生态旅游体验设计”加速了这一转变。

受明清以来中国旅游探险精神的浸淫和西方旅行家冒险意识的影响，当代中国探险旅游超越古人，直追欧美，旅游探险体验卓然屹立于世界旅游文化之林。旅游探险的主体由职业探险家、科学家、记者等组成，他们超越功利，以自己强悍而独特的生命感悟和献祭，写下了中国当代旅游文化最为辉煌壮丽的篇章。

文化体验、生态体验、探险体验集中反映了当代中国旅游者对文化、自然、人生的探索、感悟与思考，其深度与广度都是前所未有的，其方向是与世界旅游文化的主流相吻合的。它是当代中国时代精神的写照，也是中国旅游文化复兴的标志。

2. 旅游规范法德并举

随着旅游的发展，我国现代的旅游法规也渐成体系。“九五”规划以后，随着《立法法》的实施，旅游法制化工作加速走向正轨，2013 年，《中华人民共和国旅游法》颁布实施，其后又修订了《旅行社条例》《导游人员管理条例》《中国公民出国旅游管理办法》等旅游规章。旅游执法的能力也有明显提高。

在依法治旅的同时，以德治旅的传统也得以光大。2006 年以来，中央文明办、原国家旅游局先后公布了提升中国公民旅游文明素质行动计划，和《中国公民出境旅游文明行为指南》和《中国公民国内旅游文明行为公约》，全民性的提升中国公民旅游文明素质行动在全国各地迅速展开。国民的旅游文明素质得到很大提升。

**（二）问题**

1. 自发分散

就特定区域的旅游体验文化而言，各地旅游体验文化的发展在相当程度上是经济和旅游发展到一定阶段的自发行为，其发展的程度与水平完全取决于当地经济和旅游业的发展状况。经济发达地区的旅游者由于旅游经历的丰富和旅游体验水平的逐步提高，较为注重旅游主体素质的提高和审美鉴赏能力的培养和塑造，旅游体验文化建设无论从内容还是形式上均要高于一般地区。尽管各地对旅游体验文化建设都有不同程度的认识和举措，但在具体情况的制约之下，每个地区的旅游体验文化都各自独立、各有特点，使旅游体验文化在地域空间上呈现出分散的特点。

就特定群体的旅游体验文化而言，旅游体验行为从内容到形式都有自发分散的现象。旅游者或追求奢侈、豪华，将旅游作为一种炫耀富有、身份与地位的标志与象征；或将旅游消费视为物质享受，在旅游过程中放浪形骸、吃喝玩乐，寻找刺激；或在旅游过程中弱化道德，违法犯罪，破坏社会秩序；或参与迷信活动，将大量时间、金钱用于虚幻的精神寄托……凡此种种，几乎完全出自旅游者个人的一种心灵的自发，是一群乌合之众的分散行为。

2. 认识误区

目前，人们对旅游体验文化的认识误区，主要表现在以下几个方面：

第一，误将旅游体验主体等同于纯旅游消费者。有不少人认为，旅游活动是没有任何物质回报的纯消费活动，显然是把旅游体验者看成单一的旅游业产品消费者。无数事实证明：旅游者不单是旅游产品消费者，更是旅游文化创造者。将旅游体验主体等同于纯旅游消费者，不但忽略了旅游者的能动性和创造性，也把旅游体验者置于旅游体验文化建设的被动地位。

第二，误将旅游体验文化等同于旅游介入文化。有不少人将旅游体验视为旅游业产品，实际是将旅游体验文化误认为旅游介入文化。如果说将旅游体验主体等同于纯消费者是告诉旅游者“你的体验我（旅游业）做主”，将旅游体验文化视为旅游介入文化则意味着告诉旅游者“你的体验我（旅游业）创造”。在这样的认识之下，旅游体验文化建设难免“张冠李戴”。

第三，误认为旅游体验文化建设是个人的事。有人认为，旅游体验是个人的，旅游体验文化建设也应该是个人的事。旅游体验是个人的，但又不仅仅是个人的，它关系到自然、社会、经济和文化。旅游体验文化建设也是如此。认为旅游体验文化建设是个人的事，势必导致旅游体验文化建设放任自流，自生自灭。目前旅游文化建设自发、分散，与这种认识误区有因果关系。

## 二、旅游体验文化建设的基本策略

旅游体验文化既包括旅游体验的心态文化，也包括旅游体验的行为文化，还包括旅游体验的产品文化。鉴于心态文化是核心，行为文化是表层，产品文化是结晶，旅游体验文化建设首先应加强旅游体验心态文化建设和旅游体验行为文化建设。

### （一）加强旅游体验心态文化建设

旅游体验文化的形成和发展是主客观条件相互作用的结果。主观上，旅游主体是一定文化的负载者，在人类求新、求异、求奇的心理内驱力的推动之下，对于异质文化具有强烈的憧憬和向往。旅游者在前往异质文化区域旅游的过程中会对所接触的文化进行借鉴和取舍，进而丰富和发展旅游体验文化的内容。客观上，旅游主体所面对的各种对象物，无论是自然景观，还是人文景观，都因具有相当的异质文化成分而对旅游主体造成某种刺激，激发起旅游者的旅游需要和动机，最终吸引旅游者前来旅游和体验。然而，旅游体验文化毕竟是一种主观的文化行为，旅游体验文化建设的关键在于旅游主体自我意识的觉醒。因此，旅游者个人文化修养的增强、旅游鉴赏能力的提高和旅游观念的更新在旅游体验文化建设中具有重要的地位和作用。

#### 1. 加强旅游主体的文化修养

旅游是集娱乐、审美、求知、交往于一体的综合性文化活动，受旅游主体文化修养的影响较大。文化修养是指对人文文化、科技文化中的部分知识有了解、研究、分析、掌握的技能，可以独立思考、剖析、总结，并得出自己的世界观和价值观的一种能力。旅游主体的文化修养低将导致旅游者不能感知和理解旅游活动中的各种深刻的文化现象，只能满足于走马观花、浅尝辄止的悦耳悦目式的观赏，也容易放任自己导致各种道德弱化和不文明行为的发生。旅游主体的文化修养高，能充分感受和理解旅游活动中的各种文化展示与文化蕴涵，不仅仅满足于对眼前景观的悦耳悦目式的观赏，而且试图通过眼前的表象寻求一种悦心悦意、悦志悦神的审美体验与心理感受，自然在旅游活动中收获多多。

旅游主体文化修养的培育与提高是主、客观条件相互作用的结果，既需要旅游主体的主观努力，也需要旅游业的推动和良好的社会环境营造。

旅游主体文化修养的加强有赖于旅游主体个人的主观努力。在旅游过程中，旅游者不仅仅要身游，更要心游。旅游前要“预习”目的地的环境与历史，旅游中要勤于与导游、与旅友交流、思考，要动腿走、动嘴问、动脑想、动手记，把观感上升为心得，从经历中提炼体验（王兴斌，2003），不断提高自己的文化修养。在跨文化旅游中，有关异质文化的修养对于旅游体验活动的顺利展开常常起着至关重要的作用。为了避免主客双方因语言障碍、文化差异等引起的尴尬、不快和误解，旅游者在出发前必须对旅游目的地的饮食习惯、民俗风情、民族禁忌等有所了解。特别是要注意加强自身的语言能力及非语言的认知能力，要了解肢体语言、服饰、建筑、仪式等非语言要素所代表的象征意义，以更好地促进与增强同旅游地居民的文化交流。总之，旅游主体在情感上应对旅游地充满期待，对新事物有着了解、认知的冲动以及尊重、理解、宽容等良好情绪，以开放的、积极的交流姿态面对异质文化，只有这样才可能使旅游主体的旅游活动在快乐融洽的氛围中进行（周春燕、张迪，2006），进而使旅游主体的文化修养不断得到充实和提高。

旅游主体文化修养的加强需要旅游业的推动。旅游经营者应把提高旅游者的文化修养当作自己义不容辞的责任。旅游活动从本质上看是一种文化活动，旅游者参与旅游活动的根本目的就是获得心理上的满足和精神上的愉悦，这是一种高层次的精神文化追求。旅游活动的文化本质要求旅游业必须为旅游者提供文化含量较高的旅游产品和旅游服务，使旅游者在旅游过程中接受旅游文化的熏陶，进而提高自己的文化修养。

旅游主体文化修养的提高还有赖于良好的社会环境的营造。这不仅需要国民基础教育的加强，更需要民族文化的普及。政府和社会应继续加大基础教育（包括旅游教育）的普及力度，为潜在旅游者提供旅游所必需的文化知识。在国民素质的提高方面，各级政府要下大力气，加大投入，其中一个重要的方面就是要使国家的博物馆、展览馆和文化遗址面向群众开放，让群众，特别是青少年能够经常去参观、去品味、去思考，进而提高旅游鉴赏能力和文化修养。民族文化的普及在旅游主体文化修养的培育与提高中具有极其重要的作用。法国把文化的普及教育称为“文化民主化”，并将其作为法国文化工作的一项基本政策。该政策旨在努力促进公民积极参与文化活动，享受文艺作品，尤其要为那些社会地位低、经济收入少或远离大城市的人提供更多机会。法国前文化部部长杜斯特·布拉齐曾说：文化部应努力使每个公民都能平等地接触文艺作品，把享受文化的权利当成一种公民意识来培养，把普及文化当成一项社会工程来完成。法国在普及文化方面的举措值得我们借鉴和吸收。

2. 提高旅游主体的鉴赏能力

旅游活动实际上是一种审美鉴赏活动，旅游主体在旅游过程中总是凭借自己的社会经历、知识累积和审美修养去欣赏旅游景观和各种旅游吸引物，其鉴赏能力的高低往往直接决定着旅游体验的质量。例如，同样是一只远古的陶碗，在鉴赏能力低的旅游者看来，这不过是一只粗糙的，甚至很丑陋的餐具，索然无趣，毫无美感可言，但在拥有较强的鉴赏能力的旅游者看来，那饱经岁月的历史沧桑感，那简洁大方、朴实无华的古朴美恰好表明这是一件难得的艺术品，弥足珍贵。鉴赏能力在旅游欣赏中所导致的巨大审美差异由此可见一斑。

旅游主体鉴赏能力的培育与提高同众多的因素密切相关。不同旅游主体因国别、民族、历史渊源、文化传统以及职业、年龄、价值观念、审美修养等方面的不同直接导致他们在鉴赏能力方面产生巨大的差异。从这个意义上来说，提高旅游主体的鉴赏能力，实际上是一项非常复杂、非常艰巨的工作。就一般意义来说，提高旅游主体的鉴赏能力，可以从以下几个方面入手：

第一，增强旅游者的审美感知力。当外在的旅游景观进入视野的时候，旅游主体会通过感知自动筛选，然后将其与自己的某种情感、志趣、憧憬、追求等联系起来，最终在借景抒情、寄情于景、情景交融的心理感悟与回味中与日常生活拉开一定的距离，摆脱各种世俗功利的约束而获取一种解放和自由，去享受一种超功利的心理惬意和精神愉悦。因此，感知力是旅游审美与鉴赏的第一道门户，任何形式的旅游景观或旅游吸引物，只有首先被旅游主体所感知，才能最终被鉴赏，形成美感体验。俗话说，见多识广。因此，旅游审美感知力的提高仅靠苦思冥想是不行的，需要在广泛的旅游审美活动之中仔细观察、仔细思考，才能最终达到目的。

第二，丰富旅游者的审美想象力。想象是一种创造性的思维活动，在旅游体验活动中，一旦离开了想象，万千景象将会黯然失色。审美想象力的培养重在内在感情的培养和内在图式的蓄存。生活是培养想象的沃土，只有历经生活的磨炼，才能由此及彼，触类旁通，创造出丰富的审美形象。旅游过程中的审美想象和联想，同样是以欣赏者的生活经验为基础的。一般来说，生长在北方的人，更能体味“大漠沙如雪，燕山月似钩”的壮丽景色；久居南方的人，则易于领略“雨轻风色暴，梅子青时节”的秀丽风光。一个足不出户、孤陋寡闻、头脑闭塞的人，很难具有丰富生动的想象力。旅游主体只有积极主动地投身到丰富的旅游活动当中去，勤于思考、善于比较、大胆联想才能从似无生机或平淡无奇的对象中幻化出生动的生命形象或妙不可言的神话境界。

第三，提高旅游者的审美理解力。审美理解力是审美主体对审美对象的总体把握与认识的能力，在审美活动中具有重要的作用，是美感中不可缺少的要素。毕竟，感觉到了的东西，我们常常不能立刻理解它，而理解了的东西却能被人们深刻地感知。由于职业、年龄、教育、经历等的不同，每个人的理解力具有较大的差异，导致对同一事物在理解的深浅程度和层次水平上呈现很大的不同。一个人在童年时期对“今宵酒醒何处，杨柳岸晓风残月”这样的诗句不一定理解，而受了教育，有了一定的文化修养之后，就会体味到这句诗内在的凄苦之情，这一转变就是审美理解力提高的表现。可见，一个人的理解力并非与生俱来的，而是在后天的教育和文化熏陶中逐渐形成的。旅游者在感觉基础上把握审美对象的意味或内涵，提高其审美理解力，通常有两种途径：一靠旅游者平时的学习积累；二靠旅游者的参与体验。

3. 更新旅游主体的旅游观念

人类旅游发展的历史，实际上是旅游观念不断演变和更新的历史。随着旅游活动的发展，人们的旅游观念也在不断地更新。在古代生产力水平低下的情况下，虽然有时人们迫于生计或其他的目的不得不进行旅行或旅游活动，但这些旅行或旅游活动在各种客观条件限制之下常常被视为一件非常不得已的事情。因此，中国古代典籍中所出现的旅游，虽然充满了游玩乐趣和人格完善，但也弥漫着浓浓的离愁别绪和忧郁感伤。进入现代社会以后，随着生产力的发展和科学技术的进步，人们越来越多地摆脱了自然和传统的束缚，不但出行的速度和便捷程度大为改进，旅游的舒适度和满意度也大大提高。在这样的背景之下，人们不再以客居在外和远游为畏途，旅游也不再被视为摒除思乡愁绪和漂泊悲苦的良方，而成为一种休闲娱乐的时尚与追求。在旅游消费上，古人"尚俭戒奢"的观念早已被一些青年旅游者追逐时尚和品位的观念所替代，他们"玩的就是心跳"，寻求的就是一种感觉，而不在乎花钱的多少。

虽然我们目前很难对现代人某项具体的旅游观念进行是非优劣的判断，但随着旅游活动的发展，旅游观念时刻处在变化之中却是不争的事实。因此，旅游体验文化建设的重要内容之一就是适应社会发展要求，顺乎时代潮流，在继承传统的基础上，实现旅游观念的变革与更新。

第一，要树立现代旅游发展观。在旅游已经成为现代人精神生活不可缺少的重要组成部分的情况下，要使"旅游是现代大众生活方式"的观念深入人心，大力发展旅游，树立科学的旅游发展观。要大力开展旅游宣传活动，充分肯定旅游在经济、社会发展和环境保护方面的积极作用，不但旅游者要积极踊跃地参与旅游，全社会也都要关注旅游，热爱旅游，支持旅游，为旅游的发展创造良好的社会环境。

第二，要树立可持续发展旅游的观念。旅游是把"双刃剑"，随着现代旅游活动所带来的各种负面影响的出现，人们对旅游的看法正在由狂热逐渐趋于理性。各种旨在促进旅游持续、健康发展的新的理念，如可持续发展、环境保护、生态旅游、绿色旅游、替代旅游、负责任旅游等纷纷出现，这为旅游主体旅游观念的更新提供了理论基础。为此，我们必须不断吸收和借鉴这些理念的合理内容与形式，不断丰富和发展旅游体验文化。

第三，要不断赋予现代旅游以新的内容与形式。随着现代大众化旅游的发展，人们越来越注重旅游活动中旅游者个性的展现，各种有别于传统观光旅游的个性化和特色化的旅游备受青睐。旅游者个性化需求的增强，必然要求旅游经营者提供各种能满足其需求的、新的、特色化的旅游产品与服务，于是各种新内容、新形式的旅游活动便逐渐开展起来，如探险游、文化游、事件游、渔家游、乡村游、城市游、工业游、农业游、科技游等层出不穷，花样翻新。上述各种新型的旅游，不但深受旅游者的喜爱和欢迎，更促进了旅游者旅游观念的更新，使现代旅游摆脱了观光旅游的束缚，向更深更广的方向发展。

第四，要不断继承和发扬优秀旅游文化传统。任何形式的更新都是在继承和发展优良传统基础上的更新。如中国旅游文化崇尚自然的传统，使那些素朴、淡雅、宁静的景致历来备受青睐，无论李白喜欢的“清水出芙蓉，天然去雕饰”的清丽朴素之美，还是苏轼推崇的“外枯中膏”之美，都对后世的旅游观念产生了巨大的影响。中国古代重人的文化传统，使中国旅游者对旅游客体的审美观照不太强调客观尺度，而比较重视主观感觉，“乐因乎心，不因乎境”的观念仍然对今天的旅游体验具有重要的指导意义，值得我们去不断地思考和继承。

**（二）加强旅游体验行为文化建设**

旅游活动是一项高度自由的活动，旅游者容易放松自律，做出违规的事情，危害旅游。“没有规矩，无以成方圆”。只有对旅游行为加以适当的规范和约束，才能保证旅游活动的持续、健康发展。而要对旅游行为进行有效的规范和约束，首先必须加强旅游体验行为文化建设。

1. 加强旅游法规建设

依法治旅是保证中国旅游持续发展的基础，也是提升旅游服务质量的根本保障。然而中国旅游法规的建设却不容乐观，基本上处于业外相关法领先、专项法滞后、基本法初创的落后状态，无法适应旅游发展的客观需要。从一定意义上来说，目前中国旅游发展中存在的诸多问题之所以难以解决，一个重要的原因就是缺乏一套完善的能够保障旅游持续、快速、健康发展的旅游法律规范。从旅游发展的实践来看，没有强健的旅游法制，就不会有有序的市场环境，旅游的持续健康发展也就无从说起。因此，我们必须高度重视旅游法律法规的建设。

（1）完善旅游法律体系，维护旅游者的利益。旅游者是旅游活动的主体，是旅游法律关系中重要的主体因素，也是旅游法律关系中重要的当事人，通过不断推进旅游法律法规建设，逐步完善旅游法律体系，进而维护旅游者的合法权益是旅游业发展的必然要求，也是国际上的通行做法。综观各国法律法规和有关国际条约，无不高度重视旅游者合法权益的保护，即通过对旅游者自由旅行权、逗留权、知情权、人身及财产安全保障权、公正地缔结旅游服务合同权、享受医权、求偿权、寻求法律救济权、受尊重权、监督批评权、残疾人旅游权等的充分保护来切实维护旅游者的利益，促进旅游业的和谐发展。从当今世界消费领域立法的趋势来看，其立法的出发点有两个：一是要维护消费者的利益；二是要促进正常的市场竞争。旅游法规的建设也应当以此为借鉴，既要通过法律法规的完善来维护旅游者的合法权益，也要保护和促进旅游者之间公平、合理的竞争，只有这样，旅游和旅游业才能持续健康地发展。

（2）加强旅游立法交流，吸收国际立法经验。旅游法律的制定是一个十分复杂的过程，既要考虑旅游遇到的法律问题，也要考虑这些问题与中国整个法律体系的关系以及能否借助已有的法律加以解决等。因此，旅游法规建设过程中的交流与合作就显得尤为重要。旅游立法既需要一流的专家在理论上、舆论上为旅游法规建设提供支持，也需要加强与司法审判界的沟通，取得其对旅游相关法律问题的重视和认可。同时，我们还必须高度重视国际旅游法律法规的发展，这既是国际旅游运作规则的必然要求，也是我们吸收、借鉴国际先进旅游立法经验的内在要求。由旅游引起的对人类生活的影响、对地球环境的改变、对旅游者权益的保护等问题，只有通过国际间的交流与合作才能最终解决。因此，中国的旅游法规建设必须借鉴国外先进的立法手段和管理办法，尽快与国际接轨。

（3）强化旅游者自律，提高旅游执法水平。加强旅游法规建设首先要强调旅游者自律。旅游者旅游法规的约束对象，也是旅游法规保护的对象。旅游法规要获得最佳的约束和保护效果，最好的办法莫过于旅游者自觉守法。旅游者自觉守法，从约束的层面讲可以减少违法乱纪事件的发生；从保护的层面讲，可以运用法律武器保护自己的正当利益不受侵犯。而这正是旅游法规所要达到的目的。执法是旅游法规建设的重要环节，如果立法机关制定的旅游法律得不到认真的贯彻执行，旅游法律关系各主体的正当权益也就得不到有效保护。事实上，中国社会的现状不是无法可依，而是执法不力，旅游行业尤其如此。因此，要使中国的旅游法规建设真正落到实处，并收到实效，一定要高度重视和加强旅游的执法环节，切实加强旅游执法的力度，提高旅游执法的水平，以保证旅游和旅游业的健康发展。

2. 加强旅游道德建设

旅游道德是旅游者在旅游过程中应该遵从的道德，是一种特殊的道德现象。中国是一个注重道德建设的国家，20 世纪 80 年代以来，已经陆续出台了一系列旅游道德规范，对提升旅游者的道德、维护旅游秩序起到了良好的作用。但是，中国旅游者道德下滑的现象时有发生，这说明中国的旅游道德建设仍需加强。旅游道德建设应该从旅游者、旅游从业人员以及人与环境的关系三个方面进行。

从旅游者的角度来看，旅游道德建设主要应抓好社会公德教育，提高旅游者道德素质。旅游者外出旅游来到异地，离开了惯常的生活和工作环境，日常生活中所应遵循的各种“清规戒律”常常被置之脑后，于是旅游活动中的各种道德弱化、道德缺失的行为便由此产生。在旅游中暴露出来的各种不道德行为在日常生活中基本上都是违反社会公德的行为，因此，要加强旅游者的道德建设，杜绝旅游活动中不道德行为的发生，首先要强化社会公德意识。要通过广泛进行舆论宣传，教育和引导广大旅游者文明礼貌、助人为乐、爱护公物、保护环境、遵纪守法，以创造安定、和谐的旅游环境，提高旅游体验质量。其次要提高旅游者自身的素质。旅游者在旅游过程中要相互尊重、诚实守信、使用得体语言、讲究举止文明、杜绝旅游陋俗等，以保证旅游活动的顺利进行。

从旅游从业人员的角度来看，旅游道德建设主要应抓好旅游职业道德建设，以旅游职业道德建设推动旅游者的旅游道德建设。职业道德是社会道德的重要组成部分，是把一般的社会道德标准与具体的职业特点结合起来形成的职业行为规范或标准，包括从业人员与服务对象、职业与职工、职业与职业之间的关系。旅游职业道德建设就是使旅游从业人员树立职业道德责任感，通过自己所提供的旅游服务使旅游者感到身心愉快与精神满足。旅游职业道德建设好了，会对旅游者的旅游道德建设起到巨大的推动作用。因为旅游从业人员的服务对象是旅游者，旅游从业人员的良好道德对旅游者有示范作用。提高旅游者的个人素质，包括道德素质，既是旅游者的责任，也是全社会包括旅游从业人员的责任。从这个意义上讲，旅游从业人员也是旅游者旅游道德的建设者之一。俗话说："正人先正己。"旅游职业道德上不去，旅游从业人员是无法完成旅游者旅游道德建设的任务的。虽然目前人们在旅游职业道德规范的具体内容的看法上还很难取得一致，但一般均强调热情友好、宾客至上、爱岗敬业、诚实守信、遵纪守法、情操高尚等内容。因此，旅游从业人员的职业道德建设可以有针对性地从上述几方面入手，以收到良好的效果。

从人与环境的关系的角度来看，旅游道德建设主要应抓好环境道德建设，增强环境保护意识，贯彻可持续发展的理念。在旅游活动中，人与环境的接触无时不在进行，无论旅游者，还是旅游从业者都应该预测其对环境的影响，尊重生物多样性，维护区域生态环境和生态系统平衡。对旅游经营者来说对于那些可能会破坏环境资源的旅游产业项目，即使经济效益再高，也不能引进和开发，要坚决杜绝那种"旅游开发到哪里，旅游与破坏就带到哪里"的现象的发生（王引兰、高会宗，2003）。旅游者在旅游环境中，既是游客又是主人，应当自觉承担起维护旅游区自然环境的责任，做到不损害自然环境，如不损花折枝，不污染泉水，节约用水用电，以减少资源的浪费；珍爱生命，爱护动植物，不吃不玩珍稀动植物等。在旅游活动中只有人人都遵守旅游环境道德，树立起高度的保护环境与爱护环境的责任感，才能实现人与自然的和谐统一，实现社会的繁荣与进步。

3. 加强旅游习俗建设

习俗是人类社会中沟通人际关系、协调人际行为的社会规范系统，它是民间约定俗成的、依靠个人自觉或下意识接受的非强制性规范。旅游习俗是针对旅游者的自律性规范，约束性差但不可或缺。旅游习俗有好坏之分，需要移风易俗。对旅游习俗的培育和"移、易"就是所谓的旅游习俗建设。同世界其他国家和地区一样，中国现代的旅游习俗正在形成，亟待建设。旅游习俗建设涉及旅游目的地居民、旅游者和社会三个方面的问题。

对于旅游地居民来说，旅游习俗建设要求充分发掘本民族优秀的传统文化，将其科学、合理、健康的一面充分展示在旅游者面前，以满足其求新、求异、求奇的旅游需求，坚决杜绝各种伪民俗、假民俗和低级、不健康的民俗，从而为旅游者旅游习俗建设提供借鉴。

对于旅游者来说，旅游习俗建设首先要求旅游主体自觉地继承、改造既有的传统旅游习俗，使之适应现代旅游生活；其次要求旅游者对东道主的习俗予以尊重、理解和借鉴，既不把东道主的习俗一概视为迷信而全盘拒绝，避免因触犯禁忌或过分张扬同当地民众之间在经济、社会和文化方面的差异而造成不愉快的旅游经历；也不把东道主的习俗一概视为精华而全盘接受，避免因全盘接受而造成回到客源地时产生新的文化不适。

对于全社会来说，建设旅游习俗既不能以客源地习俗为标准，也不能以目的地习俗为标准，而应在社会公认良俗的基础上，兼顾两地习俗，建设一种既与社会良俗相符合，又为两地及旅游者所接受，对旅游行为起良好作用的新的旅游习俗。

## 第 3 节　现代旅游介入文化的建设

旅游介入文化建设是指在内容与形式上对旅游介入文化及其环境的拓展、丰富与完善。旅游介入文化包括旅游服务文化、景观开发文化、旅游宣传文化、旅游研究文化、网游介入文化等，因此，上述文化的建设也就构成了旅游介入文化建设的主要内容。

### 一、旅游介入文化建设的现状

#### （一）成就

1. 旅游服务文化建设的成就

当代中国旅游服务文化的发展大致经过了 20 世纪 70~80 年代、20 世纪 90 年代至 21 世纪初、21 世纪初至现在 3 个阶段，形成了多种多样而有特色的旅游服务文化：在导游服务文化方面，主要有“诚信为本”“客户至上”“热情服务”等服务理念和图文声像、实地口语等导游方式；在旅游酒店服务文化方面，主要有“顾客就是上帝”“客人总是对的”“全心全意”等服务理念和标准化、个性化、体验化等服务方式；在旅游交通服务文化方面，主要有“以服务为宗旨，待旅客如亲人”“顾客至上、恪守信诺、优质服务、安全舒适”“真情服务”等服务理念和“四心（耐心、顺心、舒心、动心）服务”“责任心 + 责任制 + 基本功 = 安全”“陆地航空服务 +”“三化（规范化、个性化、真情化）服务”等服务模式。

2. 景观开发文化建设的成就

改革开放以来，我国的旅游景观开发大致经历了无序开发、规范开发和创新开发三个阶段。进入 21 世纪，中国景观开发文化建设取得了很大进展：开发理念大胆吸收西方的因素，提出了“PPP 开发模式”“景区生态文明”“绿色景观”“智慧景观”等创新理念，“天人合一”与“征服自然”并行不悖；景观管理体制的创新取得了前所未有的成就，文化部和国家旅游局整合为文化和旅游部，组建国家林业和草原局，集中管理文化旅游资源和自然旅游资源；可持续开发、绿色开发、保护与开发相结合等观念深入人心；注重景观的文化价值、发掘景观的文化内涵已成为景观开发的重中之重；景观开发已成为一门科学和艺术，景观的规划与设计也初步形成一系列规范。景观开发文化建设的经济、文化及环境效益令人瞩目。

3. 旅游宣传文化建设的成就

随着旅游业的不断升温和市场竞争的日益激烈，中国已意识到旅游宣传文化建设的重要性，各地都在不遗余力地进行旅游宣传文化建设活动，以期提高旅游宣传文化的质量。目前国内旅游宣传文化建设由政府牵头，组织培训、观摩，旅游企业也有专门的机构负责旅游宣传文化的建设工作。自从网络作为一种新的宣传媒体出现以后，旅游宣传文化建设又多了一种手段。目前网络已成为旅游城市、旅游企业宣传的重要窗口，国内有很多省市的旅游景区都有了自己的旅游专业网站，如广东旅游网、苏州旅游网、泰山在线等。旅游宣传的规范也不断完善，从中央到地方，从旅游景区到旅游企业，都制定了相应的旅游宣传规范，如《旅行社工作标准与景区宣传工作规范手册》等。

4. 旅游研究文化建设的成就

从旅游研究的广度和深度两个维度看，当代中国旅游研究的历程大致可以分为起步、拓展、深入、繁荣四个阶段。旅游研究的繁荣，首先表现为研究成果数量大增。据知网检索，2012—2023 年 6 月，我国学者发表的核心期刊（中文核心、CSSCI、CSCD）旅游论文约 34000 篇，年均 3000 篇。有学者估计，我国目前发表的旅游研究成果数量已名列世界前茅。第二，研究范围进一步扩大。2012—2018 年，研究范围除传统的研究领域外，文化遗产旅游、智慧旅游、全域旅游成为新的研究热点；旅游供给侧改革、旅游 +、厕所革命也渐为旅游学者所关注。第三，旅游学科研究日益多元化、体系化。近年来，越来越多的旅游研究者注意从总体的角度，运用多学科的研究方法和观察视角来研究旅游现象，致力于旅游各分支学科研究体系和研究范式的建设。

5. 网游介入文化建设的成就

网游介入文化属于虚拟旅游介入文化。中国最有代表性的虚拟旅游介入还数网游介入系统。目前我国已陆续开发出一些网游介入系统，如桌面虚拟现实系统，沉浸式虚拟现实系统等。当前虚拟现实技术与旅游业的结合主要还是用于旅游目的地的宣传营销，形式上有两种：一是利用计算机图形技术，对真实环境进行抽象从而建立三维立体世界交互的虚拟旅游环境，实时漫游过程中可以根据观者的位置、光照等信息由计算机自动绘制相应的视景。二是利用照相机采集的离散图像或摄像机采集的连续视频作为基础数据，经过图像处理生成全景图像，并对其进行空间关联，建立起具有空间操纵能力的虚拟环境。例如，北京故宫以采集到的文物和古建筑图像、视频等为基础数据生成全景图像，建立的数字故宫的虚拟漫游系统。

**（二）问题**

1. 旅游服务文化建设存在的问题

就整体来看，中国旅游服务文化建设与国际水准仍有一定的差距。宏观方面，旧的服务质量问题尚未解决完毕，新的服务质量问题又开始出现，使中国旅游服务质量的总体形象仍未有根本性的改变；一些旅游企业至今仍然固守着“以我为本”的经营准则，服务水平停留在标准化阶段，距“以人为本”的服务理念和目标相差甚远。微观方面，部分导游员的文化素质较低，解说内容不具有深刻的文化内涵，对旅游景观和风物传说不能熟练掌握，甚至信口开河，胡乱编造，让旅游者乘兴而来，败兴而归；一些宾馆服务人员的文化修养不足，不具备良好的礼仪规范和熟练的服务技能、技巧，所提供的旅游服务难以令人满意，使宾馆的整体形象打折扣。

2. 景观文化建设存在的问题

中国目前的景观开发文化建设也存在许多问题。从观念上看，中国旅游景观的开发者和经营者常常缺乏文化创意与文化经营意识，对景观文化的认识尚停留在肤浅层面，只追求外在的形似，而忽略内在的神似，致使多数人造景观粗制滥造，盲目仿效，文化含量少，艺术品位低，大大降低了旅游景观的吸引力和感动力。从实践上看，旅游景观开发虽然已进入创新开发阶段，科技含量仍然较低，创新、特色依然不足，景区内的各项配套服务设施、服务内容还不够完善。主题重复、缺乏变化、资源浪费、环境污染等现象时有发生，消失已久的“地狱”“鬼府”等不良人造景观也卷土重来。

3. 旅游宣传文化建设存在的问题

与世界旅游强国相比，中国的旅游宣传文化建设仍普遍存在单一化、雷同化、形式化等缺陷。以旅游广告宣传的规范工作为例，各地关于加强旅游广告宣传的规范工作的文件，在格式上大同小异，一般都分为两块：一是违规表现，二是处理决定。内容上也高度雷同：无非是“用语模糊”“涉嫌虚假”“下达通知”“诫勉谈话”“清理整顿”“严厉查处”之类。有的干脆流于形式，不了了之。另外，城市旅游宣传也存在缺少令人回味的好故事、对人文元素重视不够、城市符号与宣传主题存在脱节、摄制技术的专业程度不高等问题（河南文化旅游研究院（河南大学）编著，中国文化旅游发展报告，中国旅游出版社，2017）

4. 旅游研究文化建设存在的问题

与西方相比，中国的旅游研究文化建设从总体上看也有不小的差距：研究视野不够开阔，研究的视角过多集中于对旅游客体的评价与开发，研究方法比较单一和陈旧，相关学科合作研究的意向较为薄弱。研究成果大多缺乏理论背景的分析，只侧重于现象描述或事物介绍，学术性差。旅游研究学术评论不够犀利、深入。在旅游研究的环境和条件方面，研究经费普遍不足，研究质量得不到有效监督，研究成果转化率较低。许多人发表论著不但得不到稿费，还要倒贴。中国气派、中国风格的旅游研究文化尚未成熟。

5. 网游介入文化建设存在的问题

我国虚拟旅游业刚刚起步，网游介入文化建设存在许多不足：首先，我国虚拟旅游业产品内容单一，互动性很差，文化层次较低。我国虚拟旅游业的多为简单的旅游广告、图片；风景图片静态单调，很难形成互动性。其次，没有形成区域、国家的产品整合和品牌效应。我国虚拟旅游业产品主要集中在孤立的介绍个别著名景点上，景点间缺乏联系，地区旅游景点、国家旅游景点没有整合。再次，产品更新速度严重滞后。很多虚拟旅游网站的资料陈旧，景点介绍、新增路线、餐饮、住宿、交通、购物、娱乐等相关信息没有根据变化适时更新。最后，新产品的开发力度缺乏。目前，我国虚拟旅游业产品仍主要为旅游广告、部分三维全景图、景点视频等，开发力度远远不够。

## 二、旅游介入文化建设的策略

### （一）旅游服务文化建设的基本策略

旅游服务文化建设是一项系统工程，建设旅游服务文化应坚持以下基本策略：

1. 优化旅游服务理念

旅游服务理念是旅游服务文化的灵魂和标志，根植于旅游业的价值观念、经营哲学。目前旅游学界和旅游行业已经提出了许多旅游服务理念，如“顾客就是上帝”“客人总是对的”“微笑服务”，等等。这些理念的提出，对推动中国旅游服务水平的提高曾起到一定的积极作用。但是，这些理念由于自身的弱点和不足，往往流于形式，有的甚至仅仅成为一种时髦。因此，对现有的旅游服务理念有必要进行优化更新。

优化旅游服务理念，一要有科学性。理念的科学与否决定行为的正确与否。旅游服务理念的选择要有科学的态度、科学的方法，不能头脑发热，随心所欲。二要有独特性。不同的旅游服务部门有不同的服务特点，旅游服务理念的设计要反映本部门的个性，照搬、模仿不利于突出自己的形象。三要有可行性。旅游服务理念既要为旅游服务人员所认同，又要为旅游服务对象所接受。一味卑主尊客，主人感到委屈，客人感到虚假，最后很难贯彻下去。四要有稳定性。旅游服务理念一经确定，应在较长时期内保持一贯。朝令夕改，则狐疑顿生，无法潜移默化、循序渐进地影响业内员工。五要有思想性。旅游服务理念是理智思考的结晶，是旅游业哲学、价值观的具体体现。深刻而富于哲理，令人回味无穷；平淡而流于媚俗，徒然示人浅薄。

2. 规范旅游服务行为

旅游服务理念属于心态文化，旅游服务行为则属于行为文化。旅游服务行为是旅游服务理念的外化，在主客交往中，客人需求的满足在很大程度上取决于旅游服务行为，所谓旅游服务质量主要是旅游服务行为的质量。在旅游服务质量亟待提高的中国，规范旅游服务行为无疑是建设旅游介体文化的重要一环。

规范旅游服务行为首先要制定完备的旅游服务规范、旅游工作规章。它是旅游服务人员工作的依据。一般来说，旅游业不可能完全满足旅游者提出的任何要求，旅游服务人员只应在不违背服务规范和工作规章的前提下最大限度地让客人满意。其次，制定严格的检查制度。服务工作无章可循固然堪忧，有章不循同样堪忧。制定严格的检查制度可以保障旅游服务规范和工作章程的切实执行。再次，对旅游业员工不断进行培训教育。对旅游从业人员，特别是一线服务人员来说，旅游服务规范化光有规章制度是不够的，还必须有过硬的服务本领。旅游业应通过各种途径对员工进行不断的培训、教育，使其掌握规范的旅游服务技能。

3. 树立旅游服务标兵

旅游服务标兵是旅游服务理念的践行者，旅游服务行为的示范者，在旅游服务文化方面具有榜样、聚合、导向、调节、融合作用。建设旅游服务文化，必须树立一定数量的旅游服务标兵。

树立旅游服务标兵并不是一件简单、容易的事。首先，业内领导应当高度重视。作为服务文化的倡导者，业内领导的倾向性对广大员工起着巨大的导向作用。上之所好，下必趋之。其次，要注意从基层中发现、培养、造就不同层面的旅游服务标兵。从基层中树立的旅游服务标兵，容易使员工产生认同感和亲切感，对旅游服务文化塑造会起到不可或缺的作用。再次，对业内的旅游服务标兵给予精神、物质奖励，对业外的其他服务标兵给予宣传，从而激发广大员工的模仿心理，争做旅游服务标兵。

4. 提高服务人员的素质

旅游服务文化大量地体现在旅游业的管理者以及从业人员身上。无论旅游经营者、管理者，还是普通的从业人员，甚至旅游地区的居民，他们文化素养的高低、行为举止的雅俗都直接影响旅游服务文化的品位。只有当他们具备了较高的文化涵养、高度的敬业精神、良好的业务素养以及丰富的历史知识和景点知识，才能在旅游实践活动中释放出强烈的文化魅力，赋予旅游服务以高尚的文化品位。如果没有高素质的旅游服务人员，即使有再好的旅游设施和景区，也不会令旅游者交口称赞、流连忘返。另外，优化服务理念、规范服务行为、树立服务标兵，这些策略能否发挥最佳效果，也取决于服务人员素质的高低。服务人员素质高，旅游者容易接受，自然效果好；服务人员素质低，旅游者不易接受，自然效果差。因此，我们在旅游服务文化建设过程中，必须高度重视旅游服务文化主体建设，提高服务人员的素质，以树立良好的旅游形象，使游客在旅游过程中满足“求新、求知、求乐、求得一个美好的回忆”的欲望，得到令人难忘的美好旅游体验。

提高服务人员的素质也离不开服务理念的优化、服务行为的规范、服务标兵的树立，因为这些措施也是针对旅游从业人员的。提高服务人员的素质与优化服务理念、规范服务行为、树立服务标兵之间是作用与反作用的关系，其中，提高服务人员的素质尤为关键。毕竟，广大的旅游服务人员才是旅游服务文化的主要创造者。

5. 调动维持因素

建设旅游服务文化不能不重视“维持因素”。“维持因素”是美国著名心理学家赫茨伯格提出的重要概念，特指那些处理不当会造成职工不满、处理得当会消除职工不满的所谓“非激励因素”，如企业政策和行政管理，企业人际关系和工作安全性，职工的薪水和工作条件，职工的生活和地位等。又称“保健因素”。就旅游服务积极性而言，“维持因素”即使没有激励作用，至少也有制约作用。

**(二)景观开发文化建设的主要原则**

景观开发文化建设对于景观开发文化和旅游发展具有重要的意义，虽然景观开发文化的主体是旅游业，但景观开发文化的建设却不仅仅是旅游业的任务，政府、学界等也是其中重要的力量。因此，景观开发文化建设应以景观开发文化为中心，把与景观开发文化建设相关的重要因素通盘考虑在内。鉴于上述认识，我们认为，景观开发文化建设应把握好下列原则：

1. 努力提高开发者的文化素质

开发者文化素质的高低直接影响着开发者对景观开发的认识与判断，进而影响景观建设的质量水平和旅游业的发展状况。一个不具备较高文化素质的景观开发者所从事的景观开发常常既没有达到建设优美景观的目的，又对资源与环境造成了巨大的破坏。从实践上看，中国目前并不缺乏旅游景观开发队伍，真正缺少的是基础理论扎实、人文素养高、创新能力强，并富有社会良知和社会责任感的优秀景观开发人才，致使景观开发普遍缺乏文化蕴涵与文化品位，很难经得起历史和时代的检验。可见，在景观开发文化建设中，提高开发者的文化素质具有极其重要的作用。

开发者文化素质的提高，首先在于端正对旅游景观开发的认识，要打破将旅游景观开发看成是单纯的物质与技术问题的传统认识，将其视为一种文化创意与文化经营活动，通过培育开发者的人文素质和美学修养来提高旅游景观的文化蕴涵与文化魅力。其次要在景观开发实践中多多学习、多多积累，除了各种基础知识与理论之外，要广泛吸收和借鉴古今中外景观开发的先进理念、经验教训，制定科学合理的景观开发规划，指导景观开发的实践。最后，要广泛进行各种形式的景观开发的理论与实践的交流活动，在比较与选择、采纳与吸收的过程中，不断提高景观开发者的文化素质。

2. 尊重文化规律

任何一个民族的文化都是在不断与外来文化相互吸收、冲突和碰撞中逐渐发展和进步的，这既是一个由低级到高级的发展过程，又是一个相互借鉴、相互吸收的过程。景观开发文化建设只有坚持和遵循这一文化发展的规律才能不断发展和进步。

第一，景观文化建设必须吸收和借鉴国外先进的文化理念与开发经验，不断提高景观开发的质量和水平，建设一批具有国际水准的精品旅游景观。景观开发文化的生命力就在于中西文化的兼收并蓄，对于外来文化，哪怕是一些意识形态相对立的外来文化，我们都应当采取“拿来”主义。从一定意义上说，中国景观开发文化建设如果没有国外先进文化成分的介入和参与，很难提高其吸引力和知名度。

第二，景观文化建设必须继承和发扬中华优秀传统文化，用健康的文化理念和文化精神指导景观开发，才能建设一批具有民族特色的旅游景观。文化的发展既是一个由低级到高级不断继承、不断创新的发展过程，也是一个不断破除迷信、讲究科学，不断剔除糟粕、弘扬优秀的过程。因此，景观文化建设必须倡导健康、先进、科学的文化理念与精神，坚决杜绝各种“鬼文化”“伪文化”“商品文化”“落后文化”等，促进旅游景观文化的持续健康发展。

第三，景观文化建设必须深入发掘景观的文化蕴涵，以打造具有鲜明地域特色和民族特色的旅游景观，增强旅游景观的吸引力。文化是一个个性与共性的统一体，越是民族的，就越是世界的。任何一种文化只有保持鲜明的地域与民族特色，才具有永久的生命力，旅游景观文化建设也同样如此。景观文化内在的蕴涵与外在的展现，越是突出地方与民族特色，就越能满足旅游者求新、求异的体验需求与审美欲望，也越能最终被旅游者所接受和认同。

3. 三大效益并重

景观开发活动从本质上来说是一种经济上的投入与产出活动，既需要投入一定量的资金、技术与人力资源，又能为投资者带来一定的经济效益，具有经济属性。同时，景观开发活动又具有社会属性，它需要文化的创意与文化经营，既要满足社会公众共同的审美需求，又要体现社会公众的价值评价与道德认同，具有社会性质。此外，任何一项景观开发活动，都是在特定地理空间进行的工程技术行为，都会对景观环境造成一定的影响甚至破坏。因此，景观开发文化建设必须坚持经济效益、文化效益和环境效益并重的原则，三者在旅游业的发展中是矛盾的统一体，相互作用，相伴而生，任何一个都不可须臾或缺。景观开发若不讲究经济效益，则开发活动便失去了动力和经济支撑；若不讲究社会效益，便失去了公信力和社会认同；若不讲究环境效益，便失去了空间载体与地理依托。

坚持经济、社会和环境效益相统一的原则，首先必须发挥政府的主导作用，制定切实可行的法规制度和行动计划。不断进行制度创新和管理创新，使三大效益共同发展成为各有关方面的共同行动，并长期坚持下去。其次要禁止对旅游资源进行掠夺式经营。绝不能以破坏资源和环境为代价，搞短期行为，而应在严格保护的前提下，有计划、有步骤地加以规划与开发，走利用与保护相结合之路。最后要处理好继承与摒弃、借鉴与吸收、传统文化与外来文化之间的关系，促进旅游业的协调、健康发展。

4. 可持续开发

景观开发活动从一定意义上说是一项利在当代、功在千秋的人工设计与建筑工程，必须坚持可持续发展的理念，实现可持续开发。可持续发展是人们对单纯发展经济所带来的灾难性后果和环境恶化的反思，它既要求在景观开发过程中维持旅游供给地区生态环境的协调性、文化的完整性和经济目标的可获得性，又要求对景观开发的范围、内容、方式、模式等进行科学的规划和管理，以实现景观开发的经济、社会、生态效益的统一。

景观的可持续开发要求在景观开发过程中合理规划、循序渐进，减少或杜绝对自然、文化旅游资源的掠夺性开发，实现人与自然、环境之间的和谐相处，共同发展。同时要协调旅游者、旅游业者和其他利益相关者的关系，处理好眼前利益和长远利益之间的关系，杜绝景观开发中的各种急功近利的浮躁情绪、拜金主义和短视行为，突出景观设计的生态性与持久性。

**（三）旅游宣传文化建设的思考**

旅游宣传文化建设是一个系统工程，不能局限于旅游宣传或旅游宣传文化本身，应以旅游宣传文化为中心，将与旅游宣传文化建设相关的重要因素充分考虑在内。

1. 认真贯彻旅游宣传文化建设的原则

旅游宣传文化建设的根本目的在于提高旅游产品或旅游目的地的知名度，增强旅游吸引力，必须认真贯彻和把握好主题突出、层次分明、简洁明快、利于操作等原则。旅游宣传文化建设是一项艰巨而复杂的工作，不可能面面俱到，寻求圆满，只能抓住重点，以点带面。必须时刻明晰和把握旅游宣传文化建设的目标，在此基础上突出主题，明确方向，按照既定的建设目标，不断努力。同时，要进一步将旅游宣传文化建设的目标细化，分层次、分阶段地进行，不可奢望一蹴而就。为了保证旅游宣传文化建设的目标能够顺利达到，必须坚持简洁明快的原则，无论目标、主题、发展阶段的文字表述，还是图像的设计，都要避免冗长和累赘，力求简洁明快。旅游宣传文化建设的重点不在建设前的设计论证，也不在过程中的贯彻实施，而在最终的效果，因此，旅游宣传文化建设的各种措施的可操作性，应当是旅游宣传文化建设中必须优先考虑的重点内容之一。

2. 充分发挥旅游宣传文化建设主体的作用

旅游宣传文化建设的主体不应仅仅是具体的旅游宣传活动的策划者、组织者、实施者，而应当是更为广泛意义上的旅游利益相关者或者旅游活动的关注者和爱好者。虽然就其在旅游宣传文化建设中的地位、作用方面来看有一个主要与次要、主动与被动的关系问题，但就旅游宣传文化建设的最终成果来看，往往是各个建设主体共同努力、精诚合作的结果。作为旅游活动的直接受益者，旅游企业、旅游景区、旅游景点及旅游服务机构的经营者为了宣传自己的产品与服务，吸引旅游者前来观光游览，往往积极主动地进行各种形式的旅游宣传活动，他们是旅游宣传文化建设理所当然的重要主体，应当在其中发挥核心作用。政府管理部门从政策调控和促进旅游发展的角度，也常常主动地介入旅游宣传活动，成为旅游文化建设的主体。而目的地的居民、旅游者及其旅游活动的关注者和爱好者，是旅游宣传文化建设不可忽视的重要辅助力量，尽管其在旅游宣传文化建设中常常处于一种非自觉状态。因此，要做好旅游宣传文化建设，必须充分发挥旅游业经营者和政府管理部门的积极性，同时调动各方面的积极因素，实现旅游宣传文化建设主体之间的协调互动。

3. 积极拓展旅游宣传文化建设的内容

旅游宣传文化建设的内容涉及旅游业产品、旅游目的地、旅游服务、旅游氛围等众多方面，范围宽泛，并随着时代的发展不断拓展。在旅游业产品方面，现代旅游者早已摆脱了传统观光类旅游者重在寻求“悦耳悦目”的感官满足和感官刺激的初级阶段，而是向更高层次的“悦心悦意”“悦志悦神”的心灵境界与精神境界发展，注重旅游业产品外在形式背后深层的文化内涵。因此，对旅游业产品进行文化包装，进而进行文化经营，是旅游宣传文化建设的重要内容。在旅游目的地形象设计与传播方面，关键要把握好形象定位，确定旅游目的地的文化属性和审美价值，突出特色，突出主题，使旅游者一目了然，增强其吸引力。在旅游服务方面，虽然旅游者在旅游活动中首先必须解决衣、食、住等物质方面的问题，但人们外出旅游的主要目的是满足精神方面的需求。因此，旅游服务活动必须进行文化策划与经营，突出旅游服务中的文化蕴涵、文化情调、文化氛围，满足旅游者求新、求美、求知、求奇的文化消费需求。旅游氛围的营造在旅游宣传文化建设中也具有重要的意义。旅游者和旅游经营者之间良好的情感氛围在一定程度上，直接决定着旅游者对旅游目的地、旅游景区和旅游服务的满意度、美誉度，进而影响到旅游者的忠诚度。此外，随着旅游业的发展，旅游活动的内容不断拓展，形式不断翻新，这也在一定程度上丰富和发展了旅游宣传文化建设的内容。

4. 不断丰富旅游宣传文化建设的形式

随着现代科技的发展和人类文明的进步，旅游宣传文化的传播形式和手段也日益丰富和发展，这为旅游宣传文化建设提供了极为便利的条件。目前，通过编写导游词、导游图、景点介绍和导游手册来对旅游景区、游览线路、旅游服务设施等进行解说和介绍是中国旅游宣传活动的重要形式之一，尽管这种形式因编写的水平参差不齐、同一景点解说出入较大等原因而备受诟病，但在相当长的时期内仍将在旅游宣传活动中发挥重要的作用，这是旅游宣传文化建设必须高度重视的问题。广告讲究“扬名”，是商品促销的重要方式之一，通过广告宣传能使人们对某种商品从陌生到认知了解再到喜欢接纳。因此，旅游广告是旅游宣传文化建设不可缺少的重要组成部分。随着旅游和旅游业的发展，特色鲜明、形象生动的旅游广告在提高旅游产品、旅游景区和旅游服务的知名度等方面常常发挥着至关重要的作用，旅游宣传文化建设必须充分借助旅游广告的积极效应，以收到良好的效果。随着现代科技的发展，人类世界正变成越来越小的“地球村”。因此，旅游宣传文化建设必须充分利用现代化信息传播手段，把信息传播到海内外知名的局域网或区域网，尽可能公开旅游地网址、电子信箱、声讯咨询电话号码，使旅游者或潜在的旅游者能够方便地获取各种旅游信息，及时做出旅游决策。旅游宣传形式的多样化，必然促进旅游宣传文化建设形式的丰富和发展。

5. 精心打造旅游宣传文化建设的队伍

任何事业的发展都需要有一批高素质、高效率的专业化人才队伍，旅游宣传文化建设也不例外。精心打造一支高水平的宣传队伍，直接关系到旅游宣传文化建设的成败。首先，这支队伍一要有高度的敏锐性，要善于并及时发现旅游宣传文化建设中的时机、问题，善于分析、善于策划，能在最短的时间内形成较佳的旅游宣传创意与策划。其次，这支队伍要有一流的旅游宣传的设计、制作方面的专业技能，以制作旅游广告为例，他们的作品必须视角独特、形式新颖、画面生动，具有较强的感染力和视觉冲击力。再次，这支队伍还必须是一个精诚团结、相互合作的整体，具有较强的团队精神。任何事业的成功与发展都需要有主角、配角和观众，有领导者和被领导者，每个人都要忠于职守、乐于奉献，相互配合，只有这样才能实现共同的目标。最后，这支队伍要有较为深厚的旅游基础理论和基础知识的积淀，也就是说他们必须是既懂宣传，又懂旅游的复合型人才，只有这样，他们所组织、策划与实施的旅游宣传活动才能取得良好的效果。

**（四）旅游研究文化建设的几点设想**

旅游研究文化建设成绩直接关系到旅游研究文化的成果与水平。在目前中国旅游研究文化同国外相比尚存在较大差距的背景之下，旅游研究文化建设应抓住以下几个环节：

1. 扩大研究队伍，提高研究者的素质

旅游学跨学科、跨专业的性质决定了任何企图运用单一学科的理论与方法来从事旅游学的研究是难以对旅游活动及其现象形成较为全面、科学的认识的，旅游学科的建设也难以成熟和完善。因此，加强旅游研究文化建设，首先要扩大旅游研究的队伍，应广泛联合经济学、管理学、地理学、心理学、文化学、人类学、社会学、民俗学、历史学、旅游学等学科领域中有志于从事旅游研究的专家、学者，实现多学科的交融整合，精心打造复合型的旅游研究队伍。每一名旅游研究者都要不断聚集各学科的研究成果，充实和完善自己的理论系统，然后用自己的理论方法重新认识旅游经济、旅游心理、旅游管理、旅游文化活动中的现象和本质，发掘其中深层的东西，使其向纵深发展，提升旅游研究学科的地位。同时，旅游研究者应该高度关注国外的最新研究成果，吸收和借鉴国外先进的旅游研究经验，以不断开阔自己的研究视野，提高研究水平和层次，使中国的旅游研究早日跻身世界先进的行列。

2. 拓展专门论坛，构建研究的平台

任何学术研究都需要一个交流的场所和对话的平台，这既可展示自己精心研究的成果，又可吸收和借鉴别人成功的经验，最终提升学术研究的水平和档次。因此，加强旅游研究文化建设的当务之急是要拓展旅游研究的专门论坛，构建旅游研究的平台。由于中国的旅游研究起步较晚，特别是受各种研究自身的学术背景的限制，许多学者多愿意参加其他类型的论坛而不在专门的旅游论坛分析探讨旅游方面的问题，致使迄今为止中国涉及旅游研究的专门论坛还少得可怜。此种状况从中国的旅游研究杂志的出版情况可见一斑，经过40余年的发展，目前中国有关旅游研究的较为权威的专门杂志仅有《旅游学刊》《旅游科学》《旅游导刊》《旅游论坛》以及人大报刊复印资料《旅游管理》等。关于旅游研究的专门网站也只有"旅游网"（http：//www.cotsa.com）等少数的几家。因此，要加强旅游研究文化的建设就要加强旅游学界之间、旅游业界之间、旅游学界与业界以及整个社会旅游爱好者和关注者之间的交流与合作，就要拓展交流的论坛和平台，这不仅有利于旅游研究的学术创新，更有利于旅游研究的深入和拓展。

3. 更新研究方法，拓展研究的空间

如前文所述，中国旅游研究界各位研究者由于本身的学术背景的限制，常常在旅游研究中自觉或不自觉地将其原本的学术研究方法平移或嫁接到旅游研究中来，致使中国旅游研究的方法"丰富多彩""百花齐放"，然而我们却不得不承认目前中国旅游研究的总体水平同国外相比尚存在较大的差异，在研究方法上多以描述性的定性分析为主，模型化的定量分析方法初见起色。因此，目前要加强旅游研究文化的建设，提高中国旅游学术研究的水平，并向国际先进水平看齐，急需实现旅游研究方法的变革和更新，要逐渐引进国外先进的旅游研究方法，要运用跨学科、跨专业的研究方法，要逐步实现旅游研究的定量化或半定量化，要重新审视和运用定性研究的方法，只有这样，我们才能真正使旅游研究成为一门科学，进而提高旅游学科的学科地位。同时，加强旅游研究文化的建设，还要不断拓展旅游研究的空间，对旅游活动和旅游现象进行全面的、综合性的研究。以旅游者的研究为例，旅游者是具有多向度的旅游主体，不能用静止的、片面的、孤立的眼光来研究，必须从社会经济文化发展的全局来考虑。不仅要考虑旅游者对社会经济文化的影响，更要考虑社会经济文化的发展对旅游者的影响；不仅要研究旅游者对社会经济文化发展的贡献，也要考虑旅游者所带来的负面作用；不仅要将旅游者作为消费者来研究，还要将其作为文化创造者来研究。只有这样，我们才能对旅游者形成全面而科学的认识，并用来指导旅游发展的实践。

4. 严谨、科学、规范、深入

学术研究是借助已有的理论、知识、经验对科学问题的假设、分析、探讨和推出结论，其结果应力求符合事物发展的客观规律，是对未知科学问题的某种程度的揭示。因此，某一学科学术研究是否严谨、科学、规范、深入，常常关系到其存在与否与发展好坏的根本。中国旅游学术研究经40余年的培育，取得了令人欣喜的成绩，不仅为旅游产业发展提供了及时的理论指导，而且也为旅游学学科研究的拓展奠定了坚实的基础，但在学术研究的严谨、科学、规范、深入方面还有很长的一段路要走，仅以文献资料和他人的研究成果的引用为例，一些旅游类的专著、教材、论文大都没有资料引用来源的注释，有的只是在书或论文后边列出参考文献，部分著述甚至连参考文献也没有，而事实上其著述却大量地引用了他人的研究成果。因此，要加强旅游研究文化建设，我们必须要求所研究的问题对旅游学术研究具有推动作用并有所创新，所得结论能反映客观事物的本质规律；旅游研究要深入问题的实质，不仅要分析问题的来源、成因，更要分析问题的实质，并提出解决的方法，不能蜻蜓点水，一带而过；旅游研究要严谨、规范，要有理论和事实根据，征引资料要准确可靠并注明来源，提出的观点学说逻辑清楚，能自圆其说。总之，研究态度严谨、选题科学、学术规范、内容深入既是旅游学术研究的内在要求，也是旅游研究文化建设的努力方向之一，应引起旅游学界同人的高度重视。

**（五）网游介入文化建设的几点建议**

我国网游介入尽管刚刚起步，存在许多不足，但是有着巨大的发展空间。为了实现网游介入文化在我国的健康、有序、稳定的发展，要从以下方面加强建设：

1. 加大政府的支持力度

任何一个新生事物的发展都离不开政府的支持，虚拟旅游也一样。我国各级政府对发展虚拟旅游是持支持态度的，但有些跟不上虚拟旅游快速发展的步伐。提出到 2025 年我国虚拟现实产业整体实力要进入全球前列、应用服务供给水平大幅提升的工信部《关于加快推进虚拟现实产业发展的指导意见》，是 2018 年底出台的；而地方政府较早的规范虚拟旅游技术标准——四川省技术质量监督局《虚拟现实技术在旅游行业应用指导规范》是在 2018 年 12 月发布、2019 年 1 月实施的。政府应加强制定发展虚拟旅游的规划及保障虚拟旅游健康发展的政策、法规，各级旅游行政部门要强化其协调管理职能，各传播媒介应大力宣扬虚拟旅游的优点和发展虚拟旅游的意义，有关部门需要投入大笔资金，以支持它的发展和研究。

2. 拓宽虚拟旅游业产品的类型

可以开发不同类型和层次的虚拟旅游业产品，以满足不同旅游群体的旅游需要。针对青年市场，开发虚拟体育旅游（滑雪游、登山游、戏水游等）、虚拟生态旅游（乡村游、城市游、森林游等）、虚拟怀旧旅游（名人故居墓地游、古建筑古村游、古堡古城游等）、虚拟猎奇旅游（探险游、海底游、沙漠游、太空游、考古游等）等虚拟专题旅游产品；针对中年市场，开发虚拟康养旅游、虚拟娱乐旅游等虚拟度假类旅游产品；针对中老年市场，开发虚拟民俗文化旅游、虚拟科技文化旅游、虚拟宗教文化旅游、虚拟文学艺术旅游等等虚拟文化旅游产品。

3. 提高虚拟旅游业产品的知名度

新生事物要想被大众熟悉，必须通过大规模的宣传活动，以提高其知名度。除了在旅游热门期刊杂志上，刊登与虚拟旅游相关的作品；借助各大旅游盛事，宣传虚拟旅游的相关情况；在各著名旅游城市建立体验店，让大众在实体店里观看各地景观，体验

3D 虚拟旅游外，还要充分利用各类网站宣传虚拟旅游产品。如：借助网络向用户直接销售自己的虚拟旅游服务产品，从而减少网站的运营成本和服务提供的成本；在其他的相关旅游网站上，链接自己的网站，让顾客点击搜索感兴趣的虚拟旅游服务，提高点击率和访问率；借助现在热门的社交网站销售虚拟旅游产品，或者直接开通网站吸引喜欢旅游和网游的朋友直接进入网站体验虚拟旅游产品。

4. 扩大虚拟旅游的品牌效应

现阶段虚拟旅游产品虽有一定规模，但能达到“品牌”级的确实不多，品牌效应没有得到充分发挥，带动作用明显不足。可以通过整合旅游前后端服务企业的信息资源，为旅游者提供全面的旅游信息，建立品牌感知形象；将分散的却具有相似性的旅游资源设计成精品虚拟旅游线路，扩大虚拟旅游的品牌效应。这一点，日本的经验可以借鉴。日本的 First Airlines 原本是面向那些没有假期、没有预算或者不方便远行者的虚拟设施，主打以 VR 为媒介、以一餐时间环游世界的新颖用餐方式，2020 年因紧急事态而暂定营业。新冠疫情稍缓而重新开业之后，其“VR + 餐饮”的沉浸式虚拟旅行，获得了广泛关注，引了更多人慕名前来体验，每日销量快速增长。目前池袋的三家门店预约已满，可谓盛况空前。（小虾饺．“虚拟旅游”在日本火了［EB/OL］.［2021-03-19］. 日本通）

5. 加大虚拟技术在真实旅游中的应用

虚拟技术与旅游结合，一方面产生了虚拟旅游这种新的旅游文化形式，另一方面也改变了真实旅游的面貌：旅游者借助虚拟技术，游前可以亲临其境般地了解游程概况，游中可以享受无形导游；旅游业者可以借助虚拟技术，立体推销旅游业产品，科学规划旅游景区。现阶段的虚拟技术在真实旅游中的应用还处于初级阶段，虚拟技术的作用远未发挥出来。应该加大虚拟技术在真实旅游中的应用，应将虚拟技术全面应用于真实旅游规划中，帮助旅游管理部门更科学和理性的规划旅游景区，帮助旅游业者实现旅游服务智慧化，帮助旅游者提升旅游体验质量；同时将推广增强现实（AR）和混合现实（MR）技术，将虚拟的信息叠加到现实世界，在虚拟环境中引入现实场景信息，逐步实现旅游的虚拟现实同真实现实的完美结合。

6. 注重虚拟旅游社区的内涵建设

旅游是一种社会的行为，是为了从社会获得认同感，虚拟旅游在虚拟旅游技术不够发达的现阶段，是很难让网友实现这一愿望的，因此，必须从社会性的角度，加强虚拟旅游社区的作用，促进用户间的感情交流，使之获得社会认同感，进而提升对虚拟旅游系统的忠诚度。网游介入系统中常常存在大量的冗余信息，严重干扰网游者。有关部门应建立专门的后期维护工作组，及时更新旅游信息，以便帮助网游者排除干扰，做出详细、正确的旅游决策。这也有利于网游者社会认同感的增强和服务满意度的提高。

## 内容举要

现代旅游文化建设就是在原有成就的基础上，对旅游文化进行更新、升级，使之朝着正确的方向发展、壮大，成为适应现代社会的新的文化。旅游文化建设不仅关系到旅游文化本身的命运，也关系到自然、社会、经济、文化、旅游、旅游业的发展。具体说来，旅游文化建设具有以下几方面意义：推动力旅游文化的发展；增强旅游者的文化素养，提高旅游体验的质量和水平；强化旅游介体的文化经营，促进旅游业的持续健康发展；丰富旅游资源的文化内涵，增强旅游客体的旅游吸引力。旅游文化建设的原则是旅游文化建设的指导思想。各国国情不同，旅游文化建设的原则自不相同。结合中国的历史和现实，旅游文化建设应坚持以下原则：以商品经济为基础；大众化原则；民族化原则；借鉴、继承、创新原则。

旅游体验文化建设是指旅游体验文化在内容与形式上的更新、升级与完善。目前，中国旅游体验文化建设虽然取得了一定的成绩，但总体上看尚处于自发分散状态，且存在诸多认识上的误区，如将旅游体验文化主体等同于纯消费者、将旅游体验文化等同于旅游介入文化、误认为旅游体验文化建设是个人的事等。上述发展现状和认识误区的存在严重影响与制约着旅游体验文化的建设，必须引起各界的高度重视。旅游体验文化是一种主观的文化行为。因此，旅游体验文化建设应加强旅游体验文化的心态文化与行为文化的建设。应采取加强旅游主体的文化修养，提高旅游主体的鉴赏能力，更新旅游主体的旅游观念等基本策略。同时，加强旅游法规、旅游道德与旅游习俗建设。

旅游介入文化建设是指旅游介入文化各组成部分如旅游服务、景观开发、旅游宣传、旅游规范、旅游研究、虚拟旅游介入等在内容与形式上的拓展、丰富与完善。现代旅游介入文化建设虽然取得了骄人成就，但也存在一些问题。旅游服务文化建设应坚持以下基本策略：优化旅游服务理念；规范旅游服务行为；树立旅游服务标兵；调动“维持因素”。景观开发文化建设应把握好下列原则：努力提高开发者的文化素质；尊重文化规律；三大效益并重；可持续开发。旅游宣传文化建设要认真贯彻旅游宣传文化建设的原则；充分发挥旅游宣传文化建设主体的作用；积极拓展旅游宣传文化建设的内容；不断丰富旅游宣传文化建设的形式；精心打造旅游宣传文化建设的队伍。旅游研究文化建设主要应从以下几个方面来考虑：扩大研究队伍，提高研究者的素质；拓展专门论坛，构建研究的平台；更新研究方法，拓展研究的空间；严谨、科学、规范、深入；网游介入建设应加大政府的支持力度，拓宽虚拟旅游业产品的类型，提高虚拟旅游的知名度，推动虚拟旅游的品牌效应，加大虚拟技术在真实旅游中的应用，注重虚拟旅游社区的内涵建设。

## 案例分析

**阅读下面材料：**

一个品牌的背后究竟包含了什么？一个企业不断地研究品牌的背后包含了什么，是非常重要的问题。产品是卖给顾客的，不研究这个问题，就不知道自己的公司该做什么，也不知道自己的产品应该怎样去适应顾客。许多人都知道顾客是上帝，但又不知道上帝究竟需要什么，做出事情来难免背道而驰。

北京烤鸭店在初期形成了制度高于一切的制度文化，明确的工作职责、公平的奖励机制是物质文化的主要内容，在建店之初还远远满足不了酒店发展所需要的文化内容。到第二阶段有展现员工和酒店风采的店报，有参与中国烹饪协会举办的美食大赛，参与中国饭店协会举办的中国烹饪大师、名师评比活动所形成的行为文化。顾客是太阳，用心去做，为顾客提供满意加惊喜的服务是我们的服务理念，加上民主化的管理方式，充分体现了以人为本的企业文化价值观。

第三阶段是对“以人为本”的企业文化的升华，我们创建了四个满意：顾客满意、员工满意、经营者满意、社会满意。到了这个时候，我们已经完全抛开了产品，而是深入精神之中，还要把这种精神传递给各处的人们，透过这种精神让人们认识北京烤鸭店。随着北京烤鸭店的品牌文化的不断升华，我们将为创造更加辉煌的明天而奋斗！

（摘自《逐渐升华的文化品牌》，北京烤鸭店内部资料，《烤鸭店风采》2004 年第 2 期第 2 版）

**请分析：**

1. 服务文化与企业文化是什么关系？
2. 北京烤鸭店的服务理念对你有何启示？

## 思考与练习

1. 结合中国实际试析旅游文化建设的意义与原则。
2. 简析旅游体验心态文化建设的内容和方法。
3. 简析旅游体验行为文化建设的内容和方法。
4. 简析旅游服务文化建设的内容和方法。
5. 简析景观开发文化建设的内容和方法。
6. 简析旅游宣传文化建设的内容和方法。
7. 简析旅游研究文化建设的内容和方法。
8. 简析虚拟旅游介入文化建设的内容和方法。

## 推荐文献

1. 李蕾蕾 . 旅游地形象策划：理论与实务［M］. 广州：广东旅游出版，1999.

2. 郑维东 . 营造企业文化［M］. 北京：海关出版社，2000.

3. 刘纯 . 旅游心理学［M］. 天津：南开大学出版社，2000.

4. 魏小安 . 旅游纵横产业发展新论［M］. 北京：中国旅游出版社，2002.

5. 邹本涛 . 旅游文化建设论纲［J］. 渤海大学学报，2004（9）.

6. 李巍 . 对民族文化多样性与西部旅游文化建设的思考［J］. 西北民族大学学报（哲学社会科学版），2006（3）.

7. 冯年华，汤澍 . 略论旅游文化及其整合［J］. 南京社会科学，2009（10）.

8. 吴必虎 . 区域旅游规划原理［M］. 北京：中国旅游出版社，2010.

9. 王晓琳 . 传播学视角下的旅游文化建设［J］. 中国商贸，2010（16）.

10. 朱蓓蓓 . 虚拟旅游研究［D］. 安徽大学，2011.

11. 冯永红 . 浅谈乡村旅游文化建设［J］. 农业经济，2013（11）.

12. 李茜燕 . 旅游文化品牌建设研究——以吉林省为例［J］. 企业经济，2014（12）.

13. 谢彦君 . 旅游研究方法［M］. 北京：中国旅游出版社，2018.

14. 舒伯阳 . 旅游体验设计［M］. 北京：中国旅游出版社，2021.

15. 余志远 . 旅游质性研究方法［M］. 北京：商务印书馆，2023.

# 第二版后记

拙作《旅游文化学》已出版将近四年。承蒙厚爱，它在众多的同类论著中脱颖而出，成为大陆和台湾多家高校指定用书。后出旅游文化学论著引用本书者甚众。著名旅游文化学家、东南大学旅游规划研究所所长喻学才教授给予本书高度评价："继往开来德不孤，争鸣诸子一楼居。三十春秋今一统，整合端的费功夫。"（喻学才．三元草堂诗词联抄［M］．北京：中国戏剧出版社，2010，第 11 页）

四年快过去了，我们的思考也在深化。现在看来，作为教材，原书还是有不少缺点的，如学术色彩过于浓厚，有些思考还不到位，篇幅也稍大了些，等等。如果说，这些缺点在当时不可避免——破而后立，不得不辨；筚路蓝缕，顾此失彼；大破大立，篇幅陡增；那么，在破立已定、道路开通的今天，这些缺点就没有存在的理由了。换言之，原书已经到出修订版的时候了。

为该书的新生，我们一直在默默地准备：从资料到理论，从语言到文字。2011 年年底，中国旅游出版社王建华先生来电告知，出版社准备再版此书。此时，该书修订工作已完成 80%，耗时一年多。在接下来的四个多月里，我们又完成了修订工作的最后 20%。此次修订工作主要有以下五点：

第一，优化结构。原书"旅游文化学原理"与"旅游文化研究"为一章，"旅游文化本体""旅游体验文化""旅游文化史"各两章，结构不平衡。今将"旅游文化学原理""旅游文化研究""旅游文化本体""旅游体验文化""旅游文化史"各为一章，使旅游文化学、旅游文化研究、旅游文化系统各得其所，一目了然。

第二，调整篇幅。原书 12 章 57 万字，篇幅稍大。今将"旅游文化学原理"与"旅游文化研究"扩写并独立出来，删"旅游文化传统"，重写"旅游介入文化"，又将各为两章的"旅游文化本体""旅游体验文化""旅游文化史"压缩为各一章，加上其他地方的增删，共删 20 万字，增 8 万字，净减 12 万字。删除的章节与其说是鸡肋，不如说是割爱。好在原书各大图书馆多有收藏，有不舍者可借阅之（从这一点看，原书仍不失为修订版的重要参考书）。

第三，精练文字。原书破立既多，难免横生枝节。个别地方也有词不达意之处。借此修订之际，截弯取直，化繁为简；对所有的重要概念，重新审视，词不达意之处，一并改正。经此修改，文字果然顺畅多了。

第四，增添图表。原书图表不多。今次修改，增加了不少图表，使本书的内容更加生动、直观，颇便于读者理解、把握。

第五，修改案例。原书案例有的已陈旧，有的引用过长。今除旧布新，并适当压缩，案例的效果大大提高。

此次修订由邹本涛教授执笔，不当之处由执笔者负责。

本书修订版配有精美课件，有需要者，免费索取。联系方式：bdlyzbt@163.com。

作者

2012 年 4 月

# 第三版后记

转眼之间，《旅游文化学》（第二版）已出版3年。非常感谢读者对该书的厚爱——它不但成为许多高校本科教学用书，还成为一些研究生院和培训机构指定用书！在同类著作不断涌现的今天，二人合著之书能以年均几千册的销量行销于世，说明它的生命力还是很旺盛的。

在3年多的时间里，不少读者来电来函，表达自己对该书的支持，也提出许多建设性意见。值此第三版出版之际，决定将这些有价值的意见吸收到该书之中。

此次修订有百余处。除个别文字勘误外，修订工作主要有4点：

第一，更新数据。本书第二版出版于2012年9月，书中最新数据止于2012年初。此次修订，相关数据（如旅游发展情况）更新到2015年。

第二，追踪前沿。《旅游文化学》（第二版）出版以来，学界又有一些新的研究成果，值此修订之际，择要收入书中。最新的研究成果也追踪到2015年。其中，虚拟旅游体验与虚拟旅游介入为本书最新亮点，第3、4、6、7章均有专门讨论，第6章甚至为之重写。

第三，强化论证。原书强调“重论证”，现在看来，仍有些地方论证不到位。此次修订，继续秉持“重论证”的理念，对于论证不到位的地方，一并改正。

第四，压缩篇幅。本书第二版45万字，应出版社要求，第三版再作压缩。此次修订共删9万字，增5万字，净减4万字。本版虽经压缩，但内容更加丰满。书中的旅游文化一如其本来面貌，完全独立了。

修订是一个完善的过程。只要读者有需要，本书的修订就会一直进行下去，直到它成为一部经得起时间检验的经典之作。

此次修订仍由邹本涛教授执笔，不当之处由执笔者负责。

作者

2016年2月

# 第四版后记

按照4年一修订的惯例，《旅游文化学》第三版第二次印刷半年后，作者即着手该书的修订。修订工作历时一年多，主要有3点：

第一，更新资料。本书第三版出版于2016年4月，书中最新资料止于2015年底。此次修订，相关数据和文献更新到2023年6月。

第二，补充内容。本书第三版出版以来，旅游文化的发展出现了新的局面，旅游文化的研究也有一些新的成果。值此修订之际，旅游文化的最新发展态势和前沿研究成果择要收入书中。比如，第1章补写了2016年以来的旅游文化研究成果，第3章补写了“旅游康乐体验”一目，第4章补写了现实旅游介入文化的亚类；第6章补写了部分古代和近代旅游文化史内容，第7章改写了旅游文化建设现状。

第三，微调结构。鉴于原书体系已经成熟定型，此次修订，章、节框架一仍其旧，只是在微观结构上略做调整，如将第7章第3节旅游介入文化建设的“现状与策略”由原来的分项讨论改为归类阐释，以与该章第2节旅游体验文化建设的写作体例相一致。

此次修订仍由邹本涛教授执笔，不当之处由执笔者负责。

作者

2023年6月

项目策划：段向民
责任编辑：孙妍峰　王　晴
责任印制：钱　宬
封面设计：武爱听

图书在版编目（CIP）数据

旅游文化学 / 邹本涛，谢春山著. -- 4版. -- 北京：中国旅游出版社，2023.6（2025.1重印）
（旅游管理专业新视野教材丛书）
ISBN 978-7-5032-7130-4

Ⅰ. ①旅… Ⅱ. ①邹… ②谢… Ⅲ. ①旅游文化一高等学校一教材 Ⅳ. ①F590

中国国家版本馆CIP数据核字（2023）第101982号

书　　名：旅游文化学（第四版）

作　　者：邹本涛　谢春山
出版发行：中国旅游出版社
（北京静安东里6号　邮编：100028）
http://www.cttp.net.cn　E-mail:cttp@mct.gov.cn
营销中心电话：010-57377103，010-57377106
读者服务部电话：010-57377107
排　　版：北京旅教文化传播有限公司
经　　销：全国各地新华书店
印　　刷：北京明恒达印务有限公司
版　　次：2023年6月第4版　2025年1月第2次印刷
开　　本：787毫米×1092毫米　1/16
印　　张：22.25
字　　数：454千
定　　价：49.80元
ISBN　978-7-5032-7130-4